Nora Meyer

Management der Arzneimittel-Supply Chain

Münsteraner Schriften zu Medizinökonomie, Gesundheitsmanagement und Medizinrecht

herausgegeben von

Band 5

LIT

Nora Meyer

Management der Arzneimittel-Supply Chain

Darstellung alternativer Konzepte und Analyse der Umsetzbarkeit in der deutschen Krankenhausversorgung

LIT

Für Sven

Ich danke Eva Middrup für die Erstellung des Titelbildes

Die Herausgeber:

Prof. Dr. Dr. Wilfried von Eiff
Lehrstuhl für Betriebswirtschaftslehre und
Leiter des Instituts für Krankenhausmanagement (IKM)
Wirtschaftswissenschaftliche Fakultät
Westfälische Wilhelms-Universität Münster
Geschäftsführer des Centrums für Krankenhaus-Management (CKM)

Prof. Dr. Aloys Prinz
Direktor des Instituts für Finanzwissenschaft II
Wirtschaftswissenschaftliche Fakultät
Westfälische Wilhelms-Universität Münster

Prof. Dr. med. Norbert Senninger
Direktor der Klinik und Poliklinik für Allgemeine Chirurgie
Universitätsklinikum Münster

Prof. Dr. Heinz-Dietrich Steinmeyer
Direktor des Instituts für Arbeits-, Sozial- und Wirtschaftsrecht – Abt. III
Rechtswissenschaftliche Fakultät
Westfälische Wilhelms-Universität Münster

D 6

Bibliografische Information der Deutschen Nationalbibliothek
Die Deutsche Nationalbibliothek verzeichnet diese Publikation in der Deutschen Nationalbibliografie; detaillierte bibliografische Daten sind im Internet über http://dnb.d-nb.de abrufbar.

ISBN 978-3-8258-1690-2
Zugl.: Münster (Westf.), Univ., Diss., 2008

Verlagskontakt:
Fresnostr. 2 D-48159 Münster
Tel. +49 (0) 2 51/620 32 - 22 Fax +49 (0) 2 51/922 60 99
e-Mail: lit@lit-verlag.de http://www.lit-verlag.de

Auslieferung:

Deutschland/Schweiz: LIT Verlag Fresnostr. 2, D-48159 Münster
Tel. +49 (0) 2 51/620 32 - 22, Fax +49 (0) 2 51/922 60 99, e-Mail: vertrieb@lit-verlag.de

Österreich: Medienlogistik Pichler-ÖBZ GmbH & Co KG
IZ-NÖ, Süd, Straße 1, Objekt 34, A-2355 Wiener Neudorf
Tel. +43 (0) 2236/63 535-290, +43 (0) 2236/63 535 - 243, mlo@medien-logistik.at

Danksagung

Mein Dank gilt allen, die mich auf dem Weg zur Promotion aktiv aber auch passiv unterstützt haben.

Zunächst möchte ich meinem Doktorvater Professor Dr. Dr. Wilfried von Eiff für die Betreuung meiner Dissertation danken. Die gegebenen Freiheiten und das praxisorientierte Arbeitsumfeld am Centrum für Krankenhausmanagement (CKM) trugen wesentlich zum Gelingen der Arbeit bei. Herrn Professor Dr. Dirk Sauerland vom Lehrstuhl für Institutionenökonomik und Gesundheitssystemmanagement der Universität Witten/Herdecke danke ich für die Übernahme des Zweitgutachtens.

Weiterhin gilt mein Dank meinen Interviewpartnern, die mich durch weitreichende Informationen und kritische Anmerkungen unterstützt haben. Auf diese Weise haben sie wesentlich zum Realitätsbezug der Arbeit beigetragen.

Durch die angenehme Arbeitsatmosphäre und den freundschaftlichen Umgang miteinander haben mich meine aktuellen und ehemaligen Kollegen in den letzten vier Jahren, oft auch unbewusst, unterstützt. Hierfür bedanke ich mich herzlich bei ihnen. Hervorheben möchte ich Alexander Prangenberg, Kerstin Stachel, Christopher Niehues und Ansgar Klemann, die meine Dissertation durch aktive und konstruktive Kritik gefördert haben. Zudem danke ich Stefanie Franz für die kurzfristige und gründliche Korrektur und Stefan Schüring für die Endkorrektur des Manusskripts.

Meinen Freunden und meiner Familie möchte ich für ihre Nachsicht danken, aber auch dafür, dass sie mir zur Seite standen, mich aufgebaut haben und so manches Mal für dringend notwendige Ablenkungen sorgten.

Lieber Sven, Dich möchte ich an dieser Stelle ganz besonders hervorheben. Du warst in jeder Krise für mich da und hast mir durch Deine bloße Anwesenheit Ruhe und Kraft gegeben. Deine Unterstützung und Dein Verständinis haben es mir ermöglicht, diese Arbeit erfolgreich zu beenden.

Nora Meyer — Münster, im September 2008

Geleitwort

Während in Branchen wie der Automobilindustrie oder dem Lebensmittelhandel die effiziente Gestaltung der Supply Chain seit Jahren zu den wichtigsten Managementaufgaben zählt, bestehen bzgl. der Arzneimittel-Supply Chain offenbar Innovationslücken. Spätestens durch die Herausforderung der japanischen Automobilindustrie wurde deutlich, welche Potenziale im Hinblick auf Kundenservice, Kosten und Prozesseffizienz durch intelligente Einkaufs-, Logistik- und Supply Chain-Konzepte mobilisiert werden können.

Hinzu kam, dass durch theoretische Ansätze wie z. B. das normstrategische Konzept der Wertschöpfungskette von Porter eine neue Sicht des Unternehmens eingeführt wurde: Der Rollenwandel des Unternehmens vom autonomen Gebilde hin zu einem steuernden Element in der Wertschöpfungskette. In diesem Zusammenhang fand auch ein Wandel im Hinblick auf die strategische Beurteilung von Wettbewerbsstrukturen statt: In Konkurrenz stehen nicht mehr einzelne Unternehmen mit ihren singulären Produkten, sondern Wertschöpfungsketten treten gegeneinander im Wettbewerb an.

Diese dynamische, streng auf Kundenorientierung und Nutzenmaximierung in der gesamten Wertschöpfungskette ausgerichtete Gestaltungssicht hat bis heute im Bereich der Arzneimittelversorgung keine Bedeutung. Offenbar hat diese Branche bisher keinerlei Veranlassungsdruck zur Ausschöpfung logistischer Rationalisierungspotenziale. Diese „Unterlassungsstrategie“ scheint vor dem Hintergrund der Kostenstrukturen erklärlich: denn die durch Supply Chain Management erreichbaren Einsparpotentiale sind begrenzt. Selbst bei einer Einsparsumme von 10 Mio. Euro pro Jahr entspräche dies lediglich 4 % der gesamten Arzneimittelkosten im Krankenhausbereich. Andererseits muss die „Unterlassungsstrategie“ verwundern. Denn gerade die Arzneimittelkosten weisen seit Jahren erhebliche Steigerungen auf, durch die die Kostenträger belastet werden. Verwunderlich ist diese Passivität der Spieler im Arzneimittelmarkt auch deshalb, weil im zunehmenden Maß durch staatliche Eingriffe die Preisgestaltungsspielräume für Pharmahersteller eingeengt werden.

Vor diesem Hintergrund führt die Verfasserin eine systematische, vergleichende Analyse der Arzneimittel-Supply Chain durch. Ziel ist die Ableitung von Gestaltungsempfehlungen für die beteiligten Akteure unter Berücksichtigung der Umsetzbarkeit bei den gegebenen Rahmenbedingungen des deutschen Gesundheitswesens. Auf Basis daraus abzuleitender Empfehlungen sollen die Parteien der Supply Chain Anregungen erhalten, und zwar im Hinblick auf eine effiziente Zuordnung von Managementkonzepten, damit die vom Gesetzgeber geplanten Einsparungen im Arzneimittel- und Krankenhaussektor kompensiert werden können.

Die Verfasserin hat sich einem Thema gestellt, das bisher wissenschaftlich unzureichend aufgearbeitet ist: der analytischen und prognostischen Beurteilung alternativer Supply Chain-Konzepte in der Arzneimittelversorgung.

Die Stärken der Arbeit sind eindeutig darin zu sehen, dass es der Verfasserin gelungen ist, eine Vielzahl von Daten, komplexen Strukturalternativen und zum Teil undurchsichtigen Konzeptansätzen zu einem überschaubaren System mit Informationswert zusammenzubringen. Ihre gewählte Vorgehensweise, konkrete Fallstudien dazu zu benutzen, um Optimierungspotenziale zu erkennen und Gestaltungselemente für ein Supply Chain-System abzuleiten, ist gelungen: Sie hat dazu beigetragen, dass im Rahmen der Arbeit eine Vielzahl praktisch verwertbarer Optimierungsempfehlungen entstand. Ebenso ist es der Verfasserin gelungen, die Vorzugswürdigkeit eines Systems der patientenorientierten Arzneimittelversorgung argumentativ zu belegen.

Es ist zu wünschen, dass die vorgelegte Arbeit weiteren Anlass bietet, betriebswirtschaftliche Ansätze mit den Empfehlungen der medizinischen Qualitätsverbesserung und der Senkung der Kosten in den Bereich der Medizin bzw. der Gesundheitswirtschaft einzubringen.

Wilfried von Eiff — Münster, im September 2008

Inhaltsverzeichnis

Abkürzungsverzeichnis

3 PL	Third Party Logistics
4 PL	Fourth Party Logistics
ABDA	Bundesvereinigung Deutscher Apothekerverbände
ADKA	Bundesverband Deutscher Krankenhausapotheker e.V.
ADE	Adverse Drug Event
AG Unit-Dose	Arbeitsgemeinschaft Unit-Dose
AGKAMED	Arbeitsgemeinschaft Kardiologie und medizinischer Sachbedarf
AMG	Arzneimittelgesetz
AMGrHdlBetrV	Betriebsverordnung für Arzneimittelgroßhandelsbetriebe
AMPreisV	Arzneimittelpreisverordnung
ANZAG	Andrae Noris Zahn AG
ApBetrO	Apothekenbetriebsordnung
ApoG	Apothekengesetz
APS	Advanced Planning System
AVWG	Gesetz zur Verbesserung der Wirtschaftlichkeit in der Arzneimittelversorgung (Arzneimittelversorgungs-Wirtschaftlichkeitsgesetz)
BAH	Bundesfachverband der Arzneimittelhersteller
BApO	Bundes-Apothekerordnung
BCG	Boston Consulting Group
BMGS	Bundesministerium für Gesundheit und Soziale Sicherung
BMS	Brystol Myers Sqibb
BPflV	Bundespflegesatzverordnung
BPI	Bundesverband der Pharmazeutischen Industrie
BSI	Bundesamtes für Sicherheit in der Informationstechnik
BVDVA	Bundesverband deutscher Versandapotheken
CPDN	Canadian Pharmaceutical Distribution Network
CIRS	Critical Incident Reporting System
CKM	Centrum für Krankenhausmanagement
CPFR	Collaborative Planning and Forecasting Replenishment
DKI	Deutsches Krankenhaus Institut e. V.
DKG	Deutsche Krankenhausgesellschaft e. V.
DRG	Diagnosis Related Groups
DVZ	Deutsche Verkehrszeitung
ECR	Efficient Consumer Response
EDI	Electronic Data Interchange
EFPIA	European Federation of Pharmaceutical Industries and Associations

ERP	Enterprise Resource Planning
EuGH	Europäischer Gerichtshof
F&E	Forschung und Entwicklung
f&w	führen und wirtschaften im Krankenhaus
FDA	Food and Drug Administration
FMEA	Fehler-Möglichkeits- und Einflussanalyse
GKV	gesetzliche Krankenversicherung
GMG	Das Gesetz zur Modernisierung der gesetzlichen Krankenversicherung/Gesundheitsmodernisierungsgesetz
GWB	Gesetz gegen Wettbewerbsbeschränkungen
HWG	Heilmittelwerbegesetz
IFA	Informationsstelle für Arzneimittelspezialitäten
ISM	International School of Management
KHG	Krankenhausfinanzierungsgesetz
KHG NRW	Krankenhausgesetzes für das Land Nordrhein-Westfalen
KLE	Klinik Logistik Eppendorf
KTQ	Kooperation für Qualität und Transparenz im Gesundheitswesen
LDL	Logistikdienstleister
M&As	Mergers and Acquisitions
MAI	Medication Approbriateness Index
MOC	Medical Order Center
MPS	Material Product System
MRP	Material Requirements Planning
MZG	Medizinisches Zentrum für Gesundheit
NHS	National Health System
NPSG	National Pharmaceuticals Supply Group
o. Jg.	ohne Jahrgang
o. O.	ohne Ort
OTC	over the counter
o. V.	ohne Verfasser
PASA	Purchasing and Supply Agency
PatG	Patentgesetz
PAV	patientenorientierte Arzneimittelversorgung
PBM	Pharmaceutical Benefit Manager
PBMG	Pharmaceutical Benefit Management Group
PHAGRO	Dachverband der vollversorgenden Pharmagroßhändler
Pharm. Ind.	die pharmazeutische Industrie (Zeitschrift)
PharmLog	Pharma Logistik GmbH

PKA	pharmazeutischer kaufmännischer Assistent
PLDL	Primärlogistikdienstleister
PRTM	Pittiglio Rabin Todd und McGrath
PZN	Pharmazentralnummer
QC	Quality Control
RFID	Radio Frequency Identification
SA	Société Anonyme
S.r.l.	Gesellschaft mit beschränkter Haftung
SCLHS	Sisters of Charity of Leaventhworth Health System
SGB V	Fünftes Sozialgesetzbuch
TCO	Total Cost of Ownership
TUL	Transport, Umschlag und Lagerhaltung
UKE	Universitätsklinikum Hamburg Eppendorf
VFA	Verband Forschender Arzneimittelhersteller
WGKT	Wissenschaftliche Gesellschaft für Krankenhaustechnik
ZfB	Zeitschrift für Betriebswirtschaft

Abbildungsverzeichnis

Tabellenverzeichnis

1 Bedeutung des Managements der Arzneimittel-Supply Chain

1.1 Aktueller Rahmen

> *„In den Unternehmen der Healthcare-Branche (Pharma, Medizintechnik, Medical) ist Fertigwaren-Logistik mit wenigen Ausnahmen kein Top-Management-Thema."*[1]

In Branchen wie der Automobilindustrie und dem Lebensmittelhandel wird eine effiziente Gestaltung der Supply Chain nicht nur seit Langem diskutiert, sondern auch praktiziert. Die Akteure der Arzneimittel-Supply Chain, insbesondere die Arzneimittelhersteller und Krankenhäuser, besitzen im Vergleich zu diesen Branchen große Lern- und Optimierungspotenziale. Die Gegenüberstellung des aktuellen Standes des Supply Chain Managements in der produzierenden Industrie und im Gesundheitswesen zeigt deutlich die Schwächen des Gesundheitswesens (vgl. Abbildung 1-1).[2]

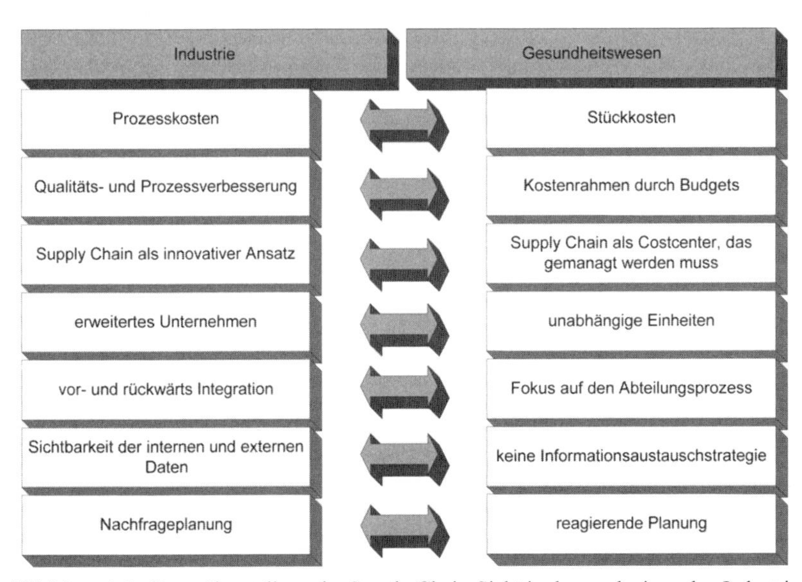

Abbildung 1-1: Gegenüberstellung der Supply Chain-Sicht in der produzierenden Industrie und im Gesundheitswesen
Quelle: In Anlehnung an Burns, L. R. (2002), S. 29.

---

[1] Festel, G. (2004), S. 2.
[2] Vgl. Burns, L. R. (2002), S. 28f.

Die Analyse von HÜBNER zeigte die folgenden Besonderheiten des Gesundheitsmarktes:

- Die Supply Chain-Parteien weisen bzgl. der Größe und dem Entwicklungsstand der IT-Systeme Asymmetrien auf.
- Es bestehen nationale Gesetze und Regelungen für die Supply Chain.
- Die Entscheidungsstrukturen und -prozesse von Gesundheitsdienstleistern und Lieferanten unterscheiden sich.
- Die Parteien sind weniger stark miteinander verbunden als in anderen Branchen.
- Kundenorientierte Produkte sind die Ausnahme.[3]

Eine Studie der Unternehmensberatung Pittiglio Rabin Todd und McGrath (PRTM)[4] zur Supply Chain-Reife zeigt, dass die Managementaktivitäten der Pharmaunternehmen in Europa bislang nicht über den Prozessschritt einer internen Integration hinausgehen.[5] Ursächlich hierfür ist, dass lange Zeit insbesondere Blockbuster[6] den Arzneimittelherstellern auskömmliche Gewinne und zweistellige Wachstumsraten garantierten. Somit fehlte der Anreiz, neue Strategien oder Geschäftsmodelle zu entwickeln.[7] In den letzten Jahren zeigte sich in Europa ein Rückgang des Marktwachstums in der Arzneimittelbranche. So lag dieses im Jahr 2006 nur noch bei 6,5 %; für 2007 wurden 5 % prognostiziert. Zudem ist die Branche zunehmend durch Mergers und Acquisitions (M&As) gekennzeichnet. Dies führt dazu, dass die Pharmaunternehmen neben der Kundenzufriedenheit Integrations- und Kooperationskonzepten Beachtung schenken.[8]

Im Krankenhausbereich verursachten Arzneimittel im Jahr 2006 Kosten in Höhe von 2,7 Mrd. Euro.[9] In diesem Bereich werden durch ein effizientes Management der primären Beschaffungslogistik, welche 2 % der Gesamtkosten verursacht, ceteris paribus Einsparpotenziale in Höhe von 10 % angenommen.[10] Dies entspricht in Deutschland einem Betrag in Höhe von 5,4 Mio. Euro pro Jahr. Dieser Betrag enthält weder die Einsparpotenziale in der Lagerhaltung, noch die

---

[3] Vgl. Hübner, U. (2008), S. 294.

[4] Vgl. McGrath, M. E. (1996), S. 176.

[5] Vgl. Roussell, J. et al. (2007), S. 9. Das Reifemodell der Supply Chain wird in Cohen, S. et al. (2006), S. 295ff. erläutert.

[6] Blockbuster sind Arzneimittel, die einen Umsatz von mindestens einer Milliarde US-Dollar einbringen. Vgl. Labbé, M. (2002), S. 374, Thierolf, C. (2002), S. 356.

[7] Vgl. Burns, L. R. (2002), S. 220f.

[8] Vgl. Roussell, J. et al. (2007), S. 12f., Ewers, C. L. J. et al. (2002), S. 15. Zur Darstellung der Entwicklung der M&As im Pharmabereich siehe Ernst&Young (2002), S. 24ff.

[9] Vgl. Statistisches_Bundesamt (2007b). Die EFPIA (2006), S. 16f. spricht von Herstellungskosten in Höhe von 3,35 Mrd. Euro aus Sicht der Arzneimittelhersteller.

[10] Vgl. Festel, G. (2004), S. 6, O.V. (2004a), S. 14.

Obsolenzkosten[11] für unbrauchbar gewordene Produkte. Somit ist insgesamt von einem weit höheren Einsparpotenzial durch ein effektives und effizientes Management der Arzneimittel-Supply Chain auszugehen. Zur Realisierung der Einsparpotenziale ist es notwendig, alle Akteure entlang der Wertschöpfungskette zu betrachten; dies sind die Arzneimittelhersteller, die Großhändler, die Krankenhaus-(versorgenden-)apotheken[12] sowie die Krankenhäuser.

Zudem müssen die rechtlichen Rahmenbedingungen der Arzneimitteldistribution in Deutschland beachtet werden (vgl. Tabelle 1-1).[13]

Gesetz	Aufgabe
Handelsgesetzbuch (HGB)	gibt grundsätzliche Bestimmungen vor
Apothekengesetz (ApoG)	regelt besondere Aspekte zum Führen einer Apotheke
Apothekenbetriebsordnung (ApBetrO)	regelt die Organisation des Apothekenbetriebs
Arzneimittelgesetz (AMG)	gewährleistet die Sicherheit
Arzneimittelpreisverordnung (AMPreisV)	regelt die Abverkaufspreise
Heilmittelwerbegesetz (HWG)	gibt Restriktionen bezüglich der Werbung vor

Tabelle 1-1: Rechtlicher Rahmen der Arzneimitteldistribution
Quelle: Eigene Darstellung.

Besondere Rahmenbedingungen sind bspw. die Besitzregelungen von Apotheken, die Regelungen für Krankenhausapotheken sowie Regeln der Preisbindung. Allerdings waren in den letzten Jahren zunehmende Aufweichungen des gesetzlichen Rahmens zu beobachten, wie die Mehrbesitzerlaubnis[14] im Bereich von öffentlichen Apotheken, die Aufweitung der Liefergrenzen für Krankenhausapotheken, die Zulassung von Internetapotheken sowie die Aufhebung der Preisbindung bei Over-the-counter (OTC)-Produkten.[15] Die aktuellste Entwicklung ist der Vertrieb von Arzneimitteln über Drogeriemärkte. Am 13. März 2008 wurde vom Bundesverwaltungsgericht entschieden, dass Drogerien Bestellungen für Versandapotheken annehmen und die Waren ausgeben dürfen.[16]

---

[11] Obsolenzkosten entstehen zum einen wenn sinnvolle Produkte zwar beschafft, aber nicht verwendet werden (Verschwendung, Verfall, Diebstahl); zum anderen durch die Beschaffung und Verwendung von Artikeln, die nicht sinnvoll sind. Vgl. Drauschke, S. (2002b), S. 21.

[12] Zur Analyse werden alle Ausgestaltungsformen der Krankenhausversorgung durch eine Apotheke zu dem Oberbegriff Krankenhaus-(versorgende-)apotheke zusammengefasst. Vgl. Kapitel 3.1.3.2.3.

[13] Vgl. Behling, S. et al. (2005), S. 9ff.

[14] Nach § 1 ApoG darf jeder zugelassene Apotheker eine Hauptapotheke sowie drei Filialapotheken betreiben.

[15] Vgl. Behling, S. et al. (2005), S. 75, Lauterbach, K. W. (2006), S. 179, § 1 ApoG. OTC-Produkte sind nicht verschreibungspflichtige Arzneimittel.

[16] Vgl. O.V. (2008a), A-604.

Es ist davon auszugehen, dass diese Aufweichungen im Rahmen des Zusammenwachsens der Europäischen Union weiter fortschreiten werden und der Arzneimittelmarkt in der Konsequenz einem zunehmenden Marktdruck standhalten muss.[17]

1.2 Zielsetzung der Arbeit

Im Bereich der Arzneimittel fand bisher keine ganzheitliche wissenschaftliche Auseinandersetzung mit Supply Chain Management-Konzepten statt.

- EWERS C. ET AL.[18] übertragen, im Rahmen ihrer Betrachtung der Arzneimittel-Supply Chain, Konzepte aus anderen Branchen weitestgehend ohne Berücksichtigung der rechtlichen und ethischen Rahmenbedingungen.
- Auch SCHÜRBÜSCHER ET AL.[19] vermeiden es im Rahmen ihrer Betrachtung der Arzneimittel-Supply Chain, die rechtlichen und organisatorischen Hemmnisse zu berücksichtigen.
- Die Gegenüberstellung der Krankenhausapotheken in Bezug auf die aktuellen Herausforderungen am Markt von WILKE ET AL. grenzt die Versorgung durch öffentliche Apotheken aus.[20]
- In anderen Publikationen zum Gesundheitswesen, wie in SCHMIDT-RETTIG, wird auf eine Unterscheidung der Sachgüter in Krankenhäusern sowie die Beachtung des rechtlichen Rahmens verzichtet.[21]

Das steigende Interesse der Akteure des Arzneimittelmarkts an Supply Chain Management-Konzepten und der nur rudimentär vorhandene wissenschaftliche Rahmen führen zu einem hohen Forschungsbedarf. Im Rahmen der vorliegenden Arbeit werden die Wertschöpfungskette, die Prozesstechnologien und die unterstützenden Technologien als Stellhebel der Reorganisation betrachtet.[22]

Es wird eine systematische vergleichende Analyse alternativer Organisationsformen der Arzneimittel-Supply Chain durchgeführt. Das Ziel ist die Ableitung von Gestaltungsempfehlungen für die beteiligten Parteien unter Berücksichtigung der Umsetzbarkeit bei gegebenen Rahmenbedingungen des deutschen Gesundheitswesens. Auf Basis dieser Empfehlungen erhalten die Akteure der Supply Chain Anregungen, wie durch eine effiziente Zuordnung von Manage-

---

[17] Vgl. Lorenz, F. (2008), S. 34ff.
[18] Siehe Ewers, C. L. J. et al. (2002).
[19] Siehe Schürbüscher, D. et al. (2003).
[20] Vgl. Wilke, T. et al. (2007), S. 1282.
[21] Vgl. Schmidt-Rettig, B. (2008), S. 584.
[22] Vgl. Davila, T. et al. (2005), S. 31ff.

mentkompetenzen, die vom Gesetzgeber geplanten Einsparungen im Arzneimittel- und Krankenhaussektor kompensiert werden können.

1.3 Methodische Grundlagen

In der Wissenschaft wird zwischen theoretischen und angewandten Wissenschaften unterschieden. Erstere beziehen sich auf Probleme in der Wissenschaft, die durch die Entwicklung von Theorien deskriptiv und wertfrei analysiert werden. Angewandte Wissenschaften beschäftigen sich mit Praxisproblemen. Sie entwerfen mögliche Wirklichkeiten. Das Ergebnis ist eine normative Bewertung der Nützlichkeit. Die Praxisrelevanz der Arbeit begründet eine Zuordnung in die anwendungsorientierte betriebswirtschaftliche Forschung.[23]

Im Vordergrund steht das Sammeln von vielfältigen Informationen, die das gesamte Spektrum abdecken.[24] Es wird anhand der morphologischen Methode vorgegangen.[25] Morphologie bezeichnet die Lehre des Gestaltens oder Formen eines Gegenstandes oder Sinnbereichs. Der morphologische Kasten wurde 1966 von dem Astrophysiker Fritz Zwicky als Instrument zur Ideenfindung vorgestellt.[26] Bei der morphologischen Methode wird das Problem zunächst umfassend analysiert. Die einzelnen Ausgestaltungsformen werden im morphologischen Kasten dargestellt. Die Charakteristika werden über intensionale Merkmale (A, B, C) widergespiegelt, extensionale Merkmale (A_1-A_x, B_1-B_x, C_1-C_x) sind die Ausgestaltungen der Charakteristika. Durch die Kombination der extensionalen Merkmale ergeben sich sämtliche realisierbare Ausgestaltungen auf analytisch-logischem Weg (vgl. Abbildung 1-2).[27]

<table>
<tr><th>INTENSIONALE MERKMALE</th><th colspan="30">EXTENSIONALE MERKMALE</th></tr>
<tr><td>A</td><td colspan="15">A1</td><td colspan="15">A2</td></tr>
<tr><td>B</td><td colspan="6">B1</td><td colspan="6">B2</td><td colspan="6">B3</td><td colspan="6">B4</td><td colspan="6">B5</td></tr>
<tr><td>C</td><td colspan="10">C1</td><td colspan="10">C2</td><td colspan="10">C3</td></tr>
</table>

Abbildung 1-2: Morphologischer Kasten
Quelle: In Anlehnung an Schulte, G. (2001), S. 425.

Nach Knieß umfasst die Erarbeitung eines morphologischen Kastens fünf Schritte:

[23] Vgl. Ulrich, H. et al. (2001), S. 220, Wilhelm, M. (2007), S. 11.
[24] Vgl. Wilhelm, M. (2007), S. 12.
[25] Zum Vorgehen vgl. auch Eiff, W. v. (1987), S. 151ff.
[26] Vgl. Kramps, U. (2002), S. 12, Knieß, M. (1995), S. 105.
[27] Vgl. Schulte, G. (2001), S. 424f., Kramps, U. (2002), S. 12, Knieß, M. (1995), S. 105.

1. Analyse und Definition des Forschungsobjektes.
2. Zerlegung des Problems in seine Bestandteile (intensionale Merkmale).
3. Ermittlung der möglichen Ausprägungen der Parameter (extensionale Merkmale).
4. Analyse der Kombinationsmöglichkeiten.
5. Alternativenauswahl.[28]

Der Pilotcharakter der möglichen Ausgestaltungsformen sowie die heterogene Marktsituation sprechen gegen eine großzahlige Befragung. Die Auswertung von standardisierten Interviews bringt im Gesundheitswesen im Regelfall qualitativ höherwertige Ergebnisse hervor, als groß angelegte Erhebungen auf Fragebogenbasis.[29] Daher wird im Rahmen der Alternativenauswahl auf Fallstudien zurückgegriffen. Fallstudien sind ein Ansatz innerhalb der qualitativen Forschungslogik. Zum einen werden qualitative Methoden zur Datenerhebung angewandt und zum anderen entsprechen sowohl das Ziel als auch der Zweck qualitativen Prinzipien.[30]

Derartige Untersuchungen können auf einer Fallstudie[31] oder mehreren Fallstudien basieren.[32] Es wird zwischen erforschenden, beschreibenden und erklärenden Untersuchungen unterschieden. Eine erforschende Fallstudienuntersuchung hilft bei der Hypothesenfindung für die nachfolgende Untersuchung oder bei der Bestimmung geeigneter Untersuchungsinstrumente. Eine beschreibende Untersuchung stellt ein Phänomen ganzheitlich dar. Eine erklärende Untersuchung liefert Begründungen für spezielle Zustände.[33] Die im Rahmen der folgenden Ausführungen verwendeten Fallstudien besitzen eine erklärende Funktion.

Fallstudien können laut YIN auf sechs verschiedenen Datenarten basieren. Hier sind die Verwendung von Quellen, Archivmaterialien, Interviews, direkten Beobachtungen, Fremdbeobachtungen und Artefakten zu nennen. Eine Kombination

[28] Vgl. Knieß, M. (1995), S. 105ff.

[29] Positive Erfahrungen mit Experteninterviews im Rahmen von Forschungsarbeiten im Gesundheitswesen machten bspw. Klemann, A. (2007) und Hamm, M. (2002). Im Gegensatz hierzu zeigte bspw. die Befragung im Rahmen des f&w Kompass, in der von 2200 angeschriebenen Krankenhäusern ein Rücklauf von nur 28 Fragebögen erreicht wurde, die Problematik einer Fragebogenaktion. Vgl. Albrecht, M. et al. (2005), S. 359, Schlüchtermann, J. (2005), S. 354. Auch die 2007 durchgeführte Befragung zur Krankenhauslogistik erzielte nur eine Rücklaufquote von 3,1 %. Vgl. Stoll, M. et al. (2008), S. 6.

[30] Vgl. Foreman, P. B. (1947/1948), S. 408ff., Bonoma, T. V. (1985), S. 206, Eisenhardt, K. M. (1989), S. 548f., Haag, T. (1994), S. 271, Kubicek, H. (1975), S. 58ff.

[31] In diesem Zusammenhang wird auch von der Einzelfallanalyse gesprochen. Vgl. hierzu ausführlich Petermann, F. (1996) S. 1ff.

[32] Vgl. Yin, R. K. (2003a), S. 5 und 135.

[33] Vgl. Yin, R. K. (2003a), S. 5, Boos, M. (1992), S. 7.

der Materialien ist für die Absicherung des Resultats sinnvoll.[34] Fallstudien haben in der Praxis häufig eine höhere Akzeptanz als rein quantitative Untersuchungen.[35]

1.4 Gang der Untersuchung

Die Untersuchung orientiert sich an dem von KNIEß empfohlenen Vorgehen (vgl. Abbildung 1-3).

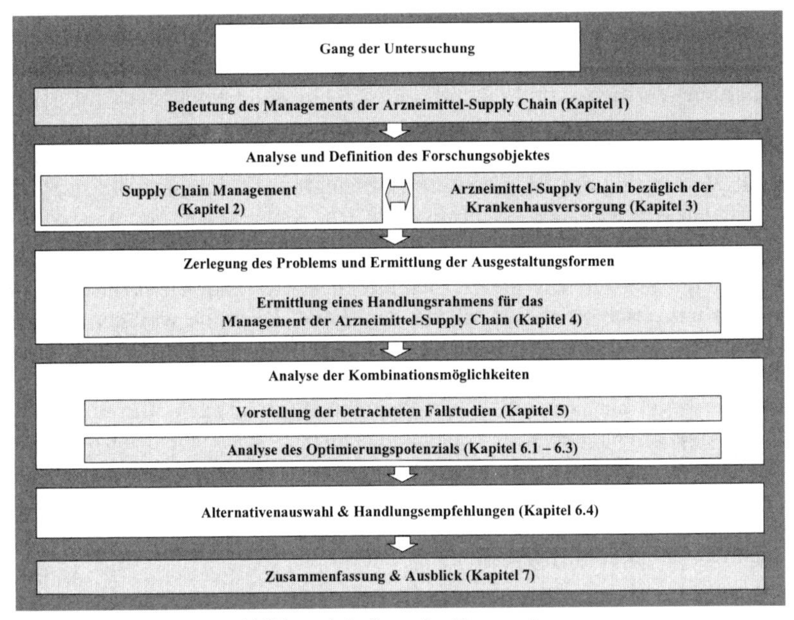

Abbildung 1-3: Gang der Untersuchung
Quelle: Eigene Darstellung.

In der Einleitung **(Kapitel eins)** wurden die aktuellen Rahmenbedingungen, die Zielsetzung sowie die Methodik der Arbeit dargestellt. Im Anschluss wird der Aufbau kurz erläutert.

---

[34] Vgl. Yin, R. K. (2003a), S. 83, Yin, R. K. (2003b), S. 13f. und 85ff., Eisenhardt, K. M. (1989), S. 532 und 534, Kromrey, H. (2006), S. 535.

[35] Vgl. Boos, M. (1992), S. 10. Das wissenschaftliche Umfeld steht diesen qualitativen Lösungen oft noch kritisch gegenüber und bevorzugt quantitative Ansätze. Vgl. Ulrich, H. et al. (2001), S. 147.

Nach KNIEß stellt die Analyse und Definition des Forschungsobjektes den ersten Schritt der Erstellung des morphologischen Kastens dar. Dieser Aspekt wird in **Kapitel zwei** und **drei** realisiert.

Im **zweiten Kapitel** wird der Supply Chain Management-Begriff diskutiert und die Arbeitsdefinition abgeleitet. Im Anschluss werden die grundlegenden Charakteristika dieses Konzeptes vorgestellt. Lagerbestände sind Qualitätsindikatoren des Supply Chain Managements, daher wird auf die Ausgestaltung der Lagerhaltung in Supply Chains eingegangen, bevor die unterschiedlichen Zuständigkeitskonzepte erläutert werden. Die Darstellung erfolgt ohne direkten Bezug zur Arzneimittel-Supply Chain.

Im **dritten Kapitel** wird die deutsche Arzneimittel-Supply Chain bezüglich der Krankenhausversorgung dargestellt. Wobei aus Sicht des Arzneimittelherstellers lediglich die Vertriebs-, und nicht die Produktionsseite betrachtet wird. Hierzu werden zunächst die beteiligten Parteien charakterisiert, bevor ihre Beziehungen stufenweise und im Gesamtzusammenhang dargestellt werden. An dieser Stelle darf die Versorgung des Patienten mit Arzneimitteln im Krankenhaus nicht außer Acht gelassen werden.

Zu Beginn des **vierten Kapitels** wird die aktuelle Supply Chain Management-Entwicklung, bezogen auf die Arzneimittelhersteller und Krankenhäuser, auf Basis von wissenschaftlichen Analysen dargestellt. Durch diesen Schritt werden die Darstellung und die Analyse des Forschungsobjektes abgeschlossen. Darauf aufbauend erfolgen nach KNIEß die Zerlegung des Problems in seine Bestandteile und die Ermittlung der möglichen Parameterausprägungen. Die im Rahmen der Darstellung und Analyse des Forschungsobjektes ausgemachten Charakteristika werden bezüglich der Lagerhaltung, der Kooperation und der Koordination zusammenfassend dargestellt. Zudem wird der Analysefokus der einzelnen Charakteristika erläutert. Die Ergebnisse werden abschließend zu einem morphologischen Kasten zusammengefasst.

Im **fünften Kapitel** werden die betrachteten Fallstudien vorgestellt, auf deren Basis im sechsten Kapitel eine realitätsnahe Analyse erfolgt. Objekte der Fallstudien sind die Pharma Logistik GmbH, Bönen, die Zentralapotheke des Mathias-Spital, Rheine, die Sanicare Apotheke, Bad Laer, die paderlog, Paderborn, die vertikale Integration von Cardinal Health in den USA und das Pharmacy Supply Chain Project in Großbritannien.

Im **sechsten Kapitel** wird die Analyse der Kombinationsmöglichkeiten durchgeführt. Für jedes Charakteristikum wird die aktuelle Ausgestaltung in der Arzneimittel-Supply Chain herausgearbeitet. Dies geschieht auf Basis der Fallstudien, ergänzt um die gängige Fachliteratur. Sofern es sich um ein strategisches Kriterium handelt, werden im Folgenden anhand von Best Practices, die sowohl aus der Fallstudienbetrachtung als auch aus der wissenschaftlichen Literatur abgeleitet werden, Optimierungspotenziale dargestellt. Auf Basis der aktuellen Ausgestaltung der Arzneimittel-Supply Chain, der aufgezeigten Optimierungspotenziale sowie der rechtlichen und technologischen Rahmenbedingung werden Handlungsempfehlungen für die Parteien der Arzneimittel-Supply Chain abgeleitet. Abschließend wird auf Basis der zuvor durchgeführten Analyse eine zusammenfassende Handlungsempfehlung deduziert. Entwicklungspotenziale für die Parteien der Supply Chain werden anhand des morphologischen Kastens visualisiert.

Im **siebten Kapitel** werden die wesentlichen Ergebnisse der Arbeit zusammengefasst. Zudem werden verwandte Forschungsfragen angeführt, die im Rahmen der empirischen Analyse auftraten.

2 Supply Chain Management

Die Betrachtung des Supply Chain Managements findet zunächst ohne direkten Bezug zu den Parteien der Arzneimittel-Supply Chain statt. Durch die Vielzahl der Beziehung in der Arzneimittel-Supply Chain würde der Analyse im sechsten Kapitel vorausgegriffen.

2.1 Grundlegende Aspekte des Supply Chain Managements

In Kapitel 2.1.1 wird die Supply Chain als Betrachtungsobjekt definiert. Aus den alternativen Supply Chain Management-Schulen nach BECHTEL ET AL. wird im Kapitel 2.1.2 die Arbeitsdefinition abgeleitet. Im Anschluss werden in Kapitel 2.1.3 die Ursprünge des Supply Chain Managements in der Logistik erläutert, bevor im Kapitel 2.1.4 die Aufgaben, Ziele und Voraussetzungen des Supply Chain Managements charakterisiert werden. Abschließend wird auf die Ursache und die Notwendigkeit des Supply Chain Managements eingegangen.

2.1.1 Supply Chain als Betrachtungsobjekt

Nach OTTO existieren drei alternative Supply Chain-Sichten: die Supply Chain als Wertschöpfungsprozess, die Supply Chain als Gruppe von Unternehmen und die Supply Chain als Superorganisation, die eine rechtlich zusammengehörende Organisation darstellt.[1] OTTO vertritt die Ansicht, dass eine Supply Chain ein Netzwerk vertikal kooperierender Unternehmen über mehr als zwei Wertschöpfungsstufen darstellt, die gemeinschaftlich agieren.[2] Diesem Supply Chain-Verständnis wird im Rahmen der folgenden Ausführungen gefolgt (vgl. Abbildung 2-1).[3]

> *„A Supply Chain is the entire network related to the activities of a firm that links suppliers, factories, warehouses, stores, and customers. It requires management of goods, money, and information among all relevant players."*[4]

---

[1] Vgl. Otto, A. (2002), S. 89ff. Siehe auch Werner, H. (2008), S. 10ff.

[2] Vgl. Otto, A. (2002), S. 88. Ähnliche Definitionen finden sich bei Gronau, N. (2004), S. 207f., Stadtler, H. (2007), S. 9, Poppe, R. et al. (2004), S. 23, Schönsleben, P. (2007), S. 13.

[3] Auf den Netzwerkbegriff wird im Rahmen dieser Arbeit nicht eingegangen. Detaillierte Ausführungen zum Netzwerk als Ausgangspunkt des Supply Chain Managements finden sich in Corsten, H. et al. (2007), Otto, A. (2002).

[4] Nahmias, S. (2005), S. 294.

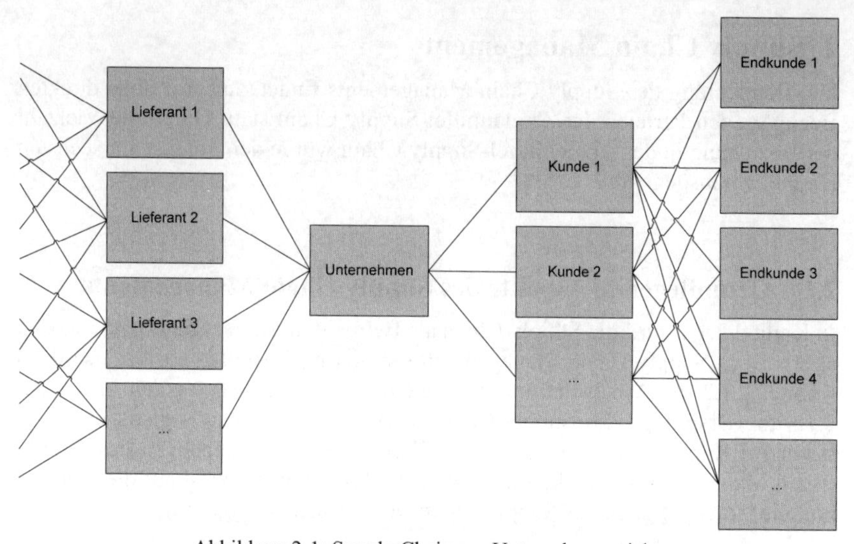

Abbildung 2-1: Supply Chain aus Unternehmenssicht
Quelle: In Anlehnung an Porter, M. E. (2004), S. 35.

Die Supply Chain repräsentiert aus Unternehmenssicht sowohl Interaktionen mit liefernden als auch mit belieferten Stufen.[5] Supply Chains sind im Regelfall natürlich gewachsen. Daher ist ihre Struktur nicht nach rationalen und ökonomischen Gesichtspunkten gestaltet. Bei einer Neugründung würden sie anders strukturiert werden.[6]

Zur ganzheitlichen Gestaltung einer Supply Chain sind nach LAWRENZ fünf Elemente zu berücksichtigen. Es ist wichtig, dass die Supply Chain-Parteien eine gemeinsame *Strategie* entwickeln. Diese beeinflusst die *Prozesse* in der Supply Chain sowie die *Organisation* der Supply Chain. Auch die Supply Chain internen *Informationssysteme* und *Kennzahlensysteme* müssen der Strategie, den Prozessen und der Organisationsstruktur entsprechen. Je besser die fünf Elemente aufeinander abgestimmt sind, desto besser ist die Anpassung an die Marktgegebenheiten realisierbar.[7]

---

[5] Vgl. Gronau, N. (2004), S. 207f. Eine Differenzierung in die Begriffe Supply Chain für die Lieferantenbeziehungen und Demand Chain für die Kundenbeziehungen konnte sich nicht durchsetzen.

[6] Vgl. Lawrenz, O. (2001), S. 20.

[7] Vgl. Lawrenz, O. (2001), S. 25.

2.1.2 Diskussion des Supply Chain Management-Begriffes

Im Folgenden werden zunächst die Gedankenschulen des Supply Chain Managements nach BECHTEL ET AL. erläutert, bevor die Arbeitsdefinition des Supply Chain Managements abgeleitet wird.

2.1.2.1 Gedankenschulen des Supply Chain Managements

BECHTEL ET AL.[8] unterscheiden vier Gedankenschulen im Rahmen des Supply Chain Managements. Dies sind die Functional Chain Awareness School, die Linkage/Logistics School, die Information School und die Integration/Process School. Die unterschiedlichen Ansichten werden im Folgenden kurz vorgestellt.[9]

Supply Chain Awareness School

Im Rahmen der Supply Chain Awareness School wird die Existenz der Supply Chain und der Funktionsbereiche erfasst. Der Schwerpunkt der Supply Chain Management-Aktivitäten liegt in der integrativen Sicht aller Supply Chain-Parteien, vom Rohstofflieferanten bis zum Endkunden. Den primären Fokus stellt das Management des Warenflusses dar.

> *„A supply chain is a network of facilities that perform the functions of procurement of material, transformation of material to intermediate and finished products, and distribution of finished products to costumers.“*[10]

> *„Although its evolution has spanned a number of years, the concept of supply chain management focuses attention on the interactions of channel members to product an end product/service that will provide best comparative net value for the end customer“*[11]

Linkage/Logistics School

Die Linkage School nimmt nicht nur die Existenz der Supply Chain war. Der Warenfluss wird hier als Beziehung zwischen den Supply Chain-Parteien angesehen. In diesem Rahmen wird analysiert, inwiefern die Beziehungen zwischen den einzelnen Parteien optimiert werden können, um einen Wettbewerbsvorteil zu generieren. Der Fokus liegt auf der Glättung des Materialflusses zwischen den Funktionsbereichen und der Optimierung der Lagerbestände.

---

[8] Vgl. Bechtel, C. et al. (1997), S. 16ff.

[9] Vgl. im Folgenden Bechtel, C. et al. (1997), S. 16ff., Werner, H. (2008), S. 9f., Eisenbarth, M. (2003), S. 24ff.

[10] Lee, H. L. et al. (1993), S. 835.

[11] Langley, J. C. et al. (1992), S. 13.

"The Supply Chain, which is also referred to as the logistics network, consists of suppliers, manufacturing centers, warehouses, distribution centers and retail outlets, as well as raw materials, work-in-progress inventory, and finished products that flow between the facilities"[12]

Information School

Die Information School legt den Fokus auf die Informationsflüsse. Diese werden als Rückgrat der Supply Chain angesehen. Es wird besonders die Relevanz eines bidirektionalen Informationsflusses zwischen den Parteien betont. In diesem Sinne wird der Informationsaustausch nicht stufenweise vollzogen, sondern über die gesamte Supply Chain.

"Product and information flow encompassing all parties beginning with the supplier's suppliers and ending with customers or consumers/end users ... flows are bidirectional."[13]

Integration/Process School

Die Integration/Process School entwickelt die Perspektive der Linkage School weiter. Während die Linkage School die generelle Supply Chain-Struktur als gegeben annimmt und optimiert, wird hier eine Restrukturierung der Supply Chain in Betracht gezogen. Der Fokus liegt auf der Steigerung der Kundenzufriedenheit. Dieses Ziel kann durch eine Umgestaltung der Prozesse erlangt werden.

"The integration of all key business processes across the supply chain is what we are calling supply chain management."[14]

2.1.2.2 Abgrenzung des Supply Chain Management-Begriffes

Trotz der unterschiedlichen Definitionen des Supply Chain Managements herrscht in den folgenden Punkten Einigkeit:

- Das Supply Chain Management basiert auf der zunehmenden firmenübergreifenden Integration und Koordination.
- Waren- und Informationsflüsse existieren in beide Richtungen der Supply Chain.

---

[12] Simchi-Levi, D. et al. (2000), S. 1.

[13] Manrodt et al. (1995) zitiert nach Bechtel, C. et al. (1997), S. 17.

[14] Cooper, M. C. et al. (1997), S. 11.

- Das Kernziel ist eine hohe Kundenzufriedenheit, bei einem angemessenen Ressourcenverbrauch.[15]

Im Fokus der späteren Betrachtung steht der Warenfluss vom Arzneimittelhersteller zum Patienten im Krankenhaus. Die grundsätzliche Struktur der Supply Chain ist rechtlich vorgegeben. Eine Optimierung der Warenflüsse wird angestrebt. Dieses Vorgehen entspricht der Linkage School. Im Folgenden wird der Definition von SIMCHI-LEVI ET AL. gefolgt:

> *„Supply Chain Management is a set of approaches utilized to efficiently integrate suppliers, manufacturers, warehouses, and stores, so that merchandise is produced and distributed at the right quantities, to the right location, and at the right time, in order to minimize system-wide costs while satisfying service level requirements.“*[16]

Synonym zum Supply Chain Management werden in der Literatur die Begriffe Wertschöpfungskettenmanagement, Versorgungskettenmanagement, Produktionslinienma-nagement, Leistungskettenmanagement und Value Chain Management verwendet.[17]

Der Logistik- und Supply Chain Management-Gedanke im Gesundheitswesen grenzt sich von der allgemeinen Auffassung dadurch ab, dass neben Waren und Informationen Personen (Patienten[18], Mitarbeiter, etc.) Gegenstand der Betrachtung sind. Im Gesundheitswesen wird die Logistik als Planung, Steuerung, Durchführung und Kontrolle von Waren-, Informations-, Finanz- und Personenflüssen zwischen den Institutionen angesehen.[19] Ziel ist, die richtigen Ressourcen, in der richtigen Menge und in der richtigen Qualität[20], zum richtigen Zeitpunkt, am richtigen Ort, für den richtigen Kunden, zu niedrigen Kosten bereitzustellen.[21] Die Versorgungslogistik konzentriert sich u. a. auf die bedarfsgenaue Beschaffung und Bereitstellung von Medizinprodukten, von Wirtschafts- und Verwaltungsbedarf sowie von Arzneimitteln.[22]

---

[15] Vgl. Cooper, M. C. et al. (1997), S. 4, Scheckenbach, R. et al. (2003), S. 15, Schönsleben, P. (2007), S. 95. Unterschiedliche Auffassung des Supply Chain Management Begriffes werden bspw. bei Wildemann, H. (2007), S. 15 und S. 17 angeführt.

[16] Simchi-Levi, D. et al. (2000), S. 1.

[17] Vgl. Hirschsteiner, G. (2006), S. 444.

[18] In Vissers, J. (2005) ist eine ausführliche Betrachtung der Patientenlogistik im Krankenhaus zu finden.

[19] Vgl. Pieper, U. et al. (2004), S. 186, Kriegel, J. (2007), S. 598f.

[20] Nach Donabedian, A. (2005), S. 691ff. ergibt sich die Qualität der medizinischen Versorgung aus der Struktur-, Prozess- und Ergebnisqualität. Die Strukturen in der Organisation stellen die Grundlagen für eine effektive Prozessgestaltung und ein gutes Ergebnis dar.

[21] Vgl. Kriegel, J. (2007), S. 598f., Karrasch, R. et al. (2004), S. 31.

[22] Vgl. Fernekohl, W. et al. (2001), S. 1000.

Aktuelle Trends in der Healthcare-Logistik Logistik sind nach PIEPER ET AL. bspw. das Vendor Managed Inventory, Konsignationslager, Kanban, Abstimmung und Automatisierung der Prozesse, Standardisierung, Konzentration der Arbeitskräfte auf ihre Kernaufgaben, Verringerung der Lagerflächen, Verringerung der Lieferzeiten oder Direktlieferungen.[23]

2.1.3 Logistik als Ursprung des Supply Chain Managements

Nach GÖPFERT können die Supply Chain Management-Definitionen auf Basis des Logistikbezuges differenziert werden. Die erste Definitionsgruppe sieht einen direkten Bezug des Supply Chain Managements zur Logistik. Die Vertreter der zweiten Gruppe erkennen keinen direkten Bezug.[24]

Neben SIMCHI-LEVI ET AL. ist TEMPELMEIER der ersten Gruppe zuzuordnen. Er sieht das Supply Chain Management als eine um Softwaretechniken erweiterte Umschreibung des altherkömmlichen Logistikgedankens an.[25] Andere Autoren grenzen ab, dass die Logistik im klassischen Sinne unternehmensinterne Flüsse in den Vordergrund stellt und dass das Supply Chain Management den Beziehungen der Supply Chain-Parteien besondere Aufmerksamkeit schenkt.[26]

Die zweite Definitionsgruppe nach GÖPFERT, der bspw. COOPER ET AL.[27] zuzuordnen sind, interpretiert Supply Chain Management als Management der Geschäftsprozesse und Beziehungen zwischen den Unternehmen.[28]

> *"Supply chain management is the integration of business processes from end user through original suppliers that provides products, services and information that add values for customers."*[29]

Das Verständnis des Logistikbegriffes wandelte sich schrittweise. In aktuellen Publikationen sind fünf Entwicklungsstufen zu finden (vgl. Abbildung 2-2).[30]

---

[23] Vgl. Pieper, U. et al. (2004), S. 18. Von einer Erläuterung der einzelnen Konzepte wird an dieser Stelle abgesehen. Die Begriffe werden im weiteren Verlauf der Untersuchung erläutert.

[24] Vgl. Göpfert, I. (2004), S. 28f. Siehe hierzu auch Werner, H. (2008), S. 12f.

[25] Vgl. Tempelmeier, H. (2006a), S. 2.

[26] Vgl. Stölzle, W. et al. (2004), S. 126, Adam, D. (2004), S. 13.

[27] Siehe Cooper, M. C. et al. (1997), S. 1ff.

[28] Vgl. Göpfert, I. (2004), S. 29.

[29] Cooper, M. C. et al. (1997), S. 2.

[30] Vgl. Cooper, M. C. et al. (1997), S. 3.

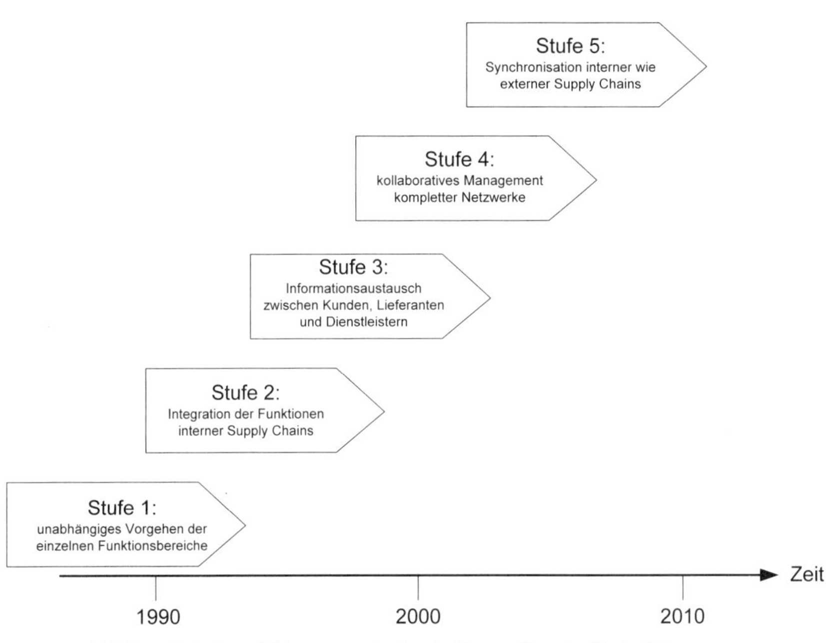

Abbildung 2-2: Entwicklung von der Logistik zum Supply Chain Management
Quelle: In Anlehnung an Werner, H. (2008), S. 15.

Stufe 1: Klassische Logistik

Von der klassischen Logistik wird bei der Optimierung von einzelnen Funktionsbreichen eines produzierenden Unternehmens durch eine spezialisierte Servicefunktion gesprochen. Sie erfüllt Warenfluss bezogene Aufgaben und wird in den einzelnen Organisationsbereichen eines Unternehmens, wie Beschaffung, Produktion und Vertrieb, isoliert durchgeführt.[31]

Stufe 2: Logistik als interne Querschnittsfunktion

Auf der zweiten Stufe werden die warenflussbezogenen Abläufe und Prozesse funktionsübergreifend optimiert. Es findet zwar eine zentral gesteuerte unternehmensweite Koordination statt. Diese interne Optimierung wird aber nicht als Wettbewerbsvorteil angesehen.[32] Durch funktionsübergreifendes Handeln werden interne Hürden überwunden und der Grundstein für ein Prozessdenken gelegt.[33]

[31] Vgl. Baumgarten, H. (2004b), S. 2ff., Cahill, D. L. (2007), S. 20f., Engelbrecht, C. (2003), S. 52, Raetzell, B. (2006), S. 30ff.

[32] Vgl. Baumgarten, H. (2004b), S. 2ff., Cahill, D. L. (2007), S. 20f., Engelbrecht, C. (2003), S. 52, Raetzell, B. (2006), S. 30ff.

[33] Vgl. Baumgarten, H. (2004a), S. 54ff., Bogaschewsky, R. (2002), S. 22.

Stufe 3: Logistik zum Aufbau und zur Optimierung von internen und externen Prozessketten

In der dritten Stufe wird Logistik als Instrument zum Aufbau und zur Optimierung von Prozessketten angesehen. Hier findet eine ganzheitliche Betrachtung statt. Die Logistik ist im Unternehmen verankert und leistet einen substanziellen Beitrag zur Unternehmensstrategie.[34] Durch die ganzheitliche Prozesssicht werden Kunden und Lieferanten in die Planung des Warenflusses einbezogen. Es kommt zum Informationsaustausch zwischen den einzelnen Organisationsbereichen des Unternehmens. Diese Sicht entspricht dem derzeitigen Umsetzungsstand in deutschen Unternehmen.[35]

Stufe 4: Logistik zum Aufbau und zur Optimierung von Supply Chains

Auf der vierten Stufe dient die Logistik, dem Aufbau und der Optimierung von Supply Chains. Die Planung, Steuerung und Koordination geht über die Unternehmensgrenzen hinaus, was durch einen elektronischen Informationsfluss unterstützt wird. Somit nimmt die Logistik eine Schlüsselrolle in der Konzernstrategie ein.[36] In diesem Kontext wird von Supply Chain Management gesprochen.[37] Es besteht eine enge Zusammenarbeit sowie eine durchgängige und ganzheitliche Information aller Partner.[38]

Stufe 5: Synchronisation und Reduzierung interner wie externer Supply Chains

Die fünfte Stufe beschreibt nach BAUMGARTEN eine Vision im Rahmen der Supply Chain Management-Entwicklung. Eine besondere Relevanz haben in diesem Zusammenhang Systemdienstleister[39] und das Internet.[40] Die Supply Chain ist komplett synchronisiert, wodurch unnötige Prozessschritte vermieden werden. Die Nachfragemengen und Wünsche der Kunden werden elektronisch erfasst, wodurch allen Parteien vom Hersteller bis zum Rohstofflieferanten die notwendigen Daten vorliegen. Alle Handlungen und Entscheidungen basieren somit auf der vollständigen Marktkenntnis.[41]

---

[34] Vgl. Baumgarten, H. (2004b), S. 2ff., Cahill, D. L. (2007), S. 20f., Engelbrecht, C. (2003), S. 53, Raetzell, B. (2006), S. 30ff.

[35] Vgl. Baumgarten, H. (2004a), S. 54ff., Bogaschewsky, R. (2002), S. 22.

[36] Vgl. Baumgarten, H. (2004b), S. 2ff., Cahill, D. L. (2007), S. 20f., Engelbrecht, C. (2003), S. 53f., Raetzell, B. (2006), S. 30ff.

[37] Vgl. Cahill, D. L. (2007), S. 20f.

[38] Vgl. Baumgarten, H. (2004a), S. 54ff., Bogaschewsky, R. (2002), S. 22.

[39] Systemdienstleister stellen ein verbindendes Element zwischen Lieferanten und Krankenhäusern dar. Teilweise übernehmen diese über die reinen Transportaufgaben hinaus zusätzliche Aufgaben, wie die Kommissionierung. Vgl. Pieper, U. et al. (2002), S. 305f.

[40] Vgl. Baumgarten, H. (2004b), S. 2ff.

[41] Vgl. Baumgarten, H. (2004a), S. 54ff., Bogaschewsky, R. (2002), S. 22, Werner, H. (2008), S. 14.

Basierend auf der hier dargestellten Entwicklung des Logistikgedankens, wird im weiteren GÖPFERT gefolgt, die einen direkten Zusammenhang zwischen der Logistik und dem Supply Chain Management anerkennt.[42]

2.1.4 Aufgaben, Ziele und Voraussetzungen des Supply Chain Managements

2.1.4.1 House of Supply Chain Management

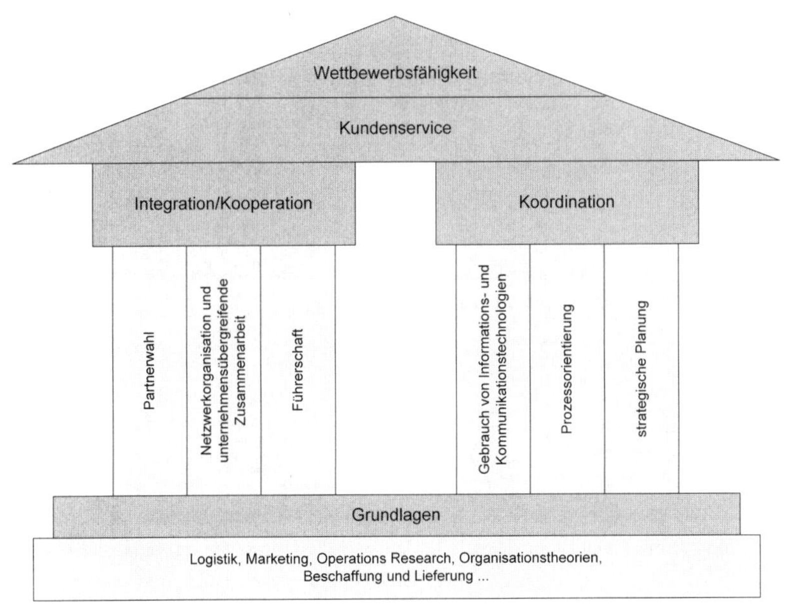

Abbildung 2-3: House of Supply Chain Management
Quelle: In Anlehnung an Stadtler, H. (2007), S. 12.

Das *House of Supply Chain Management* (vgl. Abbildung 2-3) ist eine ganzheitliche Darstellung des Supply Chain Management-Gedankens. Die angeführten Basistätigkeiten eines Unternehmens wie Logistik, Marketing, Operations Research, Organisationstheorien, Beschaffung und Absatz bilden die Grundlagen eines ganzheitlichen Supply Chain Managements.[43] Die tragenden Säulen reprä-

[42] Vgl. Göpfert, I. (2004), S. 30f.

[43] Nach Schönsleben, P. (2007), S. 8f. werden unternehmensintern das Beschaffungsmanagement, das Produktionsmanagement, das Absatzmanagement, das Logistikmanagement und das Operations Management durch den Begriff Wertschöpfungsmanagement repräsentiert. Unternehmensübergreifend deckt das Management der Wertschöpfungskette alle Bereiche mit ab.

sentieren die Integration/Kooperation und die Koordination der Parteien. Die wesentlichen Ziele, Wettbewerbsfähigkeit und Kundenservice, finden sich im Dach wider.[44] Dieses Modell liefert den Rahmen für die folgenden Ausführungen.

2.1.4.2 Aufgaben des Supply Chain Managements

Die Aufgabenbreite des Supply Chain Managements wird in Abbildung 2-4 systematisch dargestellt. DEEPEN differenziert die logistischen Leistungen nach der Komplexität und dem Führungshorizont. Der Führungshorizont berücksichtigt die Leistungstiefe und die Dauer der Bindung. Ziel ist die Zuordnung der Aufgaben nach operativer bzw. strategischer Bedeutung für das Unternehmen. Der Faktor Komplexität berücksichtigt die benötigten IT-Strukturen, den Integrationsgrad der betrachteten Supply Chain und den Globalisierungsgrad der Leistung.[45]

Führungshorizont	Komplexität: niedrig	Komplexität: hoch
strategisch	Aufbau und Gestaltung von Supply Chains (Strategische Planung, Netzwerkplanung, Lieferantenauswahl, Erfolgszuweisung, ...)	Planung von Supply Chains (Transportplanung, Beschaffungsplanung, Bestandsplanung, Distributionsplanung, ...)
operativ	klassische TUL (Transportieren, Lagern, Kommissionieren, Verpackung, ...) Mehrwert TUL (Qualitätssicherung, Vormontage, Kundendienst, Anarbeitung, ...)	Steuerung von Supply Chains (Tracking & Tracing, Beschaffungssteuerung, Bestandssteuerung, Distributionssteuerung, Disposition, ...)

Abbildung 2-4: Systematisierungsansatz für logistiknahe Leistungen im Rahmen des Supply Chain Managements
Quelle: In Anlehnung an Deepen, J. M. (2003), S. 129.

Im Rahmen dieser Arbeit wird der Fokus auf die Gestaltung der komplexeren Bereiche des Supply Chain Managements gelegt. Dies umfasst die Planung und die Steuerung der Supply Chain.

2.1.4.3 Ziele des Supply Chain Managements

Langfristig entstehen durch das Supply Chain Management verzahnte Supply Chains und Netzwerke, durch welche die Waren- und Informationsflüsse effizienter geplant, gesteuert und organisiert werden können.[46] Über Jahrzehnte war

[44] Vgl. Stadtler, H. (2007), S. 12.
[45] Vgl. Deepen, J. M. (2003), S. 128f.
[46] Vgl. Kriegel, J. et al. (2002), S. 538.

die Reaktionszeit das maßgebliche Kriterium für die Supply Chain-Kompetenz. In der heutigen Zeit wird ein breiterer Fokus verfolgt, um ein langfristiges Bestehen des Unternehmens zu gewährleisten.[47]

Nach KARRER sind die wesentlichen Ziele des Supply Chain Managements der Endkundennutzen, die Wertsteigerung, die Kostensenkung, der Zeitvorteil und die Qualitätsverbesserung.[48] WERNER benennt neben Kosten, Qualität und Zeit, die Effektivität und Effizienz der Aktivitäten sowie die Flexibilität.[49] Insgesamt generieren diese Aspekte Wettbewerbsvorteile. Somit werden hier die Ziele Kundenservice und Wettbewerbsfähigkeit angeführt, die im House of Supply Chain Management repräsentiert werden.

Die Supply Chain ist so zu gestalten und optimieren, dass durch eine langfristige Zusammenarbeit eine Win-Win-Situation[50] und ein Gesamtoptimum erreicht werden, d. h. eine Wertsteigerung für die beteiligten Unternehmen. Dazu muss den Anforderungen der (End-)Kunden Rechnung getragen werden und die Wettbewerbsfähigkeit der gesamten Supply Chain gesteigert werden.[51]

Durch eine gesteigerte Transparenz können im Rahmen der Supply Chain-Planung Kostenvorteile herbeigeführt werden. Die Planungskosten, die Bestände und die Lagerhaltungskosten werden gesenkt und die Supply Chain-Prozesse werden optimiert. Die Prozessoptimierung verläuft über die Anpassung der Bestellmengen und -zyklen, der Lademengen und -zyklen sowie der Warenannahme und –ausgabe. Neben der Kostensenkung strebt die Prozessoptimierung Zeitvorteile an, wie eine verbesserte Produkteinführungszeit.[52] Bezüglich der Auftragsabwicklungszeit werden durch das Supply Chain Management unter ceteris paribus-Bedingungen Optimierungspotenziale von 40 % bis 75 % unterstellt.[53]

Eine unterstellte Optimierung der qualitativen Aspekte Liefertreue (10 % - 25 %) und Rückgang der überfälligen Bestellungen (70 % - 90 %) bei ceteris paribus-Bedingungen zeigt den Qualitätsfokus des Supply Chain Managements.[54]

---

[47] Vgl. Ireland, R. K. et al. (2005), S. 1.

[48] Vgl. Karrer, M. (2006), S. 49f.

[49] Vgl. Werner, H. (2008), S. 25ff.

[50] Zur detaillierten Abgrenzung und Erläuterung des Win-Win Begriffes siehe Lewicki, R. J. et al. (1998), S. 64ff.

[51] Vgl. Stadtler, H. (2007), S. 11, Aberle, G. (2003), S. 508, Brenner, W. et al. (2007), S. 6, Winkler, H. (2005), S. 427. Zadek, H. (2004a), S. 158 bemängelt, dass bei der Umsetzung von Supply Chain Management Konzepten die Kundenorientierung nicht beachtet wird. Gerade in der Anbahnungsphase würden diese oft vernachlässigt, obwohl der positive Zusammenhang zwischen Kundenbindung und Gewinnhöhe empirisch belegt sei.

[52] Vgl. Eskew, M. (2002), S. 24, Brenner, W. et al. (2007), S. 6, Rink, C. et al. (2007), S. 60, Wannenwetsch, H. (2005), S. 62. Zur Umsetzung dieser Ziele müssen auch die Reduktion der Lieferantenzahl und die Vertragsgestaltung betrachtet werden. Vgl. Wildemann, H. (2005), S. 66.

[53] Vgl. Werner, H. (2008), S. 1.

[54] Vgl. Werner, H. (2008), S. 1.

Eine Qualitätssteigerung kann vor allem durch die Risikoreduzierung erfolgen. Diese stellt nach VOEGELE ein Basisziel zwischenbetrieblicher Tätigkeiten dar und wird von der Erschließung fehlender Ressourcen und der Nutzung von Synergiepotenzialen beeinflusst.[55]

2.1.4.4 Voraussetzungen des Supply Chain Managements

Transparenz, Flexibilität und Schnelligkeit sind Grundvoraussetzungen für eine funktionierende Supply Chain. Die Kooperation der Parteien basiert auf einem intensiven Austausch der Abgangs- und Bestandsdaten.[56] Wesentliche Voraussetzungen stellen in diesem Zusammenhang das Vertrauen, das Personal, die Kommunikation, die technologische Unterstützung und im Besonderen die Tracking und Tracing-Technologien dar, deren Bedeutung im Folgenden kurz erläutert wird.

Vertrauen

> *„Wissen und Vertrauen sind wirtschaftliche Güter. Aus ihnen erwachsen Berechenbarkeit, Sicherheit und Erfolg."*[57]

Vertrauen ist die Bereitschaft in einer Beziehung offen zu agieren, in der Erwartung nicht enttäuscht zu werden.[58] Nach WILHELM stellt es einen besonders wichtigen Erfolgsfaktor des Supply Chain Managements dar. Es interagiert mit anderen Erfolgsfaktoren.[59] In der Theorie wird oft diskutiert, ob Vertrauen eine Grundvoraussetzung für Kollaborationen darstellt oder erst durch Kollaborationen entsteht.[60] Unabhängig von der Ursache-Wirkungs-Beziehung bleibt festzuhalten, dass eine Kollaboration scheitert, wenn das Vertrauen zwischen den Parteien nicht existent ist.[61]

---

[55] Vgl. Voegele, A. R. (1998), S. 34.

[56] Vgl. Kunkel, M. (2004), S. 249 und 253.

[57] Hirschsteiner, G. (2006), S. 502. Vertrauen wird auch im Rahmen der Sozialkapitaltheorie diskutiert. Vgl. Erlei, M. et al. (2007), S. 559ff. Auf diesen Aspekt wird im Rahmen dieser Arbeit nicht eingegangen.

[58] Vgl. Rousseau, D. M. et al. (1998), S. 393ff.

[59] Vgl. Wilhelm, M. (2007), S. 40f. Dieser Ansicht ist auch Winkler, H. (2008), S. 86.

[60] Vgl. Corsten, D. et al. (2002), S. 8.

[61] Vgl. Poppe, R. et al. (2004), S. 26. Auch Oecking, C. et al. (2005), S. 49ff. betonen die Bedeutung des Vertrauens für eine funktionierende Geschäftsbeziehung.
Das mangelnde Vertrauen resultiert auf einseitigen Informationen und der Befürchtung von Missbrauch. Zur Behebung der Spannungen zwischen den Parteien bieten sich Verträge an. Vor Vertragsabschluss finden die Informationsbeschaffung, die Anbahnung und die Vereinbarung der Vertragsinhalte statt. Nach Abschluss sind Kontrollen durchzuführen und Änderungen vorzunehmen. Diese Aspekte führen zu Transaktionskosten. Vgl. Werner, H. (2008), S. 37, Erlei, M. et al. (2007), S. 200.

Personal

Zur Umsetzung eines Supply Chain Managements ist das betroffene Personal von großer Bedeutung. Es muss sich verantwortlich fühlen und mit den Prozessen vertraut sein.[62] Die einzelnen Aspekte, wie das Bestandsmanagement, erfordern von den Mitarbeitern nicht nur den Einsatz der richtigen Instrumente, sondern vor allem Urteilsfähigkeit und Kompetenz.[63] Der Mensch ist der soziale Faktor; über ihn laufen die Kommunikation und die Beziehung zu den Marktpartnern. Die persönliche Kommunikation hilft bei der Realisierung der Wertschöpfung.[64]

Kommunikation

Nach RINK ET AL. spielt die Kommunikation zwischen den Organisationen eine bedeutende Rolle.[65] Sie wird bei der Bildung von Kooperationen oft unterschätzt. Dabei kann gerade eine gute Kommunikation zwischen den Parteien die Beziehung festigen und das Vertrauen stärken.[66] Durch die Kommunikation und enge Zusammenarbeit mit den Kunden kann der Informationsfluss optimiert werden. Waren- und Kundenflüsse können im Sinne des Supply Chain Managements bestmöglich gestaltet werden.[67]

Technologische Unterstützung

Informationstechnologien sind eine Grundvoraussetzung der Koordination.[68] IT-Systeme schaffen vorrangig Transparenz. Allen Beteiligten wird ein Zugang zu den relevanten Daten ermöglicht. Gerade verzögerte bzw. unvollständige Informationsweiterleitung, unbekannte Bestände oder Produktionspläne sowie Nachfrageschwankungen stellen Probleme dar, die durch ein IT-System gelöst werden können.[69] Der Austausch von Informationen ist für den Erfolg des Supply Chain Managements von zentraler Bedeutung. Das Fehlen von unternehmensübergreifenden Kommunikations- und Informationssystemen resultiert in Medienbrüchen und hohen Durchlaufzeiten.[70] Die Aufgaben einer Supply Chain-Software sind somit das Design, die Planung und die Abwicklung zu unterstützen.[71]

---

[62] Vgl. Axsäter, S. (2000), S. 176, Winkler, H. (2008), S. 87.
[63] Vgl. Prichard, J. W. et al. (1965), S. 4.
[64] Vgl. Hirschsteiner, G. (2006), S. 492ff.
[65] Vgl. Rink, C. et al. (2007), S. 60.
[66] Vgl. Voegele, A. R. (1998), S. 20.
[67] Vgl. Ireland, R. K. et al. (2005), S. 162.
[68] Vgl. Winkler, H. (2008), S. 86.
[69] Vgl. Gronau, N. (2004), S. 219, Ewers, C. L. J. et al. (2002), S. 172.
[70] Vgl. Baumgarten, H. et al. (2004), S. 94ff.
[71] Vgl. Werner, H. (2008), S. 65ff.

Tracking und Tracing-Technologien

Tracking und Tracing-Systeme dienen der Verfolgung und Dokumentation von Warenflüssen.[72] Die Güte des Tracking und Tracing hängt von den eingesetzten Technologien ab. Die manuelle Erfassung bzw. der Einsatz von Lochkarten erfordert ein hohes Maß an menschlichen Interventionen, die Lücke zwischen der elektronischen Darstellung und der Realität ist hoch. Mit der Fortschrittlichkeit der eingesetzten Technologien, über Barcoding zu Radio Frequency Identification (RFID), sinkt der Bedarf an menschlichen Interventionen und die Lücke zwischen Realität und elektronischer Darstellung nimmt ab (vgl. Abbildung 2-5).[73]

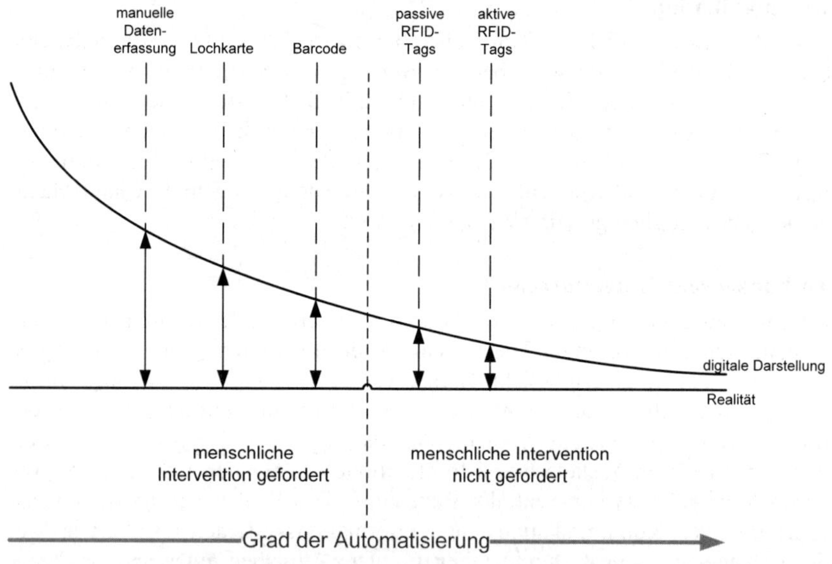

Abbildung 2-5: Medienbrüche bei verschiedenen Erfassungsmethoden
Quelle: In Anlehnung an Fleisch, E. (2001), S. 9.

Barcodes und RFID sind die Technologien, die in der Praxis am häufigsten diskutiert und eingesetzt werden. Daher stehen sie im Mittelpunkt der folgenden Ausführungen.[74]

Die gängigste Form der Barcodes sind Strichcodes, die sich aus verschieden dicken senkrechten Balken zusammensetzen. Diese enthalten verschlüsselte Informationen, die mittels Laserscanner eingelesen und per Computer entschlüs-

---

[72] Vgl. Werner, H. (2008), S. 72 und 166f.

[73] Vgl. Bossard, D. (2004), S. 1f.

[74] Vgl. Bossard, D. (2004), S. 53. Bei Bossard findet sich auf S. 53 und 54 eine Auflistung alternativer Technologien, auf die im Rahmen dieser Arbeit nicht eingegangen wird.

selt werden.[75] Der Informationsgehalt dieser Strichcodes ist relativ gering. Dies führte zu der Entwicklung von zweidimensionalen Codes, die in Form einer Matrix eine höhere Informationsbreite liefern. Bei der Eingravierung dieser Codes in Gegenstände wird von dreidimensionalen Barcodes gesprochen.[76]

RFID arbeitet mit Mikrochips (Tags), die kodierte Informationen elektronisch an einen Empfänger übermitteln (vgl. Abbildung 2-6). Auf diesem Wege kann jede Einheit einzeln identifiziert werden.[77] Die Erfassung von Objekten mittels Radiowellen ermöglicht eine Identifikation, den Transfer von Daten sowie die Bearbeitung der Daten.[78]

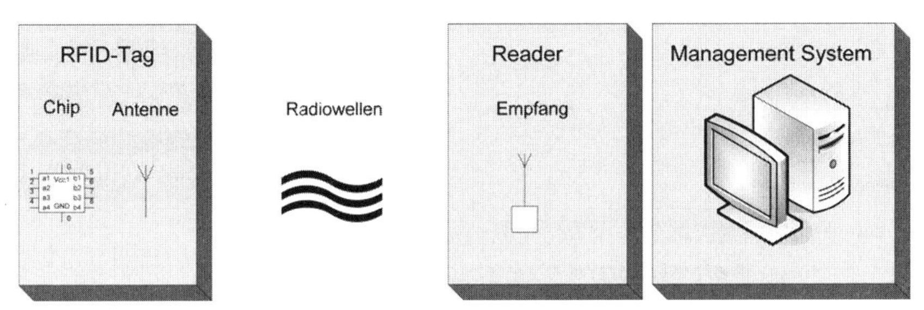

Abbildung 2-6: Darstellung des RFID-Prozesses
Quelle: In Anlehnung an Harrison, A. et al. (2005), S. 288.

Eine vergleichende Untersuchung von FUCHSLOCHER ergab, dass der Zeitaufwand zur Identifizierung einer Palette durch die RFID-Technik im Vergleich zum Barcode um 50 % reduziert werden konnte. Die Fehlerquote konnte von 1 % auf 0,1 % gesenkt werden.[79]

Im Vergleich zu Barcodes hat RFID die folgenden Vorteile: die Rationalisierung der Logistik, die Kontrolle der physischen Distribution mittels Lokalisierung sowie die Diebstahlsicherung.[80] Mittels RFID kann jede einzelne Einheit in der Supply Chain nachverfolgt werden. Dies kann helfen Bestände, Zeitpläne, die Temperatur sowie die Verfallsdaten kontinuierlich zu überprüfen. So werden Fehlmengen und Obsolenzen vermieden und die Kosten gesenkt.[81] Es ist kein

---

[75] Vgl. Schönsleben, P. (2007), S. 774, Weber, R. (2006), S. 297, Arlinghaus, O. (2007), S. 41.

[76] Vgl. Bossard, D. (2004), S. 56f.

[77] Vgl. Gilbert, G. (2004), S. 1449, Nahmias, S. (2005), S. 333, Seifert, D. (2006), S. 369, Harrison, A. et al. (2005), S. 288, Hensold, S. (2005), S. 748, Weber, R. (2006), S. 301, Ciolan, C. et al. (2008), S. 4.

[78] Vgl. Hensold, S. (2005), S. 748, Bossard, D. (2004), S. 59, Weber, R. (2006), S. 301ff.

[79] Vgl. Fuchslocher, M. (2006), S. 929.

[80] Vgl. Seifert, D. (2006), S. 372, Gilbert, G. (2004), S. 1453.

[81] Vgl. Seifert, D. (2006), S. 369, Hensold, S. (2005), S. 748, Semmler, T. (2005b), S. 56f., Clegg, H. et al. (2007), S. 143, Wannenwetsch, H. (2005), S. 332, Zwicker, F. et al. (2006), S. 26f., Bossard,

Sichtkontakt notwendig. Mehrere Artikel können gleichzeitig ausgelesen werden. RFID ist umweltrobuster und fälschungssicherer als Barcodes.[82]

Barcodes haben gegenüber RFID zum einen den Vorteil der geringeren Kosten und zum andern der höheren Technologiereife (vgl. Abbildung 2-7).[83] Der konkrete Nutzen des Einsatzes von Tracking und Tracing-Technologien ist nur schwer zu determinieren. Die Risiken in Bezug auf die Patientensicherheit sind nicht bewertbar. Zudem können implementierte Barcode-Konzepte den zusätzlichen Nutzen einer RFID-Lösung relativieren.[84]

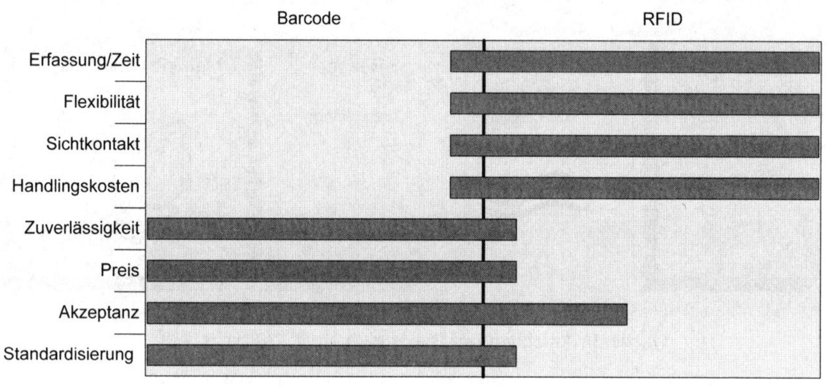

Abbildung 2-7: RFID und Barcodes im Vergleich
Quelle: In Anlehnung an Eiff, W. v., Hagen, A. et al. (2007), S. 601.

2.1.5 Anlässe für die Implementierung des Supply Chain Managements

Nach WILDEMANN existiert eine Vielzahl von marktinduzierten Trends, die ein unternehmensübergreifendes Supply Chain Management notwendig werden lassen (vgl. Abbildung 2-8).[85]

D. (2004), S. 59ff. In BSI (2004), S. 29 findet sich eine tabellarische Darstellung alternativer Kenngrößen und Ausgestaltungsformen der RFID-Technologie.

[82] Vgl. Stiehler, A. et al. (2005), S. 7f., Fuchslocher, M. (2006), S. 929.

[83] Vgl. Stiehler, A. et al. (2005), S. 8f.

[84] Vgl. Stiehler, A. et al. (2005), S. 21.

[85] Vgl. Wildemann, H. (2007), S. 2. Zur detaillierten Erläuterung der einzelnen Aspekte siehe Wildemann, H. (2007), S. 3ff.

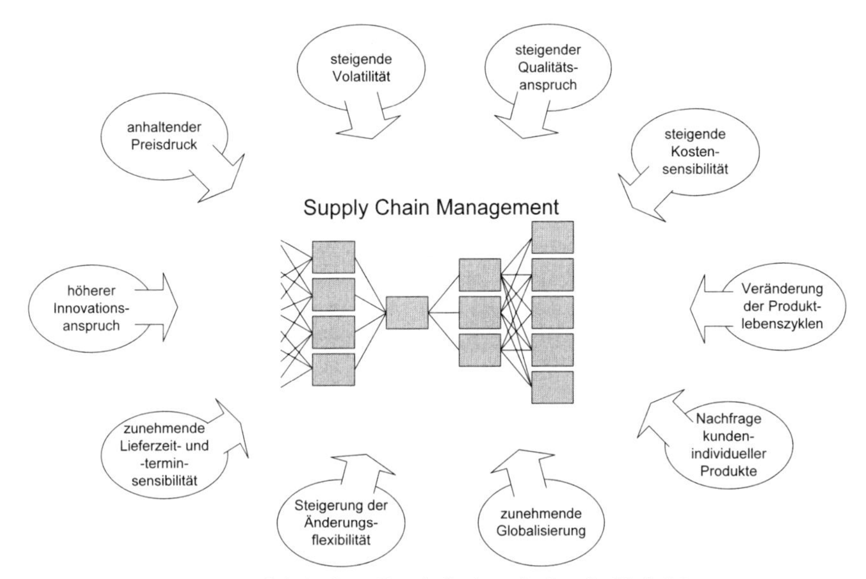

Abbildung 2-8: Marktinduzierte Trends fordern ein Supply Chain Management
Quelle: In Anlehnung an Wildemann, H. (2007), S. 2.

Die wesentlichen Anlässe für die Implementierung eines Supply Chain Managements, wie bspw. fehlerhafte Information über die Nachfrage, ungenaue Ermittlung/Übersicht über die Bestände, schwankende Bestellungen und fehlerhafte Informationen über die Produktion, resultieren im sogenannten Bullwhip-Effekt.[86] Dieser wird im Folgenden näher erläutert.

In der Supply Chain breitet sich die Nachfrage vom Endkunden zum Endlieferanten aus, während der Warenfluss vom Endlieferanten zum Endkunden verläuft. Liegen in einem solchen System lediglich lokale Informationen vor, führt dies zu Performanceschwächen.[87] Diese zeigen sich im Bullwhip-Effekt[88], welcher die Aufschaukelung der Nachfrage entlang der Supply Chain, von einer leichten Schwankung beim Endverbraucher zu hohen Schwankungen beim Hersteller (vgl. Abbildung 2-9), beschreibt. Es resultieren Fehlmengen und Überbestände.[89] Die Aufschaukelung wurde zunächst von BURBRIDGE und FORRESTER ET AL.[90] beobachtet und analysiert und wird auch als Forrester-Effekt bezeichnet.

---

[86] Vgl. Baumgarten, H. et al. (2004), S. 95, Tempelmeier, H. (2006b), S. 157ff.
[87] Vgl. Inderfurth, K. (1996), S. 13f, Tempelmeier, H. (2006b), S. 10.
[88] Vgl. Gronau, N. (2004), S. 216.
[89] Vgl. Ireland, R. K. et al. (2005), S. 6, Adam, D. (2004), S. 300, Scheckenbach, R. et al. (2003), S. 147, Neale, J. J. et al. (2003), S. 40, Thonemann, U. (2004), S. 111.
[90] Siehe Forrester, J. W. (1961).

Je höher die Aufschaukelung ist, desto größer sind die Lieferkosten aufgrund der steigenden Produktionskapazitäten und Bestände.[91]

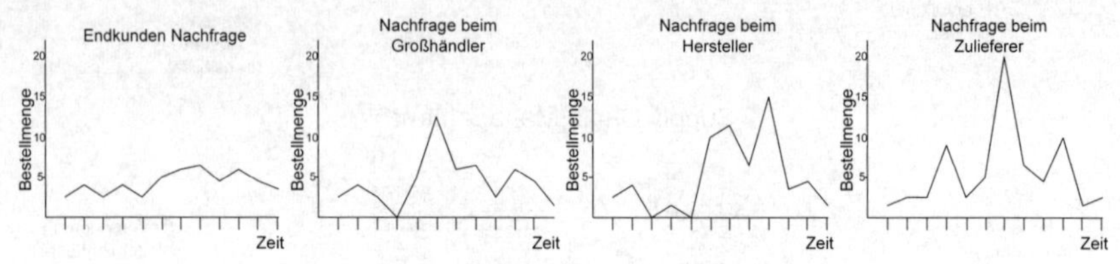

Abbildung 2-9: Aufschaukelung der Nachfrage entlang der Wertschöpfungskette
Quelle: In Anlehnung an Lee, H. L. et al. (1997), S. 94.

Durch Nachfrageschwankungen kommt es zu überhöhten Beständen, schlechten Prognosen, unzureichenden bzw. überhöhten Kapazitäten, schlechtem Kundenservice, unsicherer Produktionsplanung, hohen Korrekturkosten für Sonderlieferungen und Überstunden.[92] Der Bullwhip-Effekt ist nach LEE ET AL. im Wesentlichen auf vier Ursachen zurückzuführen:

- *Bedarfsprognose:* Durch eine verzögerte Weitergabe von Absatzinformationen haben die Lieferanten keinen direkten Einblick in den Markt. Lösungen für dieses Problem stellen ein verbesserter Informationsaustausch, das Vendor Managed Inventory[93] oder die Verkürzung der Lieferzeit dar.
- *Bedarfsbündelungen:* Diese resultieren aus der Zusammenfassung von Bestellungen. Ursache sind im Regelfall Bestellkosten. Sie können durch die Senkung der Fixkosten pro Bestellung und die Abschaffung von Mengenrabatten vermieden werden. Informationstechnologien, wie Electronic Data Interchange (EDI)[94], stellen Instrumente zur Vermeidung von unprognostizierbaren Bestellbündelungen dar.
- *Preisschwankungen:* Diese verursachen Nachfrageschwankungen. Einheitliche Preise und kontinuierliche Belieferungen wirken dem entgegen.
- *Phantomnachfrage:* Von einer Phantomnachfrage wird gesprochen, wenn bspw. durch einen erwarteten Engpass überhöhte Bestellungen getätigt werden, die lediglich spekulative Zwecke haben.[95] Sie kann durch Infor-

[91] Vgl. Kilty, G. L. (2000), S. 23.
[92] Vgl. Lee, H. L. et al. (1997), S. 93.
[93] Das Management der Bestände durch den Hersteller/Lieferanten. Vgl. Baumgarten, H. et al. (2004), S. 100f.
[94] EDI ist der elektronische Datenaustausch zwischen mindesten zwei Parteien. Vgl. Werner, H. (2008), S. 234.
[95] Vgl. Lee, H. L. et al. (1997), S. 95 und 98ff.

mationsaustausch oder Belieferungen auf Basis von Vergangenheitsdaten vermieden werden.[96]

2.2 Lagerhaltung in Supply Chains

Die organisatorische Ausgestaltung einer Supply Chain hat einen großen Einfluss auf den Warenfluss. Im Regelfall entstehen an den Schnittstellen Lager. Die Ausgestaltung dieser Lager und der Materialbestand in der Supply Chain geben Auskunft über die Qualität des Supply Chain Managements. Daher wird im folgenden Kapitel der Fokus auf die möglichen Gestaltungsformen der Lagerhaltung gelegt.

2.2.1 Gründe und Ziele der Lagerhaltung

Durch unterschiedliche Prozessrhythmen und aufgrund der vielfältigen Ursachen von Materialbewegungen entstehen Disparitäten. Die Lagerhaltung wird als Instrument zum Ausgleich quantitativer Unterschiede der Zu- und Abflüsse eingesetzt.[97] Die wichtigsten Funktionen des Lagers sind die Ausgleichsfunktion und die Sicherungsfunktion. Die Ausgleichsfunktion gewährleistet einen reibungslosen Ablauf zwischen den Parteien. Die Sicherungsfunktion schützt vor nicht vorhersehbaren Bedarfsschwankungen. Daneben bestehen die Spekulationsfunktion, die Veredlungsfunktion und die Aussortierungsfunktion (vgl. Abbildung 2-10).[98]

---

[96] Vgl. Lee, H. L. et al. (1997), S. 95 und 98ff., Adam, D. (2004), S. 300f., Werner, H. (2008), S. 39.

[97] Vgl. Kopsidis, R. M. (2002), S. 119, Inderfurth, K. (1996), S. 2, Prichard, J. W. et al. (1965), S. 2 und 5, Wahl, C. (1999), S. 20, Franken, R. (1984), S. 22.

[98] Vgl. Wannenwetsch, H. (2005), S. 194f., Schulte, G. (2001), S. 246. Eine alternative Zuordnung findet sich bei Dück, O. et al. (1997), Kapitel 8, S. 1, Müller, J. (1999), S. 76ff.

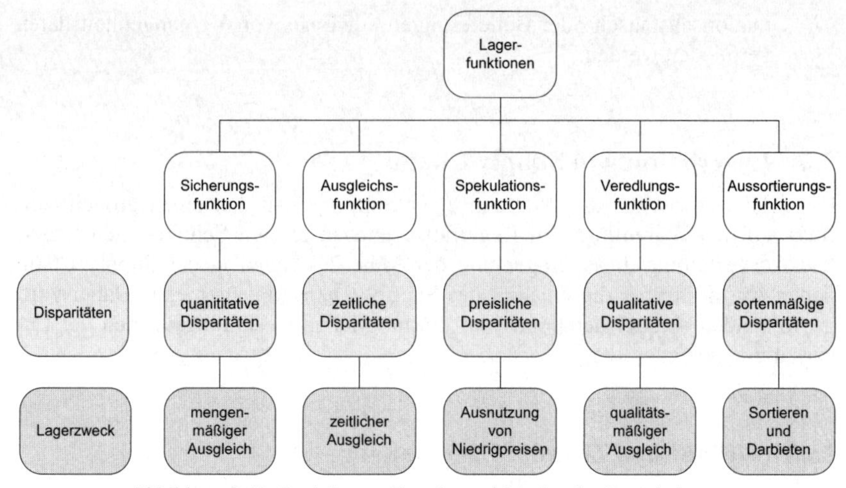

Abbildung 2-10: Funktionen, Zwecke und Motive der Lagerhaltung
Quelle: In Anlehnung an Kopsidis, R. M. (2002), S. 120, Schulte, G. (2001), S. 246.

NAHMIAS führt eine Vielzahl von Nutzenaspekten der Lagerhaltung an, wie bspw.:

- *Economies of Scale*: Die Produktion größerer Lose sowie der Einkauf größerer Mengen senken die vorgangsbezogenen Fixkosten.
- *Unsicherheiten*: Unsicherheiten in Bezug auf die Nachfrage, die Lieferzeiten und den Warenfluss kann über die Lagerhaltung entgegen gewirkt werden.
- *Spekulation*: Werden Preissteigerungen oder Produktionsausfälle (bspw. durch Streiks) erwartet, wird oft die Beschaffung und Lagerung größerer Mengen angestrebt.
- *Transport*: Der Transport bindet Waren. Je weiter die Transportwege, desto höher sind die Bestände.
- *Nachfrageglättung*: Bei saisonaler Nachfrage kann über Bestände eine Glättung der Produktion herbeigeführt werden.[99]

Die Ausgestaltung der Lager ist durch eine Vielzahl von Aspekten charakterisiert, die im Folgenden erläutert werden.[100] Die strategische Lagerplanung hat langfristige Relevanz. Auf die operative Ausgestaltung der Lager, wie die La-

[99] Vgl. Nahmias, S. (2005), S. 187f.
[100] Vgl. Schulte, G. (2001), S. 251.

gertechnik und ihre Mittel, den Standort oder die Bauart wird nicht eingegangen.[101]

2.2.2 Gestaltung der Lagerhaltung

Im Folgenden werden die einzelnen Gestaltungselemente der Lagerhaltung kurz erläutert.

Betriebliche Funktionsbreite

Gemäß der klassischen Trennung des Betriebsprozesses in Beschaffung, Produktion und Absatz wird bei der Lagerzuordnung unterschieden. Ein Beschaffungslager dient der Lagerung neu erworbener Güter zur Bedarfsdeckung. Im Fluss durch das Unternehmen entstehen Zwischenlager oder Fertigungslager, die der Leistungserstellung dienen. Im Absatzlager werden die Erzeugnisse zur Leistungsvermarktung positioniert.[102] Absatzlager werden auch End-, Versand- oder Fertigerzeugnislager genannt. Sie bilden das Bindeglied zwischen den Unternehmen und den nachgelagerten Stufen.[103]

Lagergüter

Je nach gelagertem Gut wird die Lagerform unterschieden. Mögliche Lagergüter sind Rohstoffe, Werkzeuge, Halb- und Fertigerzeugnisse, Ersatzteile, Büromaterialien, Betriebsstoffe, Handelswaren und Abfälle.[104]

Lagerhierarchie

Bei einer mehrstufigen Lagerhaltung wird den Lagern oft eine Hierarchie zugewiesen. Im Hauptlager wird der wesentliche Bestand der einzelnen Güter gelagert. Es hat für das Unternehmen eine gehobene Bedeutung. In der Regel besteht eine Verbindung zu anderen Supply Chain-Stufen. Bei zusätzlichen Beständen in Abhängigkeit vom Hauptlager, wird von Nebenlagern gesprochen.[105]

Räumliche Lagergestaltung

Dezentrale Lager liegen vor, wenn die Güter innerhalb des Unternehmens in mehrere Bestände aufgeteilt werden und an verschiedenen Stellen gelagert wer-

---

[101] Eine Auflistung der Besonderheiten, die bei der Lagerung von Arzneimitteln berücksichtigt werden müssen, findet sich in Jung, J. (1986), S. 21f.

[102] Vgl. Kopsidis, R. M. (2002), S. 23 und 121, Schulte, G. (2001), S. 255.

[103] Vgl. Schulte, G. (2001), S. 255.

[104] Vgl. Kopsidis, R. M. (2002), S. 124, Schulte, G. (2001), S. 256f. Alternativ wird auch nach Bearbeitungsgrad der Waren in Rohmaterialien, Hilfsmaterial, Zwischenprodukte und Fertigerzeugnisse unterschieden. Vgl. Dück, O. et al. (1997), Kapitel 8, S. 2.

[105] Vgl. Kopsidis, R. M. (2002), S. 125, Schulte, G. (2001), S. 258.

den.[106] Mit einem dezentralen Lager sind nach SCHULTE die folgenden Vorteile verbunden:

- Es liegen kurze Transportwege vom Lager zum Bedarfsort vor. Daraus resultieren geringe Transportkosten und –zeiten.
- Es kann flexibel auf spontan auftretenden Bedarf reagiert werden, da eine geringe Zugriffsdauer vorliegt.
- Die Disposition findet am Bedarfsort statt.
- Die Bürokratie wird reduziert.[107]

Demgegenüber steht eine Reihe von Nachteilen:

- Die Lagerauslastung ist im Regelfall niedrig, was zu einem geringen Flächen- und Raumnutzungsgrad führt.
- Durch den Raumbedarf kommt es zu hohen Gebäudekosten.
- Die Umsetzung von IT-Unterstützung wird durch die Streuung der Lager erschwert. Dies führt zu schlechteren Kontroll- und Überwachungsmöglichkeiten.
- Die Sicherheitsbestände sind durch starke Nachfrageschwankung relativ hoch, was zu einer geringen Umschlagshäufigkeit führt.
- Durch die dezentrale Lagerung steigen die Personal- sowie die Verwaltungskosten.[108]

Bei einer sachlichen Zentralisation der Güter an einem Ort wird von einem Zentrallager gesprochen.[109] Die Vor- und Nachteile der zentralen Lagerhaltung ergeben sich spiegelbildlich zur dezentralen Lagerhaltung.[110]

Handlager sind eine spezielle Ausgestaltung der dezentralen Lagerhaltung. Zusätzlich zu einem Zentrallager werden hier regelmäßig benötigte Güter am Bedarfsort gelagert. Sie ermöglichen einen schnellen Zugriff, sind aber aufwendig zu überwachen. Bei einer starken Verbreitung haben diese Lager hohe Kapitalbindungskosten zur Folge.[111]

Eigentümer

Bezüglich des Eigentümers ist zwischen Fremd- und Eigenlager zu unterscheiden. D. h. es gilt zu prüfen, ob die Waren dem Lagerinhaber gehören oder einer anderen Partei der Supply Chain. Eine spezielle Form der Fremdlager sind Konsignationslager. Hier bezahlt der Kunde die Ware erst, nachdem er sie aus dem

---

[106] Vgl. Müller, J. (1999), S. 88, Schulte, G. (2001), S. 258.
[107] Vgl. Schulte, G. (2001), S. 259.
[108] Vgl. Schulte, G. (2001), S. 259, Nahmias, S. (2005), S. 296.
[109] Vgl. Müller, J. (1999), S. 88, Schulte, G. (2001), S. 258.
[110] Vgl. Schulte, G. (2001), S. 259, Nahmias, S. (2005), S. 296.
[111] Vgl. Müller, J. (1999), S. 89, Schulte, G. (2001), S. 260.

Lager entnommen hat.[112] Klassischerweise hat dies für den Lieferanten den Nachteil, dass er die Waren länger besitzt und somit erst später Umsätze erzielt. Allerdings liegen ihm die genauen Bestandsdaten vor, sodass er seine Produktion an den tatsächlichen Verbrauch anpassen kann.[113] Für den Kunden führt das Konsignationslager zu geringeren Kapitalbindungskosten und zu einer Steigerung der Versorgungssicherheit, allerdings auch zu einer Abhängigkeit vom Lieferanten.[114] Eine weitere Form der Fremdlager sind Lagereien. Dies sind Betriebe, die Lagerflächen vermieten und die Lagergüter während der Lagerzeit beaufsichtigen.[115]

Lagerplatzzuordnung

In Bezug auf die Lagerplatzzuordnung bestehen zum einen Lagerformen, in denen jedes Produkt einen festen Lagerplatz innehat. Zum anderen existiert die Möglichkeit der freien chaotischen Lagerplatzzuordnung. In diesem Fall wird einem neuen Produkt willkürlich ein freier Lagerplatz zugewiesen. So können vakante Lagerflächen vermieden werden.[116] Die Querverteilung oder teilchaotische Lagerhaltung sieht vor, dass die einzelnen Warengruppen nach groben Vorgaben sortiert werden, d. h. in fixen Bereichen des Lagers untergebracht werden, aber keinen festen Lagerplatz haben.[117]

Lagersortierung

Bezüglich der Lagersortierung ist zu unterscheiden, ob diese anhand der Produktart oder der Produktbestimmung geschieht. Bei einer produktartorientierten Sortierung wird von stofforientierten Lagern gesprochen. Die Sortierung nach Produktbestimmung wird durch verbrauchsorientierte Lager realisiert.[118]

Lagersteuerung

Bezüglich der Lagersteuerung ist zum einen zu unterscheiden durch wen sie erfolgt, zum anderen wie sie erfolgt. Die Lagersteuerung kann durch eine zentrale Stelle oder dezentral durchgeführt werden.[119]

Das wie steht vor allem für den Grad der technischen Unterstützung. Lager können manuell gesteuert werden oder automatisiert sein. Die maximale technische Unterstützung ist in vollautomatischen Lagern zu finden. Eine Vernetzung aller

---

[112] Vgl. Wildemann, H. (2007), S. 135, Müller, J. (1999), S. 114, Kopsidis, R. M. (2002), S. 125.

[113] Vgl. Simchi-Levi, D. et al. (2000), S. 134, Fernekohl, W. et al. (2001), S. 1005, Schulte, G. (2001), S. 260, Werner, H. (2008), S. 203.

[114] Vgl. Werner, H. (2008), S. 203.

[115] Vgl. Kopsidis, R. M. (2002), S. 125.

[116] Vgl. Vry, W. (2004), S. 141, Weber, R. (2006), S. 311f.

[117] Vgl. Weber, R. (2006), S. 312f.

[118] Vgl. Schulte, G. (2001), S. 258.

[119] Vgl. Schönsleben, P. (2007), S. 534.

Logistikvorgänge über IT-Systeme führt zu weitgehend papierlosen Prozessen mit hoher Eindeutigkeit und wesentlich besserer Transparenz bezüglich der Verfügbarkeit und des Beschaffungsstatus der Waren.[120]

2.2.3 Bestände als Objekt der Lagerhaltung

> *„Die Bestandssenkung ist der Intelligenzquotient der Organisation"*[121]

Bestände sind ein kritischer Aspekt des Supply Chain Managements, da sie sowohl die Kosten als auch den Service direkt beeinflussen. Durch die unsicherere Nachfrage und den Verlauf des Wareneingangs existiert immer ein Bestand in der Supply Chain.[122] Bestandskosten sind größtenteils indirekt und tauchen verstreut in der Bilanz auf. Die Lagerkosten beinhalten die Kosten der Lagerflächen, Steuern, Versicherungen, Bruch, Verlust und Schwund. Opportunitätskosten beinhalten mögliche Gewinne durch Alternativinvestitionen.[123] Hierbei ist nicht nur der physische Bestand zu betrachten, auch die ausstehenden Bestellungen sowie Retouren müssen berücksichtigt werden.[124] Die Bestände beeinflussen direkt die Verfügbarkeit der Produkte, d. h. wie schnell und zu welchen Kosten sie am Markt zu beschaffen sind. Führende Firmen erreichen einen Servicelevel von 99 %.[125] Serviceorientierung ist nicht nur zum Endkunden hin sinnvoll. Alle Parteien der Supply Chain legen Wert auf hohe Servicelevel.[126] Der Konflikt zwischen dem Streben nach Sicherheit und der Reduktion der Bestandskosten wird in Abbildung 2-11 veranschaulicht.

---

[120] Vgl. Gudat, H. (2006), S. 14, Kopsidis, R. M. (2002), S. 134f., Schulte, G. (2001), S. 276f.

[121] Wildemann, H. (2007), S. 129.

[122] Vgl. Neale, J. J. et al. (2003), S. 32.

[123] Vgl. Neale, J. J. et al. (2003), S. 33f.

[124] Vgl. Axsäter, S. (2000), S. 25ff.

[125] Vgl. Neale, J. J. et al. (2003), S. 34f. Das Servicelevel oder der Servicegrad gibt an, wie viel Prozent aller Nachfragen direkt befriedigt werden können bzw. in welchem Prozentsatz aller Perioden die Nachfrage komplett befriedigt werden kann. Vgl. Eichhorn, P. et al. (2000), S. 434.

[126] Vgl. Stadtler, H. (2007), S. 23f.

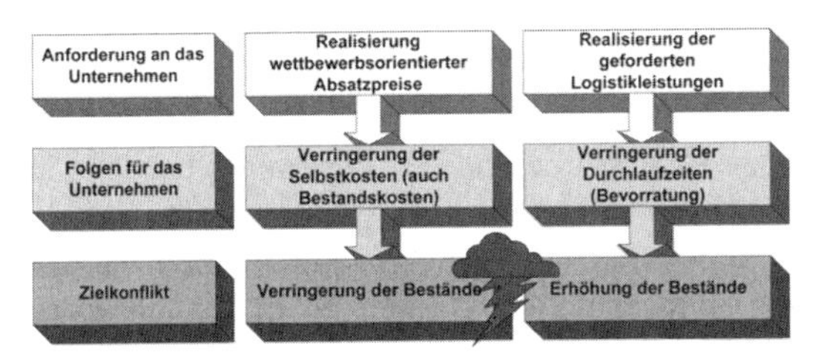

Abbildung 2-11: Zielkonflikte im Bestandsmanagement
Quelle: In Anlehnung an Rüttgers, M. (1999), S. 2.

Die Sicht der Bestände hat sich zwischen 1970 und 1990 deutlich gewandelt. Früher wurde ein eher hohes Bestandsniveau gehalten, um einen reibungslosen Fertigungsdurchlauf zu ermöglichen, Störungen zu überbrücken, Liefertreue zu gewährleisten, eine gleichmäßige Auslastung herbeizuführen und wirtschaftlich zu fertigen. Die moderne Sicht besagt, dass Bestände zu vermeiden sind, da sie störanfällige Prozesse, mangelnde Liefertreue, ungleichmäßige Auslastung, mangelnde Flexibilität und Qualitätsprobleme verdecken (vgl. Abbildung 2-12).[127]

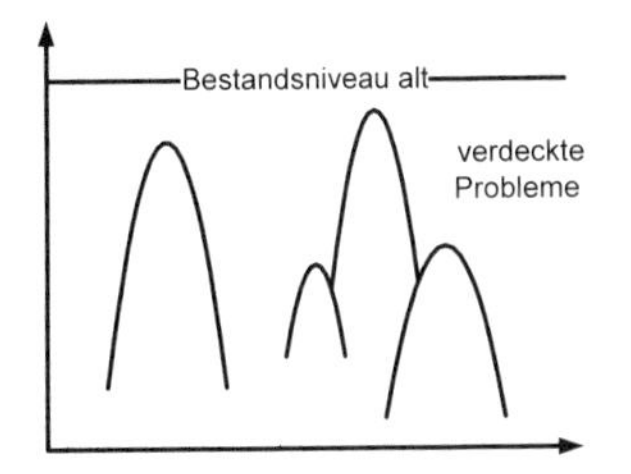

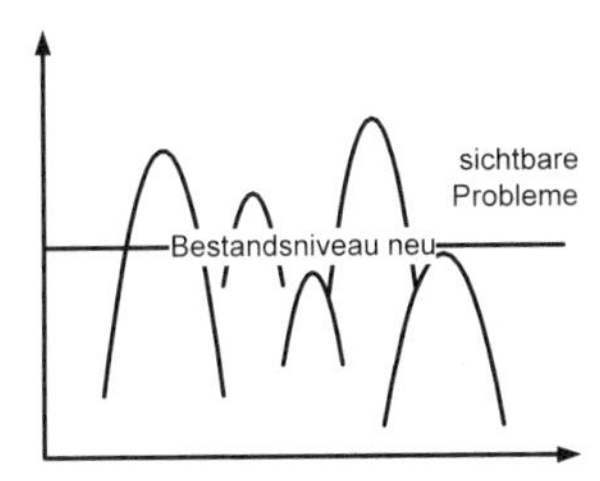

Abbildung 2-12: Lagerbestände verdecken Probleme und Störquellen
Quelle: In Anlehnung an Hartmann, H. (1999), S. 23, Schönsleben, P. (2007), S. 313.

Das Supply Chain Management strebt die integrierte Steuerung der Bestände an. Sowohl die Anordnung der Bestände als auch die Höhe der Bestände werden eingehend betrachtet und optimiert.[128] Ziel des Supply Chain Managements ist die Reduktion der Bestände auf allen Stufen.[129]

---

[127] Vgl. Hartmann, H. (1999), S. 23, Wildemann, H. (2005), S. 64f., Wildemann, H. (2007), S. 129, Schönsleben, P. (2007), S. 313.

[128] Vgl. Stölzle, W. et al. (2004), S. 129 und 132.

[129] Vgl. Baumgarten, H. et al. (2004), S. 94.

2.3 Supply Chain Management-Konzepte

Nach ANDREWS repräsentieren das Bestandsmanagement und der interne Warenfluss die großen Herausforderungen, denen in der heutigen kostenbewussten Zeit begegnet werden muss.[130]

> *„Inventory management can be defined as the sum total of those activities necessary for the acquisition, storage, sale, disposal, or use of material."*[131]

Bestandsmanagement umfasst die Planung der Lager-/Sicherheitsbestände unter stochastischen Bedingungen.[132] Nach DAVIS helfen klar definierte Aufgaben, die Verantwortlichen im Supply Chain-Prozess zu identifizieren und sie zu einer Supply Chain-Verbesserungsinitiative zusammenzubringen.[133] In diesem Rahmen werden häufig das Lean Management und das Just in Time-Prinzip angesprochen.

Das Lean Management strebt eine ganzheitliche Verschlankung der Prozesse an. Durch die Vereinfachung der Abläufe soll eine Optimierung erzielt werden.[134] Verschwendungen sind nach HARRISON ET AL. auf sieben Ebenen zu vermeiden, woraus eine schlanke Supply Chain resultiert. Diese Ebenen sind:

- die Vermeidung von Überproduktion,
- die Vermeidung von Wartezeiten,
- die Vermeidung unnötiger Transporte,
- die Vermeidung unwirtschaftlicher Prozessgestaltung,
- die Vermeidung unnötiger Bestände,
- die Vermeidung unnötiger Warenbewegungen sowie
- die Vermeidung von Defekten.[135]

Das Konzept wird vornehmlich in Japan in der Serienfertigung und im Dienstleistungsbereich angewendet. Ziel ist die Erreichung einer hohen Qualität mit geringem Aufwand. Eine Kernvoraussetzung des Prinzips ist die Integration der Mitarbeiter aller Hierarchieebenen.[136] Mitarbeiter, die von einem Konzept überzeugt sind, entwickeln eine gesteigerte Motivation, ihre Leistung zu steigern und das Konzept zum Erfolg zu führen.[137] WERNER warnt jedoch davor, die Optimie-

---

[130] Vgl. Andrews, J. (2001), S. 26.
[131] Prichard, J. W. et al. (1965), S. 2.
[132] Vgl. Tempelmeier, H. (2006a), S. 4.
[133] Vgl. Davis, R. N. (2004), S. 69.
[134] Vgl. Werner, H. (2008), S. 83.
[135] Vgl. Harrison, A. et al. (2005), S. 173.
[136] Vgl. Bösenberg, D. et al. (1993). S. 8.
[137] Vgl. Eiff, W. v. (2007b), S. 181.

rung zu weit zu führen. Dies könne dazu führen, dass die Unternehmen bei Nachfrageschwankungen unflexibel werden.[138]

Das Just in Time-Prinzip strebt die zeitliche und mengenmäßige Anpassung von Nachfrage und Angebot an. Ziel ist eine bestandslose, bzw. im weiteren Sinne bestandsarme, Versorgung.[139] Durch die stochastische Nachfrage der Supply Chain im Gesundheitswesen ist nach NEIL ein Just in Time-Verfahren im eigentlichen Sinne ungeeignet.[140] Von dem ursprünglichen Just in Time, das Nullbestände anstrebte, ist eine Entwicklung zu erkennen; das neue Ziel ist das sogenannte Minimal Reasonable Inventory, ein Bestand in ökonomisch sinnvoller Höhe. Dieses Konzept stellt die Alternative zu hohen Sicherheitsbeständen dar.[141] Statt der hohen Lieferbereitschaft wird eine flexible Lieferbereitschaft durch eine dezentrale Steuerung angestrebt.[142]

2.3.1 Direkte Ausgestaltungsformen

Die klassische Form der Zusammenarbeit zwischen den Supply Chain-Parteien, ist die Planung durch die Nachfrageseite. Der Nachfrager (Buyer) ist für das Bestandsmanagement zuständig. In aktuell diskutierten Konzepten findet ein Datenaustausch zwischen den Supply Chain-Stufen statt. Beim Vendor Managed Inventory übernimmt der Lieferant/Hersteller das komplette Bestandsmanagement in der nachgelagerten Stufe; das Co-Managed Inventory steht für eine interaktive Bestandsplanung durch die Stufen.[143] Neben diesen Konzepten, die im Folgenden genauer erläutert werden, besteht die Möglichkeit der Auslagerung der Bestandsverantwortung. Auf diese wird in Kapitel 2.3.2 eingegangen.

2.3.1.1 Buyer Managed Inventory

Im klassischen Konzept wird die Disposition beim Kunden vorgenommen.[144] Der Kunde legt seine Bestellmenge und seinen Bestellrhythmus auf Basis des Lagerbestandes, der Saison, des Preises und seiner Werbeaktivitäten individuell

---

[138] Vgl. Werner, H. (2008), S. 83.

[139] Vgl. Stölzle, W. et al. (2004), S. 133, Nahmias, S. (2005), S. 351 und 377.

[140] Vgl. Neil, R. (2004), S. 23f.

[141] Vgl. Wahl, C. (1999), S. 21, Arnold, U. (2003), S. 156.

[142] Vgl. Hirschsteiner, G. (2006), S. 428. Rivard-Royer, H. et al. (2002), S. 412ff. untersuchten 2002, inwiefern dieses Konzept für Krankenhäuser geeignet ist. Es zeigte sich, dass das Konzept zwar krankenhausintern half, die Bestände zu reduzieren, für den Lieferanten jedoch keinerlei Vorteile bot. Dies wurde durch die schlechte Integration der Lieferanten begründet.

[143] Vgl. Ireland, R. K. et al. (2005), S. 120, Pieper, U. et al. (2002), S. 309ff. Teilweise wird auch von Supplier Managed Inventory gesprochen.

[144] Vgl. Tempelmeier, H. (2006a), S. 160, Scheckenbach, R. et al. (2003), S. 56, Harrison, A. et al. (2005), S. 177.

fest, ohne dass dem Lieferanten die Entscheidungsparameter bekannt sind (vgl. Abbildung 2-13).[145]

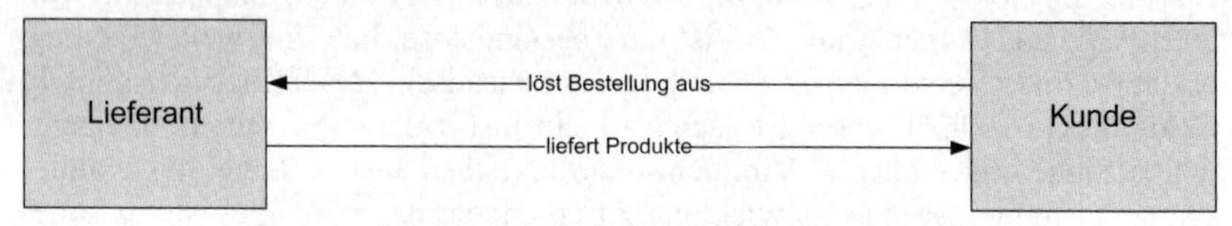

Abbildung 2-13: Vorgehensweise beim Buyer Managed Inventory
Quelle: In Anlehnung an Werners, B. et al. (2002), S. 701.

Es ist für den Lieferanten kaum möglich, den Warenverbrauch und die Leistungen in einen direkten Zusammenhang zu bringen. Dies führt bspw. zu überhöhten Lagerbeständen, einer mangelhaften Zuordnung zu Kostentreibern und Kostenträgern, kaum standardisierten Prozessen und erhöhten Beständen.[146] Teilweise werden in dieser Ausgestaltungsform aggregierte Daten an die vorgelagerten Stufen weitergegeben, bspw. nach Produktkategorien. Der Lieferant übernimmt aber keine Planungsfunktion.[147]

2.3.1.2 Vendor Managed Inventory

Efficient Consumer Response (ECR) ist ein Managementkonzept, das aus dem Handel stammt. Ineffizienzen im Lieferprozess sollen bei diesem Konzept unter Berücksichtigung der Kundenwünsche eliminiert werden. Es setzt sich aus der effizienten Wiederbeschaffung, dem effizienten Sortiment, der effizienten Werbung und der effizienten Produkteinführung zusammen. Ein Instrument des ECR ist das Vendor Managed Inventory, bei dem die Bestände des Kunden vom Lieferanten koordiniert werden. Dieses Instrument basiert in hohem Maße auf dem Vertrauen zwischen den Parteien, da Verkaufsdaten offen gelegt werden müssen[148], was im Besonderen der Überwindung psychologischer Barrieren bedarf.[149] Es ist durch zentrale Entscheidungen über die Bestände auf Basis aller relevanten Information geprägt.[150] Bei einer konsequenten Umsetzung entscheidet der Lieferant autonom über die Liefermengen und -rhythmen an die nachgelagerten Stufen.[151] Er trägt hierbei die Verantwortung, dass sich der Lagerbe-

---

[145] Vgl. Werners, B. et al. (2002), S. 700.

[146] Vgl. Giebe, T. et al. (2003), S. 1181ff., Werners, B. et al. (2002), S. 700.

[147] Vgl. Baihaqi, I. et al. (2005), S. 6, Scheckenbach, R. et al. (2003), S. 56, Stölzle, W. et al. (2004), S. 143.

[148] Vgl. Baumgarten, H. et al. (2004), S. 100f. Ein weiteres Instrument des ECR ist das Category Management, siehe hierzu bspw. Vry, W. (2004), S. 84, Drauschke, S. (2002b), S. 55.

[149] Vgl. Scheckenbach, R. et al. (2003), S. 57.

[150] Vgl. Tempelmeier, H. (2006a), S. 160.

[151] Vgl. Stölzle, W. et al. (2004), S. 142, Poppe, R. et al. (2004), S. 26, Rink, C. et al. (2007), S. 60f., Simchi-Levi, D. et al. (2000), S. 132, Scheckenbach, R. et al. (2003), S. 55 und 56, Harrison, A. et al. (2005), S. 177, Gronau, N. (2004), S. 234, Braun, D. (2002), S. 30.

stand beim Kunden in einem festgelegten Rahmen befindet. Hierzu benötigt er detaillierte Informationen zu den Abgangsmengen des Lagers. Nur so kann der Verbrauch prognostiziert und das Lager regelmäßig wieder aufgefüllt werden (vgl. Abbildung 2-14).[152]

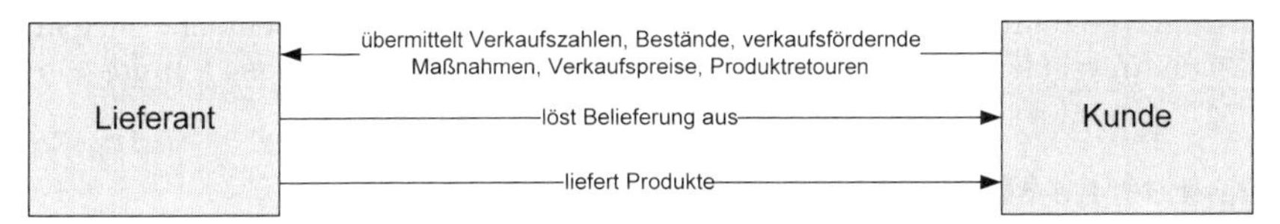

Abbildung 2-14: Vorgehensweise beim Vendor Managed Inventory
Quelle: In Anlehnung an Werners, B. et al. (2002), S. 701.

Durch dieses Konzept können Fehlinterpretationen und Ineffizienzen vermieden werden.[153] Nach SIMCHI-LEVI ET AL. müssen zur erfolgreichen Umsetzung des Vendor Managed Inventory die folgenden Voraussetzungen erfüllt sein:

- Fortschrittliche IT-Systeme müssen implementiert sein.
- Das System muss exakt, integriert und zugänglich sein.
- Das Top-Management muss eventuelle Umstrukturierungen unterstützen.
- Der vertrauliche Umgang mit Informationen muss gewährleistet sein.
- Das Vertrauen und das Verantwortungsgefühl müssen gestärkt werden.
- Eine Win-Win-Situation muss vertraglich angestrebt werden.[154]

Zudem sollten die Besitzverhältnisse vertraglich geklärt werden. Sind die Bestände im Besitz des Lieferanten (Konsignationslager), zeigt dieser vermutlich ein gesteigertes Interesse an einer effektiven Steuerung.[155]

Beim Lieferanten kann auf Basis der Gesamtdaten aller Kunden eine bessere Ressourcenplanung erfolgen und eine Bestandsglättung durchgeführt werden. So können Bestände reduziert und der Service gesteigert werden. Durch den gesteigerten Kundenservice können die Absatzzahlen der beteiligten Parteien optimiert werden. Die Automatisierung vereinfacht die Planung und macht sie weniger personalintensiv. Der Prozess wird beschleunigt und Bestellungen sowie Datenübermittlung werden weniger fehlerbehaftet.[156]

---

[152] Vgl. Rink, C. et al. (2007), S. 60f., Harrison, A. et al. (2005), S. 177, Werners, B. et al. (2002), S. 700.

[153] Vgl. Tempelmeier, H. (2006a), S. 167, Nahmias, S. (2005), S. 295, Werners, B. et al. (2002), S. 700.

[154] Vgl. Simchi-Levi, D. et al. (2000), S. 133f. und 138. Werner, H. (2008), S. 107f. empfiehlt RFID oder Barcodes zur Steuerung der Aktivitäten.

[155] Vgl. Simchi-Levi, D. et al. (2000), S. 134, Fernekohl, W. et al. (2001), S. 1005, Schulte, G. (2001), S. 260.

[156] Vgl. Poppe, R. et al. (2004), S. 26, Neale, J. J. et al. (2003), S. 41f., Harrison, A. et al. (2005), S. 178, Stölzle, W. et al. (2004), S. 142f.

Diesen Vorteilen des Vendor Managed Inventory steht bspw. das kostenaufwendige IT-System gegenüber. Ein weiterer kritischer Aspekt ist der Verlust möglicher Kompetenzen aufseiten der Kunden.[157] Zudem kann die Umstrukturierung der Aufgabenfelder, der Prozesse und der Performancemessung zu Problemen in Bezug auf die Mitarbeitercompliance führen.[158] Allen Parteien muss bewusst sein, dass die Prozessumstellung Zeit benötigt.[159] Wird dieses Ziel nicht erreicht, können Akzeptanzprobleme auf Kundenseite dazu führen, dass das Vendor Managed Inventory nicht realisiert wird.[160]

2.3.1.3 Co-Managed Inventory

Collaborative Planning, Forecasting and Replenishment (CPFR) stellt eine veränderte Perspektive des ECR dar. Diese basiert auf einem gemeinschaftlichen Konzept zwischen den Kunden und Lieferanten mit einer gemeinsamen Datenbasis.[161] Es entsteht eine intensive Zusammenarbeit zwischen den Wertschöpfungspartnern.[162] Das Vendor Managed Inventory wird in diesen Zusammenhang ebenfalls angepasst. Während im ursprünglichen Konzept der Hersteller die Gesamtverantwortung über die Warenbestände trägt, legt er beim Co-Managed Inventory einen Bestellvorschlag vor, der vom Handel bestätigt oder verändert werden kann.[163] Das gemeinschaftliche Koordinieren der Nachfrage und der Lieferungen stellt sicher, dass die Kundenanforderungen erfüllt werden.[164] So können die Akzeptanzprobleme auf der Kundenseite behoben werden (vgl. Abbildung 2-15).[165]

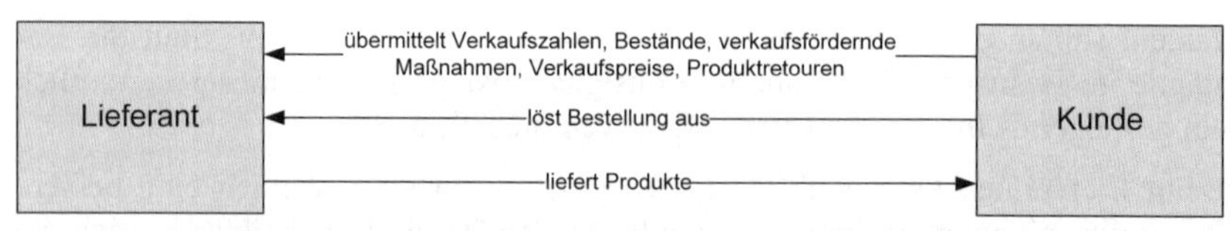

Abbildung 2-15: Vorgehensweise beim Co-Managed Inventory
Quelle: In Anlehnung an Werners, B. et al. (2002), S. 703.

---

[157] Vgl. Werner, H. (2008), S. 110.

[158] Vgl. Baumgarten, H. et al. (2004), S. 100f.

[159] Vgl. Neale, J. J. et al. (2003), S. 42f.

[160] Vgl. Werners, B. et al. (2002), S. 702, Werner, H. (2008), S. 1.

[161] Vgl. Baumgarten, H. et al. (2004), S. 103.

[162] Vgl. Baumgarten, H. et al. (2004), S. 97. „Der Begriff Collaborative besagt, dass rechtlich und organisatorisch unabhängige Kooperationspartner ihre Aktivitäten gleichberechtigt gemeinsam bzw. aufeinander abgestimmt durchführen“, Scheckenbach, R. et al. (2003), S. 43.

[163] Vgl. Baumgarten, H. et al. (2004), S. 102, Scheckenbach, R. et al. (2003), S. 56, Werners, B. et al. (2002), S. 703.

[164] Vgl. Nokkentved, C. (2005), S. 262.

[165] Vgl. Werners, B. et al. (2002), S. 703.

Nach NOKKENTVED stellt die gemeinschaftliche Planung eine mögliche Optimierung des Vendor Managed Inventorys dar, wobei Bestände und Kosten reduziert werden, während der Kundenservice verbessert wird. Es beschreibt, wie Kunden und Lieferanten ihre Planungsfunktionen synchronisieren können.[166] STÖLZLE ET AL. sehen das Konzept als eine abgeschwächte Form des Vendor Managed Inventory an und empfehlen es im Besonderen zur langsamen Annäherung der Parteien.[167]

2.3.2 Outsourcing der Supply Chain Management-Kompetenz

Nach BAUMGARTEN wird durch die Dominanz einer Partei häufig das Gesamtoptimum entlang der Wertschöpfungskette verfehlt.[168] Externe Fachleute, die über die notwendige Infrastruktur und Neutralität verfügen, können helfen, dieses Problem zu überwinden. So wird der direkte Kontakt zwischen den Parteien vermieden. In diesem Zusammenhang wird von Outsourcing gesprochen.[169] Im Folgenden wird zunächst auf das Outsourcing der Supply Chain Management-Kompetenzen eingegangen. Im Anschluss wird der Begriff des Logistikdienstleisters definiert und erläutert.

2.3.2.1 Outsourcing im Rahmen des Supply Chain Managements

Der Begriff Outsourcing setzt sich aus den Wörtern *outside*, *ressource* und *using* zusammen und steht somit wörtlich genommen für die Nutzung externer Kapazitäten.[170]

> *„Unter Outsourcing ist die Verlagerung von selbstständig arbeitsfähigen Betriebsteilen bzw. Organisationseinheiten, Aufgabenbereichen oder zumindest werkvertragsfähigen Tätigkeitsbereichen zu verstehen, die aus dem unmittelbaren rechtlichen, wirtschaftlichen, organisatorischen und dispositiven Zuständigkeitsbereich eines Unternehmens/Krankenhauses herausgelagert werden.“*[171]

Bei der Entscheidung, ob ein Betriebsbereich ausgelagert werden sollte, müssen die folgenden Punkte Beachtung finden:[172]

---

[166] Vgl. Nokkentved, C. (2005), S. 257f.

[167] Vgl. Stölzle, W. et al. (2004), S. 143. Dieser Ansicht ist auch Werner, H. (2008), S. 108.

[168] Vgl. Baumgarten, H. et al. (2004), S. 109.

[169] Vgl. Dillmann, R. et al. (2002), S. 83, Baumgarten, H. et al. (2004), S. 109.

[170] Vgl. Renner, G. et al. (2001), S. 19.

[171] Eiff, W. v. (1998b), S. 715.

[172] Vgl. im Folgenden Renner, G. et al. (2001), S. 59ff., Eiff, W. v. (1998b), S. 715, Lang, R. (2001), S. 84, Schewe, G. et al. (2006), S. 3. Die zu erbringenden Leistungen werden in einem Pflichtenheft

- Die outgesourcten Aufgaben sollten kein Bestandteil des Kerngeschäfts des Unternehmens sein oder dieses beeinflussen. Dies würde zu einer hohen Abhängigkeit vom Outsourcingpartner führen, wodurch komparative Konkurrenzvorteile[173] verloren gehen könnten.
- Zudem ist zu prüfen, ob durch das Outsourcing eine wirtschaftliche Verbesserung erzielt werden kann, ob die Qualität erhalten bleibt und ob haftungsrechtliche Risiken bestehen.
- Auch der Übergang der Betriebsmittel und der Belegschaft ist in diesem Zusammenhang zu berücksichtigen.

Der Betriebsübergang, den ein Outsourcing im Regelfall darstellt, wird in § 613a BGB[174] geregelt.[175] Zur Sicherstellung einer konfliktfreien Umsetzung müssen arbeitsrechtliche Folgen der Outsourcingentscheidung berücksichtigt werden.[176] Dies kann dazu führen, dass Einsparungen nicht direkt realisiert werden können.[177]

Die Wertkette nach PORTER (vgl. Abbildung 2-16) zeigt, dass die Beschaffung als Element des Supply Chain Managements eine hohe Bedeutung für das Unternehmen hat. Sie stellt eine unterstützende Aktivität dar und beeinflusst das Ergebnis direkt.[178] Dennoch ist die Beschaffung im Regelfall keine Kernkompetenz, somit ist ein Outsourcing in Betracht zu ziehen. Die Eingangs- und Ausgangslogistik stellen nach PORTER primäre Aktivitäten dar.[179] Das Outsourcing ist mit besonderer Sorgfalt durchzuführen. Es muss vermieden werden, dass der Dienstleister die entstehende Abhängigkeit missbraucht und sich selbst besser stellt, während sich die Position des Unternehmens verschlechtert.[180] Da sowohl Beschaffung als auch Logistik dem Supply Chain Management zuzuordnen sind, muss beim Outsourcing der Supply Chain Management-Kompetenz mit Vorsicht agiert werden, um eine Abhängigkeit vom Dienstleister zu vermeiden.

---

genau beschrieben. Dies umfasst sowohl die Schnittstellen, die Zeiträume und Termine, die Qualität und die Prüfkriterien als auch eventuelle Abhängigkeiten.

[173] Komparative Konkurrenzvorteile beschreiben Eigenschaften eines Unternehmens, die es in der Kundenwahrnehmung deutlich von anderen unterscheiden. Diese werden von den Bedürfnissen der Kunden, dem eigenen Know-How und dem Know-How der Konkurrenten beeinflusst. Vgl. Backhaus, K. et al. (2007), S. 15 und 17ff.

[174] Vgl. § 613a BGB.

[175] Vgl. Schewe, G. et al. (2006), S. 3.

[176] Vgl. Schewe, G. et al. (2006), S. 18. Die Bedeutung für Krankenhäuser wird in Eichhorn, P. et al. (2000), S. 180f. ausführlich dargestellt.

[177] Vgl. Dillmann, R. et al. (2002), S. 93, Schulte, G. (2001), S. 556.

[178] Vgl. Dillmann, R. et al. (2002), S. 82. Eine Übertragung des Konzeptes auf das Krankenhaus findet sich bspw. in Hübner, U. (2008), S. 33.

[179] Vgl. Engelbrecht, C. (2003), S. 72, Deepen, J. M. (2003), S. 157.

[180] Vgl. Schulte, G. (2001), S. 556.

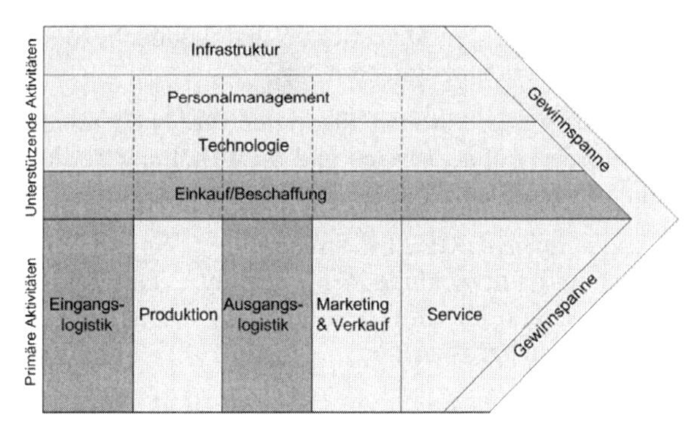

Abbildung 2-16: Generische Wertschöpfungskette nach Porter
Quelle: In Anlehnung an Porter, M. E. (2004), S. 37.

Neben der Servicequalität haben im Rahmen der Outsourcingbeziehung proaktive Verbesserungsbemühungen und Verbindlichkeiten eine große Bedeutung, um die Loyalität zu stärken.[181] Das Outsourcing des Supply Chain Managements an einen Logistikdienstleister bietet Optimierungsmöglichkeiten durch organisatorische und finanzielle Entlastungen.[182] Das Spektrum reicht von der Fremdvergabe logistischer Dienstleistungen bis zur vollständigen Auslagerung der Bestandsverantwortung.[183]

2.3.2.2 Logistikdienstleister als Outsourcingpartner

> *„Logistische Dienstleistungen sind Leistungen, die von gewerblichen Logistikdienstleistern (LDL) als Wirtschaftsgüter für Dritte hergestellt werden und die Durchführung von Waren- und die hiermit verbundenen Informations- und Werteflüsse umfassen.“*[184]

Logistische Dienstleister müssen die folgenden Voraussetzungen erfüllen, um ein geeigneter Outsourcingpartner zu sein:

- *Fachliche Kompetenz*: Der Dienstleister hat über die Methodenkompetenz, die Lernfähigkeit und den Leistungswillen zu verfügen. Er muss in der Lage sein, neue Logistikkonzepte zu analysieren, bezogen auf die Supply Chain zu modellieren und zu integrieren sowie anschließend zu steuern.

[181] Vgl. Cahill, D. L. (2007), S. 228.
[182] Vgl. Kriegel, J. (2002), S. 68f.
[183] Vgl. Wildemann, H. (2007), S. 72.
[184] Raetzell, B. (2006), S. 34.

- *Integrationsfähigkeit*: Der Dienstleister hat kundenbezogen zu handeln und sich ins Netzwerk einzugliedern.
- *Zielharmonie*: Ziel aller Parteien, die in der Supply Chain aktiv sind, muss die Steigerung des Kundenservice und die Erhöhung der Wettbewerbsfähigkeit sein, um einen langfristigen Nutzen zu generieren.
- *Technologische Infrastruktur*: Ein strategischer Support hinsichtlich neuer Technologien und Entwicklungen im Supply Chain Management muss gewährleistet werden. Die Infrastruktur muss ausreichen, um einen problemlosen Service sicher zu stellen.[185]

Laut WILHELM können Logistikdienstleister als Vertrauensbroker agieren und Missstände zwischen den Parteien ausgleichen.[186] Der Logistikdienstleister muss sich auf die Anforderungen der Supply Chain einstellen und das Vertrauen der beteiligten Parteien gewinnen.[187] Die gestiegenen Marktanforderungen bieten den Logistikdienstleistern die Möglichkeit ihr Leistungsangebot zu erweitern und in die Supply Chain-Prozesse eingebunden zu werden.[188] Trotz der hier benannten Vorteile hat die Analyse der Wertkette gezeigt, dass gerade das Outsourcing von Beschaffungs- und Logistikaktivitäten sehr vorsichtig gehandhabt werden muss, um einen Missbrauch der Beziehung zu vermeiden.[189] Der Abschluss eines Dienstleistungsvertrages ist ein komplexer Prozess, in dem die effektive Kommunikation von besonderer Bedeutung ist.[190] Der größte Nachteil, den das Outsourcing an einen Logistikdienstleister mit sich bringt, ist der Verlust der Kontrolle über den Warenfluss.[191]

Als Outsourcingpartner werden in der Literatur Kontraktlogistikunternehmen (Third Party Logistic/3 PL) und Systemintegratoren (Fourth Party Logistic/4 PL) angeführt.[192] Diese Ausgestaltungsformen werden im Folgenden kurz erläutert:

---

[185] Vgl. Klinkner, R. et al. (2004), S. 138ff., Wannenwetsch, H. (2005), S. 329.

[186] Vgl. Wilhelm, M. (2007), S. 223.

[187] Vgl. Darkow, I.-L. (2004), S. 150.

[188] Vgl. Wannenwetsch, H. (2005), S. 327. M&As haben in den vergangenen Jahren dazu geführt, dass kleinere Lieferanten, IT-Firmen oder Beratungsfirmen sich selbst als Dienstleister neu entdeckt haben. Sie stellen Konzepte für die Supply Chain zur Verfügung, komplementieren diese mit der notwendigen Ausstattung und begleiten die Umsetzung. Vgl. Andrews, J. (2001), S. 26.

[189] Vgl. Schulte, G. (2001), S. 556, Lawrenz, O. (2001), S. 156, Dillmann, R. et al. (2002), S. 93.

[190] Bei der Vertragsgestaltung sind die Transaktionskosten zu berücksichtigen, auf die hier nicht näher eingegangen wird. Vgl. ausführlich Erlei, M. et al. (2007), S. 199ff.

[191] Vgl. Simchi-Levi, D. et al. (2000), S. 129.

[192] Vgl. Deepen, J. M. (2003), S. 120.

Third Party Logistikdienstleister

3 PLs offerieren Dienstleistungen, die über die Transporteur- bzw. Speditionstätigkeit hinausgehen. Sie agieren als Vermittler zwischen den Lieferanten und Kunden (vgl. Abbildung 2-17).

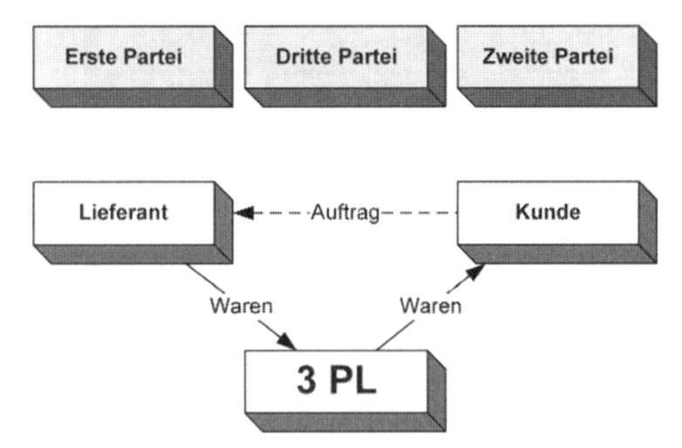

Abbildung 2-17: Positionierung des 3 PL
Quelle: In Anlehnung an Wilhelm, M. (2007), S. 22.

Durch das Einschalten eines 3 PLs wird der direkte Kontakt und somit die direkte Abhängigkeit zwischen Lieferant und Kunde vermieden.[193] Neben der operativen Logistikleistung, erbringt er Dienstleistungen, die den Verbrauchswert des Produktes erhöhen. Er organisiert alle erforderlichen operativen und steuernden Tätigkeiten und bietet Beratungsleistungen zur ständigen Verbesserung des Güterbeschaffungs- und Gütereinsatzprozesses an.[194]

Fourth Party Logistikdienstleister

Die Unternehmensberatung Arthur Anderson Consulting (heute Accenture GmbH) ließ 1996 den Begriff des 4 PLs schützen. Der Begriff wurde wie folgt definiert:

> *„Ein 4 PL-Provider ist ein Supply Chain Manager, der die Ressourcen, Kapazitäten und Technologien seiner eigenen Organisation mit denen anderer beteiligter Dienstleister zusammen führt und managt, um dem Kunden eine vollständige Supply Chain-Lösung anbieten zu können."*[195]

4 PLs gelten als Anbieter von kompletten Logistikservices. Sie agieren aber im Gegensatz zu den 3 PLs lediglich als Systemintegratoren von personellen und

---

[193] Vgl. Eskew, M. (2002), S. 28.
[194] Vgl. Eiff, W. v. (1998a), S. 149f.
[195] Vgl. Zadek, H. (2004b), S. 24.

technologischen Ressourcen und erbringen selber keine Logistikleistungen. Die Kernkompetenz liegt im neutralen Management der Supply Chain.[196] Unter Einbeziehung komplementärer Dienstleister entwickeln sie Gesamtlösungen für das Management von Supply Chains (vgl. Abbildung 2-18).[197]

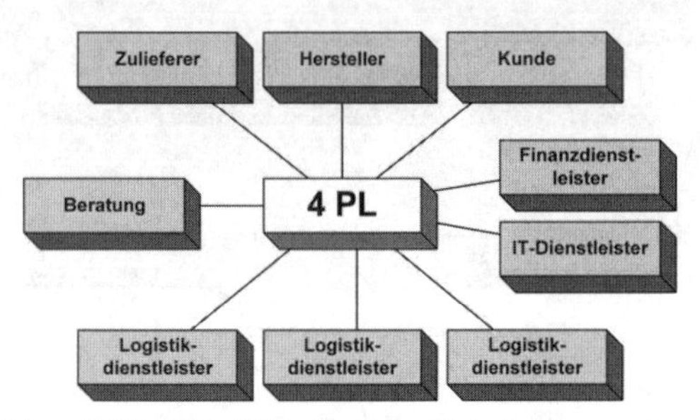

Abbildung 2-18: 4 PL als Zentrum des Dienstleistungsnetzwerkes
Quelle: In Anlehnung an Wilhelm, M. (2007), S. 24.

Ein 4 PL kann als unparteiischer Dienstleister zur Optimierung der gesamten Wertschöpfungskette beitragen.[198] Durch seine Neutralität bietet er sich als Manager der Zusammenarbeit an. Alle Dienstleistungen werden bei ihm gebündelt.[199]

Gegenüberstellung der Konzepte

Der wesentliche Unterschied zwischen den Ausgestaltungsformen besteht nach DEEPEN darin, dass der 4 PL keine Ressourcen vorhält und neutraler agiert.[200] Durch den Einkauf von Dienstleistungen auf dem freien Markt können Preisvorteile generiert werden.[201] ABERLE merkt kritisch an, ob ein Unternehmen ohne eigene praktische Kompetenz in den angebotenen Dienstleistungen in der entsprechenden Zuverlässigkeit und Qualität agieren kann.[202] Die Konzepte weisen aber auch eine Reihe von Gemeinsamkeiten auf, die Wesentlichen sind:

- Beide Konzepte sind langfristig ausgelegt. Der Dienstleister offeriert seinen Kunden logistische Komplettlösungen, die von Transport über Lager-

[196] Vgl. Cahill, D. L. (2007), S. 29, Lawrenz, O. (2001), S. 157, Aberle, G. (2003), S. 536, Winkler, H. (2008), S. 85.
[197] Vgl. Baumgarten, H. et al. (2004), S. 104ff. und 110, Werner, H. (2008), S. 1.
[198] Vgl. Baumgarten, H. et al. (2004), S. 94.
[199] Vgl. Stommel, H. et al. (2004), S. 132, Aberle, G. (2003), S. 536.
[200] Vgl. Deepen, J. M. (2003), S. 120.
[201] Vgl. Lawrenz, O. (2001), S. 157, Wannenwetsch, H. (2005), S. 327.
[202] Vgl. Aberle, G. (2003), S. 536.

haltung und IT-Systeme bis zum Management reichen.[203] Deren Ziel ist es, die Effizienz und Zuverlässigkeit der Supply Chain zu verbessern. Durch die Analyse und Restrukturierung wird das bestehende System optimiert.[204]

- Die Zusammenarbeit führt zu beiderseitigen Abhängigkeiten. Der Logistikdienstleister hat Startinvestitionen, die Supply Chain-Parteien treten Kompetenzen ab.[205]
- Die auslagernden Unternehmen erwarten durch den Einsatz eines Logistikdienstleisters eine Kostenreduktion oder zumindest eine Variabilisierung der sprungfixen Kostenanteile, eine Steigerung der Flexibilität sowie die Vermeidung von Investitionen.[206]

Logistikdienstleister sind durch die Realisierung von Economies of scale und scope oft effizienter und können durch ihre Kundenbreite Nachfragespitzen ausgleichen.[207] Dies führt dazu, dass der Logistikdienstleistungssektor in den letzten Jahren kontinuierlich gewachsen ist, während andere Branchen stagnierten.[208]

---

[203] Vgl. Simchi-Levi, D. et al. (2000), S. 123ff., Cahill, D. L. (2007), S. 29, Nokkentved, C. (2005), S. 269f., Lawrenz, O. (2001), S. 157, Wannenwetsch, H. (2005), S. 327, Baumgarten, H. et al. (2004), S. 105, Winkler, H. (2008), S. 84.

[204] Vgl. Eskew, M. (2002), S. 28.

[205] Vgl. Schulte, G. (2001), S. 556.

[206] Vgl. Zadek, H. (2004b), S. 23, Simchi-Levi, D. et al. (2000), S. 123ff., Cahill, D. L. (2007), S. 29, Nokkentved, C. (2005), S. 269f., Lawrenz, O. (2001), S. 157, Winkler, H. (2008), S. 85.

[207] Vgl. Cahill, D. L. (2007), S. 26f.

[208] Vgl. Braun, C. (2006), S. 171.

3 Versorgungsprozess des Krankenhauses mit Arzneimitteln

3.1 Parteien der Arzneimittel-Supply Chain

In der Arzneimittel-Supply Chain ist eine Vielzahl von Parteien aktiv. Das Zusammenspiel wird in Abbildung 3-1 veranschaulicht.

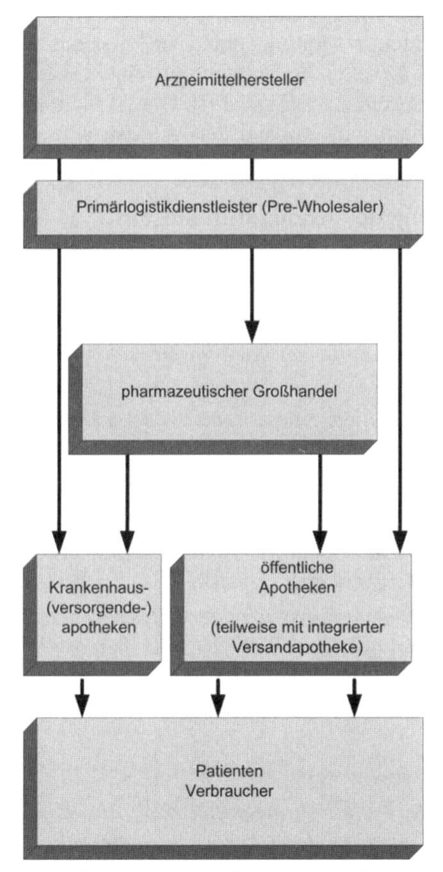

Abbildung 3-1: Warenfluss der Arzneimittel
Quelle: In Anlehnung an Thormann, P. et al. (2007), S. 11.

Im Folgenden werden zunächst die Arzneimittelhersteller, die Großhändler und die Apotheken kurz charakterisiert. In diesem Rahmen werden sowohl die öffentlichen als auch die Krankenhaus-(versorgenden-)apotheken vorgestellt. Der Fokus dieser Arbeit liegt auf der Krankenhausversorgung. Diese wird aber zunehmend von öffentlichen Apotheken durchgeführt, die den Bedingungen des § 14 ApoG entsprechen.[1] Zudem setzt die folgende Analyse eine Kenntnis der wesentlichen Aspekte des ambulanten Marktes voraus.

3.1.1 Arzneimittelhersteller in Deutschland

Die Arzneimittelhersteller sind die zentralen Leistungserbringer und der Ursprung der Arzneimittel-Supply Chain. Sie produzieren die Arzneimittel, die der Grundstein der Patientenversorgung sind.[2] Der Fluss der Arzneimittel durch die Supply Chain ist das wesentliche Betrachtungsobjekt dieser Arbeit. Im Folgenden wird definiert, was ein Arzneimittel ist. Der Arzneimittelhersteller als Startpunkt der Supply Chain wird anhand der Marktstruktur, der Kosten- und Gewinnstruktur und der aktuellen Trends charakterisiert.

3.1.1.1 Einordnung des Arzneimittelbegriffes

Laut § 2 AMG sind Arzneimittel,

> *„(1) ... Stoffe und Zubereitungen aus Stoffen, die dazu bestimmt sind, durch Anwendung am oder im menschlichen oder tierischen Körper*
>
> *1. Krankheiten, Leiden, Körperschäden oder krankhafte Beschwerden zu heilen, zu lindern, zu verhüten oder zu erkennen,*
>
> *2. die Beschaffenheit, den Zustand oder die Funktionen des Körpers oder seelische Zustände erkennen zu lassen,*
>
> *3. vom menschlichen oder tierischen Körper erzeugte Wirkstoffe oder Körperflüssigkeiten zu ersetzen,*
>
> *4. Krankheitserreger, Parasiten oder körperfremde Stoffe abzuwehren, zu beseitigen oder unschädlich zu machen oder*
>
> *5. die Beschaffenheit, den Zustand oder die Funktionen des Körpers oder seelische Zustände zu beeinflussen.*
>
> *(2) Als Arzneimittel gelten*
>
> *1. Gegenstände, die ein Arzneimittel nach Absatz 1 enthalten oder auf die ein Arzneimittel nach Absatz 1 aufgebracht ist und die dazu bestimmt sind, dauernd oder vorübergehend mit dem menschlichen oder tierischen Körper in Berührung gebracht zu werden, ...“*[3]

---

[1] Siehe § 14 ApoG.

[2] Vgl. Wiedeler, S. (2002), S. 65.

[3] § 2 AMG, in § 2 Abs. 3 AMG lassen sich Negativabgrenzungen finden.

Somit sind Arzneimittel sowohl Stoffe als auch Zubereitungen aus diesen. Unter Stoff wird der Wirkstoff verstanden, den ein Arzneimittel enthält, unabhängig vom Hersteller. Dagegen ist das Präparat herstellerabhängig. Es gilt zwischen Kombinationspräparaten, die mehrere Stoffe enthalten, und Einzelpräparaten, die nur einen Stoff enthalten, zu unterscheiden. Sowohl Stoffe als auch Präparate gelten nach § 2 AMG als Arzneimittel.[4]

Die Angaben über die Anzahl der Arzneimittel am deutschen Markt schwanken stark. Der größte Unterschied besteht zwischen der Anzahl der durch das AMG zugelassenen Arzneimittel und der roten Liste[5]. In der roten Liste werden Präparate aufgeführt. Die AMG-Liste umfasst jede Form der Darreichung eines Wirkstoffs, so werden einige Präparate hier mehrfach aufgeführt.[6] Die rote Liste enthielt 2007 8.834 Präparate.[7] Im August 2006 waren in Deutschland über 53.000 Arzneimittel zugelassen.[8] Auf dem Markt befanden sich laut Bundesfachverband der Arzneimittelhersteller (BAH) 31.466 rezeptpflichtige Arzneimittel und 7.269 nicht rezeptpflichtige (davon 6.731 apothekenpflichtige).[9]

Während der rezeptierte Bereich gemäß § 48 AMG Ärzte und Krankenkassen involviert und daher der Fokus auf dem Wirkstoff liegt, gilt im Markt der Selbstmedikation das Primat der Markenpolitik (vgl. Tabelle 3-1).[10]

Zugänglichkeit	Abgabeart/-ort
freiverkäuflich	keine Verordnungspflicht
	Apotheke, Drogerie, Lebensmittelgeschäft
apothekenpflichtig	keine grundsätzliche Verordnungspflicht
	nur Apotheke
verschreibungspflichtig	grundsätzliche Verordnungspflicht
	nur Apotheke
Betäubungsmittel	Abgabe und Verabreichung unter Wahrung des Betäubungsmittelgesetzes mit entsprechender Dokumentation

Tabelle 3-1: Zugänglichkeitsform, Abgabeart und -ort von Arzneimitteln in Deutschland
Quelle: In Anlehnung an Lauterbach, K. W. (2006), S. 177.

[4] In Anlehnung an Müller, H.-C. (1977), S. 4.

[5] Die rote Liste ist das Arzneimittelverzeichnis für Deutschland (einschließlich EU-Zulassungen und bestimmter Medizinprodukte). Sie liefert Arzneimittelinformationen über pharmazeutische und pharmakologisch-therapeutische Eigenschaften zur Unterstützung der Verordnungstätigkeit des Arztes sowie der Beratungsfunktion des Apothekers, O.V. (2008b).

[6] Vgl. Wiedeler, S. (2002), S. 66, Mühlnikel, I. (2006), S. 14.

[7] Vgl. O.V. (2007d), BPI (2007b), S. 62, VFA (2006), S. 43. Zur Entstehung und Bedeutung der roten Liste. Vgl. Geursen, R. (1993), S. 21ff.

[8] Vgl. Zehnder, A. (2006), S. 22.

[9] Vgl. BAH (2006), Tabelle 18.

[10] Vgl. Wiedmann, K.-P. et al. (1997), S. 1, § 48 AMG.

Apothekenpflichtige Arzneimittel, d. h. Arzneimittel, die nur über Apotheken abgegeben werden dürfen, sind zum Teil rezeptpflichtig. Arzneimittel, die vom Arzt verschrieben werden und apothekenpflichtig sind, werden zum Teil von der Krankenkasse erstattet. In Bezug auf die frei verkäuflichen Arzneimittel gibt es keine rechtlichen Beschränkungen des Verkaufsortes. Neben dem Handverkauf in der Apotheke werden sie in Sanitätshäusern oder Drogerien verkauft (vgl. Abbildung 3-2).[11]

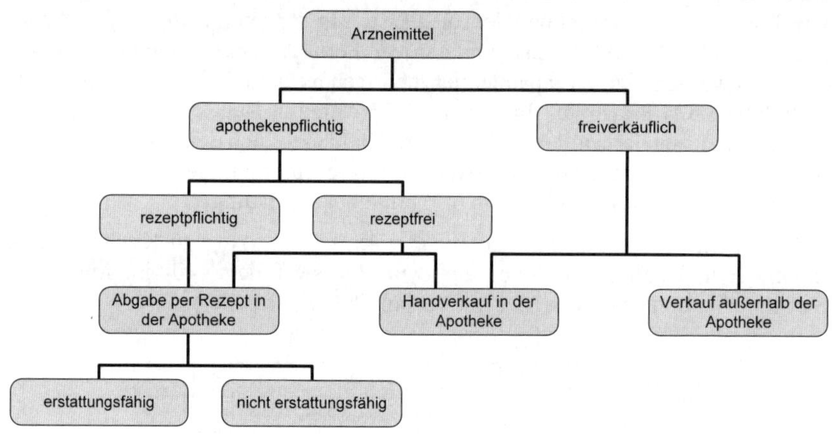

Abbildung 3-2: Systematisierung von Arzneimitteln
Quelle: Kunz, A. R. (2001), S. 61.

Für verschreibungspflichtige Arzneimittel gelten beim Verkauf in öffentlichen Apotheken feste Abgabepreise, die sich aus dem Herstellerabgabepreis[12], der maximalen Gewinnmarge der Großhändler sowie einem prozentualen Aufschlag und Beratungshonorar für die Apotheker ergeben. Im nicht verschreibungspflichtigen Bereich besteht eine Liste des Gemeinsamen Bundesausschuss mit Preisvorgaben. Für Arzneimittel, die nicht auf dieser Liste stehen, besteht Freiheit in der Preisbestimmung aufseiten der Apotheken.[13] Für Apotheken von Einrichtungen wie Krankenhäusern bestehen keine Vorgaben bezüglich der Preisgestaltung.[14]

Zudem muss zwischen patentgeschützten und ungeschützten Wirkstoffen unterschieden werden. Arzneimittelhersteller können sich neu entwickelte Arzneimittel durch Patente schützen lassen. Dieser Schutz gilt für 20 Jahre. In dieser Zeit

[11] Vgl. Kunz, A. R. (2001), S. 59ff., Busse, R. et al. (2005), S. 159.

[12] Der Herstellerabgabepreis unterliegt keinen gesetzlichen Vorgaben. Vgl. Francke, R. (2006), S. 683.

[13] Vgl. Busse, R. et al. (2005), S. 162.

[14] Vgl. Francke, R. (2006), S. 683, Busse, R. et al. (2005), S. 260. Für die Abstimmung der Preise mit den Krankenkassen gilt der § 129a SGB V.

darf nur der Patentinhaber den Wirkstoff herstellen und verkaufen. Nach Ablauf des Patentschutzes ist es anderen Herstellern erlaubt, Nachahmerpräparate, sogenannte Generika, auf den Markt zu bringen.[15] Wenn zwei Arzneimittelhersteller gemeinsam an der Entwicklung eines Wirkstoffes gearbeitet haben, können beide einen Patentschutz beantragen. Jeder Hersteller wird einzeln zugelassen. In diesem Zusammenhang wird vom Co-Marketing gesprochen.[16]

Die Anzahl der verschreibungspflichtigen Arzneimittel in Deutschland ist weit größer als bspw. in der Schweiz oder in Österreich. Nach Ansicht der World Health Organization (WHO) wären für eine effektive Grundversorgung menschlicher Erkrankungen nur 270 Wirkstoffe erforderlich.[17] Diese Diskrepanz zwischen dem Angebot und dem tatsächlichen Bedarf zeigt sich darin, dass in Deutschland 90 % der Verordnungen auf nur 1.900 Präparate entfallen.[18]

Der weltweite Umsatz mit Arzneimitteln lag 2006 bei 642,8 Mrd. US-Dollar. Dies war eine Steigerung von 7 % zum Vorjahr. 83 % des Umsatzes wurden in Nordamerika, Europa und Japan generiert.[19]

Die Angaben zum Produktionsvolumen sind quellenabhängig: 2005 lag das Produktionsvolumen in Deutschland laut dem Bundesverband forschender Arzneimittelhersteller (VFA) bei 21,3 Mrd. Euro. 81 % davon machten rezeptpflichtige Arzneimittel aus, 19 % nicht rezeptpflichtige (davon 13 % apothekenpflichtige). Der Bundesverband der Pharmazeutischen Industrie (BPI) sprach von 22,7 Mrd. Euro.[20]

Laut der European Federation of Pharmaceutical Industries and Associations (EFPIA) hat der Gesamtmarkt in Deutschland ein Volumen von 21,55 Mrd. Euro zu Herstellungskosten. Dieser teilt sich auf in den öffentlichen Apothekenmarkt mit 17,95 Mrd. Euro und den Krankenhausmarkt mit 3,35 Mrd. Euro sowie sonstige Absatzwege in Höhe von 0,25 Mrd. Euro.[21] 2006 lagen die GKV-Ausgaben für Arzneimittel im ambulanten Bereich bei 25,87 Mrd. Euro. Diese gingen anteilig an die öffentlichen Apotheken (16,7 %), den Staat (13,8 %), den Großhandel (4,1 %) und die Pharmaunternehmen (65,7 %[22]).[23]

---

[15] Vgl. BMGS (2008), § 9 PatG.

[16] Vgl. Volk, W. (2002), S. 340f.

[17] Vgl. Zehnder, A. (2006), S. 22. Diese Angabe wird aber im Hinblick auf die Übertragbarkeit auf Industrieländer kritisch gesehen. Vgl. Geursen, R. (1993), S. 96.

[18] Vgl. VFA (2006), S. 43.

[19] Vgl. BPI (2007b), S. 24.

[20] Vgl. VFA (2006), S. 45, BPI (2007a), S. 8, EFPIA (2006), S. 14.

[21] Vgl. EFPIA (2006), S. 16f.

[22] 53,6 % verblieben bei den Herstellern, 11,8 % flossen als Abschlag an die GKV zurück.

[23] Vgl. BPI (2007a), S. 38, PHAGRO (2006). Nach Angaben des VFA stellt sich die Aufteilung wie folgt dar: 4 % Großhandel, 24 % Mehrwertsteuer, 24 % Apotheken, 58 % Arzneimittelhersteller. Vgl. VFA (2006), S. 19. Die Zuschläge und die Mehrwertsteuer auf die Herstellerabgabepreise zählen im europäischen Vergleich zu den Höchsten. Vgl. Busse, R. et al. (2005), S. 154.

3.1.1.2 Marktstruktur der Arzneimittelhersteller

Laut § 4 Abs. 14 AMG ist Herstellen von Arzneimitteln „das Gewinnen, das Anfertigen, das Zubereiten, das Be- oder Verarbeiten, das Umfüllen einschließlich Abfüllen, das Abpacken, das Kennzeichnen und die Freigabe."[24] Die Herstellung verläuft gemäß den Grundsätzen und Leitlinien der Guten Herstellerpraxis für zur Anwendung beim Menschen bestimmte Arzneimittel.[25] In §§ 13ff. AMG wird die Herstellung von Arzneimitteln geregelt:

> *„§ 13 Herstellungserlaubnis*
>
> *(1) Wer Arzneimittel im Sinne des § 2 Abs. 1 oder Abs. 2 Nr. 1, Testsera oder Testantigene oder Wirkstoffe, die menschlicher, tierischer oder mikrobieller Herkunft sind oder auf gentechnischem Wege hergestellt werden, sowie andere zur Arzneimittelherstellung bestimmte Stoffe menschlicher Herkunft gewerbs- oder berufsmäßig zum Zwecke der Abgabe an andere herstellen will, bedarf einer Erlaubnis der zuständigen Behörde. Das Gleiche gilt für juristische Personen, nicht rechtsfähige Vereine und Gesellschaften des bürgerlichen Rechts, die Arzneimittel zum Zwecke der Abgabe an ihre Mitglieder herstellen. ...*
>
> *(2) Einer Erlaubnis nach Absatz 1 bedarf nicht*
>
> *1. der Inhaber einer Apotheke für die Herstellung von Arzneimitteln im Rahmen des üblichen Apothekenbetriebs,*
>
> *2. der Träger eines Krankenhauses, soweit er nach dem Gesetz über das Apothekenwesen Arzneimittel abgeben darf, ..."*[26]

In Deutschland werden die Interessen der Arzneimittelhersteller von unterschiedlichen Verbänden vertreten, bspw. durch den BPI, den BAH oder den VFA.[27] Eine Zuordnung der Unternehmen zu den Verbänden findet sich in Tabelle 3-2.

---

[24] § 4 Abs. 14 AMG.

[25] S. Richtlinie 91/356/EWG, in den USA werden die Good Manufacturing Practices von der FDA festgelegt. Vgl. Scheckenbach, R. et al. (2003), S. 247.

[26] § 13 AMG.

[27] Vgl. Kunz, A. R. (2001), S. 43.

Interessenverband	Vertritt
Bundesverband der Pharmazeutischen Industrie (BPI)	vor allem kleine und mittelständische Unternehmen, die überwiegend Generika herstellen
Verband Forschender Arzneimittelhersteller (VFA)	vor allem große Pharma-Konzerne
Bundesfachverband der Arzneimittelhersteller (BAH)	vor allem Hersteller von nicht-verschreibungspflichtigen Arzneimitteln

Tabelle 3-2: Interessenverbände der Arzneimittelhersteller
Quelle: Lauterbach, K. W. (2006), S. 176.

Zur Abgrenzung der pharmazeutischen Unternehmen in Deutschland werden je nach Quelle unterschiedliche Kriterien herangezogen. Daher variieren die genannten Unternehmenszahlen stark. In Deutschland gab es nach Aussage des BAH im Jahr 2005 330 pharmazeutische Betriebe mit mehr als 20 Mitarbeitern. Neben diesen 330 Betrieben gab es eine Vielzahl kleinerer Unternehmen, die in der Arzneimittelherstellung tätig waren. Insgesamt handelte es sich 2005 um 1.100 Zulassungsinhaber.[28] Der BPI sprach für 2006 von 1.042 pharmazeutischen Unternehmen sowie ca. 230 Unternehmen mit biotechnologischen Verfahren, die aber teilweise in der Gruppe der pharmazeutischen Unternehmen enthalten waren.[29] Nach Darstellung des BPI beschäftigten nur 8,6 % der Unternehmen mehr als 500 Mitarbeiter (63,9 % unter 100, 27,5 % 100-499) (vgl. Abbildung 3-3).[30]

[28] Vgl. BAH (2006), Tabelle 13. Zulassungsinhaber sind sowohl multinationale Konzerne als auch Apotheken, die größere Arzneimittelmengen produzieren und hierfür eine Zulassung haben. Vgl. Eschenbach, D. (1998), S. 25, Kunz, A. R. (2001), S. 4.
Laut VFA waren 2003 260 Betriebe mit mehr als 20 Mitarbeitern in Deutschland aktiv. Nur 7 % dieser Unternehmen verfügten über mehr als 1.000 Mitarbeiter, diese produzierten 68 % des Warenwertes. Vgl. VFA (2006), S. 9. Das Statistische Bundesamt zählt nur Betriebe mit mehr als 20 Mitarbeitern als Unternehmen, im Jahr 2006 wurden dort, laut BPI (2007b), S. 6, 336 gezählt.

[29] Vgl. BPI (2007b), S. 6.

[30] Vgl. BPI (2007a), S. 6, BPI (2007b), S. 6.

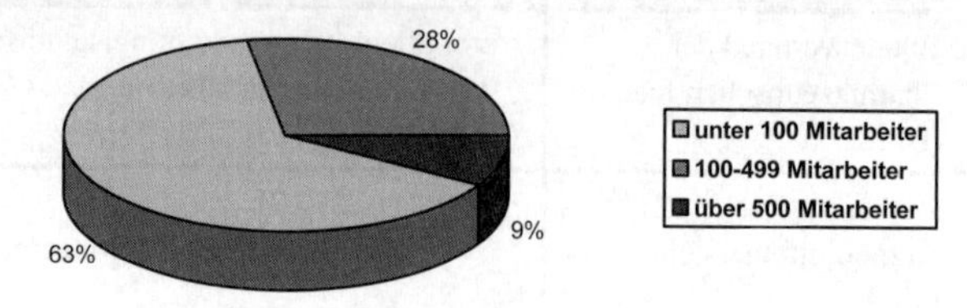

Abbildung 3-3: Mitarbeiterzahlen in pharmazeutischen Unternehmen
Quelle: BPI (2007a), S. 6.

Die Anzahl der 2005 beschäftigten Mitarbeiter schwankt je nach Quelle zwischen 113.002 und 121.573, was auf die unterschiedlichen Abgrenzungskriterien für pharmazeutische Unternehmen zurückzuführen ist.[31]

WIEDELER vertritt die Ansicht, dass die in der roten Liste aufgeführten Hersteller diejenigen sind, die aktiv Arzneimittel auf dem deutschen Markt anbieten. Dies waren 2007 483 Unternehmen.[32] Dieser Auffassung wird im weiteren Verlauf der Arbeit gefolgt.

Erst in der zweiten Hälfte des letzten Jahrhunderts entstanden durch M&As weltweit agierende Pharmakonzerne. Dies führte dazu, dass die Branche sich verhältnismäßig spät mit der Frage von globalen Managementaktivitäten beschäftigte.[33] In den neunziger Jahren des letzten Jahrhunderts zeigten Mergers, wie das der Hoechst AG mit dem amerikanischen Pharmaunternehmen Marion Merrell Dow Inc. im Jahr 1995, einen Konzentrationsprozess in der internationalen Pharmaindustrie an. Dies galt sowohl für die Mergers von forschenden Unternehmen als auch für den Erwerb von Generikaherstellern zur Diversifikation der Produktpalette. Ziel war die Schaffung eines vollständigen Sortiments unter einem Dach.[34] In Deutschland wurde dieser Konzentrationsprozess durch die mittels des Arzneimittelversorgungs-Wirtschaftlichkeitsgesetzes (AVWG) durchgesetzten Kürzungen erneut angeschoben, wie bspw. die Übernahme der betapharm Arzneimittel GmbH durch Dr. Reddy's Laboratories Ltd. zeigte. Der verstärkte Preiswettbewerb wird nach JANNING zur Reduzierung der Produktbreite auf dem Markt führen.[35] Die zehn weltweit umsatzstärksten Unternehmen vereinigten 2006 einen Marktanteil von 53,3 % (vgl. Tabelle 3-3 und Abbildung 3-4).

[31] Vgl. BPI (2007a), S. 9, BPI (2007b), S. 9, BAH (2006), Tabelle 13, EFPIA (2006), S. 34.
[32] Vgl. Wiedeler, S. (2002), S. 66, O.V. (2007d).
[33] Vgl. Ewers, C. L. J. et al. (2002), S. 70, Ernst&Young (2002), S. 24ff.
[34] Vgl. Fehr, B. (1995), S. 19.
[35] Vgl. Janning, M. (2006), S. 72f.

Firmenname	Land	Umsatz (Mio. US-$)	Ertrag (Mio. US-$)	Mitarbeiterzahl
Johnson & Johnson	USA	53.324	11.053	138.000
Pfizer	USA	48.371	19.337	122.200
GlaxoSmithKline	Großbritannien	42.813	10.135	106.000
Novartis	Schweiz	37.020	7.202	102.695
Sanofi-Aventis	Frankreich	35.645	5.033	100.735
Hoffmann-La Roche	Schweiz	33.547	7.318	100.289
Astra Zeneca	Großbritannien	26.475	6.063	98.000
Merck & Co.	USA	22.636	4.434	74.372
Abbott Laboratories	USA	22.476	1.717	66.800
Wyeth	USA	20.351	4.197	66.663

Tabelle 3-3: Pharmaunternehmen nach weltweitem Marktumsatz
Quelle: Eigene Darstellung basierend auf O.V. (2007g).

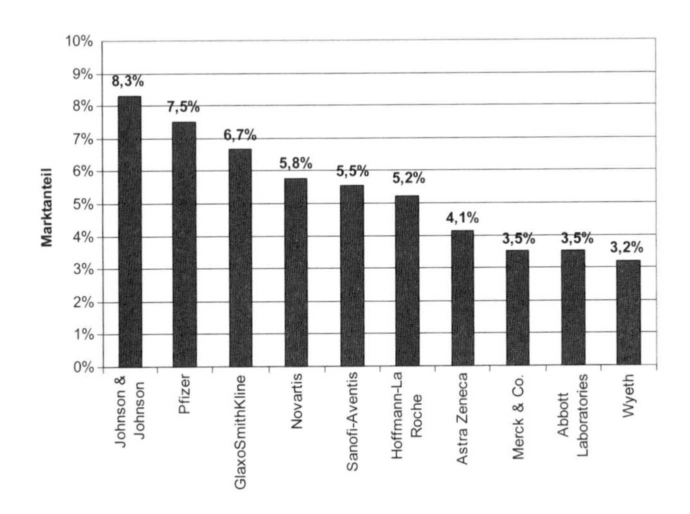

Abbildung 3-4: Marktanteil der zehn größten Pharmaunternehmen
Quelle: Eigene Darstellung basierend auf O.V. (2007g).

3.1.1.3 Kosten- und Gewinnstruktur der Arzneimittelhersteller

Die Wertschöpfungskette aus Sicht der Arzneimittelhersteller umfasst Forschung und Entwicklung (F&E), Zulassung, Wirkstoffproduktion, Produktion und Verpackung der Präparate, Marketing sowie Vertrieb und Distribution (vgl. Abbildung 3-5).[36]

---

[36] Vgl. Feldmann, C. (2007), S. 269.

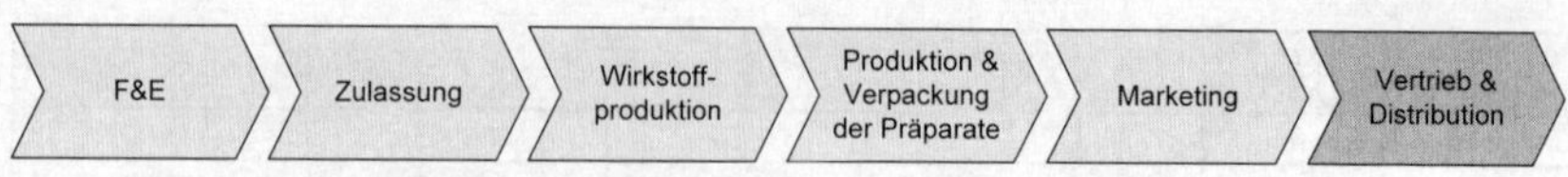

Abbildung 3-5: Wertschöpfungskette aus Sicht der Arzneimittelhersteller
Quelle: Eigene Darstellung.

Eine Gewinnermittlung im betriebswirtschaftlichen Sinne ist für Arzneimittel nicht umsetzbar. Die häufig getroffene Aussage, Arzneimittelhersteller würden ihre Monopolstellung in Bezug auf bestimmte Produkte missbrauchen, um ungerechtfertigte Preise zu verlangen und unverhältnismäßig hohe Gewinne zu realisieren,[37] lässt sich nur schwer verifizieren. Die hohen Gewinnmargen im Arzneimittelbereich deuten aber darauf hin.[38]

Die Zurechnung der Kosten auf ein Produkt gestaltet sich komplex. Die Materialkosten von Tablettierungsmaterial, die Außendienstmitarbeiter oder auch der Forschungsaufwand sind nicht eindeutig zuzuordnen.[39] Im Rahmen der Forschung wird im Arzneimittelbereich nur einer von ca. 10.000 neu synthetisierten Stoffen zum zugelassenen Wirkstoff.[40] Die Entwicklungszeit eines Wirkstoffs bis zur Zulassung lag in den 60er Jahren bei acht Jahren, mittlerweile gehen Schätzungen von bis zu 15 Jahren aus.[41] Gerade der Forschungsaufwand stellt sogenannte sunk costs dar, die das Pharmaunternehmen auch tragen muss, wenn es keinerlei Umsatz mit dem Arzneimittel erzielt. Die Produktionskosten sind im Vergleich oft marginal.[42] Eine Beurteilung der Preise auf Basis von Deckungsbeiträgen ist nicht zulässig, da die F&E-Kosten auf das gesamte Unternehmen umgelegt werden müssen. Festzuhalten ist, dass patentgestützte Arzneimittel einen höheren Deckungsbeitrag erzielen, als nicht geschützte.[43] Dies deutet darauf hin, dass die Arzneimittelhersteller im Rahmen ihrer Monopolstellung höhere Margen realisieren.[44]

Die Arzneimittelhersteller betreiben in Deutschland zudem ein sehr intensives Marketing, was sich durch Vertreterbesuche, Werbung und Fortbildungen auszeichnet. Es wird geschätzt, dass die Marketingausgaben in Deutschland bei zwei Milliarden Euro liegen.[45] Besonders im Rahmen der Markteinführung eines neuen Produktes werden die Marketingaktivitäten verstärkt, um einen hohen Bekanntheitsgrad zu erreichen und die Marktdurchdringung zu fördern. Innerhalb eines Monats nach Einführung wird eine Produktkenntnis bei 90 % der

---

[37] Vgl. Kucukarslan, S. (1996), S. 73, Kunz, A. R. (2001), S. 43.
[38] Vgl. Burns, L. R. (2002), S. 220f.
[39] Vgl. Albach, H. (1987), S. 817ff.
[40] Vgl. Hartmann, W. (2002), S. 277.
[41] Vgl. Thierolf, C. (2002), S. 351 und 353.
[42] Vgl. Feldmann, C. (2007), S. 236.
[43] Vgl. Albach, H. (1987), S. 824.
[44] Vgl. BMGS (2008).
[45] Vgl. Neye, H. (2007), S. 32.

Ärzte angestrebt.[46] Der Sachverständigenrat im Gesundheitswesen bemängelte im Besonderen die Verordnung von hochpreisigen Arzneimitteln im Krankenhaus. Diese werden dem Krankenhaus unter Marketinggesichtspunkten verbilligt verkauft, damit sie nachher im niedergelassenen Bereich weiter verschrieben werden.[47] ANGELL ET AL. führten 2002 an, dass die Hersteller rund 30 % ihrer Einnahmen für Marketing und die Verwaltung ausgeben, aber nur 12 % im Bereich der Forschung und Entwicklung.[48]

3.1.1.4 Marktentwicklung der Arzneimittelhersteller

Durch Gesundheitsreformen, steigende F&E-Investitionen und Marketingausgaben, zunehmende Konkurrenz und auslaufende Patente stagnierten bei einigen Arzneimittelherstellern im ersten Halbjahr 2004 die Erlöse, was zu zweistelligen Gewinnrückgängen führte. Besonders im Bereich der Distribution wird daher ein Augenmerk auf das Supply Chain Management gelegt.[49] Dieses Konzept stellt nach EWERS ET AL. einen Ansatz zur Neuorientierung der Arzneimittelhersteller dar.[50]

Definitionsgemäß steht der Begriff Healthcare-Logistik aus Sicht der Hersteller lediglich für die Distributionslogistik, nicht die Beschaffungs- oder Produktionslogistik.[51] Diese Auffassung wird in der weiteren Untersuchung gefolgt, es wird nur die Distribution der Arzneimittelhersteller betrachtet. Die Distributionsplanung beschäftigt sich mit dem effizienten Transport der Waren vom Hersteller zum Kunden, was zu einer Reduktion existierender Lager und Puffer führt.[52] In diesem Zusammenhang ist darauf zu achten, dass die Arzneimittel unter angemessenen Bedingungen transportiert und gelagert werden.[53]

3.1.2 Arzneimittelgroßhandel in Deutschland

> *„A wholesaler (also called a distributor or wholesaler-distributor) is a non-manufacturing company that sells products to retailers, merchants, contractors, and/or industrial, institutional, and com-*

---

[46] Vgl. Guminski, W. et al. (2002), S. 233.

[47] Vgl. Schwabe, U. et al. (2007), S. 33.

[48] Vgl. Angell, M. et al. (2002), S. 106.

[49] Vgl. Schulze, F. et al. (2004), S. 47, Poppe, R. et al. (2004), S. 24.

[50] Vgl. Ewers, C. L. J. et al. (2002), S. 165. Zudem benennt er die Effizienzsteigerung in der Entwicklung und der Produktion, wobei in der Produktion bereits fortschrittliche Bestandsmanagementkonzepte angewandt werden. Vgl. Eskew, M. (2002), S. 24.

[51] Vgl. Pieper, U. et al. (2004), S. 186.

[52] Vgl. Wahl, C. (1999), S. 9, Ewers, C. L. J. et al. (2002), S. 188.

[53] Vgl. Winter, B. (2004) S. 201.

mercial users, but does not sell in significant amounts to ultimate consumers (end-users).“[54]

Laut § 4 Abs. 22 AMG ist Großhandel mit Arzneimitteln "jede berufs- oder gewerbsmäßige zum Zwecke des Handeltreibens ausgeübte Tätigkeit, die in der Beschaffung, der Lagerung, der Abgabe oder Ausfuhr von Arzneimitteln besteht, mit Ausnahme der Abgabe von Arzneimitteln an andere Verbraucher als Ärzte, Zahnärzte, Tierärzte oder Krankenhäuser“.[55]

In Deutschland unterliegen die pharmazeutischen Großhändler der Betriebsverordnung für Arzneimittelgroßhandelsbetriebe (AMGrHdlBetrV). In § 3 AMGrHdlBetrV wird die Beschaffenheit, Größe und Einrichtung der Betriebsräume vorgeschrieben, generell muss ein ordnungsgemäßer Betrieb gewährleistet werden.[56] Großhändler dürfen nach § 4a AMGrHdlBetrV ihre Arzneimittel nur von Betrieben, die eine Zulassung zu gemäß § 13 oder § 52a des AMG verfügen, beziehen.[57] Nach § 6 AMGrHdlBetrV gilt: „soweit durch Rechtsvorschrift nichts anderes zugelassen ist, dürfen Lieferungen von Arzneimitteln nur an Betriebe und Einrichtungen erfolgen, die über eine Erlaubnis nach § 13 oder nach § 52a des Arzneimittelgesetzes verfügen oder die zur Abgabe an den Endverbraucher befugt sind.“[58]

3.1.2.1 Marktstruktur des Arzneimittelgroßhandels

Die 16 deutschen vollversorgenden Pharmagroßhändler haben sich zu einem Dachverband (PHAGRO) zusammengeschlossen. Gemeinsam verfügten sie 2007 über ein flächendeckendes Versorgungsnetz mit 110 Niederlassungen und 12.197 Mitarbeitern. Ein Großhändler hatte durchschnittlich 90.000 Produkte, darunter 54.000 Arzneimittel, auf einer Nutzfläche von 110.000 m^2 auf Lager, die durchschnittliche Lagerzeit lag bei 24,9 Tagen.[59] Der Umsatz betrug 2007 22,4 Mrd. Euro zu Herstellerabgabepreisen vor Steuern, was einem Umsatz von rund 200 Mio. Euro pro Niederlassung entspricht.[60] Neben den 16 vollversorgenden Großhändlern gibt es in Deutschland eine Reihe von teilsortierten Anbietern, die sich auf bestimmte Produkte, Therapierichtungen oder Regionen spezialisiert haben.[61] Bis 2003 stieg der Umsatz der Großhändler kontinuierlich

---

[54] Fein, A. J. (1998), S. 232.

[55] § 4 Abs. 22 AMG.

[56] Vgl. § 3 AMGrHdlBetrV.

[57] Vgl. § 4 AMGrHdlBetrV. § 13 AMG regelt die Herstellererlaubnis, § 52a AMG den Großhandel mit Arzneimitteln.

[58] § 6 AMGrHdlBetrV.

[59] Vgl. Clement, W. et al. (2005), S. 41ff.

[60] Vgl. PHAGRO (2008), PHAGRO (2006), Thormann, P. et al. (2007), S. 8, Clement spricht von einem Umsatz in Höhe von 19,7 Mrd. Euro zu Apothekenpreisen vor MwSt. und Rabatten und 13.000 Mitarbeitern. Vgl. Clement, W. et al. (2005), S. 15 und 24.

[61] Vgl. Lauterbach, K. W. (2006), S. 179, Clement, W. et al. (2005), S. 10.

an. Im Jahr 2004 war erstmals ein Rückgang zu verzeichnen.[62] Deutschland ist der größte Großhandelsmarkt in Europa (18,9 %), gefolgt von Frankreich und Großbritannien.[63] Die drei größten Großhändler in Deutschland vereinen einen Marktanteil von 58 % (vgl. Abbildung 3-6).[64]

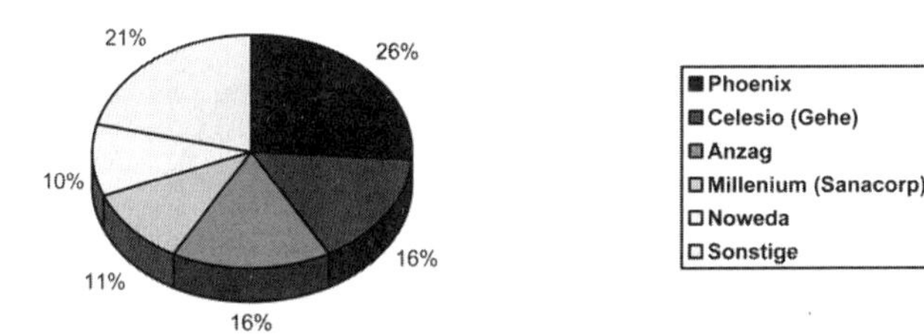

Abbildung 3-6: Marktanteile der Arzneimittelgroßhändler
Quelle: Eigene Darstellung auf Basis der aktuellen Geschäftsberichte von PHAGRO (2008), Sanacorp (2007b), Noweda (2008), ANZAG (2008), Phoenix (2008), Celesio (2008) in Verbindung mit O.V. (2001a), S. 22, Brückner, M. et al. (2002), S. 728f.

3.1.2.2 Bedeutung und Aufgabenspektrum des Arzneimittelgroßhandels

Der pharmazeutische Großhandel garantiert eine schnelle Versorgung mit Arzneimitteln, die herstellerneutral und an den Patientenbedürfnissen ausgerichtet erfolgt. Dadurch gewährleistet er eine hohe und schnelle Lieferfähigkeit sowie den Marktzugang für alle Hersteller unter kosteneffizienten Bedingungen.[65]

Nach CLEMENT ET AL. sind drei Stufen der Großhandelstätigkeit zu unterscheiden. Das Kerngeschäft des Großhändlers besteht in der Logistikfunktion zur Pufferung von zeitlichen und örtlichen Diskrepanzen sowie der Bündelung von kleinen Bestellmengen. Das Einhalten von Qualität und Lieferbedingungen gemäß der Good Distribution Practice[66], sind notwendige Nebenleistungen. Erst auf der dritten Stufe kann sich der Großhändler von seiner Konkurrenz differen-

[62] Vgl. Clement, W. et al. (2005), S. 17.
[63] Vgl. Clement, W. et al. (2005), S. 13f. und 16.
[64] Vgl. O.V. (2001a), S. 22, Brückner, M. et al. (2002), S. 728f. In den USA kam es im letzten Jahrhundert ebenfalls zu einer Konzentration des Pharmagroßhandels. Zwischen 1978 und 1995 wurden 85 Unternehmen übernommen. Für 50 dieser Fusionen waren Amerisource (Alco-Standard), Bergen Brunswick Drug Company, FoxMeyer Cooperation und Cardinal Distribution verantwortlich.
[65] Vgl. Dambacher, E. et al. (2002), S. 245, Thormann, P. et al. (2007), S. 8 und 13f.
[66] Vgl. EU-Richtlinie 94/C 63/03, herausgegeben von der Europäischen Kommission.

zieren, indem er zusätzliche Dienstleistungen, wie bspw. Pre-Wholesaling Services, offeriert (vgl. Abbildung 3-7).[67]

Abbildung 3-7: Dienstleistungsspektrum des Arzneimittelgroßhandels
Quelle: Clement, W. et al. (2005), S. 55.

Pre-Wholesaling steht für die Durchführung von Tätigkeiten, die ursprünglich beim Hersteller lagen, durch einen Großhändler. So wird die Geschäftsbeziehung intensiviert und konzentriert.[68] Die Aufgaben, die ein Pre-Wholesaler übernehmen kann, werden in Abbildung 3-8 dargestellt.

technischer Support	Logistik	Verwaltung	Finanzierung	Export/Import	IT-Services	Verkaufs-unterstützung
Lagerung, Rückrufe, Sonder-abwicklung, Gefahrstoffe	Kommissio-nierung, Verpackung, Transport		Kredit-prüfung, Versiche-rung		Markt-analyse, Verkaufs-daten, Bestände	Promotion, klinische Tests, Produktein-führungen

Abbildung 3-8: Dienstleistungsspektrum des Pre-Wholesalers
Quelle: Clement, W. et al. (2005), S. 57.

Andere Zusatzleistungen sind bspw. die Marketingberatung der Apotheken oder Schulungen des Personals. Diese Zusatzleistungen fördern die Differenzierung von der Konkurrenz.[69]

---

[67] Vgl. Clement, W. et al. (2005), S. 55f., siehe auch Schürbüscher, D. et al. (2003), S. 89.
[68] Vgl. Clement, W. et al. (2005), S. 11.
[69] Vgl. Engelhardt, W. H. et al. (1995), S. 204.

3.1.2.3 Trends in Bezug auf den Arzneimittelgroßhandel

Nach CLEMENT ET AL. liegen im Bereich des Pharmagroßhandels drei Entwicklungstendenzen vor. Die horizontale Integration, die vertikale Integration und die regionale Expansion (vgl. Abbildung 3-9).

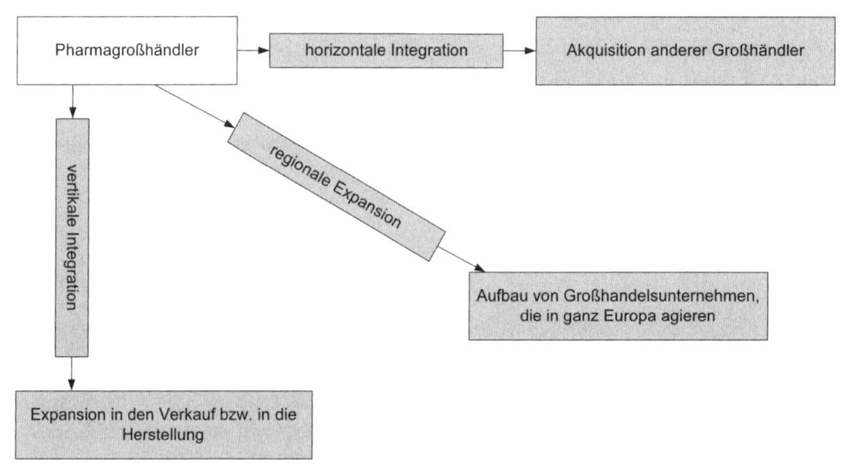

Abbildung 3-9: Trends in Bezug auf den Arzneimittelgroßhandel
Quelle: In Anlehnung an Clement, W. et al. (2005), S. 54.

Auch BRÜCKNER ET AL. sehen neben der Erweiterung des Dienstleitungsspektrums in den vergangenen Jahren im Pharmagroßhandel sowohl den Trend zur vertikalen als auch zur horizontalen Integration.[70] Ein Beispiel für die horizontale Integration stellt der 2006 angebahnte Zusammenschluss der deutschen Sanacorp eG Pharmazeutische Großhandlung und der französischen CERP Rouen SA dar.[71] Am 28. November 2007 gaben die beiden Unternehmen ihren paritätischen Zusammenschluss zur Holdinggesellschaft Millenium S.r.l. bekannt, die einen kumulierten Umsatz von 5,4 Mrd. Euro erzielt.[72] Phoenix expandierte in das Apothekengeschäft verschiedener Länder. Dies spiegelt die regionale Expansion wider. Celesion, ehemals GEHE, beliefert mit 126 Niederlassungen 40.000 Apotheken in zehn Ländern. Ende 2003 besaß das Unternehmen 1.882 Apotheken in sieben Ländern, was die vertikale Integration demonstriert.[73]

[70] Vgl. Brückner, M. et al. (2002), S. 730, siehe auch Burns, L. R. (2002), S. 155.
[71] Vgl. ABDA (2007), S. 44.
[72] Vgl. Sanacorp (2007a).
[73] Vgl. Schulze, F. et al. (2004), S. 49.

Länderübergreifende Tätigkeiten bieten den Großhändlern die Möglichkeit, die unterschiedlichen Preisregularien auszunutzen und durch Parallelimporte und Reimporte ihre Gewinne zu steigern.[74]

3.1.3 Apothekenmarkt in Deutschland

Wie in Kapitel 3.1.1.1 dargestellt, gelangen die Arzneimittel in Deutschland im Regelfall über Apotheken zum Endverbraucher. Hier sind die öffentlichen Apotheken zu nennen, welche die Arzneimittel im ambulanten Bereich an die Patienten abgeben sowie die Krankenhaus-(versorgenden-)apotheken, die für die Versorgung der Patienten im stationären Bereich verantwortlich sind. Beide werden von Apothekern geleitet.

> *„Der Apotheker ist die letzte Kontrollinstanz für Arzneimittel auf dem Weg vom Arzneimittelhersteller bis zu Anwendung beim Patienten. Damit kommt ihm eine entscheidende Funktion sowohl für die Sicherheit des Arzneimittels als auch für seine Anwendung zu.*
>
> *Durch sachgerechte Information und Beratung kann der Apotheker die Akzeptanz eines Arzneimittels sowie seine richtige Anwendung wesentlich verbessern."*[75]

Nach § 1 Bundes-Apothekerordnung (BApO) in Verbindung mit § 2 Abs. 1 BApO ist der approbierte Apotheker berufen, „die Bevölkerung ordnungsgemäß mit Arzneimitteln zu versorgen. Er dient damit der Gesundheit des einzelnen Menschen und des gesamten Volkes."[76] Die Apotheker sind in der Bundesvereinigung Deutscher Apothekerverbände (ABDA) organisiert. Diese unterstützt die Mitglieder bspw. über eine Datenbank, in der sie Informationen zu Fertigarzneimitteln (Basisdaten, Freisetzungsverhalten, Vergleichsrecherchen), pharmazeutischen Stoffen, Wirkstoffen und Interaktionen bereitstellt. Des Weiteren wird ein Instrument zur Risikoprüfung bei allen relevanten Fertigarzneimitteln (CAVE) angeboten. Zudem bietet sie Arzneimittelinformationen für Laien an.[77]

---

[74] Vgl. Clement, W. et al. (2005), S. 11, Blechschmidt, J. (2003), S. 17. Parallelimporte und Reimporte unterscheiden sich im Produktions- und Bestimmungsort. Reimporte wurden in Deutschland für einen ausländischen Markt erstellt und im Anschluss wieder nach Deutschland zurückgeführt. Der Begriff Parallelimport bezieht sich auf Produkte, die regulär im Ausland produziert werden. Parallel zu den Importen der Hersteller werden zusätzliche Einheiten über andere Kanäle eingeführt. Vgl. Geller, J. (2003), S. 213, Lauterbach, K. W. (2006), S. 179. Der rechtliche Rahmen für Arzneimittelimporte ist in § 73 AMG geregelt.

[75] ABDA (2007), S. 15.

[76] § 1 BApO. Zur Notwendigkeit der Approbation siehe § 2 Abs. 1 BApO.

[77] Vgl. ABDA (2007), S. 20ff. Daneben besteht noch der Verband der Internetapotheken und auf europäischer Ebene die European Association of Mail Service Pharmacies. Die Mitgliedschaft wird als Qualitätssiegel für den Onlineversand angesehen. Vgl. BVDVA (2008).

3.1.3.1 Apotheken in der öffentlichen Versorgung

Das ApoG besagt in § 1 Abs. 1, dass den Apotheken „die im öffentlichen Interesse gebotene Sicherstellung einer ordnungsgemäßen Arzneimittelversorgung der Bevölkerung“[78] obliegt. Zudem wird in diesem Paragrafen festgelegt, dass nur Apotheker öffentliche Apotheken betreiben dürfen und dass zu jeder Apotheke maximal drei Filialapotheken geführt werden dürfen. Öffentliche Apotheken sind für die Patienten der wichtigste Ort beim Erwerb von Arzneimitteln.[79] 2006 führten 19.775 selbstständige Apotheker 21.551 öffentliche Apotheken, davon waren 1.796 Filialapotheken.[80] Die Aufhebung des Mehrbesitzverbots wurde von 41 Prozent der Apotheker als erster Schritt zur Kettenbildung angesehen.[81]

Öffentliche Apotheken bestellten schon im Jahr 2000 ihre Produkte überwiegend online.[82] 2005 gaben alle befragten Apotheken an, über Internetanschluss zu verfügen. Nahezu die Hälfte verfügte über einen Breitbandanschluss. Fast 90 Prozent nutzten ein Apotheken-Verwaltungssystem.[83]

Der Umsatz durch Direktbelieferungen der öffentlichen Apotheken in Deutschland stieg im Jahr 2007 um neun Prozentpunkte auf 3,7 Mrd. Euro. Der Umsatz über den Großhandel stieg nur um vier Prozentpunkte auf 19,5 Mrd. Euro. Diese Entwicklung basiert im Besonderen auf der Zunahme der Direktbelieferung von patentgeschützten hochpreisigen Arzneimitteln. Die Anzahl der Direktlieferungen nahm ab.[84]

Der Sektor der öffentlichen Apotheken ist einem starken Wandel unterlegen. Neben der Aufhebung des Mehrbesitzverbots, drängen Apothekenketten in den Markt. Im April 2007 übernahm der Pharmagroßhändler Celesion 90 % der Versandapotheke DocMorris. DocMorris plant eine Franchisekette zu eröffnen, sobald dies rechtlich zulässig ist. Dies bedeutet nach PREUSKER eine Bedrohung für den klassischen Apothekenmarkt.[85] Derzeit wird das Konzept der Markenpartnerschaft angeboten, das zumindest optisch den Eindruck einer Apothekenkette erweckt.[86]

---

[78] § 1 ApoG.

[79] Vgl. Clement, W. et al. (2005), S. 34.

[80] Vgl. ABDA (2007), S. 36, 1.301 Apotheker führten zwei Apotheken, 192 je drei Apotheken, 37 je vier Apotheken.

[81] Vgl. Behling, S. et al. (2005), S. 75.

[82] Vgl. Lüthy, A. et al. (2000), S. 166.

[83] Vgl. Ghanaat, H. (2005), S. 36.

[84] Vgl. IMSHealth (2008), S. 1.

[85] Vgl. Preusker, U. K. (2007), S. 11. 2006 waren nach Schmitt, T. (2006), S. 20 drei Pharmagroßhändler besonders prädestiniert, in den deutschen Apothekenmarkt einzusteigen: die Celesion AG, die Phoenix AG und Alliance Boots.

[86] Vgl. DocMorris (2008).

Die Zusammenarbeit der Apotheken mit der Pharmaindustrie wurde in der Vergangenheit dadurch behindert, dass sich beide Seiten als Gegner ansahen, mittlerweile wird vielfach der beiderseitige Nutzen erkannt.[87] Innovative Kooperationskonzepte der Apotheken mit den vorgelagerten Parteien werden im Folgenden kurz ausgeführt:

- Assist Pharma bietet ein Unit-Dose-System für den niedergelassenen Bereich an. Eine Unit-Dose ist eine „industrielle oder durch die Apotheke konfektionierte Einzeldosis einer Arzneizubereitung".[88] Die festen oralen Arzneimittel werden wochenweise in ein Behältnis mit sieben mal vier Fächern einsortiert.[89] Durch die individuelle, kundenbezogene Zusammenstellung werden die Kundenbindung und somit die Planungssicherheit gesteigert.[90]
- Die „ratiothek" ist ein Shop-in-Shop Konzept, bei dem Ratiopharm in der Apotheke einen eigenen Shop betreibt.[91]
- Herstellereigene Liefernetzwerke bieten für die Apotheken und die Hersteller die Option, die Großhandelsmarge zu umgehen, den potenziellen Gewinn zu teilen und die Effizienz zu steigern.[92]

3.1.3.2 Apotheken in der stationären Versorgung

3.1.3.2.1 Darstellung des Krankenhausmarktes

Die Akutversorgung wird in Deutschland von den Krankenhäusern erbracht. Nach § 2 Krankenhausfinanzierungsgesetz sind Krankenhäuser

> *„Einrichtungen, in denen durch ärztliche und pflegerische Hilfeleistung Krankheiten, Leiden oder Körperschäden festgestellt, geheilt oder gelindert werden sollen oder Geburtshilfe geleistet wird und in denen die zu versorgenden Personen untergebracht und verpflegt werden können, ..."*[93]

Die wesentliche Aufgabe der Krankenhäuser besteht in der ärztlichen Behandlung in Form von Diagnostik und Therapie sowie der pflegerischen Betreuung

---

[87] Vgl. Behling, S. et al. (2005), S. 107.
[88] Großmann, R. et al. (2004), S. 284.
[89] Vgl. Zehnder, A. (2006), S. 22f.
[90] Vgl. Ewers, C. L. J. et al. (2002), S. 79.
[91] Vgl. Behling, S. et al. (2005), S. 70ff.
[92] Vgl. Behling, S. et al. (2005), S. 73f.
[93] § 2 KHG. Die Definition in § 107 des fünften Sozialgesetzbuches (SGB V) geht detaillierter auf die Art der erbrachten Leistungen ein.

der Patienten.[94] § 2 der Bundespflegesatzverordnung (BPflV) führt ergänzend die Versorgung mit Arznei-, Heil- und Hilfsmitteln, die für die Versorgung im Krankenhaus notwendig sind, sowie Unterkunft und Verpflegung an.[95] Nach dem Wirtschaftlichkeitsgebot § 12 Abs. 1 S. 1 SGB V müssen diese Leistungen „ausreichend, zweckmäßig und wirtschaftlich sein; sie dürfen das Maß des Notwendigen nicht überschreiten".[96]

Träger von Krankenhäusern werden die Parteien genannt, die ein Krankenhaus besitzen oder betreiben.[97] Öffentlich-rechtliche Träger sind bspw. Bund, Länder oder Gemeinden. Freigemeinnützige Träger sind kirchliche oder freie Wohlfahrtsverbände. Private Träger sind Investoren, die erwerbswirtschaftliche Ziele verfolgen.[98] Langfristig zeigt sich nach den Daten des Statistischen Bundesamtes eine Tendenz von den öffentlichen Trägerschaften zu den privaten, während der Anteil der Krankenhäuser der freigemeinnützigen Träger im Zeitverlauf relativ konstant geblieben ist.[99]

2006 gab es in Deutschland 2.104 Krankenhäuser, davon waren 27,8 % in privater Trägerschaft, 38,2 % in freigemeinnütziger Trägerschaft und 34,1 % in öffentlicher Trägerschaft (vgl. Abbildung 3-10). Die öffentlichen Einrichtungen stellten über die Hälfte der 510.767 Planbetten. Sie betrieben vor allem große Krankenhäuser. 35,3 % der Betten waren den freigemeinnützigen Krankenhäusern zuzuordnen, 13,6 % den privaten und 51,1 % den öffentlichen (vgl. Abbildung 3-11).[100]

---

[94] Vgl. Eichhorn, S. (1975), S. 13.

[95] Vgl. § 2 Nr. 1 S. 1 BPflV.

[96] Vgl. § 12 Abs. 1 S. 1 SGB V.

[97] Vgl. Haubrock, M. et al. (2007), S. 151.

[98] Vgl. Hamm, M. (2002), S. 18ff., Haubrock, M. et al. (2007), S. 151, Eichhorn, P. et al. (2000), S. 88ff., Harneit, J. (1999), S. 18. Harneit bezieht sich bei seiner Definition für private Krankenhäuser auf die Gesetze des Freistaats Sachsen, in denen es heißt, dass dies Krankenhäuser sind, die aufgrund § 30 Reichsgewerbeordnung von einer höheren Verwaltungsbehörde konzessioniert sind.

[99] Vgl. Haubrock, M. et al. (2007), S. 151.

[100] Vgl. Statistisches_Bundesamt (2007a).

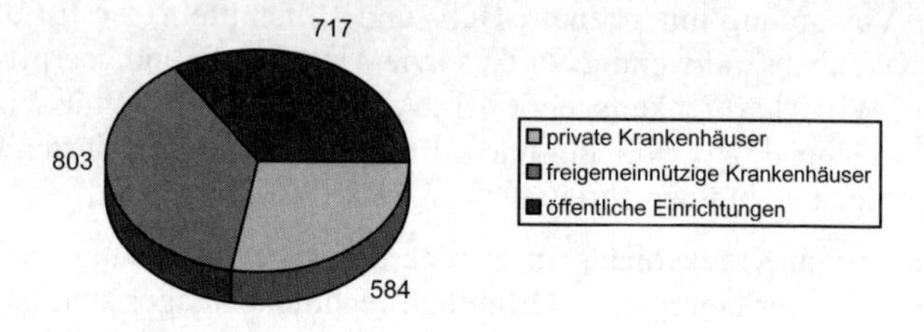

Abbildung 3-10: Krankenhäuser nach Trägerschaft 2006
Quelle: In Anlehnung an Statistisches_Bundesamt (2007a).

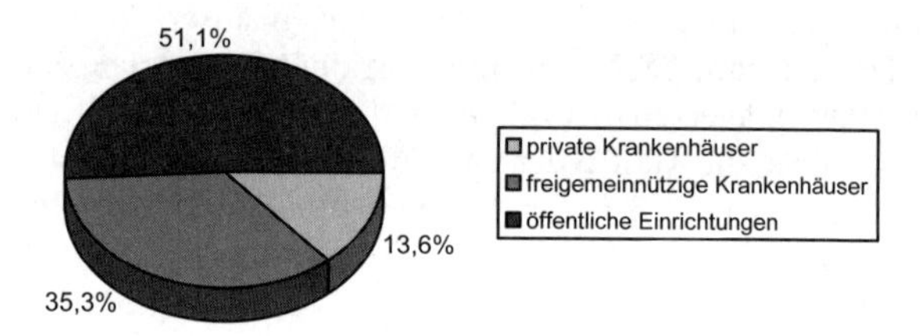

Abbildung 3-11: Anteil der Planbetten nach Trägerschaft 2006
Quelle: In Anlehnung an Statistisches_Bundesamt (2007a).

Neben der Unterscheidung nach Trägerschaft werden die Krankenhäuser Versorgungsstufen zugeordnet. Die Einstufung der Krankenhäuser orientiert sich an den Abteilungs- und Fachgebietsangeboten, der Großgeräteausstattung und der Art der Teilnahme an der Notfallversorgung. Sie variiert nach Bundesland und wird im jeweiligen Landeskrankenhausgesetz festgelegt. Die Einstufung verläuft in der Regel aufsteigend von der Grund- und Regelversorgung über die Schwerpunktversorgung bis zur Maximalversorgung bzw. der Zentralversorgung.[101]

[101] Vgl. Damkowski, W. et al. (2000), S. 36f.

3.1.3.2.2 Materialwirtschaft in deutschen Krankenhäusern

Krankenhäuser werden zunehmend zu Wirtschaftsunternehmen. Im Hinblick auf die Logistik bedeutet dies, dass sie versuchen ihre Bestände zu reduzieren, was die Lieferanforderungen erhöht.[102]

Nach einer Studie von ACCENTURE konnten sich 2002 mehr als 50 Prozent der Krankenhäuser eine Kooperation mit externen Partnern vorstellen. 80 % bevorzugten die Gründung von Servicegesellschaften mit einem überregionalen Partner.[103] Zur Verringerung der Dienstleistungstiefe im Krankenhaus wird nach der Auslagerung der Tertiärbereiche, die Auslagerung der Sekundärbereiche diskutiert.[104] Im Krankenhaus ist vor allem ein Trend zu Einkaufsgemeinschaften zu erkennen, über welche die Bedarfe gebündelt und die Verhandlungsmacht gegenüber den Anbietern, hier den Arzneimittelherstellern, gestärkt werden soll.[105] Krankenhäuser der Regelversorgung greifen oftmals auf Dienstleister und Einkaufgemeinschaften zurück. Maximalversorger bilden eigene Einkaufsgemeinschaften. Private Krankenhausketten verfügen über einen Zentraleinkauf.[106]

Im Bereich der Beschaffung wird zum einen auf der Prozessebene eine Optimierung angestrebt, bspw. durch Logistik, E-Procurement[107] oder eine effiziente Stationsversorgung; zum anderen durch Strukturoptimierung, bspw. durch das Leitlieferantenkonzept[108], vertikale/horizontale Kooperationen[109] in Einkauf und Logistik oder krankenhausübergreifende Logistik- und Dienstleistungszentren.[110]

Die Beschaffungskosten im Krankenhaus sind in den letzten Jahren im Vergleich zu den anderen Kosten am stärksten gestiegen. Der Anstieg lag bei sechs bis sieben Prozent pro Jahr.[111] Die Gesamtkosten der Krankenhäuser lagen im Jahr 2006 bei 66,2 Mrd. Euro. Die Materialwirtschaftskosten machten ca.

---

[102] Vgl. Schulze, F. et al. (2004), S. 50.

[103] Vgl. O.V. (2004a), S. 14, Heiny, L. (2006), S. 5.

[104] Vgl. Eiff, W. v. (1998b), S. 714f. Unter Tertiärbereichen werden in diesem Zusammenhang bspw. die Speisenversorgung oder die Wäscherei verstanden. Sekundärleistungen stellen bspw. das Labor oder die Apotheke dar.

[105] Vgl. Schumacher, N. et al. (2003), S. 40. Einkaufsgemeinschaften und Krankenhausgruppen kaufen für Häuser in unterschiedlichen Regionen ein. Daher bevorzugen sie nationale Geschäftspartner, die eine ganzheitliche Versorgung gewährleisten können. Vgl. Fein, A. J. (1998), S. 263. Dies schließt mittelständische regional agierende Unternehmen aus den Verhandlungen aus. Vgl. Eiff, W. v. et al. (2007), S. 55.

[106] Vgl. Reif, M. (2007), S. 595.

[107] Zum E-Procurement (elektronische Beschaffung) siehe Holtrup, M. et al. (2004), S. 259ff.

[108] Leitlieferanten beliefern die Krankenhäuser gebündelt mit allen Gütern einer speziellen Warengruppe. Vgl. Pieper, U. et al. (2002), S. 302.

[109] Von horizontalen Kooperationen wird bei der Zusammenarbeit mehrerer Parteien der gleichen Supply Chain Stufe gesprochen. Vertikale Kooperationen stellen die Zusammenarbeit mit vor- und nachgelagerten Stufen dar. Vgl. Isenberg, D. (2002), S. 207.

[110] Vgl. Ponßen, H. et al. (2005), S. 9.

[111] Vgl. Drechsel, U. (2005), S. 9.

36,2 % der Gesamtkosten aus. Knapp die Hälfte (11,4 Mrd. Euro) entfiel auf den medizinischen Bedarf (vgl. Abbildung 3-12). Die Arzneimittelkosten stellten innerhalb des medizinischen Bedarfs mit 2,7 Mrd. Euro den größten Einzelposten dar (24 %).[112]

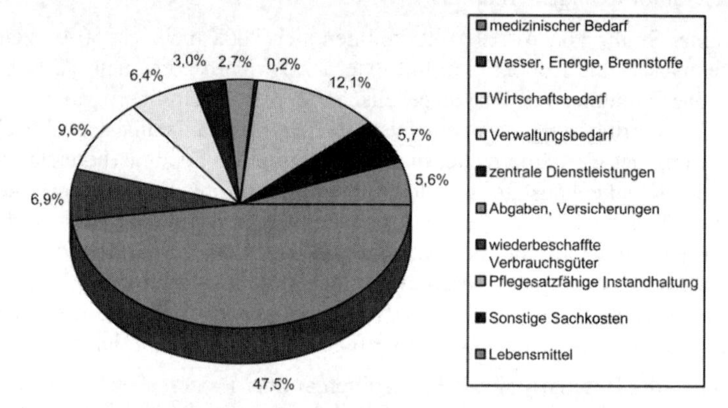

Abbildung 3-12: Sachkosten der Krankenhäuser 2006
Quelle: In Anlehnung an Statistisches_Bundesamt (2007a).

Die Angaben zu den internen Logistikkosten in Deutschland schwanken nach Quelle zwischen 4,7 und 5,6 Mrd. Euro. Sie bergen ein erhebliches Optimierungspotenzial.[113] In einigen Krankenhäusern machen die lieferbezogenen Kosten einen Anteil von über 25 % der Betriebskosten aus. Nur wenige Krankenhäuser beschäftigen sich mit den komplexeren Ansätzen des Supply Chain Managements.[114]

Nach Expertenmeinung ist keine andere Kostenart in Krankenhäusern so beeinflussbar wie die Arzneimittelkosten. Während Personalkosten kurzfristig zu 98 % fix sind, seien Arzneimittelkosten zu 95 % beeinflussbar. Daher besteht die Notwendigkeit, die Kosten für Arzneimittel genau zu kennen.[115]

Die Arzneimittelkosten sind von 8,80 Euro in 1991 auf 13,09 Euro in 2001 pro Pflegetag gestiegen.[116] Bei der Befragung des F&W KOMPASS gaben die Kran-

---

[112] Vgl. Statistisches_Bundesamt (2007b). In anderen Quellen ist zu finden, dass Arzneimittel 5 % des Gesamtbudgets eines Krankenhauses ausmachen. Vgl. O.V. (2001b), S. 25, Hamm, M. (2002), S. 53, Kämmerer, W. (2002), S. 463.

[113] Vgl. Emmermann, M. et al. (2005), S. 498, Ponßen, H. (2003), S. 5, Ponßen, H. et al. (2005), S. 9, Candidus, W. A. et al. (2000), S. 36. Eine Auflistung alternativer Studien zum Einsparpotenzial der Krankenhauslogistik findet sich bei Walther, M. (2005), S. 18f.

[114] Vgl. Davis, R. N. (2004), S. 68.

[115] Vgl. Türk, W. et al. (1981), S. 14, Müller, H.-C. (1977), S. 40, Hamm, M. (2002), S. 53. Allerdings erschwert der Umstand, dass diese sich aus einer Vielzahl von Einzelpositionen zusammensetzen, dies.

[116] Vgl. Hackl, G. et al. (2004).

kenhäuser einen durchschnittlichen Lagerwert für Arzneimittel von 371.400 Euro und einen Jahresumsatz von 3,45 Mio. Euro an. Daraus folgte eine Lagerreichweite[117] von 1,29 Monaten und eine jährliche Umschlagshäufigkeit[118] von 9,3.[119]

Schon 1977 beschäftigte sich MÜLLER mit der der Arzneimittelversorgung im Krankenhaus. Obwohl viele von ihm angeführte Aspekte mittlerweile angegangen wurden, sind grundsätzliche Probleme, wie die Bedarfsplanung, heute noch existent.[120]

Gerade im Krankenhaus sind Fehlmengen einiger Produktarten in jedem Fall zu vermeiden. Daher bestehen hohe Sicherheitsbestände, die Umschlagshäufigkeit liegt für 60 % der Arzneimittel bei weniger als fünf pro Jahr.[121] Durch eine Strukturierung des Artikelsortiments kann ein permanenter Abgleich erleichtert und Schwund vermieden werden. Allerdings wird dieses Bestreben oft durch eine dezentrale Produktauswahl, Vorlieben der Ärzte, die Preisorientierung oder die Beschaffung der neuesten Technologien ohne Kosten-Nutzen-Analyse erschwert.[122]

Der komplexe gesetzliche Rahmen der Arzneimittelversorgung[123], begründet die Position der Krankenhaus-(versorgenden-)apotheken.[124]

3.1.3.2.3 Krankenhaus-(versorgende-)apotheken

Nach § 26 Abs. 1 ApBetrO ist eine Krankenhausapotheke „die Funktionseinheit eines Krankenhauses, der die Sicherstellung der ordnungsgemäßen Versorgung von einem oder mehreren Krankenhäusern mit Arzneimitteln obliegt."[125] Sie hat neben der Arzneimittelherstellung, auf die im Rahmen dieser Arbeit nicht näher

[117] Vgl. Wannenwetsch, H. (2005), S. 223.

[118] Vgl. Wannenwetsch, H. (2005), S. 224.

[119] Vgl. Schlüchtermann, J. (2005), S. 355f.

[120] Siehe Müller, H.-C. (1977).

[121] Vgl. Schlüchtermann, J. (2002), S. 150, Merschbächer, G. et al. (1998), S. 450, Kelsch, U. (2000), S. 40. Arzneimittel, Medizinprodukte und Verbandsstoffe werden in deutschen Krankenhäusern in großen Mengen gelagert. Mittels dieser hohen nicht verwalteten Bestände sollen Fehlmengen vermieden werden, dies führt zu einer hohen Kapitalbindung. Vgl. Emmermann, M. et al. (2003), S. 26, Goldschmidt, A. J. W. (2002), S. 52, Davis, R. N. (2004), S. 72.
Das NHS schlägt in diesem Zusammenhang vor, den Arzneimitteln Risikokategorien zuzuordnen. Diese sind abhängig von verfügbaren Alternativen und der Konsequenz einer Verzögerung, die bis zu katastrophalen Krankheitsfolgen steigerbar ist. Vgl. Stead, D. et al. (2005), S. 11.

[122] Vgl. Goldschmidt, A. J. W. (2002), S. 52, Davis, R. N. (2004), S. 72.

[123] Vgl. Kapitel 3.1.1.

[124] Vgl. Hamm, M. (2002), S. 66.

[125] § 26 Abs. 1 ApBetrO.

eingegangen wird, pharmazeutische Dienstleistungen und Logistik zu erbringen.[126]

§ 14 Abs. 1 Nr. 1 und 2 ApoG besagt, dass der Träger eines Krankenhauses auf Antrag die Genehmigung zum Betrieb einer Krankenhausapotheke bekommen kann. Hierfür muss zum einen ein Apotheker gemäß § 2 ApoG angestellt werden und zum anderen müssen die Räume nach Apothekenbetriebsordnung nachgewiesen werden (§§ 28, 29 ApBetrO).[127] Im weiteren Verlauf des § 14 Abs. 4 ApoG wird zudem geregelt, dass ein Krankenhaus von der Krankenhausapotheke eines anderen Hauses oder einer öffentlichen Apotheke mitversorgt werden kann.[128] Die Regelung, dass Krankenhäuser ohne eigene Apotheke nur durch andere Krankenhausapotheken versorgt werden dürften, wenn diese im selben oder benachbarten Kreis ansässig waren, wurde aufgehoben. § 14 Abs. 5 S. 2 ApoG erlaubt weiter entfernten Krankenhausapotheken die Belieferung.[129] Hierzu muss laut Gesetzgebung ein Versorgungsvertrag geschlossen werden, der bspw. die folgenden Aspekte sicherstellt:

- Gewährleistung der ordnungsgemäßen Arzneimittelversorgung;
- ordnungsgemäße und im Bedarfsfall unverzügliche Belieferung durch die Apotheke;
- die persönliche und kontinuierliche Beratung des Krankenhauspersonals durch den Leiter der Apotheke oder einen von ihm beauftragten Apotheker.[130]

Somit kann die Arzneimittelversorgung im Krankenhaus durch eine hauseigene Apotheke, die Apotheke eines anderen Hauses oder eine öffentliche Apotheke sichergestellt werden.[131] Die drei Ausgestaltungsformen werden im Folgenden unter dem Begriff der Krankenhaus-(versorgenden-)apotheken zusammengefasst. Die im Weiteren angeführten Rahmenbedingungen gelten für alle Ausgestaltungsformen.

Nach § 27 Abs. 1 und 2 ApBetrO ist der Apothekenleiter „vom Träger des Krankenhauses angestellt und mit der Leitung beauftragt“[132] zudem ist er „dafür verantwortlich, dass die Apotheke unter Beachtung der geltenden Vorschriften betrieben wird. Ihm oder dem von ihm beauftragten Apotheker obliegt die Information und Beratung der Ärzte des Krankenhauses über Arzneimittel. Er ist

[126] Vgl. ADKA (2007a), S. 4ff. Burgardt, C. (2007) erläutert ausführlich die haftungsrechtlichen Bedingungen der Krankenhäuser bei Arzneimittelschäden.
[127] Vgl. § 14 Abs. 1 Nr. 1 und 2 ApoG.
[128] Vgl. § 14 Abs. 4 ApoG.
[129] Vgl. ISM (2005), S. 54, § 14 Abs. 5 S. 2 ApoG. In NRW gilt derzeit die Richtlinie von 60 km bzw. einer Stunde Fahrtzeit. Vgl. Leoprechting, G. v. (2008), S. 7.
[130] Vgl. § 14 Abs. 5 S. 2 ApoG.
[131] Vgl. Hamm, M. (2002) S. 89, O.V. (2004c), S. 7, Robbers, J. et al. (2002), S. 61.
[132] § 27 Abs. 1 ApBetrO.

Mitglied der Arzneimittelkommission des Krankenhauses."[133] Im Rahmen der Arzneimittelkommission wird die Arzneimittelliste des Krankenhauses von den leitenden Ärzten und dem Apotheker festgelegt.[134] Ziel der Beratung ist, dass der Patient die richtige Arznei in der richtigen Form zum richtigen Zeitpunkt erhält. Das Ergebnis der Beratung sollte jederzeit reproduzierbar sein, was durch eine vollständige Dokumentation gewährleistet werden kann.[135]

Nach den §§ 28 und 29 ApBetrO müssen sowohl Personal als auch Räumlichkeiten unter Berücksichtigung von Größe, Art und Leistungsstruktur des Krankenhauses vorhanden sein. Mindestens sollen eine Offizin, zwei Laboratorien, ein Geschäftsraum, ein Nebenraum sowie ausreichender Lagerraum bestehen. Die Grundfläche muss wenigstens 200 m^2 betragen. Zudem wird in der ApBetrO festgelegt, dass mindestens der durchschnittliche Arzneimittelbedarf von zwei Wochen auf Lager gehalten werden muss, um die ordnungsgemäße Arzneimittelversorgung sicher zu stellen.[136]

Wie ein Interview aus dem Jahr 2003 mit Frank Dörje, Chefapotheker, und Reinhard Tennert, Krankenhausgeschäftsführer, zeigt, herrscht Uneinigkeit, welche Form der Krankenhausversorgung vorteilhaft ist. Der Apotheker plädiert für die interne Apotheke, während der Geschäftsführer Vorteile in der Zentralisierung durch eine Apotheke, die mehrere Krankenhäuser versorgt, sieht.[137]

Laut RENNER ET AL. eignet sich bei Universitätskliniken gerade die Apotheke zum Outsourcing, da ein gutes Marktangebot vorliegt und sie keine Kernkompetenz im eigentlichen Sinne darstellt (vgl. Abbildung 3-13).[138]

---

[133] § 27 Abs. 2 ApBetrO.

[134] Vgl. Raible, C. A. (2007), S. 22 sowie exemplarisch § 9 Abs. 2 S. 1 KHG NRW.

[135] Vgl. Breinlinger-O'Reilly, J. (1997), S. 93.

[136] Vgl. § 30 ApBetrO.

[137] Vgl. Dörje, F. et al. (2003), S. 143. Siehe hierzu auch Hamm, M. (2002), S. 90.

[138] Vgl. Renner, G. et al. (2001), S. 31. Nur wenn durch die ausgelagerte Apotheke strategische Vorteile und Synergien erzielt werden können, ist von positiven Auswirkungen auszugehen. Im anderen Fall könnten zusätzliche Gebäude und Transportkosten negative Auswirkungen haben. Vgl. Stapper-Müer, J. (2006), S. 758.

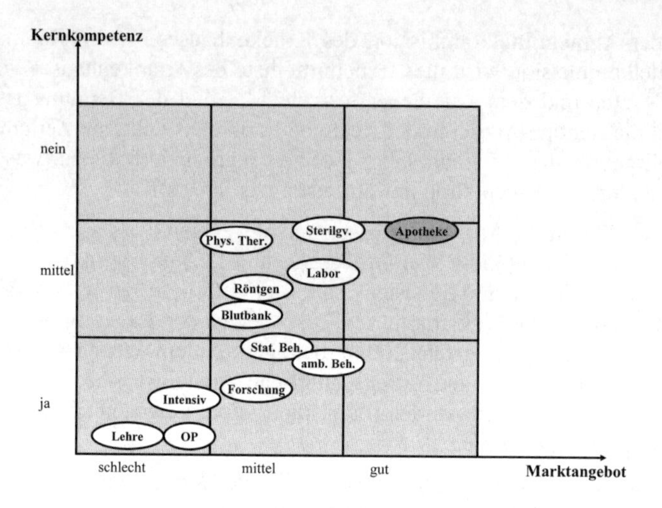

Abbildung 3-13: Portfoliomatrix zur Outsourcingeignung
Quelle: Renner, G. et al. (2001), S. 31.

Vonseiten der Krankenhausapotheker wird kritisiert, dass durch eine externe Versorgung zusätzliche Transporte entstehen, die zu Mehrkosten und zeitlichen Problemen führen können. Zudem wird kritisiert, dass bei Großapotheken der Apotheker nicht im Krankenhaus anwesend ist.[139]

Es herrscht somit Uneinigkeit bezüglich der Bedeutung der Krankenhausapotheke. RENNER und TENNERT vertreten die Ansicht, dass die Krankenhausapotheke eine unterstützende Dienstleistung darstellt, die outsourcingfähig ist. Vonseiten der Krankenhausapotheker wird die Arzneimittelversorgung als Element des Kerngeschäftes eines Krankenhauses hervorgehoben.

In den letzten Jahren ist ein Trend zur Auslagerung der Apotheke zu beobachten. Während im Jahr 2000 544 Krankenhausvollapotheken 1435 Krankenhäuser versorgten[140], gab es Ende 2006 laut ABDA 467 Krankenhausapotheken, die Zahl sank um 25 gegenüber dem Jahr 2005.[141] Dies hängt damit zusammen, dass die Kosten der externen Versorgung gesunken sind.[142] Externe krankenhausversorgende Apotheken bieten eine zunehmend attraktive Option an.[143] Von den 2.104 Krankenhäusern verfügten im Jahr 2006 585 über Apothekenpersonal.

[139] Vgl. Lorenz, F. (2007a), S. 35f. Die externen Apotheken führen an, dass ihre Apotheker die Krankenhäuser zweimal jährlich begehen, so wie dies auch gesetzlich vorgeschrieben ist.

[140] Vgl. Dörje, F. et al. (2003), S. 142.

[141] Vgl. ABDA (2007), S. 37f., ADKA (2007a), S. 2.

[142] Vgl. Wilke, T. et al. (2007), S. 1282.

[143] Vgl. Ebert, H. (1998), S. 632.

1.710 Apotheker waren in 463 Krankenhäusern beschäftigt. Die restlichen 122 Krankenhäuser verfügen lediglich über Pharmazeutisch Technische Assistenten (PTAs) oder sonstiges Apothekenpersonal.[144] Dies bedeutet in Verbindung mit § 14 ApoG, dass nur 463 Krankenhäuser die personellen Voraussetzungen für eine Vollapotheke erfüllten.[145] Diese Entwicklung zeigt, dass die Krankenhausverwaltung die Apotheke im Regelfall nicht als Kernkompetenz ansieht.

3.2 Waren-, Informations- und Finanzflüsse in der Arzneimittel-Supply Chain

In Kapitel 3.1 wurden die für die Untersuchung wesentlichen Parteien der Arzneimittel-Supply Chain vorgestellt. Im Folgenden werden die Beziehungen zwischen den Parteien charakterisiert. Der Bereich der ambulanten Arzneimittelversorgung wird hier nicht betrachtet, da kein Ergebnisbeitrag zu erwarten ist.

3.2.1 Ausgestaltung der Beziehung zwischen den Arzneimittelherstellern und den Großhändlern

Zunächst wird die Beziehung zwischen den Arzneimittelherstellern und den Großhändlern betrachtet. Auch wenn der Großteil des Warenflusses direkt vom Hersteller zur Krankenhaus-(versorgenden-)apotheke verläuft, darf dieser Strang nicht vernachlässigt werden. Durch die Restrukturierung der Prozesse kann er an Bedeutung gewinnen.

Traditionellerweise kaufen Großhändler den Arzneimittelherstellern die Ware auf eigenes Risiko ab.[146] Durch moderne Informationstechnologien wird eine Optimierung der Bestellprozesse und des Warenflusses angestrebt, so werden Kosteneinsparungen erzielt.[147] Die Beziehung zwischen dem Großhändler und dem Hersteller wird zunehmend durch Serviceangebote beeinflusst, wie bspw. Marketing, Unterstützung von Verkaufsaktionen, Provision, Bestandsstatistiken, Produktneueinführung und Logistikdienstleistung.[148] Der Großhandel versucht, seine Bedeutung zu stärken. Als Pre-Wholesaler übernehmen Großhändler bspw. zusätzlich zu ihrem Kerngeschäft die Logistik der Hersteller.[149]

---

[144] Vgl. Statistisches_Bundesamt (2007a). Mühlnikel, I. (2007), S. 22 berichtet von insgesamt 2.160 Krankenhausapothekern in Deutschland, darin sind auch die Mitarbeiter der öffentlichen krankenhausversorgenden Apotheken eingeschlossen.

[145] Vgl. Ebert, H. (1998), S. 632, § 14 ApoG.

[146] Vgl. Lorenz, F. (2007b), S. 38.

[147] Vgl. Clement, W. et al. (2005), S. 43. Laut PHAGRO (2006) verlaufen 70 % der Bestellungen von den Großhändlern an die Hersteller elektronisch.

[148] Vgl. Clement, W. et al. (2005), S. 41.

[149] Vgl. Clement, W. et al. (2005), S. 11.

Es zeigen sich derzeit zwei Gegenentwicklungen zum traditionellen Hersteller Großhändler Verhältnis: das Lieferquotensystem (auch Fee-for-Service) und die Direktlieferungen.[150] Beide Entwicklungen resultieren aus dem aktuellen prozentualen Vergütungssystem des Arzneimittelgroßhandels, durch das besonders die Lieferung von hochpreisigen Arzneimitteln durch den Großhandel für die Hersteller unrentabel wird.[151] Beim Fee-for-Service bleibt der Hersteller Eigentümer der Ware und kann somit verlangen, jederzeit informiert zu werden, wo sich die Ware befindet.[152] 2007 wurden etwa 15 % der Arzneimittel direkt von den Arzneimittelherstellern an die Apotheken gesendet, die Tendenz ist steigend. Durch dieses Vorgehen wissen die Hersteller, welche Waren an welche Apotheke abgegeben wurden.[153]

Zudem liegen Konzepte der direkten und ausschließlichen Partnerschaft zwischen Herstellern und Vertriebssystemen vor. Pfizer hat im März 2007 begonnen seine Waren in Großbritannien ausschließlich durch UniChem Ldt. als Kommissionär ausliefern zu lassen. Der Konzern kündigte an, ein ähnliches Vorgehen in ganz Europa umzusetzen. Dies stieß auf Proteste vonseiten der Großhändler, fand hingegen bei anderen Arzneimittelherstellern Anklang.[154]

Durch eine komplette Umstellung auf den direkten Vertrieb würden die Transaktionen innerhalb Europas von 28 Mrd. auf 528 Mrd. steigen. 80.000 Produkte müssten in 130.000 Verkaufsstellen direkt geliefert werden. Diese Daten zeigen, dass ein Ausschalten des Großhandels nicht sinnvoll ist.[155]

Schon länger lassen sich enge Kooperationen zwischen Arzneimittelherstellern und den nachgelagerten Stufen beobachten. Ende Juli 1993 übernahm Amerikas größter Pharmakonzern Merck & Co. für zehn Mrd. DM den Pharmaceutical Benefit Manager (PBM)[156] Medco Inc., den größten Discountvertrieb von Arzneimitteln in den USA. Medco belieferte 10 - 20 % aller Nutzer von verschreibungspflichtigen Arzneimitteln. Zusammen beherrschten die beiden Unternehmen 15 bis 20 % des Gesamtmarktes bei Ausgaben in Höhe von 9,2 Mrd. Dollar für Arzneimittel. Das Vertriebssystem sah den Vertrieb von Produkten anderer

---

[150] Vgl. Clement, W. et al. (2005), S. 41, Thormann, P. et al. (2007), S. 16.

[151] Vgl. IMSHealth (2008), S. 1.

[152] Vgl. Lorenz, F. (2007b), S. 38f., Thormann, P. et al. (2007), S. 16.

[153] Vgl. Lorenz, F. (2007b), S. 38f., Thormann, P. et al. (2007), S. 9 sprechen davon, dass der Direktvertrieb im öffentlichen Bereich von 8 % in 1997 auf 16 % in 2005 zugenommen hat.

[154] Vgl. ABDA (2007), S. 44f., Thormann, P. et al. (2007), S. 9. Auch in Deutschland formierten sich vonseiten der Apothekenverbände und des pharmazeutischen Großhandels die ersten Proteste. Vgl. ABDA (2007), S. 44.

[155] Vgl. Clement, W. et al. (2005), S. 51 ff., Tierney, S. (2003), S. 16.

[156] Pharmaceutical Benefit Manager managen in den USA die Arzneimittelversorgung für Großabnehmer, wie Krankenhäuser oder Gesundheitsnetzwerke. In diesem Zusammenhang agieren sie auch als Versandapotheken. Vgl. Schöffski, O. (1995), S. 131f., Wiedmann, K.-P. et al. (1997), S. 47.

Hersteller in Capitation-Modellen[157] vor. Die Spezialität der Medco ist, Daten über IT-Systeme gezielt auszuwerten. Auch Eli Lilly and Company und Smithkline Beecham integrierten vorwärts und investierten in PBMs. Mit der vertikalen Integration verringert sich die Abhängigkeit der Arzneimittelhersteller von den PBMs.[158] Aufgrund von starken regulatorischen Maßnahmen der Regierung in den USA stießen die Arzneimittelhersteller die PBMs wieder ab.[159]

Auch in Deutschland schenkt das Bundeskartellamt den Arzneimittelherstellern besondere Aufmerksamkeit. Es ist zu erwarten, dass vertikale Bestrebungen der Arzneimittelhersteller gemäß des § 36 Abs. 1 GWB vom Bundeskartellamt auf die Begründung oder Verstärkung einer marktbeherrschenden Stellung hin geprüft werden.[160]

3.2.2 Ausgestaltung der Beziehung zwischen den Krankenhaus(versorgenden-)apotheken und den vorgelagerten Stufen

Auf dem Gesundheitsmarkt stehen sich eine große Anzahl von Krankenhäusern und ein oligopoler Markt von Anbietern gegenüber. Dieses Marktverhältnis wandelt sich langsam.[161] Vertikale Kooperationen stehen erst in den Anfängen, standardisierte Abläufe sind kaum erkennbar. Aufwandssenkungen stehen der drohenden Abhängigkeit und dem Ertragsverlust gegenüber. Die Umsetzung dieser Konzepte kann für beide Seiten Vorteile haben.[162]

Die Versorgung der Krankenhäuser mit Arzneimitteln in großen Mengen erfolgt in der Regel direkt durch den Hersteller oder angebundene Dienstleister. Die Hersteller fördern durch die langfristige Arzneimitteleinstellung bspw. chronisch kranker Patienten ihre Marktmacht und ihren Umsatz.[163] Für die Krankenhäuser hat die direkte Belieferung den Vorteil, dass sie die Großhandelsspanne umgehen können. Es wird berichtet, dass die Arzneimittelindustrie ihre Produkte zu Preisen unterhalb der Herstellkosten an die Krankenhäuser liefert.[164] Dies kann dadurch begründet werden, dass neue Arzneimittel über die Krankenhäuser im Markt eingeführt werden.[165] Durch das AVWG wurden Arzneimittelnaturalra-

---

[157] Der Begriff Capitation steht für die Bezahlung einer Kopfpauschale für die zu erbringende Leistung in einem bestimmten Zeitraum. Vgl. Haubrock, M. et al. (2007), S. 211.

[158] Vgl. O.V. (1994), Fehr, B. (1995), S. 19, Fehr, B. (1993), S. 15, Kucukarslan, S. (1996), S. 83f.

[159] Vgl. Rasmussen, B. (2002), S. 1 und 7.

[160] Vgl. § 36 Abs. 1 GWB.

[161] Bspw. hat die AGKAMED eine Pharmaziegruppe gegründet, die für 38 Apotheken nach Indikationen mit den Herstellern verhandelt. Die PBMG stellt eine weitere große Einkaufsgemeinschaft dar.

[162] Vgl. Drauschke, S. (2002a), S. 156ff., Eiff, W. v. (2000a), S. 29, Dambacher, E. et al. (2002), S. 254, Schiedek, U. et al. (2006), S. 865.

[163] Vgl. Brückner, M. et al. (2002), S. 727, Dambacher, E. et al. (2002), S. 253, Feldmann, C. (2007), S. 285 und 290, Hamm, M. (2002), S. 130f., Schulze, F. et al. (2004), S. 50.

[164] Vgl. Behrens, M. et al. (2006), S. 20, DKG (2007), S. 14, Francke, R. (2006), S. 689.

[165] Vgl. Francke, R. (2006), S. 688 und 692.

batte (die Vergabe von Gratispackungen) über den § 7 HWG verboten und Barrabatte (Preisnachlässe) auf die Möglichkeit der Arzneimittelpreisverordnung begrenzt.[166]

Der direkte Lieferweg führt zu einem erhöhten administrativen Aufwand in der Krankenhausapotheke, der aus der Vielzahl der Lieferanten und Kontakten resultiert.[167] Aus diesem Grund sieht HAMM Bemühungen der Arzneimittelhersteller, die Wertschöpfungsprozesse der Krankenhäuser zu unterstützen, indem sie zusätzliche Dienstleistungen anbieten und versuchen, Probleme gemeinschaftlich zu bewältigen.[168]

Der Großhandel versucht in letzter Zeit vermehrt Krankenhäuser zu beliefern. Er lockt mit einer geringeren Kontaktzahl, erhöhten Lieferfrequenzen und reduzierten Lagerhaltungskosten. Für den Arzneimittelhersteller bedeutet dieses Konzept den Verlust konkreter Kundendaten.[169]

3.2.3 Ausgestaltung der Beziehungen zwischen den Krankenhaus-(versorgenden-)apotheken und den Stationen

Neben den Beziehungen der einzelnen Parteien zueinander darf der letzte Schritt der Arzneimittelversorgung nicht außer Acht gelassen werden: die Versorgung des Patienten mit Arzneimitteln im Krankenhaus. Beim Patienten handelt es sich definitorisch um einen Leidenden, der medizinische Hilfe benötigt. Durch ein geändertes Informationsverhalten der Patienten und dem wachsenden Wettbewerb im Krankenhausmarkt müssen Patienten im Krankenhaus zunehmend als Kunden angesehen werden.[170] Das Warenmanagement auf den Stationen konzentriert sich auf die Bedürfnisse der Patienten.[171]

Nach § 31 ApBetrO dürfen Arzneimittel nur aufgrund einer Verschreibung und im Einzelfall aufgrund einer schriftlichen Anforderung an die Stationen geliefert werden und sind auf den Stationen sicher zu verwahren. § 32 ApBetrO schreibt zudem vor, dass der Apotheker die Arzneimittelvorräte mindestens halbjährig überprüfen muss.[172] Bei der Dokumentation der Arzneimittelgabe sollte laut HÖFERT die Sechs-R-Regel beachtet werden. Es muss nachgewiesen werden, dass das richtige Arzneimittel zur richtigen Zeit in der richtigen Dosis auf die

---

[166] Vgl. ABDA (2007), S. 35. Laut dem Präsidenten der deutschen Krankenhausgesellschaft Rudolf Kösters war der Naturalrabatt ein wichtiges Mittel zur kostenbewussten Unternehmensführung. Kösters geht davon aus, dass die Durchsetzung des Verbots erhebliche finanzielle Belastungen für die Krankenhäuser nach sich ziehen wird. Vgl. DKG (2007), S. 50.

[167] Vgl. Hamm, M. (2002), S. 93, Müller, M. C. et al. (1997), S. 729.

[168] Vgl. Hamm, M. (2002), S. 287f.

[169] Vgl. Brückner, M. et al. (2002), S. 727 und 730.

[170] Vgl. Christiansen, M. (2003), S. 46f.

[171] Vgl. Hübner, U. (2008), S. 198.

[172] Vgl. § 32 ApBetrO.

richtige Art zum richtigen Patienten mit den richtigen Vitalzeichen gelangt (siehe Abbildung 3-14).[173] Diese Regelung erweitert die gängigere Fünf-R-Regel um den Aspekt der Vitalzeichen.[174]

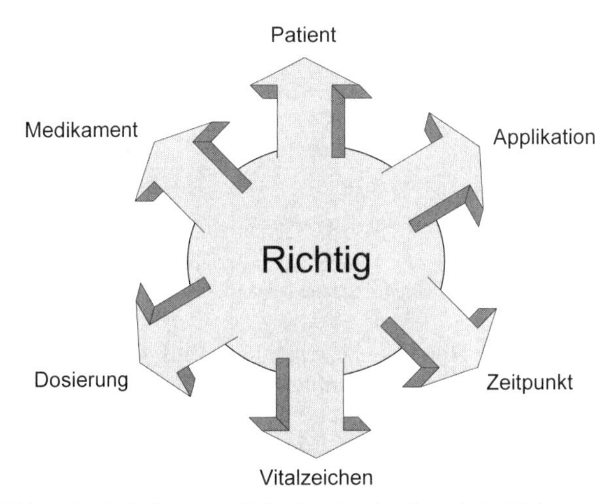

Abbildung 3-14: Sechs wesentliche Aspekte der Arzneimitteldokumentation
Quelle: Eigene Darstellung.

Im folgenden Kapitel wird zunächst das klassische Konzept der Arzneimittelversorgung vorgestellt (vgl. Kapitel 3.2.3.1), bevor auf die Probleme und Risiken dieses Konzeptes eingegangen wird (vgl. Kapitel 3.2.3.2). Abschließend wird die patientenorientierte Arzneimittelversorgung als Lösungskonzept erläutert (vgl. Kapitel 3.2.3.3).

3.2.3.1 Klassisches Konzept der Arzneimittelversorgung

Der krankenhausinterne Prozess ist oft stark fragmentiert. Der Warenfluss der Produkte ist uneinheitlich, wobei Arzneimittel immer den Weg über die Apotheke gehen müssen.[175] Der Arzneimittelprozess beinhaltet die Komponenten Verordnung, Lagerhaltung und Bereitstellung sowie Verabreichung, die im klassischen Modell getrennt voneinander ablaufen.[176] Nach der Verordnung durch den Arzt werden die Arzneimittel durch das Stationspersonal patientenbezogen gestellt und an den Patienten verabreicht. Das Stationslager wird von dem Stationspersonal nach eigenem Ermessen durch Bestellung bei der Krankenhausapo-

[173] Vgl. Höfert, R. (2006), S. 8.
[174] Vgl. Raible, C. A. (2007), S. 183.
[175] Vgl. Poulin, E. (2003), S. 21.
[176] Vgl. Wilke, M. et al. (2006), S. 5.

theke wieder aufgefüllt. Die Apotheke kommissioniert stationsbezogen und liefert an die Stationen. Der gesamte Prozess ist sehr personalintensiv (vgl. Abbildung 3-15).[177]

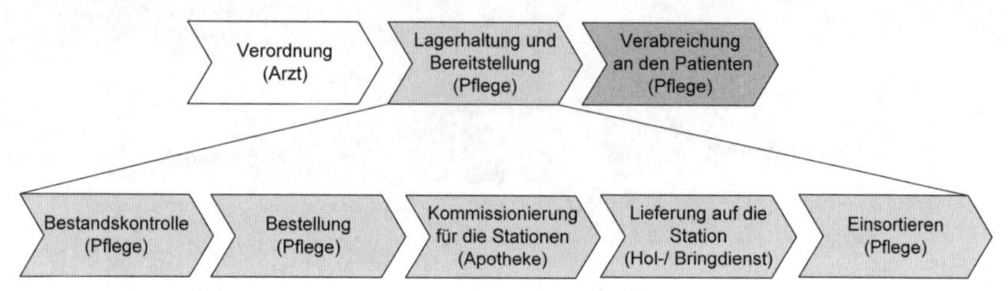

Abbildung 3-15: Klassischer Prozess der Arzneimittelversorgung im Krankenhaus
Quelle: Eigene Darstellung.

Neben dem Lager in der Apotheke bestehen Lager auf den Stationen.[178] Auf den Stationen darf das Stellen der Arzneimittel nur vom Pflegepersonal durchgeführt werden.[179] Traditionell stellt die Nachtschwester die Arzneimittel. Allerdings gibt es bspw. bei den DRK-Kliniken Vorschriften, dass die Arzneimittel direkt vor Arzneimittelgabe gestellt werden, um Fehler zu vermeiden.[180]

3.2.3.2 Probleme und Risiken der Arzneimittelversorgung

Im Gegensatz zu anderen Branchen kann das Fehlen eines Produktes bzw. eines Arzneimittels im Krankenhaus schwerwiegende Folgen haben. Es kann die Arbeit der Ärzte beeinflussen und negative Auswirkungen auf den Gesundheitszustand des Patienten haben.[181] Aus dem traditionellen Vorgehen resultieren doppelte Lagerhaltung, Medikationsfehler sowie das Unvermögen einer patientenindividuellen Zuordnung, durch die stationsbezogene Bestellung und eine mangelhafte Dokumentation. Diese Aspekte führen zu Mehrkosten in der medizinischen und pharmazeutischen Versorgung.[182]

Bei der parallelen Anwendung von mehreren Arzneimitteln kann es zu pharmakokinetischen Wechselwirkungen kommen. Die Arzneimittel können antagonistisch oder synergistisch reagieren, sich gegenseitig abschwächen oder verstärken. Daher ist es wichtig, mögliche Reaktionen zu berücksichtigen.[183]

Im Bereich der Medikationsfehler sind drei wesentliche Begriffe anzutreffen:

---

[177] Vgl. Wilke, M. et al. (2006), S. 7, Baehr, M. et al. (2004), S. 439, Jung, J. (1986), S. 25. Eine fallbezogene Darstellung des Medikationsprozesses findet sich bei Walther, M. (2005), S. 269ff.

[178] Vgl. Hamm, M. (2002), S. 94.

[179] Vgl. Höfert, R. (2006), S. 195.

[180] Vgl. Gaede, K. (2004), S. 58.

[181] Vgl. Poulin, E. (2003), S. 23.

[182] Vgl. Wilke, M. et al. (2006), S. 7, Großmann, R. et al. (2004), S. 383, Hüpper, G. (2006), S. 16.

[183] Vgl. Fischer, J. (2007), S. 201f.

- Die *unerwünschte Arzneimittelwirkung* (Adverse Drug Event, ADE) beschreibt eine große oder kleine Verletzung durch ein Arzneimittel, die nicht auf den ursprünglichen Zustand des Patienten zurückzuführen ist.
- Der *Medikationsfehler* ist ein Fehler im Medikationsprozess, einschließlich Bestellung, Übertragung, Verteilung, Verwaltung oder Überwachung.
- Die *mögliche unerwünschte Arzneimittelwirkung* geht aus einem Medikationsfehler hervor und stellt einen Vorfall dar, der zu einer Verletzung hätte führen können.[184]

Jährlich sterben in den USA mehr Menschen an ADEs als bei Verkehrsunfällen. Drei bis sechs Prozent aller Krankenhausaufnahmen resultieren aus ADEs. Die in Studien ermittelten Fehlerquoten lagen zwischen 0,8 und 5,1 %. In Deutschland werden ADEs selten gemeldet. Schätzungen liegen bei 10 %,[185] und das obwohl das Spontanmeldesystem das wichtigste Erfassungsinstrument darstellt.[186] 11 % der Behandlungstage sind durch ADEs verursacht. 70 % der schweren ADEs sind Folge inadäquater Verordnung und bspw. durch den Einsatz von Informationstechnologien vermeidbar.[187]

Laut CARDINAL HEALTH, INC. liegen die Ursachen von Medikationsfehlern zu 49 % in der Verordnung, zu 26 % in der Bereitstellung, zu 11 % in der Datenübertragung und zu 14 % in der Darreichung (vgl. Abbildung 3-16).[188]

---

[184] Vgl. Ghandi, T. K. et al. (2000), S. 70, Kohn, L. T. (2000), S. 4, Senst, B. L. et al. (2001), S. 1127, Wille, E. et al. (2007), S. 70.

[185] Vgl. Gaede, K. (2004), S. 59, Korzilius, H. (2005), S. A-1174. Eine Studie von Senst et al. aus dem Jahr 1998 ergab, dass 4,2 % aller Patienten im Krankenhaus einen ADE erlitten. Dies führte zu einem durchschnittlichen Kostenanstieg von 2.162 US-Dollar und einer Verlängerung der Liegezeit um 1,2 Tage. 3,2 % aller Patienten kamen wegen eines ADEs ins Krankenhaus, diese Patienten verursachten Durchschnittskosten von 6.685 US-Dollar. Vgl. Senst, B. L. et al. (2001), S. 1129 ff. Laut Grosch erleiden 7 % der Patienten unerwünschte Arzneimittelwirkungen, die Verweildauer steigt im Schnitt um 2,2 Tage und es entstehen Zusatzkosten von 3.000 Euro pro Fall. Vgl. Grosch, S. (2005), S. 6. Weitere Ergebnisse siehe Kaushal, R. et al. (2002), S. 262ff., Taxis, K. et al. (2004), S. 465ff.

[186] Vgl. Wille, E. et al. (2007), S. 69.

[187] Vgl. Kaushal, R. et al. (2002), S. 264, O.V. (2007c), S. 562, O.V. (2007e), S. 53.

[188] Vgl. Wilke, M. et al. (2006), S. 8. Ähnliche Daten finden sich auch bei Eiff, W. v. (2007c), S. 557.

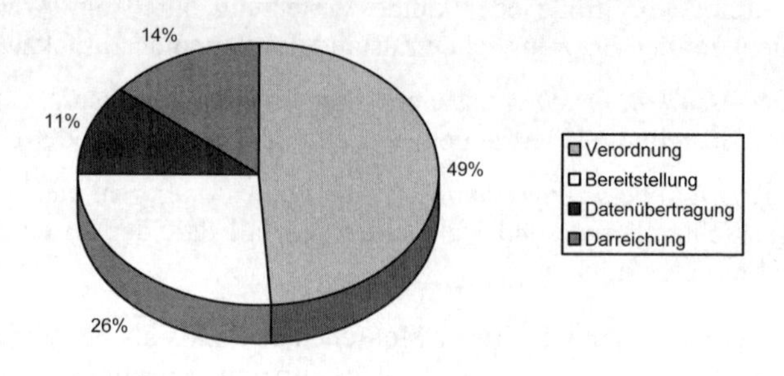

Abbildung 3-16: Ursachen von Medikationsfehlern
Quelle: Eigene Darstellung.

Nach einer Hochrechnung sterben in Deutschland 28.000 Menschen jährlich an vermeidbaren Medikationsfehlern.[189] Gerade bei neuen Arzneimitteln ist es daher wichtig, Informationen zur richtigen Anwendung und bezüglich möglicher Risiken zur Verfügung zu stellen.[190]

In diesem Zusammenhang darf die Patientencompliance nicht vernachlässigt werden. Dadurch, dass der Patient die Vorschriften durch den Arzt nicht nachvollziehen kann, wird die Arzneimitteltherapie in der Regel nicht laut Verschreibung durchgeführt.[191] Ansätze zur Erhöhung der Compliance sind bspw. die Information des Patienten, Berücksichtigung der individuellen Situation, die gemeinschaftliche Ausarbeitung des Behandlungsplans sowie dessen schriftliche Niederlegung.[192] Bei der Umsetzung müssen die Krankheit sowie die Zielgruppe und das Ziel der Maßnahmen berücksichtigt werden.[193]

Hier spielen das Risikomanagement und das Qualitätsmanagement[194] eine wichtige Rolle. Beide analysieren die Kernprozesse des Krankenhauses, fördern die Kommunikation und das Beschwerdemanagement. Risikomanagement wird oft als Erweiterung des Qualitätsmanagements gesehen, da es Ansätze zum Umgang mit Risken entwickelt.[195] Nach § 4 Abs. 27 AMG ist ein mit der Anwendung des Arzneimittels verbundenes Risiko „jedes Risiko im Zusammenhang mit der

[189] Vgl. Gaede, K. (2004), S. 60f.
[190] Vgl. Wille, E. et al. (2007), S. 69.
[191] Vgl. Sonnenmoser, M. (2005), S. A-704. Eine ausführliche Darstellung der Kosten, Ursachen und Folgen der Compliance findet sich bei Bletzer, S. (1998), S. 107ff.
[192] Vgl. Bletzer, S. (1998), S. 114.
[193] Vgl. Bletzer, S. (1998), S. 124.
[194] Donabedian, A. (2005), S. 691ff. differenziert die Qualität der medizinischen Versorgung in Struktur-, Prozess- und Ergebnisqualität.
[195] Vgl. Oelschlegel, F. (2007b), S. 45f., Schmitz, C. et al. (2004), S. 1007.

Qualität, Sicherheit oder Wirksamkeit des Arzneimittels für die Gesundheit der Patienten oder die öffentliche Gesundheit, bei zur Anwendung bei Tieren bestimmten Arzneimitteln für die Gesundheit von Mensch oder Tier“ sowie „jedes Risiko unerwünschter Auswirkungen auf die Umwelt.“[196] „Das Nutzen-Risiko-Verhältnis umfasst eine Bewertung der positiven therapeutischen Wirkungen des Arzneimittels im Verhältnis zu dem Risiko … .“[197]

Zur Risikobewertung sollten die Eintrittswahrscheinlichkeit und die Auswirkung betrachtet werden. Zudem ist zu hinterfragen, wie ein Risiko vermieden werden kann. Genaue Analysen der Risiken können in vielen Fällen zur Risikoreduktion führen.[198] Ein mögliches Instrument in diesem Bereich ist die Fehler-Möglichkeits- und Einflussanalyse (FMEA), die eine systematische formal-analytische Erfassungsmethode darstellt.[199] Das System umfasst die folgenden Arbeitsschritte: Zunächst wird eine Risikoanalyse durchgeführt, bevor die Risiken bewertet werden. Im Anschluss werden Verbesserungsmaßnahmen identifiziert und umgesetzt. Abschließend wird ein Soll-Ist Vergleich durchgeführt.[200]

Die Joint Commission hat zur Risikobewertung in der Medikationspraxis einen Bewertungskatalog mit 194 Aspekten ausgegeben. Über diesen Katalog, der bspw. Fragen zur Art der Bestellung von Arzneimitteln oder zur Verschreibung stellt, kann ein Krankenhaus sich selbst bewerten.[201]

Auch in Deutschland gibt es erste Bestrebungen in diese Richtung. Das Aktionsbündnis Patientensicherheit hat bspw. eine Prüfliste zum Stand der Medikationssicherheit entwickelt. Für die Prozessschritte Aufklärung, Verordnung, Verteilung und Verträglichkeits- & Therapieerfolgskontrolle wurden jeweils Kriterien auf drei Entwicklungsstufen vorgegeben (vgl. Tabelle 3-4).[202]

---

[196] § 4 Abs. 27 AMG.

[197] § 4 Abs. 28 AMG.

[198] Vgl. Jung, K.-P. et al. (2006), S. 66.

[199] Vgl. Wildemann, H. (2005), S. 82f. Zur ausführlichen Erläuterung dieses Instruments siehe Middendorf, C. (2006), S. 123ff., Eiff, W. v. (2007b), S. 189ff., Eiff, W. v. (2007a), S. 422ff.

[200] Vgl. Werner, H. (2008), S. 229ff.

[201] Vgl. Lesar, T. et al. (2003), S. 211ff.

[202] Vgl. Grandt, D. (2006), S. 2.

	Stufe I	Ja	Nein	Stufe II	Ja	Nein	Stufe III	Ja	Nein
Aufklärung	Vor jeder neu verordneten Arzneitherapie erfolgt regelhaft eine Aufklärung, welche dokumentiert wird.			Die an den Patienten verteilte Medikation wird durch Auflistung für ihn identifizierbar gemacht.			Der Patient wird auf besondere Risiken, wie z.B. Wechselwirkungen von empfohlenen mit frei verkäuflichen Arznei/Nahrungsmitteln hingewiesen.		
	Der Patientenwunsch nach schriftlichen Informationen über die Medikation wird erfüllt.			Dosierungsänderungen und das Absetzen von Medikamenten werden dem Patienten erklärt.			Der Grad der Umsetzung und die Akzeptanz der aufgeführten Maßnahmen werden regelmäßig überprüft.		
				Vor Entlassung erfolgt regelhaft eine strukturierte Besprechung der Medikationsempfehlung.					
Verordnung	Strukturierte, vollständige Medikamentenanamnese bei der Aufnahme mit Indikationsprüfung und Überprüfung von patientenspezifischer Dosierung, Kontraindikationen und Verträglichkeit auf Wirkstoffebene.			Elektronische Erfassung und Verordnung von Arzneimitteln mit Arzneitherapiesicherheits-prüfung und regelmäßige Überprüfung der Entdeckung von inadäquaten Verordnungen durch das System.			Sektorübergreifende Abstimmung und Qualitätssicherung der Arzneitherapie.		
	Berechnung der Nierenfunktion bei ALLEN Patienten ab 65 Jahren.			Etablierung eines Fehlerberichtssystems (CIRS), das die Verordnung, aber auch alle anderen Stufen des Medikationsprozesses erfasst.			Kontinuierliche patientenübergreifende Messung von Indikatoren sektorübergreifender Qualität und Sicherheit der Arzneitherapie.		
	Bei Niereninsuffizienz anzupassende Arzneimittel werden zum Verordnungszeitpunkt für den Arzt erkennbar gekennzeichnet.								
Verteilung	Die Risiken und Fehler bei der Verteilung und Applikation von Medikamenten werden systematisch untersucht und reduziert.			Patientenidentifikation erfolgt z.B. durch Patientenarmband mit Namensaufdruck, um Verwechselungen vorzubeugen.			Die Identifizierung von Patienten erfolgt mit Barcode RFID, und die Abgabe/Applikation von Medikamenten wird elektronisch dokumentiert.		
	Das 4-Augen-Prinzip beim Stellen der Medikation auf den Stationen ist umgesetzt.						Ein Unit-Dose System mit kontinuierlicher Qualitätskontrolle ist etabliert.		
Verträglichkeits- und Therapie-erfolgskontrolle	Das Abfragen von ADEs erfolgt bei jedem Patienten.			Es werden patientenspezifisch für die jeweilige Medikation relevante, mögliche Nebenwirkungen aufgelistet und gezielt abgefragt.			Alle ADEs werden patientenspezifisch dokumentiert und patientenübergreifend systematisch ausgewertet.		
	Ärzte wurden in der Meldung von ADEs an die Arzneimittelkommission der deutschen Ärzteschaft geschult.								

Tabelle 3-4: Checkliste Arzneitherapiesicherheit im Krankenhaus
Quelle: In Anlehnung an Grandt, D. (2006), S. 2.

Im Jahr 2000 erschien der Report „To Err Is Human“ des Institute of Medicine in den USA. Ziel des Reports war es, die Öffentlichkeit und die Politik gegenüber Risiken in der Medizin zu sensibilisieren und Leitfäden aufzuzeigen, mit deren Hilfe diese Risiken minimiert werden können.[203] Die Autoren zogen wis-

[203] Siehe Kohn, L. T. (2000).

senschaftliche Studien heran, um die Häufigkeit von Medikationsfehlern hochzurechnen. Sie kamen zu dem Ergebnis, dass vermeidbare Fehler zu Mehrkosten in Höhe von zwei Mrd. US-Dollar führen.[204]

STELFOX ET AL. untersuchten 2006, inwiefern sich die Anzahl der wissenschaftlichen Publikationen nach Erscheinen des Reports „To Err Is Human" verändert hat. Es zeigte sich, dass die Literaturdichte nach dem Erscheinen deutlich anstieg. Befassten sich vor dem Erscheinen 59 pro 100.000 Artikel mit der Patientensicherheit, waren es nachher 164. Bei Studien zum Thema Patientensicherheit stieg der Anteil von 24 pro 100.000 auf 41.[205]

Als Lösung der dargestellten Risiken und Probleme wird die patientenorientierte Arzneimittelversorgung empfohlen.[206]

3.2.3.3 Patientenorientierte Arzneimittelversorgung als Lösungsansatz

Die Arzneimittelversorgung ist ein Prozess, dessen Risiko oft verkannt wird. Durch eine bessere Organisation, bspw. durch Informationstechnologien zur Verordnungsunterstützung, die dem Arzt bei der Verordnung die Patientenakte und Arzneimittelinformationen zugänglich machen und die Verordnung überprüfen, können Fehler vermieden werden.[207]

Die Verlegung von Servicetätigkeiten an das Ende der Supply Chain wird in anderen Branchen schon länger betrieben, hierbei wird von Postponement[208] gesprochen. Ähnliche End-of-Pipe Innovationen werden in Krankenhäusern angestrebt. Ein ganzheitliches Konzept stellt die patientenorientierte Arzneimittelversorgung in Krankenhäusern dar.[209] Dieses setzt sich aus mehreren Bestandteilen zusammen:

- Der beratenden Tätigkeit des Pharmazeuten und dessen ständiger Präsenz,
- der automatisierten Verschreibung und
- der genauen Dokumentation des patientenindividuellen Arzneimittelverbrauches.[210]

Es kann bspw. mittels Dispensierautomaten[211] in der Apotheke oder elektronischen Versorgungsschränken auf der Station unterstützt werden. Eine besondere

---

[204] Vgl. Kohn, L. T. (2000), S. 2.

[205] Vgl. Stelfox , H. T. et al. (2006), S. 174ff.

[206] Vgl. Gaede, K. (2004), S. 60f.

[207] Vgl. Ertel, C. (2006), S. 16, Grandt, D. et al. (2005), S. A-509 und A-513.

[208] Aktivitäten werden innerhalb der Supply Chain so weit wie möglich zum Kunden hin verlagert, so wird die Flexibilität gesteigert. Vgl. Werner, H. (2008), S. 130.

[209] Vgl. Eiff, W. v. (2000a), S. 21, Eiff, W. v. (2000c), S. 45.

[210] Vgl. Großmann, R. et al. (2004), S. 384, Bladt, A. (2006), S. 75, Lorenz, F. (2007a), S. 34.

[211] Der Begriff Dispensierautomat steht für Automaten, die patientenindividuelle Unit-Doses in der Apotheke zusammenstellen.

Rolle kommt dem Apotheker zu, der sich aktuell in Krankenhäusern eher im Hintergrund hält. Er wird zum klinischen Pharmazeuten, einem Gesundheitsdienstleister, der eine effiziente, sichere und rationale Arzneimittelversorgung gewährleistet. Er agiert als Informationsquelle für die Ärzte und leistet patientenindividuelle Beratungstätigkeiten, was die nahe Anbindung der Apotheke im modernen Krankenhausbetrieb unverzichtbar werden lässt.[212]

Eine patientenorientierte Arzneimittelversorgung war 2007 erst in drei Prozent aller deutschen Krankenhäuser implementiert. In der Vergangenheit erprobte Konzepte, wie das des Stationsapothekers[213] in den 90er Jahren, brachten zwar Erfolge, gingen aber nicht ganzheitlich vor. Im Vergleich zum klassischen Konzept wurde lediglich die Betreuung der Station durch den Apotheker eingeführt, es fehlte die IT-Unterstützung.[214]

Das System der patientenorientierten Arzneimittelversorgung entspricht der Empfehlung des Reports „To Err Is Human", einen systemorientierten Ansatz zur Reduzierung von Medikationsfehlern zu entwickeln. Hierbei empfiehlt der Report, dass jederzeit pharmazeutische Entscheidungsunterstützung verfügbar sein soll und dass der Apotheker die Visiten begleitet. Es sollen standardisierte Prozesse für die Medikation entwickelt werden. Von besonderer Bedeutung seien ein elektronischer Verschreibungsprozess sowie eine Software zur Überprüfung der Verschreibungen. Zudem regt der Report dazu an, in der Apotheke Unit-Doses abzupacken, um Fehler zu vermeiden. Dieses Vorgehen wird von der American Society of Health-System Pharmacists, der Joint Commission on Accreditation of Healthcare Organizations und der National Patient Safety Foundation als Beste Praxis empfohlen.[215] Aus Sicht der deutschen Initiative AKTIONSBÜNDNIS PATIENTENSICHERHEIT entspricht ein solches Vorgehen der höchsten Sicherheitsstufe des Medikationsprozesses.[216]

Auf die EDV-unterstützte Verschreibung am Patientenbett folgt die Prüfung und Optimierung durch ein Verschreibungsprogramm oder den Apotheker. Anschließend werden die einzelnen Arzneimittel abgepackt und kommissioniert, sodass eine gebündelte Dosis entsteht, die dem Patienten am Bett verabreicht wird. Sowohl bei der Verschreibung als auch bei der Verabreichung wird die

[212] Vgl. Amann, S. (2002), S. 496, Amann, S. et al. (2002), S. 459, Kreckel, H. (o. J.), Dörje, F. (1998), Hoppe-Tichy, T. (2003), S. 457, Hackl, G. et al. (2004), S. 12ff., Kostrzewski, A. et al. (2000), S. 590ff. und Hüpper, G. (2006), S. 16.

[213] Das Konzept des Stationsapothekers sah vor, dass die Apotheker regelmäßig und in kürzeren Abständen die Stationen aufsuchen und beraten. Das Konzept ist ein Mittelweg zwischen dem Informationsapotheker und der Satellitenapotheke auf der Station. Vgl. Strehl, E. et al. (1995), S. 736f.

[214] Vgl. Lorenz, F. (2007a), S. 35, Strehl, E. et al. (1995), S. 736f., Frick, B. (1995), S. 367ff., Kinscheck, A. et al. (2003), S. 433ff., Litzinger, A. et al. (1998), S. 9ff., Schuffels, M. (1990), S. 402ff., O.V. (2001b), S. 25ff., Großrath, E. et al. (1996), S. 340ff. 2004 wurde von 18 deutschen Krankenhäusern berichtet. Vgl. Gaede, K. (2004), S. 60f.

[215] Vgl. Kohn, L. T. (2000), S. 190ff.

[216] Vgl. Grandt, D. (2006), S. 2.

Identität des Patienten über einen elektronischen Abgleich, bspw. mittels Barcode, sichergestellt (vgl. Abbildung 3-17).[217]

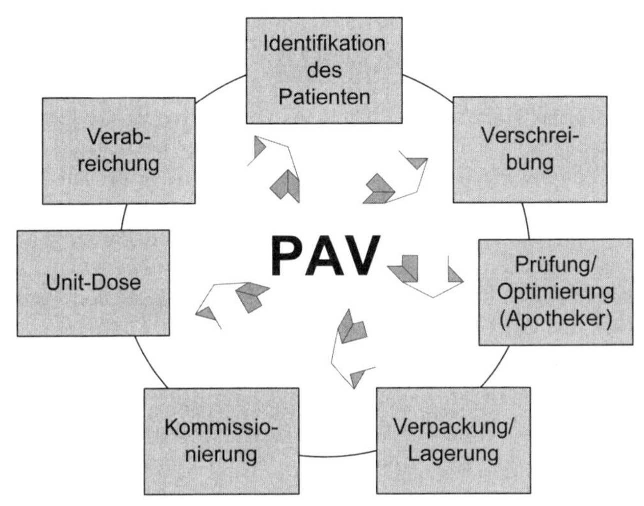

Abbildung 3-17: Patientenorientierte Arzneimittelversorgung
Quelle: In Anlehnung an Wilke, M. et al. (2006), S. 6.

Schon 1995 prognostizierte PREUß, dass zukünftig zu jedem Krankenhausbett ein Computer gehören würde und dass integrierte IT-Systeme eine Kosten- und Leistungstransparenz herbeiführen würden. Dies ist bis heute nicht zur Realität geworden, aber erste Ansätze liegen vor.[218] Es gibt eine Reihe von IT-Konzepten, die helfen, Medikationsfehler zu vermeiden, die Wertschöpfungskette offen zu gestalten und Bestände zu reduzieren. Hier sind bspw. die elektronische Verschreibung, klinische Entscheidungsunterstützungssysteme, elektronische Versorgungsschränke und Dispensierautomaten zu nennen.

Die IT-gestützte Verordnung kann nach einer Studie von BATES ET AL. einen großen Beitrag zur Reduktion von Medikationsfehlern leisten. In der Studie reduzierte sich die Fehlerquote im Bereich der nicht verabreichten Arzneimitteldosen innerhalb von drei Perioden um 81 %. Die gravierenden Medikationsfehler fielen um 86 %. Exemplarisch zeigten sich in der Referenzperiode zehn Allergiefälle; nach der Einführung der IT-gestützten Verordnung traten nur noch zwei Fälle über die nächsten drei Perioden auf.[219]

---

[217] Vgl. Wilke, M., et al. (2006), S. 6.

[218] Vgl. Preuß, K.-J. (1995), S. 539. Ein Ansatz wird bspw. in Mathias-Spital (2007b), S. 44ff. dargestellt.

[219] Vgl. Bates, D. W. et al. (1999), S. 313ff.

Barcodes und RFID dienen der Identifikation und Steuerung von Warenflüssen. Bspw. bietet ein Patientenarmband mit Barcode eine Möglichkeit, Patienten zu identifizieren. Auf diesem Weg können Irrtümer und medizinische Fehlbehandlungen vermieden werden.[220]

RFID wurde im Gesundheitswesen zunächst zur Verfolgung von Blutkonserven und bei der Sortierung verschmutzter Krankenhauswäsche eingesetzt.[221] Im Arzneimittelprozess kommt RFID bspw. bei elektronischen Versorgungsschränken zum Einsatz. So kann die Entnahme kontrolliert werden und eine Anbindung an das Warenwirtschaftssystem erfolgen. Zudem versuchen Arzneimittelhersteller, über Smart-Label[222] Fälschungen zu verhindern. Dies erhöht die Sicherheit, da Nachahmungen oft andere Zusammensetzungen aufweisen und im Extremfall schädigend sein können.[223] Außerdem wird RFID zur Patientenidentifikation genutzt. Auf diese Weise wird bei der elektronischen Verschreibung direkt geprüft, ob diese risikobehaftet ist.[224]

Schranksysteme auf der Station und Dispensierautomaten in der Apotheke unterstützen die systematische Lagerung und Kommissionierung von Arzneimitteln. Die grundlegenden Aspekte dieser Verfahren werden im Folgenden dargestellt:

Schranksysteme ermöglichen eine dezentrale Materialdisposition[225] auf Modulbasis nach dem Pull-Prinzip[226]. In der einfachsten Form arbeiten diese nach dem Kanban-Prinzip[227]. Ist eine bestimmte Materialmenge aufgebraucht, wird durch das Anzeigen der Kanban-Karte eine Nachlieferung ausgelöst. Im Krankenhaus übernehmen Versorgungsassistenten die Belieferung. Es wird darauf geachtet, dass alte Waren zuerst verbraucht werden, um Obsolenzen zu vermeiden.[228] Bei

---

[220] Vgl. Marienfeld, S. (2006a), S. 53 und 432.

[221] Vgl. O.V. (2006).

[222] Smartlabel sind sehr flache Transponder, die in Papierverpackungen eingearbeitet werden können. Diese können durch RFID-Antennen erkannt werden. So können unbemerkt Kontrollen getätigt werden.

[223] Vgl. Buck, C. (2005), S. 22.

[224] Vgl. Semmler, T. (2005b), S. 59.

[225] Unter Materialdisposition werden alle Entscheidungen zusammengefasst, die darauf gerichtet sind, dass Unternehmen mengen- und termingerecht mit allen erforderlichen Materialquellen oder Handelswaren zu versorgen, Schulte, G. (2001), S. 112.

[226] Im Gegensatz zum klassischen Push-Konzept, bei dem die Waren vom Hersteller in den Markt gedrückt werden, orientiert sich das Pull-Prinzip an der tatsächlichen Nachfrage, die Waren werden durch den Verbrauch in den Markt gezogen. Vgl. Pieper, U. et al. (2002), S. 317.

[227] Der Begriff stammt aus dem japanischen kan = genau sehen und ban = Holzbrett, für ein Holzbrett mit dem etwas signalisiert werden soll. Vgl. Schönsleben, P. (2007), S. 336f. Eine ausführliche Darstellung des Kanban-Konzeptes findet sich bei Weber, R. (2006), S. 122ff.

[228] Vgl. Nahmias, S. (2005), S. 377, Oelschlegel, F. (2006), S. 52, Giebe, T. et al. (2003), Engel, A. et al. (2006), S. 17ff., Aberle, G. (2003), S. 507, Harneit, J. (1999), S. 7, Schulte, G. (2001), S. 323, Emmermann, M. et al. (2003), S. 26.

Kanban-Systemen muss darauf geachtet werden, dass alle Beteiligten das System anwenden, sonst ist eine erfolgreiche Umsetzung nicht möglich.[229]

Eine fortgeschrittene Form stellen elektronische Versorgungsschränke dar. Hier ist es erst nach Identifikation des Mitarbeiters und des Patienten möglich, den benötigten Artikel auszuwählen und auf das entsprechende Fach zuzugreifen. Die Entnahme kann über RFID oder manuell registriert werden. Das Schranksystem führt eine ständig aktuelle Bestandsliste und kann automatische Bestellungen auslösen, wenn der Bestellpunkt erreicht ist. So können eine lagerminimale Organisation mit der Option zur patientenbezogenen Kostenverrechnung und eine Entlastung des Personals von Logistik-, Dispositions-, Bestandsüberwachungs- und Verwaltungsaufgaben erreicht werden.[230] Als Fehlerquelle der Schrankversorgung bleibt der Weg des Arzneimittels zum Patienten.[231] Dieser Nachteil kann über eine Kombination mit unterstützenden Technologien ausgeglichen werden. Die Arzneimittel und das Patientenarmband werden am Bett eingelesen und abgeglichen.[232]

Unit-Dose bezeichnet eine „industrielle oder durch die Apotheke konfektionierte Einzeldosis einer Arzneizubereitung".[233] Merkmale einer patientenorientierten Arzneimittelversorgung mit Unit-Doses sind die durch Software oder einen Apotheker unterstützte Verordnung, die zentrale Kommissionierung, die zeitgerechte Anlieferung, die kontrollierte Verabreichung sowie regelmäßige Ergebniskontrollen. Die Steuerung und Kommissionierung kann direkt durch die Krankenhausapotheke erfolgen.[234] So sollen die Patientensicherheit optimiert und die Arzneimittelkosten und die Personalbindungszeiten reduziert werden. Die Dokumentation wird verbessert.[235]

3.2.4 Zusammenfassende Darstellung des Versorgungsprozesses mit Arzneimitteln

Die Abbildung 3-18 stellt die klassische Aufgabenverteilung der Parteien in der Arzneimittel-Supply Chain zusammenfassend dar. Wie zuvor erläutert, ist bei den Aufgaben eine zunehmende Aufweichung zu beobachten. Der Großhandel integriert vertikal durch Pre-Wholesaling oder Kooperationen mit dem Handel. Die Pharmaunternehmen vergeben Aufgaben an Dienstleistungsunternehmen und die Apotheken kooperieren zunehmend auf horizontaler Ebene. Die Rolle

---

[229] Vgl. Weber, R. (2007), S. 6.

[230] Vgl. Eiff, W. v. (1998a), S. 147ff., Bladt, A. (2006), S. 74f.

[231] Vgl. Gaede, K. (2007), S. 59.

[232] Vgl. Eiff, W. v. (2008) S. 21.

[233] Großmann, R. et al. (2004), S. 284.

[234] Vgl. Wilke, M. et al. (2006), S. 9, Grosch, S. (2005), S. 6, Baehr, M. et al. (2004), S. 440.

[235] Vgl. Wilke, M. et al. (2006), S. 4, 6 und 9, Ippolito, P. (2007), S. 78, Hackl, G. et al. (2004), S. 12.

des Großhändlers kann durch vertikale Integration, vorwärts oder rückwärts, von einer anderen Partei der Supply Chain übernommen werden.[236]

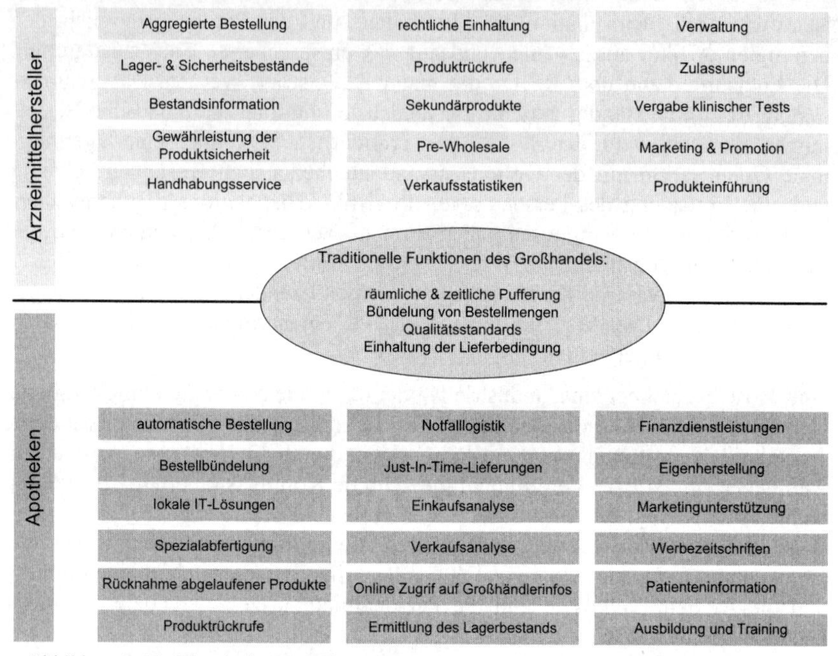

Abbildung 3-18: Klassische Verteilung der Aufgaben und Funktionen in der Arzneimittel-Supply Chain
Quelle: In Anlehnung an Clement, W. et al. (2005), S. 56.

In Europa werden rund 80 % der Arzneimittel über den Großhandel vertrieben. 20 % laufen direkt von den Herstellern an die Apotheken. Rund 15 Prozent der Arzneimittel werden in Krankenhäusern appliziert. Der größte Teil hiervon wird direkt von den Herstellern geliefert.[237] Es handelt sich um ein kombiniertes Distributionssystem, in dem sowohl indirekte als auch direkte Warenflüsse existieren (vgl. Abbildung 3-19).[238]

[236] Vgl. Fein, A. J. (1998), S. 232.

[237] Vgl. Brückner, M. et al. (2002), S. 727, Schürbüscher, D. et al. (2003) S. 85, Schulze, F. et al. (2004), S. 48. Signifikante Abweichungen bestehen in Frankreich und Großbritannien (Direktlieferung ca. 30 %), Großbritannien: Direktlieferung an Apothekenketten und Supermärkte; Frankreich: Lieferung an Einzelapotheken.

[238] Vgl. Wahl, C. (1999), S. 11.

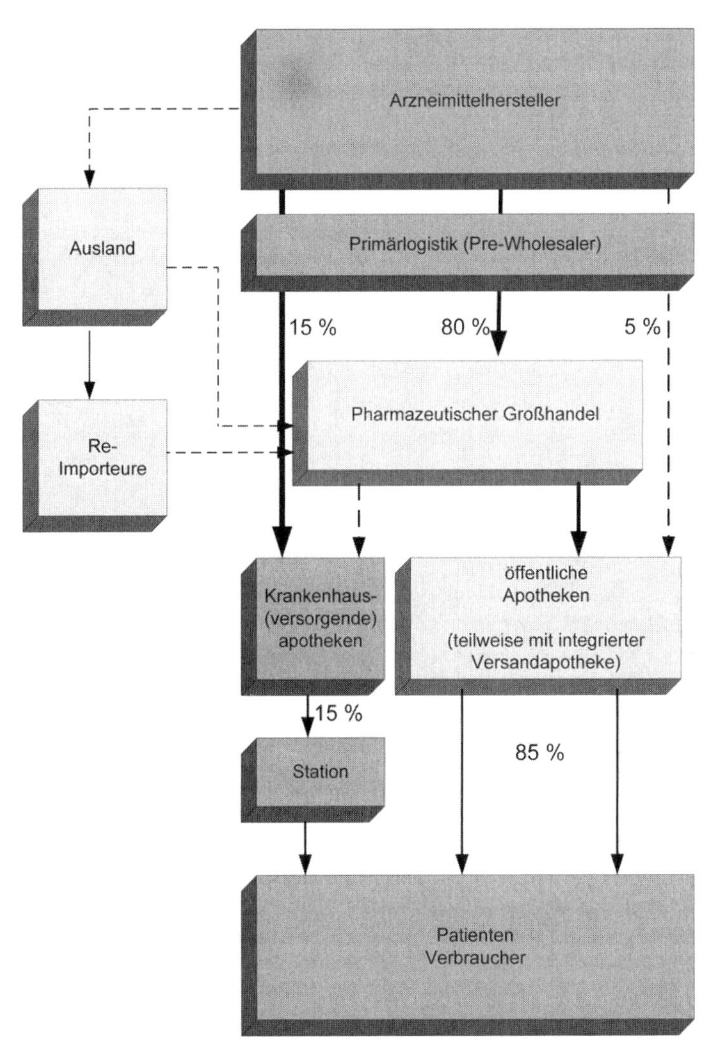

Abbildung 3-19: Warenfluss in der Arzneimittel in Deutschland
Quelle: In Anlehnung an Thormann, P. et al. (2007), S. 11.

16.000 Pharmavertreter decken in Deutschland 135.000 niedergelassene Ärzte, 53.000 Apotheker im niedergelassenen Bereich und 2.160 Krankenhausapotheker ab.[239] Dieses Verhältnis zeigt die hohe Bedeutung des pharmazeutischen Außendienstes in Deutschland.

[239] Vgl. Mühlnikel, I. (2007), S. 22.

4 Handlungsrahmen für das Management der Arzneimittel-Supply Chain

4.1 Entwicklungsstand des Managements der Arzneimittel-Supply Chain

„Successful companies of tomorrow will be those that drive the use of collaboration more strategically, creating new revenue opportunities, efficiencies, and customer loyalty."[1]

Nachdem die wesentlichen theoretischen Aspekte des Supply Chain Managements und die Beziehungen in der Arzneimittel-Supply Chain erläutert wurden, wird im Folgenden der aktuelle Entwicklungsstand in der Praxis, mit besonderer Berücksichtigung der Parteien, dargestellt.

Arzneimittelhersteller

Die Unternehmensberatung PRTM entwickelte ein Raster zur Bewertung der Supply Chain-Reife. Unternehmen, die Logistik im Sinne der ersten und zweiten Stufe praktizieren und somit einen internen Fokus verfolgen, werden als Verfolger bezeichnet. Unternehmen, die eine externe Integration anstreben und somit Logistik im Sinne der dritten Stufe praktizieren, werden als Herausforderer angesehen. Unternehmen, die eine unternehmensübergreifende Zusammenarbeit im Sinne der vierten Stufe umsetzen, werden als Führer bezeichnet.[2] Der Fokus der Erhebung liegt auf den Bereichen Planung, Beschaffung, Herstellung und Auslieferung (vgl. Tabelle 4-1).[3]

---

[1] Ireland, R. K. et al. (2005), S. vii.
[2] Vgl. Roussell, J. et al. (2007), S. 3, Cohen, S. et al. (2006), S. 296f.
[3] Vgl. Cohen, S. et al. (2006), S. 296.

	Verfolger		Herausforderer	Führer
	Stufe 1 funktionale Ausrichtung	Stufe 2 interne Integration	Stufe 3 externe Integration	Stufe 4 unternehmensübergreifende Zusammenarbeit
Planung	Bedarfs-, Produktions- und Beschaffungsplanung nur intern; keine Integration werksübergreifender Prozesse und Werkzeuge	globale Bedarfs-, Produktions- und Beschaffungsplanung im Gesamtunternehmen zusammengefasst; funktionale Verantwortlichkeit; kontinuierlich Verbesserung durch Vergleich mit historischen Daten	strategische Partnerschaften mit Kunden und Lieferanten durch direkten, partnerschaftlichen elektronischen Datenaustausch auf Basis formeller Supply Chain Leistungsvereinbarungen	dynamische, globale Bedarfsplanung und Kapazitätsauslastungsrechnung als Basis für Entscheidungsprozesse in der Bedarfs-, Produktions- und Beschaffungsplanung; gemeinsame Entscheidungsgremien arbeiten auf globaler Basis mit gemeinsamen Daten
Beschaffung	nur wenige institutionalisierte Partnerschaften mit Lieferanten; informelle Prozessabläufe; keine integrierten Werkzeuge für den allgemeinen Zugriff auf Beschaffungsdaten	funktionsübergreifendes Artikelmanagement-Team und Partnerschaft mit Lieferanten; effektiver Einsatz gemeinsamer ERP-Systeme	strategische Partnerschaften mit Lieferanten, die auch in die Produktentwicklung einbezogen sind; Verbesserungsprogramme für Prozesse und Total Cost of Ownership (TCO); gemeinsamer Einkauf mehrerer Unternehmen; Zugriff auf ausgewählte Online-Daten	integriertes Beschaffungsnetzwerk mit automatisierten Systemen zur Optimierung der Beschaffungstransaktionen
Herstellung	manuelle Material- und Produktionssteuerung mit rudimentärem Einsatz von MRP/ MPS-Systemen	Daten für Material- und Produktionssteuerung elektronisch überwacht; optimierte interne Planung und Bestandsverwaltung	Kundenorientierung; APS (mit Anbindung der Lieferanten); Kanban; bedarfsgesteuerte Produktion; Bestandsverwaltung in Echtzeit; automatische Überwachung; Datenmanagement über Gesamtlebensdauer des Produkts	umfassendes, elektronisch gestütztes APS; spezifizierte Produktkonfiguration; bedarfsgesteuerte Abläufe; Bestandsabgleich; Produkthistorie; QC-Systeme; schnelle Produktionsumstellung und kontinuierliche Verbesserung
Auslieferung	keine festgeschriebenen Standardprozesse oder Werkzeuge für Auftragsbearbeitung, Vertriebskanäle, Produktauslieferung oder Rechnungsstellung	formale Prozesse in der Warenausgangslogistik; automatisierte Auftragsbearbeitung; spezifische Lieferbedingungen und Qualitätsstandards; automatische Rechnungserstellung; Variabilität in der Auftragserfassung und Auftragsplanung in den Produktbereichen	Aktualisierung der Produkt- und Lieferprozessdaten simultan in der gesamten Supply Chain; Datengenauigkeit und Transparenz über e-Commerce-Systeme; differenzierte Service-Level und formale Servicespezifikationen	umfassende e-Commerce-Verlinkung der gesamten Supply Chain für optimiertes Lagerwesen (durch Dienstleisterbetriebe, aber integriert); Nachverfolgung, Transport, Auslieferung und automatisierte Rechnungsstellung; differenzierte Vertriebskanal-Regeln und Servicelevel für Auftragswesen inkl. Echtzeitbearbeitung

Tabelle 4-1: Komponenten der Teilprozesse des Supply Chain-Reifegradmodells
Quelle: In Anlehnung an Cohen, S. et al. (2006), S. 298.

2006 ergab die branchenübergreifende Befragung der PRTM, dass 14 % der Unternehmen Logistik im Sinne der ersten Stufe und 49 % im Sinne der zweiten Stufe praktizierten. Somit lag der Anteil der Verfolger im Gesamtmarkt bei 63 %. 25 % der Unternehmen wurden als Herausforderer angesehen und nur 12 % waren bei den Führern einzuordnen (vgl. Abbildung 4-1).[4]

[4] Vgl. Roussell, J. et al. (2007), S. 5.

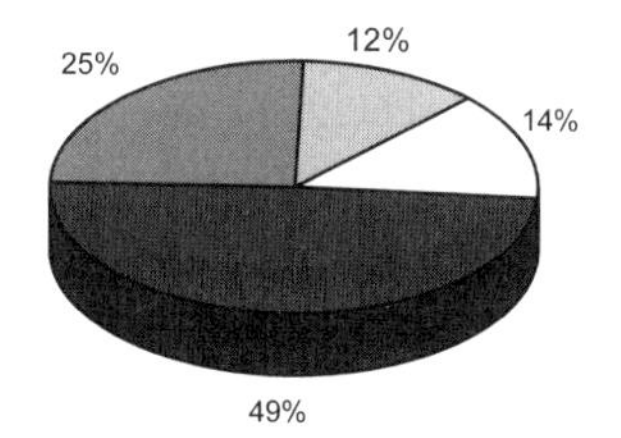

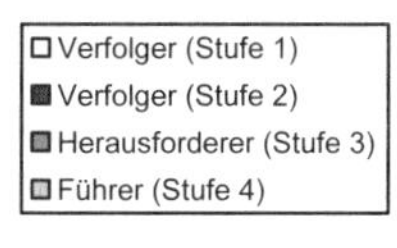

Abbildung 4-1: Reifestufenverteilung im Jahr 2006
Quelle: Eigene Darstellung.

Im Bezug auf das Supply Chain Management zeigte sich im Rahmen der Befragung das folgende Meinungsbild:

- Von den Führern sahen 76 % Kundenzufriedenheit als sehr wichtig an, 71 % die Kostenoptimierung, 18 % nannten das Outsourcing.
- 83 % aller Befragten sahen Supply Chain Management als strategisch wertvoll an. 2005 lag diese Quote bei nur 57 %. Bei den Verfolgern stieg die Quote von 48 % auf 78 %.
- 47 % der Führer nannten die fehlende Kompetenz von Partnern als Hemmnis der Performancesteigerung.[5]

Bei führenden Unternehmen gilt die Supply Chain als Instrument im Wettbewerb. Lieferzeit, Liefergenauigkeit sowie geringe Kosten und Bestände führen zu komparativen Konkurrenzvorteilen.[6] Die befragten Bio- und Pharmaunternehmen waren alle der Gruppe der Verfolger zuzuordnen.[7] Dies zeigt, dass im Bereich der Arzneimittelhersteller ein deutlicher Handlungsbedarf besteht.

Krankenhäuser

Nach den Ergebnissen der DKI-Studie sind bei der Beschaffung des medizinischen Bedarfs aus Sicht der deutschen Krankenhäuser die folgenden Prinzipien von besonderer Bedeutung:

- Den besten Preis erzielen (69,2 %).
- Die gesamte Beschaffungskette optimieren (66,7 %).
- Das Produktportfolio standardisieren (59,6 %).
- Die Nachfrage bündeln (55,8 %).

---

[5] Vgl. Roussell, J. et al. (2007), S. 5ff.
[6] Vgl. Lawrenz, O. (2001), S. 19.
[7] Vgl. Roussell, J. et al. (2007), S. 9.

- Die Lieferantenzahl beschränken (48,2 %).[8]

Der Preis stellt bei dem Kauf von medizinischen Produkten das dominante Kriterium dar.[9] Bei einer eindimensionalen Entscheidung auf Basis des Preises werden Risiko und Qualitätsaspekte vernachlässigt (vgl. Abbildung 4-2).

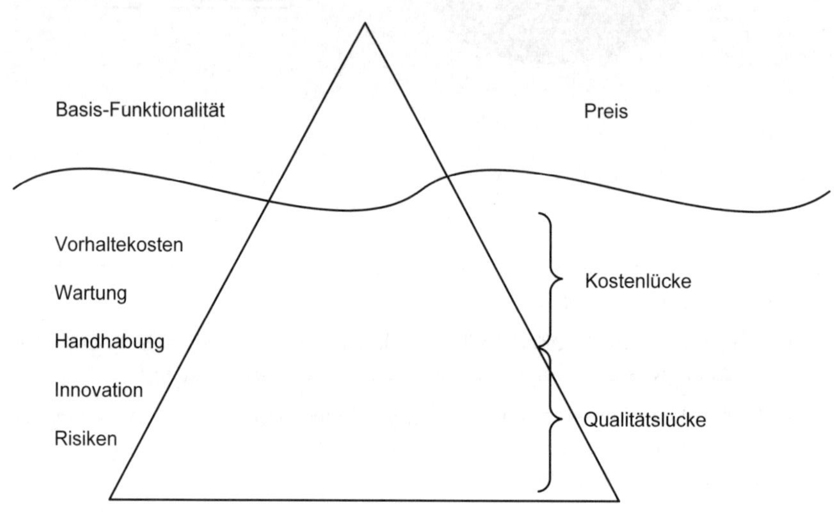

Abbildung 4-2: Oberflächliche Beschaffungsentscheidungen auf Basis des Preises
Quelle: Eiff, W. v. (2007a), S. 421.

Während bei der Lieferantenauswahl aus Sicht der Krankenhäuser die Qualität und die Zuverlässigkeit eine große Rolle spielen, wird die elektronische Bestellabwicklung als nachrangig angesehen.[10] Nur 30,6 % der 2003 im Rahmen der DKI-Studie befragten Krankenhäuser nutzen ein elektronisches Anforderungssystem, wobei 53 % der Krankenhäuser über 600 Betten darauf zurückgriffen und nur 12 % der Häuser unter 100 Betten.[11] 65 % der Häuser unter 100 Betten strebten eine Optimierung der Beschaffungskette an. Der Anteil der Häuser über 600 Betten lag bei 75 %.[12]

Bei Medizinprodukten sind aus Sicht der Krankenhäuser das Lieferantenmanagement und die Bündelung der Einkaufsvolumina von Bedeutung. Insbesondere nennen 80 % die interne Prozessoptimierung durch den Lieferanten und 78 %

---

[8] Vgl. Schumacher, N. et al. (2003), S. 20, Offermanns, M. (2003), S. 47.
[9] Vgl. BCG (2003), S. 14.
[10] Vgl. Schumacher, N. et al. (2003), S. 24, Offermanns, M. (2003), S. 49.
[11] Vgl. Schumacher, N. et al. (2003), S. 25.
[12] Vgl. Offermanns, M. (2003), S. 47.

die partnerschaftliche Verbesserung des Schnittstellenmanagements.[13] Eine Integration der Lieferanten in den Beschaffungsprozess ist in deutschen Krankenhäusern nicht üblich. Weniger als 25 % der Häuser geben Informationen über die relevanten Grundlagen ihrer Beschaffungsentscheidung an Lieferanten weiter.[14] Somit ergibt sich im Bereich der Krankenhäuser ein Optimierungsbedarf, der im Fokus der nachfolgenden Untersuchung stehen wird.

4.2 Morphologischer Kasten des Managements der Arzneimittel-Supply Chain

Das Management der Arzneimittel-Supply Chain umfasst ein Bündel von Ansätzen zur effizienten Integration von Arzneimittelherstellern, Großhändlern, Apotheken und Krankenhäusern. Ziel ist die Lieferung der richtigen Menge des richtigen Arzneimittels zur richtigen Zeit an den richtigen Ort, um die Gesamtkosten zu senken und gleichzeitig den Serviceanforderungen gerecht zu werden.[15] Für eine optimierte und innovative Planung des Supply Chain Managements müssen alle Prozesse vorab umfassend analysiert werden.[16]

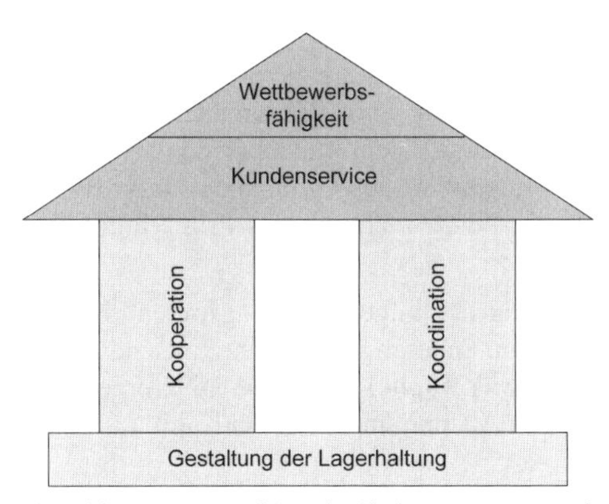

Abbildung 4-3: Abstrahiertes House of Supply Chain Management als Rahmenmodell
Quelle: Eigene Darstellung.

Das Lager- und Bestandsmanagement stellt nach DARKOW eine wesentliche Aufgabe des Supply Chain-Managers dar.[17] Die Kenntnis über die vorhandenen Rahmenbedingungen ist für die Abbildung und Planung der Supply Chain es-

---

[13] Vgl. BCG (2003), S. 15f.

[14] Vgl. Schumacher, N. et al. (2003), S. 26f.

[15] In Anlehnung an Simchi-Levi, D. et al. (2000), S. 1.

[16] Vgl. Baer, R. v. et al. (2002), S. 552, Davis, R. N. (2004), S. 68.

[17] Vgl. Darkow, I.-L. (2004), S. 146ff.

senziell.[18] Die zwei Säulen, die das House of Supply Chain Management[19] tragen, sind die Kooperation und die Koordination. Insofern werden die drei Aspekte Lagerhaltung, Kooperation und Koordination durch die Charakteristika des morphologischen Kastens abgedeckt (vgl. Abbildung 4-3).

4.2.1 Charakteristika der Lagerhaltung

In der Arzneimittel-Supply Chain, vom Hersteller über den Primärlogistikdienstleister[20] (PLDL)/Transporteur, die Krankenhaus-(versorgenden-)apotheke und die Station zum Patienten, bestehen die folgenden Lager:

- Am Ende der Produktion zum chargenweisen Sammeln.
- Beim Primärlogistikdienstleister/Hersteller nach Abschluss der Produktion vor dem Verkauf.
- In der Krankenhaus-(versorgenden-)apotheke.
- Auf den Stationen.

Im Bezug auf die Lagerhaltung in der Apotheke[21] ist zu berücksichtigen, ob Unterschiede zwischen den Ausgestaltungsformen der Apotheken und der Versorgungsprozesse bestehen.[22]

Der Großhandel wird nicht in die Analyse miteinbezogen, da sich bei der Erhebung der Fallstudien gezeigt hat, dass die Krankenhaus-(versorgenden-)apotheken nur in Ausnahmefällen Arzneimittel über den Großhandel beziehen.[23] Im Falle einer Rückwärtsintegration des Großhandels zum Pre-Wholesaler werden seine Aktivitäten durch die Betrachtung des Primärlogistikdienstleisters repräsentiert.[24]

Bei der Charakterisierung der Lagergestaltung treten zum einen definitorische Zuordnungen auf und zum anderen strategische Entscheidungen, die parteibezogen analysiert werden. Aus Kapitel 2.2.1 und 2.2.2 ergeben sich die folgenden Charakteristika mit ihren Ausprägungen, die in Kapitel 6.1 analysiert werden:

---

[18] Vgl. Scheckenbach, R. et al. (2003), S. 46.

[19] Vgl. Kapitel 2.1.4.1.

[20] Primärlogistikdienstleister sind in diesem Zusammenhang Logistikdienstleister, die eng mit den Herstellern verbunden sind.

[21] Der Begriff Apotheke wird im Folgenden synonym zur Krankenhaus-(versorgenden-)apotheke verwendet.

[22] Vgl. Kapitel 3.1.3.2.3 und 3.2.3.3.

[23] Vgl. PharmLog (2008a), Mathias-Spital (2008), Sanicare (2008b), paderlog (2008a). In der Fachliteratur wird die Ansicht vertreten, dass die Beziehung zwischen Arzneimittelherstellern und Großhändlern bereits weitestgehend optimiert ist. Vgl. Dambacher, E. et al. (2002), S. 253.

[24] Vgl. Kapitel 3.1.2.3.

Die *Lagerfunktion* ergibt sich definitorisch und wird für jeden Lagerort ermittelt (vgl. Abbildung 4-4).[25]

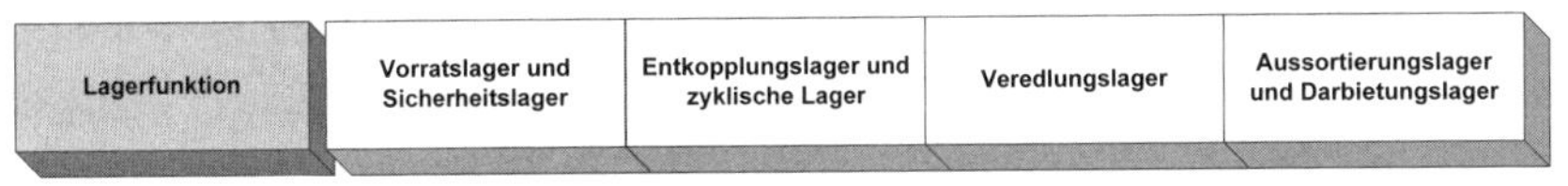

Abbildung 4-4: Lagerfunktion als Charakteristikum
Quelle: Eigene Darstellung.

Die Einordnung in die *betrieblichen Funktionsbereiche* ergibt sich ebenfalls definitorisch für die einzelnen Lagerstandorte (vgl. Abbildung 4-5).[26]

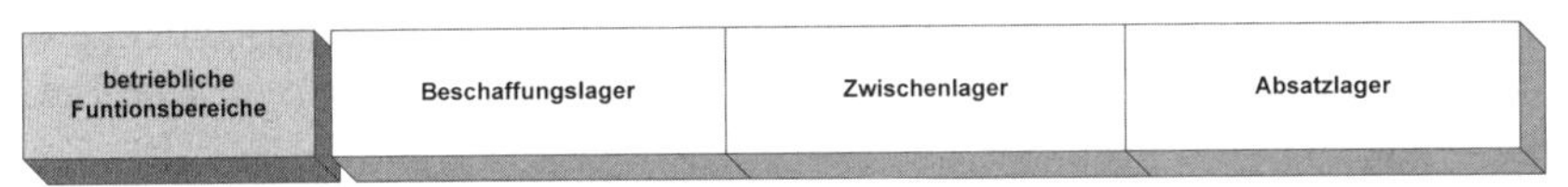

Abbildung 4-5: Betrieblicher Funktionsbereich als Charakteristikum
Quelle: Eigene Darstellung.

Dies gilt ebenso für die Zuordnung der *Lagergüter* in den einzelnen Lagern (vgl. Abbildung 4-6).[27]

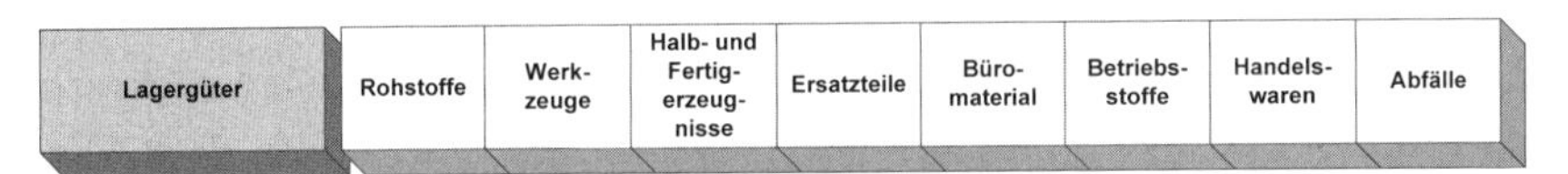

Abbildung 4-6: Art der Lagergüter als Charakteristikum
Quelle: Eigene Darstellung.

Die Arzneimittel-Supply Chain umfasst eine mehrstufige Lagerhaltung. Daher wird die *Lagerhierarchie* über die gesamte Supply Chain betrachtet. So werden die Interaktionen der Parteien erfasst (vgl. Abbildung 4-7).[28]

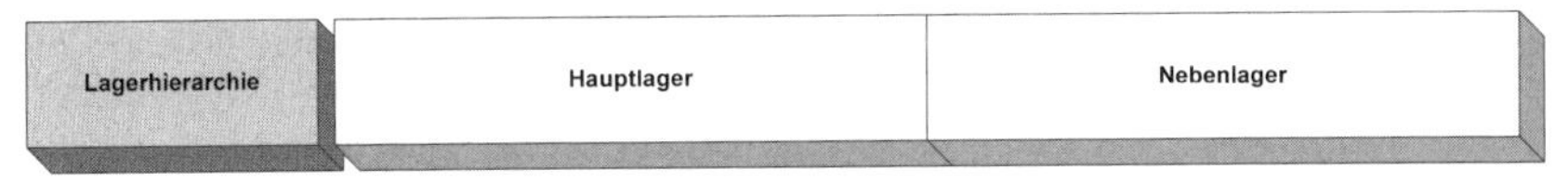

Abbildung 4-7: Lagerhierarchie als Charakteristikum
Quelle: Eigene Darstellung.

---

[25] Vgl. Müller, J. (1999), S. 76ff.
[26] Vgl. Kopsidis, R. M. (2002), S. 23 und 121.
[27] Vgl. Kopsidis, R. M. (2002), S. 124.
[28] Vgl. Kopsidis, R. M. (2002), S. 125, Schulte, G. (2001), S. 258.

Die *räumliche Lagergestaltung* ist ein strategisches Entscheidungsobjekt. Die Vor- und Nachteile der einzelnen Lagerformen müssen abgewogen werden (vgl. Abbildung 4-8).[29] Die Ausprägungen in der Arzneimittel-Supply Chain werden herausgearbeitet.

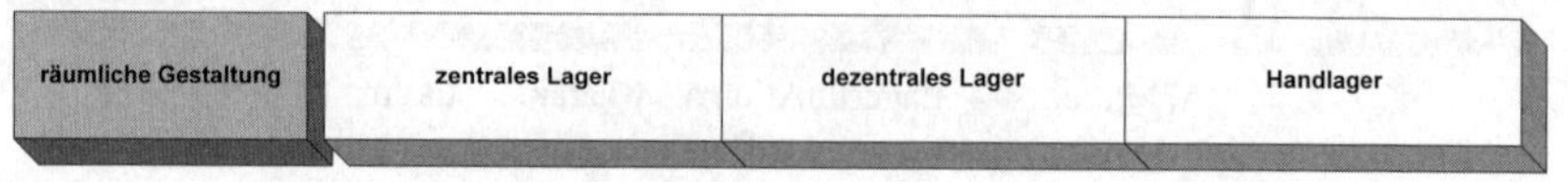

Abbildung 4-8: Räumliche Lagergestaltung als Charakteristikum
Quelle: Eigene Darstellung.

Die Entscheidung wer der *Eigentümer* der jeweiligen Lagerbestände sein sollte, stellt ebenfalls einen strategischen Aspekt dar. Die Vor- und Nachteile der Ausgestaltungsformen müssen von den Parteien abgewogen werden, um eine Entscheidung zu treffen (vgl. Abbildung 4-9).[30]

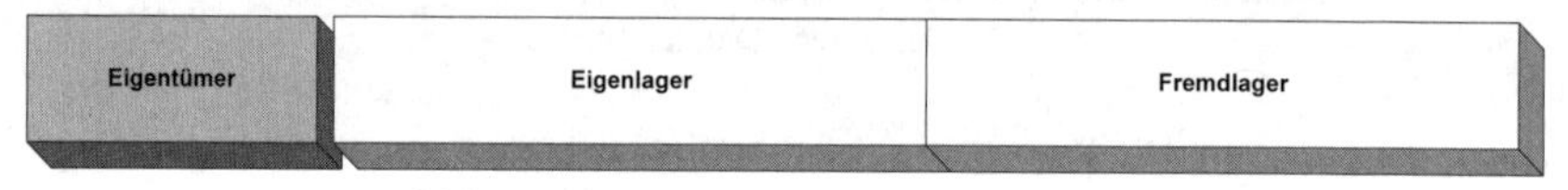

Abbildung 4-9: Eigentümer als Charakteristikum
Quelle: Eigene Darstellung.

Auch die *Lagerplatzzuordnung* ist ein strategischer Entscheidungsaspekt. In Abhängigkeit von der Umsetzbarkeit und dem Sinn der Konzepte muss eine Analyse für die einzelnen Lagerstufen durchgeführt werden (vgl. Abbildung 4-10).[31]

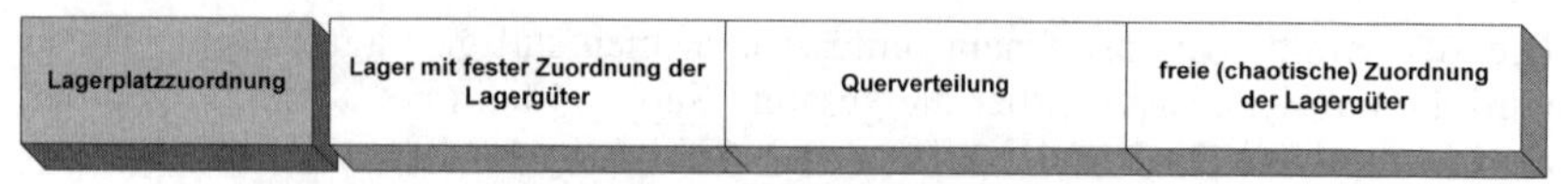

Abbildung 4-10: Lagerplatzzuordnung als Charakteristikum
Quelle: Eigene Darstellung.

Das Kriterium der *Lagersortierung* ist ein strategisches Kriterium. Allerdings weisen die Arzneimittel eine große Stoff- und Bestimmungsbreite auf, was den

[29] Vgl. Müller, J. (1999), S. 88, Schulte, G. (2001), S. 258ff., Nahmias, S. (2005), S. 296.
[30] Vgl. Wildemann, H. (2007), S. 135, Müller, J. (1999), S. 114, Simchi-Levi, D. et al. (2000), S. 134, Fernekohl, W. et al. (2001), S. 1005, Schulte, G. (2001), S. 260, Kopsidis, R. M. (2002), S. 125.
[31] Vgl. Vry, W. (2004), S. 141, Weber, R. (2006), S. 311ff.

Einsatz dieses Kriteriums bei der Lagergestaltung eingrenzt (vgl. Abbildung 4-11).[32]

Abbildung 4-11: Lagersortierung als Charakteristikum
Quelle: Eigene Darstellung.

Im Bezug auf die Steuerung des Lagers sind zwei strategische Entscheidungen zu treffen. Erstens muss abgewogen werden, ob die Steuerung der Lager durch eine zentrale Stelle erfolgen soll.[33] Wobei Interdependenzen zwischen den Parteien zu berücksichtigen sind. Zum Zweiten muss von jeder Partei der Grad der EDV-Unterstützung im Lager determiniert werden (vgl. Abbildung 4-12).[34]

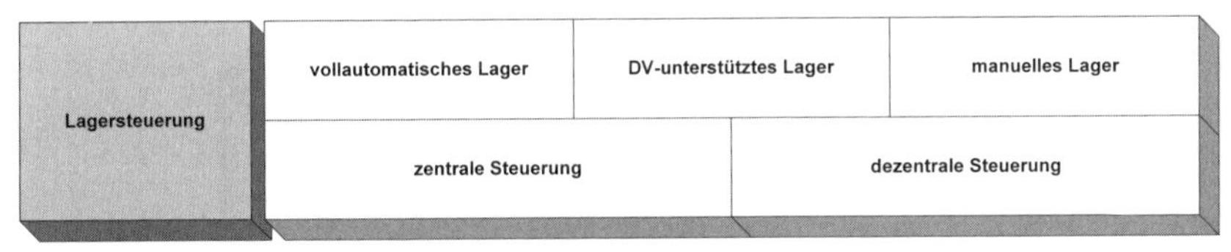

Abbildung 4-12: Lagersteuerung als Charakteristikum
Quelle: Eigene Darstellung.

4.2.2 Charakteristika der Kooperation

Die Ausgestaltung der Kooperation in der Arzneimittel-Supply Chain muss auf drei Beziehungsstränge bezogen werden. Die Beziehung der Arzneimittelhersteller zu den Primärlogistikdienstleistern, die Beziehung zwischen Arzneimittelherstellern und den Krankenhaus-(versorgenden-)apotheken und die Beziehung zwischen den Apotheken und den Stationen.

Die *Beziehung der Supply Chain-Parteien* hat ihren Ursprung in der Beurteilung der Lieferantenbeziehungen durch den Kunden. Eine intensive Lieferantenintegration ermöglicht die medienbruchfreie Gestaltung der Supply Chain. Dies umfasst die Bedarfsfeststellung sowie die Bestellungsausführung über Lieferungen und Begleichung der Rechnung bis zur Unterstützung der Kostenstellenzuordnung.[35] Durch die detaillierte Analyse der Beziehungen zu den Lieferanten kann

---

[32] Vgl. Schulte, G. (2001), S. 258, Kapitel 3.1.1.1.
[33] Vgl. Schönsleben, P. (2007), S. 534.
[34] Vgl. Gudat, H. (2006), S. 14, Davis, R. N. (2004), S. 74, SCLHS (2004), S. 12, Bogaschewsky, R. (2002), S. 19, Ireland, R. K. et al. (2005), S. 163, Kopsidis, R. M. (2002), S. 134f.
[35] Vgl. Schumacher, N. et al. (2003), S. 17.

das optimale Zusammenarbeitskonzept identifiziert werden.[36] Hierzu kann eine Segmentierung der Lieferantenbeziehungen hilfreich sein.[37]

A.T. KEARNEY empfiehlt, die Lieferanten nach der Attraktivität der Kooperation für beide Seiten und dem Geschäftseinfluss auf den betroffenen Bereich zu clustern.[38] Nach SCHÖNSLEBEN wird das Supply Chain Management attraktiv, wenn langfristige Lieferverträge und eine hohe Intensität der Kooperationen nach Win-Win-Gesichtspunkten bestehen.[39] Dies trifft in diesem Zusammenhang insbesondere auf die strategischen Kooperationen zu. Ist die Attraktivität niedrig, entsteht eine Flaschenhals-Problematik. Trotz des hohen Geschäftseinflusses ist es für die Parteien nicht attraktiv die Kooperation umzusetzen. Fällt der Geschäftseinfluss gering aus, ist bei hoher Attraktivität eine Performance-Partnerschaft zu empfehlen. Bei einer geringen Attraktivität sollten operative Ansätze gewählt werden (vgl. Abbildung 4-13). Es ist zu prüfen, welche Ausprägungen zwischen den Parteien der Arzneimittel-Supply Chain vorliegen und welche Konsequenzen dies für die Kooperation hat (vgl. Abbildung 4-14).

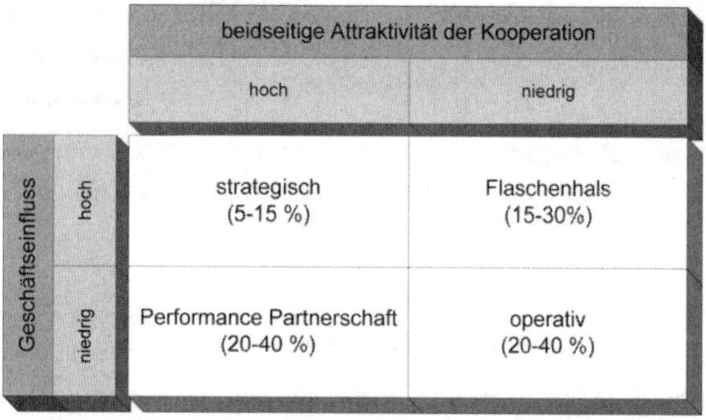

		beidseitige Attraktivität der Kooperation	
		hoch	niedrig
Geschäftseinfluss	hoch	strategisch (5-15 %)	Flaschenhals (15-30%)
	niedrig	Performance Partnerschaft (20-40 %)	operativ (20-40 %)

Abbildung 4-13: Segmentierung der Kooperationsbeziehungen
Quelle: In Anlehnung an A.T.Kearney (2004), S. 10, Wildemann, H. (2007), S. 75.

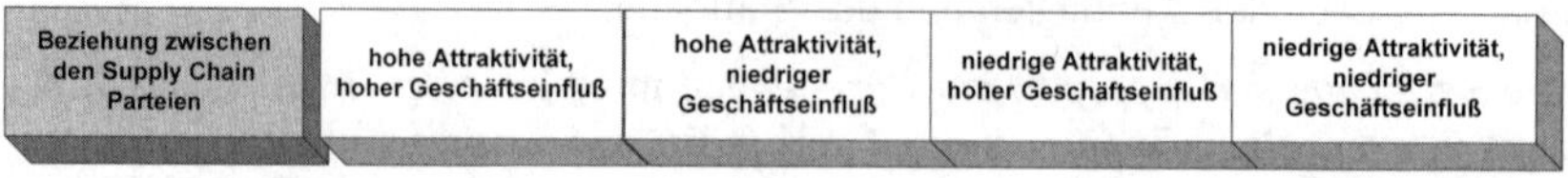

Beziehung zwischen den Supply Chain Parteien	hohe Attraktivität, hoher Geschäftseinfluß	hohe Attraktivität, niedriger Geschäftseinfluß	niedrige Attraktivität, hoher Geschäftseinfluß	niedrige Attraktivität, niedriger Geschäftseinfluß

Abbildung 4-14: Beziehung zwischen den Parteien als Charakteristikum
Quelle: Eigene Darstellung.

[36] Vgl. Dillmann, R. et al. (2002), S. 93, SCLHS (2004), S. 12.
[37] Vgl. Clegg, H. et al. (2007), S. 136.
[38] Vgl. A.T.Kearney (2004), S. 10.
[39] Vgl. Schönsleben, P. (2007), S. 80.

In Kapitel 2.1.1 wird die Bedeutung der *Supply Chain-Strategie* hervorgehoben.[40] Bezogen auf die Arzneimittel-Supply Chain, muss in diesem Zusammenhang geprüft werden, ob die Interessen der Hersteller, der Primärlogistikdienstleister, der Krankenhaus-(versorgenden-)apotheken und der Stationen miteinander einhergehen und welche Optimierungspotenziale in der Beziehung bestehen (vgl. Abbildung 4-15).

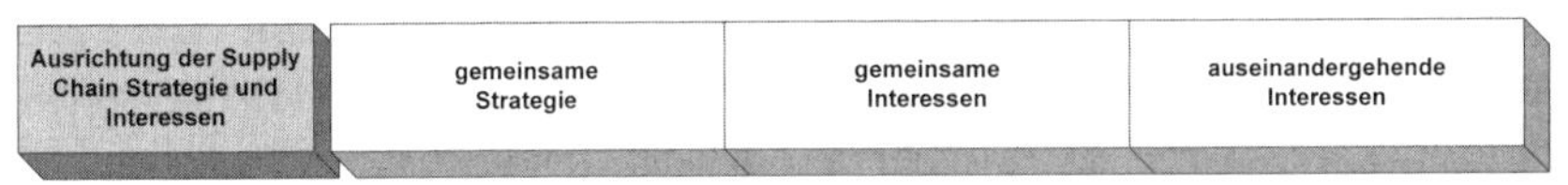

Abbildung 4-15: Strategieausrichtung als Charakteristikum
Quelle: Eigene Darstellung.

Die Form der Organisation ist für den Unternehmenserfolg weniger bedeutend als der *Grad der Umsetzung*. Je besser die Abstimmung der Parteien ist, desto besser sind die Erfolgsvoraussetzungen.[41] Zur Beurteilung des Umsetzungsgrades werden die Stufen der Supply Chain-Reife[42] herangezogen. Liegt lediglich eine interne Optimierung vor, wird keine Umsetzung erzielt. Bestehen Bestrebungen die vor- und nachgelagerten Stufen in die Unternehmensentscheidungen mit einzubeziehen, liegt eine ansatzweise Umsetzung vor. Bei einer Integration der Supply Chain-Parteien wird von einer kompletten Umsetzung gesprochen (vgl. Abbildung 4-16).

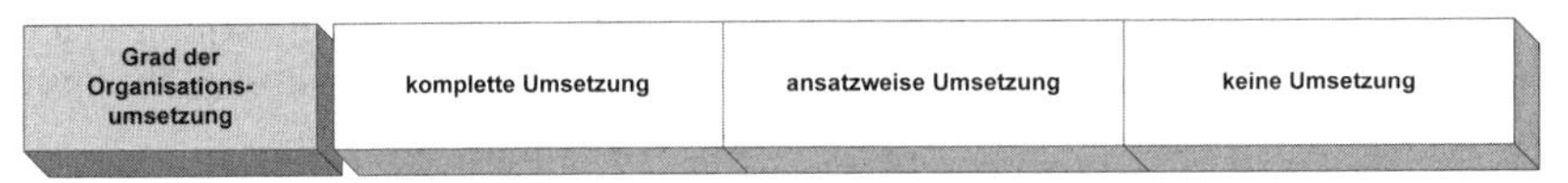

Abbildung 4-16: Organisationsumsetzung als Charakteristikum
Quelle: Eigene Darstellung.

Die *Beziehung* zwischen den Parteien der Arzneimittel-Supply Chain kann kooperationsorientiert, opportunistisch oder wettbewerbsorientiert ausfallen.[43] Opportunismus bedeutet, dass eine Partei sich gemäß der besten angebotenen Alternative entscheidet, aber nicht im Vorfeld festgelegt ist. Es ist zu prüfen, wie die Beziehungen derzeit ausgestaltet sind und welche Ursachen vorliegen. Zudem muss analysiert werden, inwiefern die Orientierung geändert werden kann und muss (vgl. Abbildung 4-17).

---

[40] Vgl. Lawrenz, O. (2001), S. 25.
[41] Vgl. Lawrenz, O. (2001), S. 25.
[42] Vgl. Kapitel 4.1.
[43] Vgl. Schönsleben, P. (2007), S. 202.

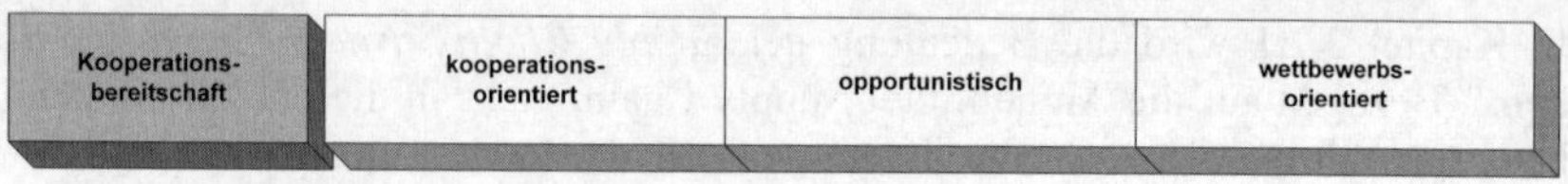

Abbildung 4-17: Kooperationsbereitschaft als Charakteristikum
Quelle: Eigene Darstellung.

Eine wesentliche Voraussetzung des Supply Chain Managements ist das *Vertrauen* zwischen den Parteien.[44] Ein hohes Vertrauen ermöglicht eine offene Zusammenarbeit. Fällt dieses niedrig aus, ist ein ganzheitliches Konzept kaum realisierbar.[45] Die derzeitige Situation ist zu analysieren. Falls ein Handlungsbedarf besteht, wird zudem analysiert, wie das Vertrauen zwischen den Parteien gestärkt werden kann (vgl. Abbildung 4-18).

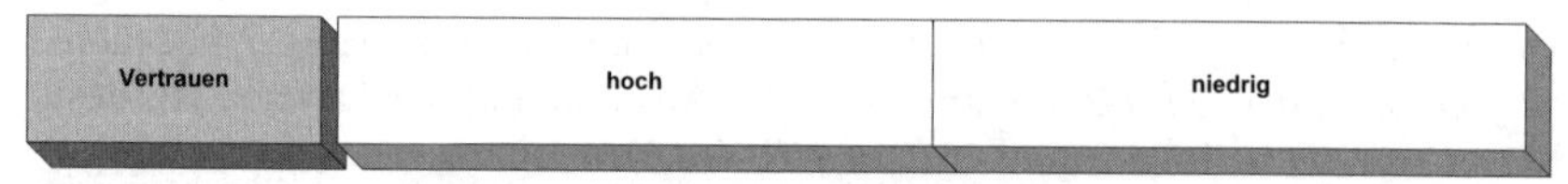

Abbildung 4-18: Vertrauen als Charakteristikum
Quelle: Eigene Darstellung.

Die Beziehungen der Supply Chain-Parteien können hierarchisch oder heterarchisch geprägt sein. Bei hierarchischen Machtverhältnissen existiert ein dominantes Unternehmen, von dem die Anderen entweder direkt oder indirekt abhängig sind. Heterarchische Machtverhältnisse stehen für ein gleichberechtigtes, partnerschaftliches Verhältnis der einzelnen Supply Chain-Unternehmen.[46] Es ist zu analysieren, wie die *Machtverhältnisse* ausgestaltet sind und wie die Ausgestaltungsform idealerweise sein sollte (vgl. Abbildung 4-19).

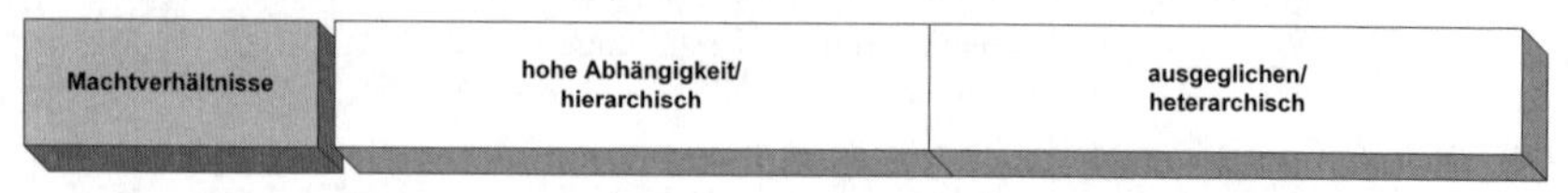

Abbildung 4-19: Machtverhältnisse als Charakteristikum
Quelle: Eigene Darstellung.

Bei der Wahl der Zulieferer ist die Strategie eingehend zu prüfen. Mögliche Konzepte sind das Modular-Sourcing, das Single-Sourcing oder das Global-Sourcing.[47] Modular Sourcing bezeichnet die Beschaffung vorgefertigter Module.[48] Single Sourcing steht für die Beschaffung eines Stoffes aus einer Quelle.[49]

---

[44] Vgl. Kapitel 2.1.4.4.
[45] Vgl. Poppe, R. et al. (2004), S. 26, Oecking, C. et al. (2005), S. 49ff.
[46] Vgl. Gronau, N. (2004), S. 210.
[47] Vgl. Schulte, G. (2001), S. 431ff., Vry, W. (2004), S. 69, Schönsleben, P. (2007), S. 79.
[48] Vgl. Werner, H. (2008), S. 138.

Im Bezug auf das Single Sourcing ist zu prüfen, ob die Belieferung über einen einzigen Kanal sinnvoll ist oder ob eine Diversifikation angestrebt werden sollte.[50] Eine Aufweichung stellt das Double Sourcing dar, bei dem die Versorgung aus zwei Quellen gewährleistet wird (vgl. Abbildung 4-20).[51] Dieses Kriterium ist besonders mit Fokus auf die Krankenhaus-(versorgenden-)apotheken zu analysieren. Die Entscheidung über die Strategie liegt in der Regel beim Träger der Apotheke oder der Einkaufsgemeinschaft.

Abbildung 4-20: Zuliefererstrategie als Charakteristikum
Quelle: Eigene Darstellung.

Zudem ist die *Prozessgestaltung* zwischen den Parteien zu betrachten. Das Prozessmanagement stellt einen wichtigen Gestaltungsansatz bei der Reorganisation eines Unternehmens dar. Nach ZIEGENBEIN sind Geschäftsprozesse systematisch zu identifizieren, zu beschreiben, zu evaluieren, zu steuern und kontinuierlich weiterzuentwickeln. Ein strukturiertes Vorgehen fördert die Transparenz.[52] Die Vereinheitlichung der Prozesse ist ein wesentlicher Aspekt, der im Rahmen des Supply Chain Managements realisiert werden sollte (vgl. Abbildung 4-21).[53]

Prozessgestaltung	homogene Prozesse	ähnliche Prozesse	variierende Prozesse	heterogene Prozesse

Abbildung 4-21: Prozessgestaltung als Charakteristikum
Quelle: Eigene Darstellung.

Bezogen auf die Kooperation muss abschließend analysiert werden, wie der *Datenzugang* geregelt wird. Liegt ein freier Zugang vor oder existieren Einschränkungen (vgl. Abbildung 4-22).[54]

[49] Vgl. Werner, H. (2008), S. 136.
[50] Vgl. SCLHS (2004), S. 12.
[51] Vgl. Vry, W. (2004), S. 69, Werner, H. (2008), S. 137.
[52] Vgl. Ziegenbein, R. (2007), S. 119ff.
[53] Vgl. SCLHS (2004), S. 12.
[54] Vgl. Wannenwetsch, H. (2005), S. 381.

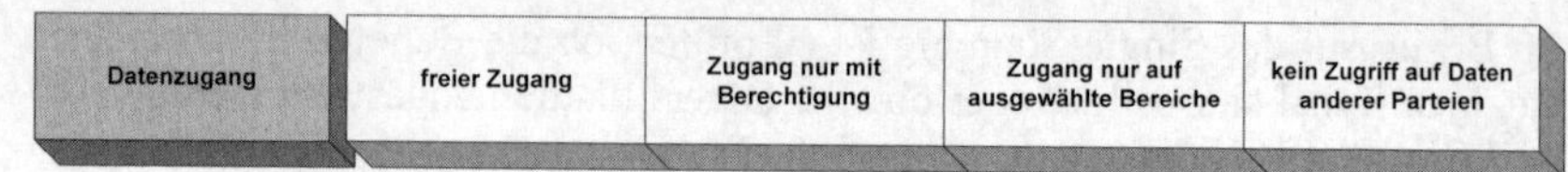

Abbildung 4-22: Datenzugang als Charakteristikum
Quelle: Eigene Darstellung.

4.2.3 Charakteristika der Koordination

Die Koordination gibt Auskunft über die Ausgestaltung der Supply Chain. Hier müssen die Beziehungen der einzelnen Parteien genau analysiert werden, um die optimal realisierbare Ausgestaltungsform zu identifizieren.

Während der Datenzugang Auskunft über die Kooperationsfähigkeit der Parteien gibt, liefert die *Intensität des Informationsaustausches* Hinweise zur Koordination der Supply Chain. Je intensiver sich der Austausch gestaltet, desto besser ist ein Supply Chain Management umsetzbar.[55] Die *Intensität des Informationsaustausches* zwischen den Herstellern und den Primärlogistikdienstleistern bzw. den Krankenhausapotheken sowie den Apotheken und den Stationen ist zu analysieren.[56] Findet eine gemeinsame Auftragsverfolgung statt, werden Bedarfsvorhersagen ausgetauscht oder werden lediglich die anfallenden Aufträge abgewickelt (vgl. Abbildung 4-23)?

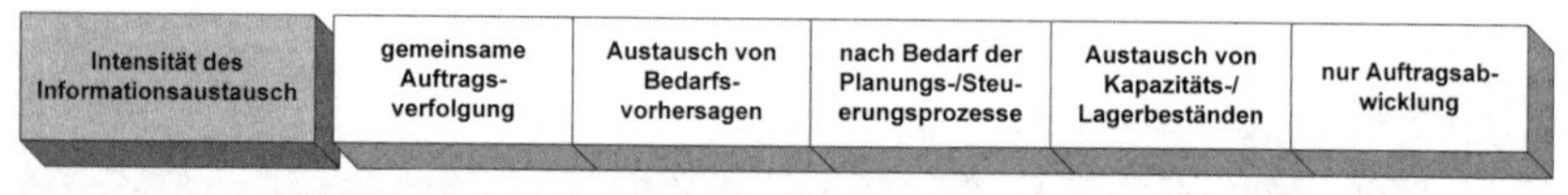

Abbildung 4-23: Informationsaustausch als Charakteristikum
Quelle: Eigene Darstellung.

Der Informationsaustausch über die gesamte Supply Chain stößt auf psychologische und ökonomische Hemmschwellen, die eine Umsetzung stark behindern. Die Einrichtung einer zentralen Clearingstelle kann helfen, das hohe Informationsaufkommen zu bewältigen. Diese sammelt alle Informationen zentral und leitet sie gezielt an die betroffenen Parteien weiter. Nach SCHECKENBACH ET AL. kann diese Rolle alternativ von einem dominanten Partner, einem (Logistik-)Dienstleister oder einem Marktplatz übernommen werden (vgl. Abbildung 4-24).[57] Die Umsetzung durch einen Logistikdienstleister wurde neben der Bündelung der Informationsflüsse, die Steuerung der Warenflüsse mit sich bringen. Im Rahmen der Arzneimittel-Supply Chain ist darauf zu achten, dass nur Partei-

[55] Vgl. Stadtler, H. (2007), S. 12.
[56] Vgl. Eisenbarth, M. (2003), S. 264.
[57] Vgl. Scheckenbach, R. et al. (2003), S. 46ff.

en mit Herstellererlaubnis, Großhandelszulassung oder Apothekenzulassung an der Supply Chain partizipieren dürfen.[58]

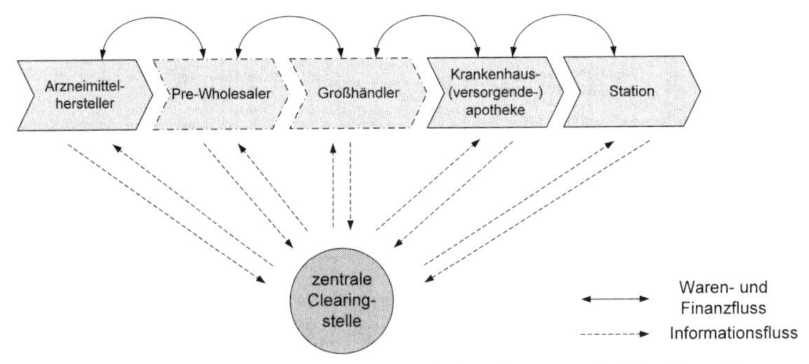

Abbildung 4-24: Informationsaustausch über eine zentrale Clearingstelle
Quelle: In Anlehnung an Scheckenbach, R. et al. (2003), S. 47.

In diesem Zusammenhang ist die Kommunikation zwischen den beteiligten Parteien von hoher Bedeutung. Die Güte der Kommunikation lässt sich über den *Kommunikationsgrad* zwischen den Mitarbeitern der einzelnen Supply Chain-Parteien determinieren.[59] Wie hoch ist die Kontaktzahl, wer koordiniert die Kontakte und mit welcher Regelmäßigkeit werden diese durchgeführt (vgl. Abbildung 4-25)?

Die Kommunikation kann in diesem Fall zwischen den Supply Chain-Parteien koordiniert werden oder durch eine zentrale Stelle. Gerade bei komplexen Supply Chains, wie der Arzneimittel-Supply Chain, ist eine End-to-End Kommunikation nach HÜBNER kaum realisierbar.[60]

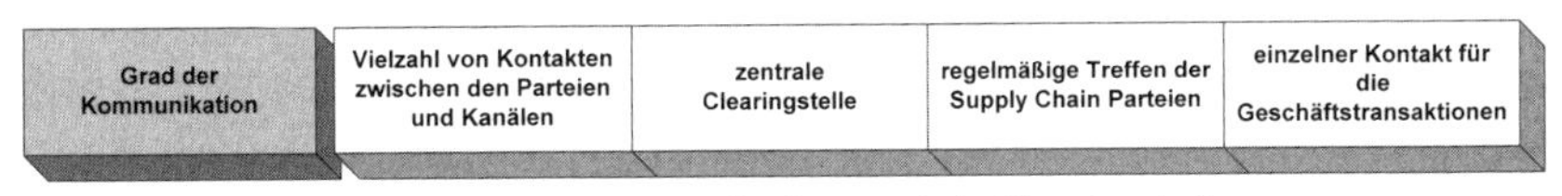

Abbildung 4-25: Kommunikationsgrad als Charakteristikum
Quelle: Eigene Darstellung.

Bezüglich der *Prozessverantwortung* muss analysiert werden, wer sie innehat. Sie kann klassisch organisiert sein oder es kann bspw. die Apotheke die Bestände auf der Station managen. Die Verantwortung kann aber auch an einen externen Partner vergeben werden.[61] In diesem Zusammenhang muss im Besonderen

[58] Vgl. § 4a AMGrHdlBetrV, § 6 AMGrHdlBetrV.
[59] Vgl. Rink, C. et al. (2007), S. 60.
[60] Vgl. Hübner, U. (2008), S. 110.
[61] Vgl. Kapitel 2.3.

die Bedeutung des Logistikdienstleisters sowie das Verhalten der Krankenhaus-(versorgenden-)apotheken und der Stationen analysiert werden (vgl. Abbildung 4-26).

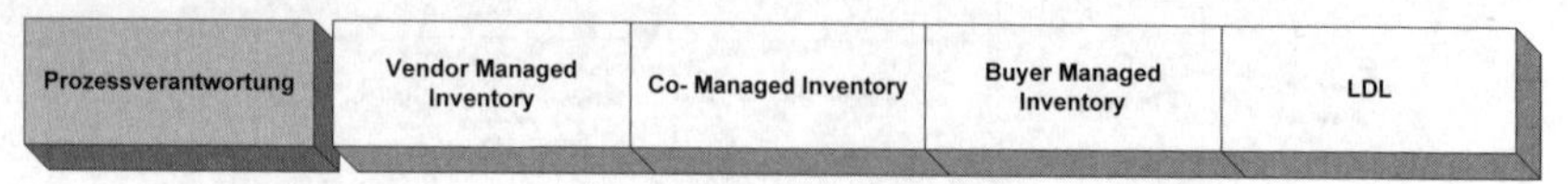

Abbildung 4-26: Prozessverantwortung als Charakteristikum
Quelle: Eigene Darstellung.

Bezüglich der *Planungsentscheidung* ist zu untersuchen, wie frei die einzelnen Parteien in ihren Entscheidungen sind.[62] Gibt es Handlungsregeln, gesetzliche Vorschriften, Vereinbarungen oder Abhängigkeiten zwischen den Parteien, die das Handlungsfeld einschränken (vgl. Abbildung 4-27)?

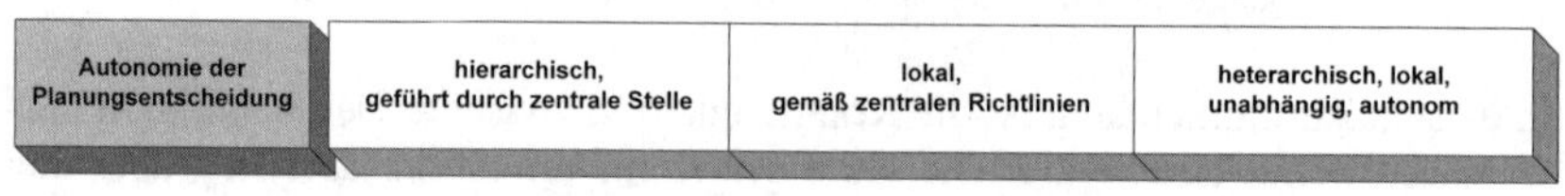

Abbildung 4-27: Autonomie als Charakteristikum
Quelle: Eigene Darstellung.

Der Einsatz von *Tracking und Tracing-Technologien* ist für die Umsetzung eines ganzheitlichen Supply Chain Managements von hoher Bedeutung.[63] Es ist zu prüfen, ob und in welchem Umfang diese Technologien verwendet werden und werden sollten. Hier sind zwei wesentliche Prozesse zu analysieren, der Warenfluss zur Apotheke und der von der Apotheke zum Patienten (vgl. Abbildung 4-28).

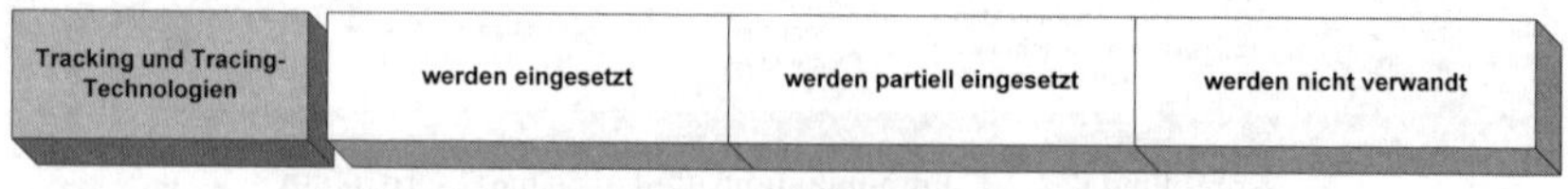

Abbildung 4-28: Tracking und Tracing als Charakteristikum
Quelle: Eigene Darstellung.

Technologien ermöglichen erst einen ganzheitlichen schnittstellenfreien Informationsaustausch. Der Kommunikationsgrad kann durch den IT-Einsatz gefördert werden.[64] Hier ist wieder der Fluss zur Apotheke und von der Apotheke zur

[62] Vgl. Gronau, N. (2004), S. 210.
[63] Vgl. Kapitel 2.1.4.4.
[64] Vgl. Tempelmeier, H. (2006a), S. 16, Baumgarten, H. et al. (2004), S. 94ff., Werner, H. (2008), S. 65ff., Winkler, H. (2008), S. 86, Gronau, N. (2004), S. 219, Ewers, C. L. J. et al. (2002), S. 172.

Station zu unterscheiden. Der Fluss zur Apotheke wird im Besonderen durch elektronische Bestellsysteme unterstützt. In der Apotheke können Kommissionierautomaten eingesetzt werden, die die Arzneimittelpackungen verwalten und stationsbezogen zusammenstellen. Zudem kann eine patientenorientierte Arzneimittelversorgung durch Dispensierautomaten und elektronische Versorgungsschränke unterstützt werden (vgl. Abbildung 4-29).

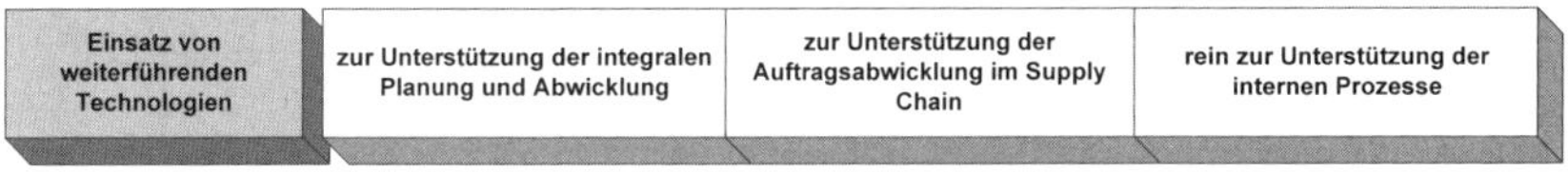

Einsatz von weiterführenden Technologien	zur Unterstützung der integralen Planung und Abwicklung	zur Unterstützung der Auftragsabwicklung im Supply Chain	rein zur Unterstützung der internen Prozesse

Abbildung 4-29: Weiterführende Technologien als Charakteristikum
Quelle: Eigene Darstellung.

4.2.4 Zusammenfassende Darstellung des morphologischen Kastens

Abschließend werden die einzelnen Charakteristika und ihre Ausgestaltungsformen in einem morphologischen Kasten zusammengefasst. Die Charakteristika werden drei Aspekten der Supply Chain-Gestaltung zugeordnet: der Organisation (hier durch die Lagerhaltung repräsentiert), der Kooperation und der Koordination.[65] Anhand dieses Kastens werden alle möglichen Ausgestaltungen der Supply Chain ersichtlich. In der rechten Spalte werden die jeweiligen Untersuchungsobjekte angeführt. Die Supply Chain-Parteien können sich in diese Struktur einordnen und anhand der folgenden Analyse ihre Optimierungspotenziale ermitteln.

[65] Eine analoge Abgrenzung findet sich bei Eisenbarth, M. (2003), S. 114.

	Charakteristika	Ausgestaltungen	Untersuchungsobjekte
	Lagergestaltung		
Kapitel 6.1.1	Lagerfunktion	Vorratslager und Sicherheitslager Entkopplungslager und zyklische Lager Veredlungslager Aussortierungslager und Darbietungslager	Lager der Hersteller/PLDL Lager der Apotheke Stationslager
Kapitel 6.1.2	betriebliche Funtionsbereiche	Beschaffungslager Zwischenlager Absatzlager	Lager der Hersteller/PLDL Lager der Apotheke (nach Versorgungsform) Stationslager
Kapitel 6.1.3	Lagergüter	Rohstoffe Werkzeuge Halb- und Fertigerzeugnisse Ersatzteile Büromaterial Betriebsstoffe Handelswaren Abfälle	Lager der Hersteller/PLDL Lager der Apotheke Stationslager
Kapitel 6.1.4	Lagerhierarchie	Hauptlager Nebenlager	Lager der Hersteller/PLDL Lager der Apotheke Stationslager
Kapitel 6.1.5	räumliche Gestaltung	zentrales Lager dezentrales Lager Handlager	Lager der Hersteller/PLDL Lager der Apotheke Stationslager
Kapitel 6.1.6	Eigentümer	Eigenlager Fremdlager	Lager der Hersteller/PLDL Lager der Apotheke Stationslager
Kapitel 6.1.7	Lagerplatzzuordnung	Lager mit fester Zuordnung der Lagergüter Querverteilung freie (chaotische) Zuordnung der Lagergüter	Lager der Hersteller/PLDL Lager der Apotheke (nach Größe) Stationslager
Kapitel 6.1.8	Lagersortierung	stofforientiertes Lager verbrauchsorientiertes Lager	Lager der Hersteller/PLDL Lager der Apotheke (nach Versorgungsform) Stationslager
Kapitel 6.1.9	Lagersteuerung	vollautomatisches Lager DV-unterstütztes Lager manuelles Lager	Lager der Hersteller/PLDL Lager der Apotheke (nach Versorgungsform) Stationslager
		zentrale Steuerung dezentrale Steuerung	Lager der Hersteller/PLDL Lager der Apotheke (nach Versorgungsform) Stationslager
	Kooperation in der Supply Chain		
Kapitel 6.2.1	Beziehung zwischen den Supply Chain Parteien	hohe Attraktivität, hoher Geschäftseinfluß hohe Attraktivität, niedriger Geschäftseinfluß niedrige Attraktivität, hoher Geschäftseinfluß niedrige Attraktivität, niedriger Geschäftseinfluß	Hersteller ←→ PLDL Hersteller ←→ Apotheke Apotheke ←→ Station
Kapitel 6.2.2	Ausrichtung der Supply Chain Strategie und Interessen	gemeinsame Strategie gemeinsame Interessen auseinandergehende Interessen	Hersteller ←→ PLDL Hersteller ←→ Apotheke Apotheke ←→ Station

Kapitel	Merkmal	Ausprägungen					Beteiligte
Kapitel 6.2.3	Grad der Organisations-umsetzung	komplette Umsetzung	ansatzweise Umsetzung	keine Umsetzung			Hersteller ←→ PLDL Hersteller ←→ Apotheke Apotheke ←→ Station
Kapitel 6.2.4	Kooperations-bereitschaft	kooperations-orientiert	opportunistisch	wettbewerbs-orientiert			Hersteller ←→ PLDL Hersteller ←→ Apotheke Apotheke ←→ Station
Kapitel 6.2.5	Vertrauen	hoch	niedrig				Hersteller ←→ PLDL Hersteller ←→ Apotheke Apotheke ←→ Station
Kapitel 6.2.6	Machtverhältnisse	hohe Abhängigkeit/ hierarchisch	ausgeglichen/ heterarchisch				Hersteller ←→ PLDL Hersteller ←→ Apotheke Apotheke ←→ Station
Kapitel 6.2.7	Zulieferer-strategie	Single Sourcing	Double Sourcing	Modular Sourcing	Global sourcing		Apotheke / Träger / Station
Kapitel 6.2.8	Prozessgestaltung	homogene Prozesse	ähnliche Prozesse	variierende Prozesse	heterogene Prozesse		Hersteller ←→ PLDL Hersteller ←→ Apotheke Apotheke ←→ Station
Kapitel 6.2.9	Datenzugang	freier Zugang	Zugang nur mit Berechtigung	Zugang nur auf ausgewählte Bereiche	kein Zugriff auf Daten anderer Parteien		Hersteller ←→ PLDL Hersteller ←→ Apotheke Apotheke ←→ Station
	Koordination der Supply Chain						
Kapitel 6.3.1	Intensität des Informationsaustausch	gemeinsame Auftrags-verfolgung	Austausch von Bedarfs-vorhersagen	nach Bedarf der Planungs-/Steu-erungsprozesse	Austausch von Kapazitäts-/ Lagerbeständen	nur Auftragsab-wicklung	Hersteller ←→ PLDL Hersteller ←→ Apotheke Apotheke ←→ Station
Kapitel 6.3.2	Grad der Kommunikation	Vielzahl von Kontakten zwischen den Parteien und Kanälen	zentrale Clearingstelle	regelmäßige Treffen der Supply Chain Parteien	einzelner Kontakt für die Geschäftstransaktionen		Hersteller ←→ PLDL Hersteller ←→ Apotheke Apotheke ←→ Station
Kapitel 6.3.3	Prozessverantwortung	Vendor Managed Inventory	Co- Managed Inventory	Buyer Managed Inventory	LDL		Bedeutung des LDL Vorgehen der Apotheke Vorgehen der Station
Kapitel 6.3.4	Autonomie der Planungsentscheidung	hierarchisch, geführt durch zentrale Stelle	lokal, gemäß zentralen Richtlinien	heterarchisch, lokal, unabhängig, autonom			Hersteller, PLDL, Apotheke und Stationen
Kapitel 6.3.5	Tracking und Tracing-Technologien	werden eingesetzt	werden partiell eingesetzt	werden nicht verwandt			Prozess vom Hersteller zur Apotheke Prozess von der Apotheke zum Patienten
Kapitel 6.3.6	Einsatz von weiterführenden Technologien	zur Unterstützung der integralen Planung und Abwicklung	zur Unterstützung der Auftragsabwicklung im Supply Chain	rein zur Unterstützung der internen Prozesse			Prozess vom Hersteller zur Apotheke Prozess von der Apotheke zum Patienten

Abbildung 4-30: Morphologischer Kasten der Arzneimittel-Supply Chain
Quelle: Eigene Darstellung.

5 Vorstellung der Fallstudien

Für die Analyse des Optimierungspotenzials werden Fallstudien herangezogen.[1] Sowohl der Distributionsprozess der Arzneimittelhersteller zu den Krankenhaus-(versorgenden-)apotheken als auch derjenige von der Apotheke bis zur Station müssen betrachtet werden. Im Bereich der Apotheken sind in diesem Zusammenhang die drei alternativen Ausgestaltungsformen (krankenhausinterne Apotheke, externe Versorgung durch die Apotheke eines anderen Krankenhauses, externe Versorgung durch eine öffentliche Apotheke) genauso relevant, wie die unterschiedlichen Versorgungsformen (klassische Versorgung bzw. patientenorientierte Arzneimittelversorgung mit Unit-Doses). Unter diesen Gesichtspunkten erfolgte die Fallstudienauswahl, die im Folgenden kurz begründet wird.

Die Arzneimittelhersteller legen einen Fokus auf die interne Optimierung ihrer Produktionsprozesse. Die Distribution stellt ein bevorzugtes Oustourcingobjekt der Arzneimittelhersteller dar.[2] Die Distribution der Arzneimittelhersteller wird daher durch den größten deutschen Primärlogistikdienstleister, die Pharma Logistik GmbH in Bönen, repräsentiert. Die PharmLog wurde von sechs großen Arzneimittelherstellern gegründet und repräsentiert die Interessen der Hersteller.

Die patientenorientierte Arzneimittelversorgung mit Unit-Doses wird bisher in wenigen deutschen Krankenhäusern umgesetzt. Die AG Unit-Dose der ADKA liefert eine Auflistung aller aktuellen und ehemaligen Unit-Dose-Versorger in Deutschland (vgl. Tabelle 5-1). Bei der Auswahl der Fallstudie wurden die folgenden Kriterien zugrunde gelegt: Das System ist langfristig im Einsatz. Es besteht eine EDV-Anbindung der Station an die Apotheke, die eine Überprüfung der Verschreibung in der Apotheke ermöglicht, und die mit Unit-Doses versorgten Krankenhäuser werden vollständig nach diesem Konzept betreut. Diese Kriterien werden von der krankenhausinternen Zentralapotheke des Mathias-Spitals in Rheine erfüllt.

[1] Vgl. Kapitel 1.3.

[2] Vgl. Schulze, F. et al. (2004), S. 50ff., Poppe, R. et al. (2004), S. 23.

Name des Krankenhauses	Unit Dose Versorgung seit	Distributiersystem	Erfassungs-software	versorgte Bettenzahl	versorgte Fachdisziplinen	Umfang der Unit-Dose Versorgung	Medikations-erfassung
Apotheke städtische Kliniken Bielefeld Mitte GmbH	2000	1 Baxter ATC 212 System	SMS WebMuse	350	Innere Medizin Chirurgie Strahlenklinik Kardiologie Geriatrie JMC	Je nach Station unterschiedlich	auf Station, Umsetzung der Anamneseerfassung in der Apotheke
Zentrum für klinische Pharmazie, Oberhausen	11/2002 - 06/2007	Pillpick, SwissLog	Theriak Therapy	350	Chirurgie Innere HNO	möglichst komplett	auf Station
Zentralapotheke des Universitätsklinikums "Carl-Gustav-Carus", Dresden	1995	1 Baxter ATC 212 System	ATC Host DOS-Version	180	Chirurgie Neurochirurgie Psychiatrie Psychotherapie Radioonkologie	feste orale Formen	auf Station
Apotheke des Krankenhauses Mörsenbroich-Rath GmbH	2002 manuell ab 05/2003 via Baxter	2 Baxter ATC 212 Systeme	ATC Host Windows 2000 Version	700	Neurologie Geriatrie Pädiatrie Orthopädie Chirurgie Innere Medizin	feste orale Formen	auf Station und Apotheke
Apotheke des Klinikums der Justus-Liebig-Uniersität, Gießen	1992	1 Baxter ATC 212 System zusätzlich manuelle Versorgung	Software Applikation in eigener KH-Entwicklung	224	Chirurgie Urologie HNO Mund-Kiefer-Gesichtschirurgie Neurologie Psychiatrie	vollständig	Apotheke
Apotheke des Kreiskrankenhauses Gummersbach GmbH	1994	1 Baxter FDS 330 System	ATC Host 2000 Windows	600 geplant 800	Innere Medizin Chirurgie Neurologie Strahlenklinik Onkologie Psychiatrie HNO Augenklinik Gynäkologie	feste orale Formen Beutel zur per oralen Anwendung Kurzinfusionen teure Parenteralia Suppositorien	auf Station, Umsetzung der Anamneseerfassung in der Apotheke
Zentralapotheke der Asklepios Klinik Nord - Heidberg	Start der Versorgung 1995 in Hamburg, später an vier Standorten, seit 2006 zentrale Apotheke der Asklepios-Gruppe	2 Baxter FDS 330 Systeme 2 Baxter ATC 212 Systeme	ATC Host	1500	Innere Medizin Chirurgie Urologie Gynäkologie Psychiatrie Neurologie Pulmologie HNO	feste orale Formen über Baxter, manuelle Ergänzung durch Picking Listen Artikel - aus ATC Host generiert	Station, Validierung aller Eingaben durch Apotheker auf Station
Apotheke des Universitätsklinikums Hamburg-Eppendorf	12/2004-03/2006 Pillpick Seit 01/2007 Baxter	1 Baxter FDS 330 System	ATC Host 2000	ab 07/2007	4 Stationen bis 12/2007		auf Station mit Baxter ATC
Apotheke des St. Bernward Krankenhauses Hildesheim	in Planung 2008					möglichst komplett	
Apotheke des Unversitätsklinikums der Friedrich-Schiller-Universität, Jena	2000	per Hand	keine	30	Intensivstationen Innere Chirurgie	vollständig	Apotheke

- wird fortgesetzt -

Name des Krankenhauses	Unit Dose Versorgung seit	Distributiersystem	Erfassungs-software	versorgte Bettenzahl	versorgte Fachdisziplinen	Umfang der Unit-Dose Versorgung	Medikations-erfassung
Apotheke des St. Elisabeth-Krankenhauses, Leipzig	2002	1 Baxter FDS 330 System			Innere Chirurgie	feste orale Formen	Station (z. Zt. Noch in CLINICOM) Apotheke (z. T. Medikationserhebungsbögen)
Apotheke des Friedrich-Ebert-Krankenhauses, Neumünster	1994	1 Baxter ATC 212 System	Waldbrenner	500 (seit 2004)	Innere Medizin Chirurgie/ Orthopädie Urologie Gynäkologie Neurologie/Psychiatrie Hämatologie/Onkologie Geriatrie	feste orale Formen	Station, aber online auch in der Apotheke möglich
Apotheke des Südharz-Krankenhauses gGmbH, Nordhausen	1998	2 Baxter ATC 212 Systeme	AMOR 1, Aescudata WebMuse	400	Innere Medizin Chirurgie Orthopädie Gynäkologie	keine Angabe	Apotheke
Apotheke des Albert-Schweizer-Krankenhauses, Northeim	1994	1 Baxter ATC 212 System	AMOR 1, Aescudata (WebMuse im Probelauf)	400	Innere Medizin Chirurgie/Orthopädie Angiologie Gynäkologie Urologie HNO	vollständig	Apotheke
Zentralapotheke Mathias-Spital, Rheine	1995	1 Baxter FDS 330 System	ATC Host	600	Innere Medizin Chirurgie Geriatrie Kardiologie Gynäkologie und Geburtshilfe Urologie	alle festen oralen Formen manuelle Ergänzung	Station bei Bedarf in der Apotheke
Apotheke des Kreiskrankenhauses gGmbH, Sonneberg	1998	Eigenbau	WebMuse	300	Innere Medizin Chirurgie Orthopädie Gynäkologie	feste orale Formen	Station
SRH Zentralklinikum Suhl gGmbH	05/2006 - 08/2007	Pillpick Swisslog	Theriak Therapy	600-650	Innere Medizin Chirurgie Orthopädie Gynäkologie HNO	möglichst komplett	Station
SHG-Kliniken Völklingen	Aug 07	1 Baxter FDS 330 System	ATC Host	100 (400 bis End 2007)	Innere Urologie	komplett	Apotheke
Zentralapotheke des Sophien- und Hufeland-Klinikum gGmbH, Weimar	1998	1 Baxter FDS 330 System	ATC Host	280	Innere Medizin Chirurgie Gynäkologie Neurologie Psychiatrie	feste orale Formen	Station, z. T. durch Apothekenpersonal
Apotheke des Evangelischen Krankenhauses, Witten	1991 manuell, seit 1993 via Baxter	1 Baxter ATC 212 System	ATC Host Windows	360, demnächst 450	Chirurgie Innere Medizin HNO Urologie Orthopädie Geriatrie	feste orale Formen	Station

Tabelle 5-1: Unit-Dose-Anwender in Deutschland
Quelle: In Anlehnung ADKA (2007b).

Bei der Auswahl der externen Apotheken wurde neben der Größe, auf einen bewussten Logistikfokus der Apotheken Wert gelegt. Basierend auf der Darstellung von PONßEN ET AL. sollte es sich um logistische Vollversorger handeln, die zugleich Krankenhaus-(versorgende-)apotheken sind.[3]

> *Als Vollversorger von Krankenhäusern können Dienstleister bezeichnet werden, die eine Leistungssparte aus strategischen Einkauf (Produkt- und Lieferantenstandardisierungen), operativen Einkauf (Bestellabwicklung, -controlling) sowie Logistik (Lagerbewirtschaftung, Stationsversorgung usw.) erbringen.*[4]

Dieses Vorgehen führte zu der Betrachtung der Sanicare Apotheke in Bad Laer und der paderlog in Paderborn.[5]

- Die Sanicare ist die größte krankenhausversorgende öffentliche Apotheke in Deutschland. Die Versorgung gestaltet sich als klassische Stationsversorgung. In einigen Häusern werden Versorgungsschränke nach dem Kanban-Prinzip eingesetzt.

- Die paderlog ist die Krankenhausapotheke des Brüderkrankenhauses St. Josef in Paderborn. Neben dem Brüderkrankenhaus werden 22 weitere Einrichtungen mit Arzneimitteln versorgt. Die Versorgung gestaltet sich im Regelfall als klassische Stationsversorgung.

Die nachfolgende Darstellung der Fallstudien zur deutschen Arzneimittel-Supply Chain basiert primär auf Experteninterviews. Diese werden durch Quellmaterialien (Homepage und Informationsbroschüren), Darstellung in wissenschaftliche Publikationen und direkte Beobachtungen ergänzt. Die Fallstudien stellen die Grundlage der Analyse im sechsten Kapitel dar. Sie geben Aufschluss über die aktuelle Ausgestaltung der Charakteristika der Arzneimittel-Supply Chain sowie zum Optimierungspotenzial.

Neben den Parteien der deutschen Arzneimittel-Supply Chain werden zwei ausländische Konzepte vorgestellt:

- Die Umsetzung der Supply Chain-Integration ist in den USA deutlich weiter fortgeschritten als in Deutschland. Cardinal Health wird im Rahmen der Forbes Top 2000 Liste auf Platz 282 geführt.[6] Das Unternehmen ist der größte Lieferant von Arzneimitteln und Medizinprodukten in den USA. Ein Drittel aller Arzneimittel wird von Cardinal Health ausgeliefert.

---

[3] Vgl. Ponßen, H. et al. (2005), S. 143.
[4] Ponßen, H. et al. (2005), S. 143.
[5] Vgl. Ponßen, H. et al. (2005), S. 158ff.
[6] Vgl. Forbes (2008).

Die Medizinprodukte werden bei ca. 50 % aller Operationen genutzt.[7] Das vertikale Integrationskonzept von Cardinal Health gibt Anhaltspunkte zu Kooperationsmöglichkeiten in der Arzneimittel-Supply Chain. Die folgenden Ausführungen zu Cardinal Health basieren auf der Unternehmenspräsentation im Internet, dem Geschäftsbericht, wissenschaftlichen Publikationen und Beobachtungen.

- Im britischen System lassen sich durch die größere Marktmacht des staatlichen Gesundheitssystems innovative Pilotprojekte besser umsetzen. Das Pharmacy Supply Chain Project des NHS analysiert die Supply Chain auf Optimierungspotenziale. In mehreren britischen Krankenhäusern wurden Ansätze zur Optimierung erprobt und evaluiert. Die Ergebnisse dienen im Rahmen der Analyse als Referenzpunkte. Die Darstellung basiert auf den Projektpublikationen des NHS.

Bei der Adaption internationaler Konzepte müssen die Rahmenbedingungen beachtet werden. In den USA und Großbritannien erprobte Systeme dürfen nicht unreflektiert auf das deutsche Gesundheitssystem übertragen werden.[8] Trotz der relativ großen Unterschiede in den Gesundheitssystemen und der Beschaffungsstrategien, sind die grundlegenden Prinzipien der Bündelung und der Verhandlungen auf Basis von vorliegenden Fakten identisch.[9] Eine grundsätzliche Annäherung ist möglich, solange das rechtliche und gesellschaftliche Umfeld beachtet wird.

---

[7] Vgl. Datamonitor (2007), S. 6.

[8] Vgl. Amann, S. (2002), S. 496, Amann, S. et al. (2002), S. 459, Kreckel, H. (o. J.),, Dörje, F. (1998), Hoppe-Tichy, T. (2003), S. 457, Hackl, G. et al. (2004), Kostrzewski, A. et al. (2000), S. 590ff. und Hüpper, G. (2006), S. 16.

[9] Vgl. Hübner, U. (2008), S. 273.

5.1 Pharma Logistik GmbH

„Aufgabe der PharmLog ist es, die sichere, schnelle und wirtschaftliche Distribution von Arzneimitteln zu gewährleisten."[10]

5.1.1 Unternehmensdarstellung der Pharma Logistik GmbH

Zu Beginn der 90er Jahre waren die Gesundheitspolitik, der aggressive Nachahmerwettbewerb, die Rückwärtsintegration des Großhandels, die Auflösung der Marktgrenzen und der betriebliche Rationalisierungszwang für die Arzneimittelhersteller der Anlass zur Suche nach innovativen Handlungsoptionen.[11] Im März 1993 begann die Planung eines gemeinsamen Lager- und Distributionszentrums. 1995 nahm die Pharma Logistik GmbH ihre Tätigkeit auf. Gesellschafter waren die Asta Medica AG, die C. H. Boehringer Sohn, die Merck KgaA, die Sandoz AG, die Schering AG und die SmithKline Beecham Pharma GmbH.[12] Nach einigen M&As im letzten Jahrzehnt sind die heutigen Gesellschafter:

- die Bayer Vital GmbH,
- die CHBS Boehringer Ingelheim,
- die GlaxoSmithKline Pharma GmbH & Co. KG,
- die Meda Pharma GmbH & Co. KG,
- die Merck KgaA und
- die Novartis Pharma GmbH.

Mit Ausnahme von GlaxoSmithKline, die nach der Fusion das vorhandene Dienstleistungszentrum von Glaxo bezogen hat, nutzen alle Gesellschafter die PharmLog als Dienstleister.[13] Darüber hinaus nehmen Tochterunternehmen der Gesellschafter sowie fünf Fremdunternehmen das Dienstleistungsangebot der PharmLog in Anspruch.[14]

Die Pharma Logistik GmbH beschäftigt 250 Mitarbeiter von denen ca. die Hälfte Teilzeitkräfte sind. Von diesen sind rund 25 in der Verwaltung im eigentli-

---

[10] PharmLog (2008c). Die grundlegenden Aspekte zur Etablierung horizontaler Kooperationen in der Distributionslogistik, mit direktem Bezug zu PharmLog, werden in Pohlmann, M. (2000) ausführlich dargestellt.

[11] Vgl. PharmLog (2007), S. 7, Meid, H.-P. (2006), S. 12.

[12] Vgl. PharmLog (2008b).

[13] Vgl. PharmLog (2008c), PharmLog (2008b).

[14] Vgl. PharmLog (2008c), PharmLog (2008b), PharmLog (2007), S. 5, Meid, H.-P. (2006), S. 4. Hierbei handelt es sich um die AWD.pharma GmbH & Co. KG, die Biomet Deutschland GmbH, die Ferring Arzneimittel GmbH, die Intendis Dermatologie GmbH, die Jenapharm GmbH & Co. KG, die Novartis Behring GmbH & Co. KG, die Novo Nordisk Pharma GmbH, die Marotrast GmbH und die Mylan Dura GmbH.

chen Sinne tätig. Sie übernehmen die Koordination mit den Herstellern, die Buchführung und pharmazeutische Tätigkeiten.

Das Lager verfügt über ein Hochregallager mit 30.000 Palettenstellplätzen, vier Kühllager mit 2.500 Palettenstellplätzen und ein manuelles Lager mit 250 Palettenplätzen.[15] Im Schnitt werden 4.500 Artikel gelagert. Es werden 5.000 Lieferscheine pro Tag bearbeitet, diese enthalten 25.000 Positionen. Insgesamt werden durchschnittlich 950.000 Packungseinheiten, 8.000 Originalkartons, 7.500 Anbruchkartons und 1.000 Kühlkartons pro Tag bearbeitet.[16]

Die PharmLog agiert nach dem Fee-for-Service-Konzept. Der Umsatz ergibt sich aus ungefähr hundert verschiedenen Aspekten wie der Liefermenge oder der Art der Lagerung. Er lag im Jahr 2007 bei ca. 30 Mio. Euro. Rund 10 % der Warenmenge wird an Krankenhäuser geliefert. 70 % gehen an die Großhändler, 15 % direkt an die Apotheken und 5 % zu sonstigen Stellen wie Ämtern oder die Bundeswehr.

5.1.2 Gestaltung des Arzneimitteldistributionsprozesses durch die Pharma Logistik GmbH

Nach Abschluss der Produktion lagern die Arzneimittelhersteller ihre Fertigprodukte bei der PharmLog ein. Der Warenbestand im PharmLog-Lager wird von den Herstellern koordiniert. Der Hersteller bleibt Eigentümer der Waren und hat jederzeit Kenntnis über die Bestandshöhen. Die PharmLog übernimmt die Lagerung, die Kommissionierung und die Organisation der Warentransporte zum Kunden der Arzneimittelhersteller (vgl. Abbildung 5-1). Der Warentransport wird von externen Transporteuren durchgeführt. Das Unternehmen hält keinen eigenen Fuhrpark vor.[17]

---

[15] Vgl. PharmLog (2008d), PharmLog (2008e).

[16] Vgl. PharmLog (2008d).

[17] Im Juli 2004 fuhr erstmals ein LKW mit dem PharmLog-Logo. Dieser wurde von einem Transportdienstleister gestellt, um Waren von der PharmLog zu den Kunden zu liefern. Vgl. PharmLog (2008b).

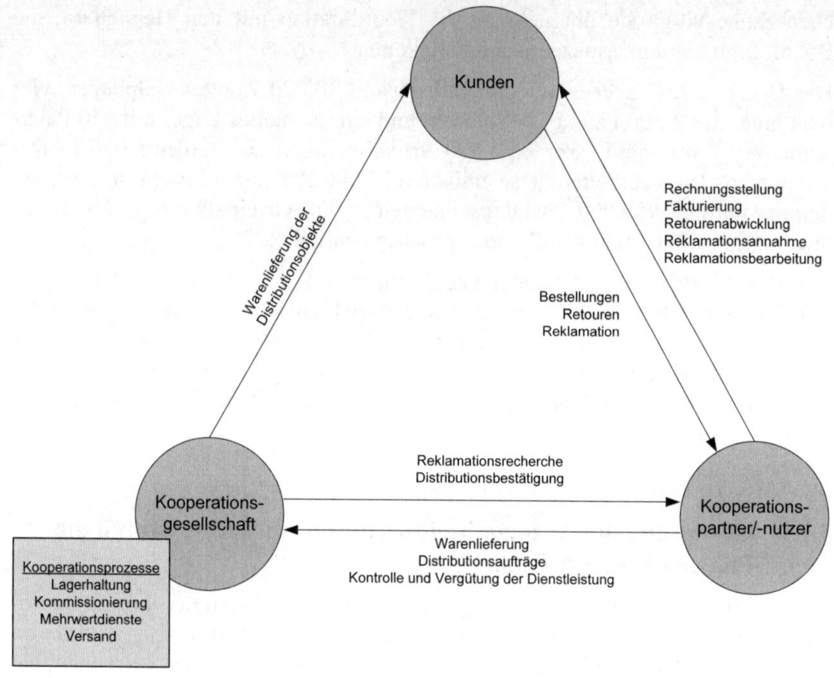

Abbildung 5-1: Kooperationsprozesse am Beispiel der PharmLog
Quelle: In Anlehnung an Pohlmann, M. (2000), S. 187.

Zudem werden durch die PharmLog Aufgaben wie die Änderung der Packungsgröße oder das Einfügen von Beipackzetteln vorgenommen.[18] Gemäß § 4 Abs. 14 AMG werden diese Aufgaben der Herstellung von Arzneimitteln zugeordnet. Es muss eine Herstellererlaubnis vorliegen.[19]

Am 12. Februar 2002 wurde von der PharmLog gemeinsam mit Boehringer Ingelheim, GlaxoSmithKline, Merck, Novartis und Schering die pharma mall Gesellschaft für Electronic Commerce mbH gegründet. Hierbei handelt es sich um eine webbasierte Bestellplattform.[20] Aus Sicht der PharmLog kann das System als ausgereift angesehen werden. Der Großteil der Funktionen wird nicht genutzt. Ein Beispiel stellt in diesem Zusammenhang die Möglichkeit der automatischen Bestellauslösung bei Unterschreitung des Mindestbestandes in der Apotheke dar. Bestellungen können über Anbindung der Apotheken an das EDV-

---

[18] Vgl. PharmLog (2008f).
[19] Vgl. § 14 AMG und Kapitel 3.1.1.2.
[20] Vgl. Alt, R. et al. (2005), S. 6, PharmLog (2008b).

System erfolgen. Im Regelfall werden sie aber per Fax getätigt. Dieses wird eingelesen, abgeglichen und weitergeleitet.[21]

Die pharma mall agiert als Clearingstelle zwischen den angeschlossenen Arzneimittelherstellern und den Apotheken.[22] Die Produktcodes der Apotheken werden in die Codes der Hersteller transkribiert und gleichzeitig wird den Apotheken eine Lieferankündigung (Lieferavis) zugestellt, der in ihren den Bestellcodes ausgeführt ist. Die Apotheken können Produktinformationen verschiedener Hersteller gebündelt einsehen.[23]

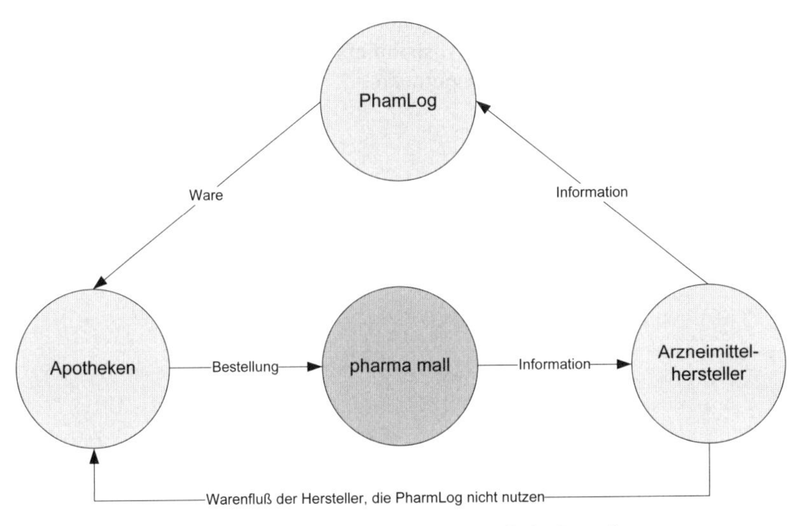

Abbildung 5-2: pharma mall als Clearingstelle im Bestellprozess
Quelle: Eigene Darstellung.

Die Apotheken richten ihre Bestellungen entweder direkt an den Hersteller oder an die pharma mall. Die Bestellungen verlaufen sehr heterogen per Fax, Telefon, Brief oder e-Mail. Eine Bestätigung mittels Avis ist daher im Regelfall nicht realisierbar. Etwa ein Drittel der Krankenhaus-(versorgenden-)apotheken nutzen die pharma mall. Die Hälfte ordert elektronisch. Somit existieren keine standardisierten Bestellprozesse.

---

[21] Vgl. pharma-mall (2008).

[22] Vgl. Meid, H.-P. (2006), S. 22. 2006 waren dies Altana Pharma, Bayer Health Care, Essex, Intendis, Boehringer Ingelheim, GlaxoSmithKline, Novartis Pharma, Merck Pharma und Schering. 2008 waren zusätzlich Meda, Pfizer, Nycomed, Bracco, MSD, Schwarz Pharma und Wyeth Pharma angeschlossen. Vgl. pharma-mall (2008).

[23] Vgl. Alt, R. et al. (2005), S. 6.

Die Weiterleitung der Bestellung vom Hersteller an die PharmLog erfolgt elektronisch. Die Prozesse ab der Übermittlung bis zur Lieferung an die Verbrauchsorte sind einheitlich strukturiert. Die Bestellungen werden noch am gleichen Tag kommissioniert. Sobald die Waren verladen werden, erhält der Hersteller eine ausführliche Information zu dem ausgeführten Auftrag.[24] Die Prozesse in den Warenannahmen an den Verbrauchsorten weisen in der Regel deutliche Unterschiede auf.

Zusammenfassend ist anzumerken, dass alle Krankenhaus-(versorgenden-)apotheken zumindest indirekt über die PharmLog beliefert werden, sobald sie Waren von einem der angeschlossen Hersteller bestellen. Im Regelfall erfolgt die Belieferung direkt. Lediglich in Ausnahmefällen laufen die Arzneimittel über den Großhandel zur Krankenhausapotheke.

[24] Vgl. PharmLog (2008g).

5.2 Zentralapotheke des Mathias-Spitals Rheine

5.2.1 Unternehmensdarstellung der Stiftung Mathias-Spital

Die Stiftung Mathias-Spital stellt ein breit gefächertes Gesundheits- und Dienstleistungszentrum dar (vgl. Abbildung 5-3).[25]

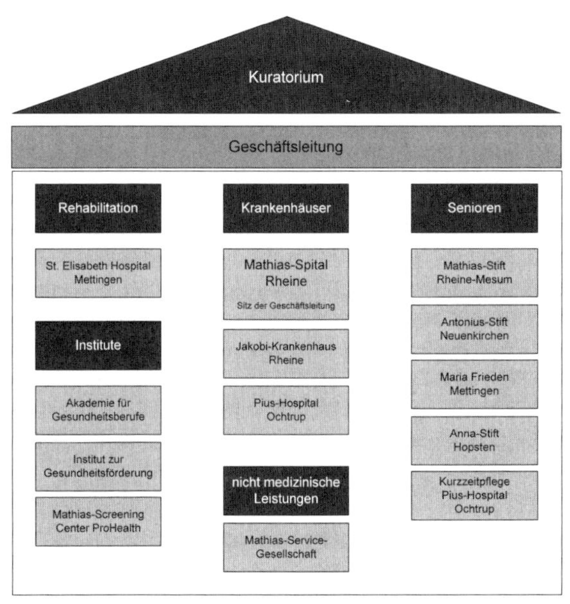

Abbildung 5-3: Organigramm der Stiftung Mathias-Spital
Quelle: In Anlehnung an Bürkle, C. (2005), S. 6.

Sie umfasst acht stationäre Einrichtungen mit über 1.000 Betten sowie 55 Altenwohnung zum betreuten Wohnen in Mettingen und Neuenkirchen:

- Das Gesundheitszentrum Rheine mit den Betriebsstätten Mathias Spital und Jakobi-Krankenhaus mit 16 Fachabteilungen und 594 Betten.
- Das Geriatrische Reha-Zentrum St. Elisabeth in Mettingen mit ca. 100 Betten.[26]

[25] Das Mathias-Spital in Rheine wurde am 24. September 1851 eingeweiht. Die Gründung des Krankenhauses beruhte auf einer 1849 vom Kaufmann Mathias Bonse ins Leben gerufenen Stiftung. Vgl. Bürkle, C. (2005), S. 5, Wenzel, E. (1951), S. 5ff., Mathias-Spital (2007a), S. 3. Das Jakobi-Krankenhaus wurde 1949 gegründet und ging 2004 in die Stiftung Mathias-Spital über. Gemeinsam bilden die Krankenhäuser das Gesundheitszentrum Rheine. Vgl. Mathias-Spital (2007a), S. 3.

[26] Vgl. St.-Elisabeth-Hospital (2008).

- Das Pius-Hospital in Ochtrup mit einer Fachklinik für innere Medizin mit 60 Betten.[27]
- Sowie die vier Altenpflegeheime:
  - Anna-Stift in Hopsten,
  - Antonius-Stift in Neuenkirchen,
  - Mathias-Stift in Mesum und
  - Maria Frieden in Mettingen.[28]

1.900 Mitarbeiter betreuen jährlich 25.000 Akutpatienten und Altenheimbewohner.[29] Neben dem stationären Angebot besteht ein Ambulanz Center, in dem ambulante Behandlungen und Vorsorgemaßnahmen durchgeführt werden.[30] 1994 begann das Spital mit der Unit-Dose-Versorgung durch die Apotheke. Der Prozess wird im Folgenden erläutert.

Die Zentralapotheke des Mathias-Spitals versorgt rund 750 Betten auf 80 Abteilungen mit Arzneimitteln. Dies umfasst die vier stationären Einrichtungen Mathias-Spital, Jakobi-Krankenhaus, Pius-Hospital und St. Elisabeth Hospital der Stiftung Mathias-Spital. Nach dem Übergang des Jakobi-Hospitals in die Stiftung wurde dieses in die Unit-Dose-Versorgung eingeschlossen.[31] Die Versorgung der Altenpflege wird gemäß § 14 Abs. 8 ApoG durch öffentliche Apotheken ausgeführt.[32] Die Arzneimittelausgaben liegen bei rund drei Millionen Euro pro Jahr. Insgesamt sind acht Mitarbeiter in der Apotheke beschäftigt.[33]

5.2.2 Gestaltung der Arzneimittelversorgung durch die Zentralapotheke des Mathias-Spitals

Die wesentlichen Aufgaben der Apotheke werden in der ordnungsgemäßen Versorgung gesehen. Hierzu zählen im Besonderen die wirtschaftliche und sinnvolle Auswahl der Therapie sowie die Unterstützung der Stationen bei Medikationsproblemen. Die Apothekenleitung hält, neben der Koordination des innerbetrieblichen Ablaufs und der Vertretung der Apotheke nach Außen, ständigen Kontakt

---

[27] Vgl. Pius-Hospital (2008).

[28] Vgl. Bürkle, C. (2005), S. 6f., Mathias-Spital (2007b), S. 44, Mathias-Spital (2007a), S. 3.

[29] Vgl. Mathias-Spital (2007b), S. 44, Mathias-Spital (2007a), S. 11.

[30] Vgl. Mathias-Spital (2007a), S. 20.

[31] Zu Beginn der Unit-Dose-Versorgung weigerten sich zwei Stationen des Mathias-Spitals, zu partizipieren. Nach der erfolgreichen Einführung im Rest des Mathias-Spitals traten diese freiwillig der Unit-Dose-Versorgung bei.

[32] Vgl. § 14 Abs. 8 ApoG.

[33] Dabei handelt es sich um zwei Apotheker; zwei pharmazeutisch technische Assistenten (PTA, eine Vollzeit und eine Teilzeitkraft); eine pharmazeutisch kaufmännische Assistentin (PKA); eine Krankenschwester (die auf einer halben Stelle beschäftigt ist und bspw. für die Erstellung von Therapieschemata zuständig ist); eine Laborassistentin (die primär organisatorische Aufgaben hat); eine Aushilfe (im Regelfall ein Zivildienstleistender).

zu den Stationen, um auf diese Weise einen qualitativ hochwertigen Service zu garantieren. Weitere Aufgaben sind:

- die Förderung der fachlichen Kompetenz der Mitarbeiter,
- das Delegieren von Aufgaben an die richtigen Personen,
- die Sicherstellung der patientenbezogenen Versorgung,
- die Absprache der Arzneimittel mit den betroffenen Mitarbeitern,
- die Teilnahme an der Arzneimittelkommission und
- die Verbrauchssteuerung auf Basis von Budgets.

Die Arzneimittel werden im Regelfall direkt vom Hersteller bezogen. Bestellungen beim Großhandel finden lediglich bei selten benötigten und geringwertigen Arzneimitteln statt. Die Stiftung Mathias-Spital ist an die Einkaufsgemeinschaft clinicpartner eG angeschlossen, wodurch die Lieferantenauswahl und die Verhandlungen mit den Lieferanten ausgelagert wurden. Beim Bezug von Generika wird eine Reduktion auf zwei Lieferanten angestrebt, die nach dem Lieferspektrum, der Qualität und dem Preis ausgewählt werden. Durch den Einsatz des Unit-Dose-Systems Baxter FDS 330 ist bei der Auswahl der Lieferanten das Angebot von Schüttware[34] von Bedeutung, die nicht jeder Hersteller anbietet. Lieferungen der gleichen Zubereitungsformen durch mehrere Hersteller werden vermieden.

Im Haus verbleibt die Festlegung der Arzneimittelliste durch die Arzneimittelkommission gemäß § 9 Abs. 2 S. 1 KHG NRW.[35] Es wird ein geringer Umfang dieser Liste angestrebt. Derzeit bezieht das Mathias-Spital ca. 500 verschiedene Stoffe bzw. 1.000 unterschiedliche Zubereitungsformen von rund 50 Herstellern.

Der Arzneimittelbestand wird wöchentlich überprüft und eventuelle Bestellungen werden ausgelöst. Der herstellerbezogene Bestellrhythmus variiert zwischen ein und vier Wochen. Das Vorgehen erfolgt weitestgehend ohne die Berücksichtigung von Kennzahlen. Es wird lediglich darauf geachtet, den gesetzlichen Mindestbestand gemäß § 30 ApBetrO[36] einzuhalten. Bei Arzneimitteln, die selten gebraucht werden, kann der Lagerbestand deutlich über dem Durchschnittsverbrauch von zwei bis vier Wochen liegen.

Die Bestellung erfolgt idealerweise elektronisch auf Basis von hinterlegten Informationen zu Packungsgröße, Preis und Hersteller. In Ausnahmefällen erfolgt sie per Fax.[37] Die Lieferung wird vom Arzneimittelhersteller koordiniert und trifft im Regelfall 24 bis 48 Stunden nach Bestellung ein. Ein Lieferavis wird

---

[34] Schüttware steht in diesem Zusammenhang für unverpackte orale Medikamente. Vgl. Woditsch, G. et al. (2008), S. 17.

[35] Vgl. Marienfeld, S. (2006b). Bei Präparaten, die nur in einzelnen Abteilungen angewendet werden, wird die Festlegung im kleinen Kreis durchgeführt.

[36] Vgl. Kapitel 3.1.3.2.3 und § 30 ApBetrO.

[37] Der Anschluss an die elektronische Bestellplattform pharma mall wurde getestet, konnte aber aufgrund von Kompatibilitätsproblemen nicht realisiert werden.

selten geschickt. Das Apothekenpersonal strebt geringe Lieferfrequenzen an.[38] Der Abgleich der Lieferungen erfolgt EDV-unterstützt. Bei positiver Prüfung wird der Lieferschein abgezeichnet und der Auftrag im Computer freigegeben. Bevorzugterweise trifft die Rechnung mit der Lieferung ein, sodass die Arbeitsabläufe optimiert werden. Sämtliche Waren werden zunächst in die Regale einsortiert. Der Baxter-Automat wird erst aufgefüllt, wenn ein Fach leer ist.

Die Versorgung der Stationen erfolgt durch Unit-Doses, die in der Apotheke erstellt werden.[39] Der Dispensierautomat kann 330 unterschiedliche feste Arzneimittel lagern. Zusätzliche feste orale Arzneimittel können über eine Schublade zusortiert werden. Auf der Station wird die Medikation elektronisch erfasst, wodurch für jeden Patienten die individuelle Verordnung vorliegt. So können Verschreibungen und Verbrauch patientenindividuell nachvollzogen werden. Zudem kann detailliert überprüft werden, wo welches Arzneimittel eingesetzt wird. Die Verordnung wird in der Apotheke vom Fachpersonal überprüft und freigegeben. Die Abpackung durch den Automaten erfolgt stationsweise. Jedes Arzneimittel wird einzeln verblistert. Auf der Verpackung werden Station, Name, Datum Uhrzeit, Arzneimittel, Dosierung und Art der Einnahme aufgeführt. Die Arzneimittel werden den Stationen einmal am Tag bereitgestellt.[40] Die Einzeldosen werden in einem Verteilwagen, in dem jeder Patient seine eigene Schublade hat, auf die Stationen gebracht (vgl. Abbildung 5-4).[41] Jeder Patient erhält einen Blisterstreifen mit den Arzneimitteln und Einnahmehinweisen.[42] Ergänzend können in dem Verteilwagen Spritzen etc. zugepackt werden. Auf der Station besteht ein reduzierter Arzneimittelbestand, der vor allem Notfallmedikamente sowie gängige Arzneimittel, wie Schmerz- oder Schlafmittel, umfasst.

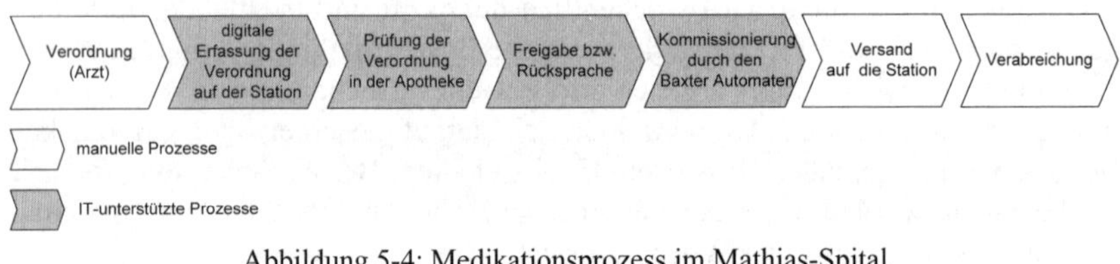

Abbildung 5-4: Medikationsprozess im Mathias-Spital
Quelle: Eigene Darstellung.

[38] Die Bündelung des Warenflusses zur Apotheke durch einen Primärlogistikdienstleister wie Pharm-Log wird als sinnvoll angesehen.

[39] Der Baxter ATC 212 wurde 2005 durch den Baxter FDS 330 ersetzt, dieser bietet im Vergleich 50 % mehr Schächte und packt die Arzneimittel schneller ab.

[40] Für die Chirurgie erfolgt die Stellung morgens und umfasst die Arzneimittel für den Mittag bis zum nächsten Morgen. Die Stellung für internistische Stationen erfolgt nachmittags und umfasst die Medikation vom Abend bis zum nächsten Mittag.

[41] Vgl. Negele, H.-J. (1993), S. 525f.

[42] Vgl. O.V. (1992), S. 1.

Zum Erhebungszeitpunkt wurde die Überprüfung der Medikation durch den Apotheker vorgenommen. Zukünftig ist die Einführung einer elektronischen Unterstützung vorgesehen. Das Computersystem prüft anhand der vorliegenden Arzneimittelinformationen, ob Wechselwirkungen oder konträre Wirkungen auftreten könnten und gibt ein Warnsignal, sobald ein Eingreifen erforderlich wird. Die betroffenen Arzneimittel werden dem Apotheker angezeigt. Gerade wenn ein Patient eine Vielzahl von Arzneimitteln erhält, hat diese technische Unterstützung aus Sicht der Interviewpartner besondere Relevanz. Werden Probleme festgestellt, wird die Medikation in Rücksprache mit dem Arzt geändert.

Im Rahmen des Arzneimittelcontrollings erhalten die Stationen Verbrauchszahlen, die als Grundlage für Feedbackgespräche dienen. Bei auffälligen Verbräuchen werden direkte Gespräche mit den Stationsmitarbeitern gesucht. Um eventuelle Ausreißer zu erklären, werden die Verbrauchsdaten mit den Belegungszahlen der Stationen abgeglichen. Eine Verknüpfung des Verbrauchs mit den Diagnosen war zum Untersuchungszeitpunkt nicht möglich, wurde aber im Experteninterview als wünschenswert herausgestellt.

5.3 Sanicare Apotheke

5.3.1 Unternehmensdarstellung der Sanicare Apotheke

1998 wurden das Gesundheitszentrum in Bad Laer und die Sanicare Apotheke eröffnet. Mittlerweile besteht die Sanicare Gruppe aus vier öffentlichen Apotheken mit angeschlossener Versandapotheke und krankenhausversorgender Apotheke, die insgesamt 49 stationäre Einrichtungen mit 10.783 Betten versorgt. 38 Einrichtungen mit insgesamt 7.509 Betten werden mit Arzneimitteln versorgt (vgl. Tabelle 5-2). Für die anderen Einrichtungen agiert Sanicare als Logistikdienstleister im Bereich der Medikalprodukte.

Krankenhaus	Anz. Betten
Blomberg Klinik GmbH	190
Christl. Klinikum Melle	340
Christl. Krankenhaus Quakenbrück e.V.	450
Clemens-August-Jugendklinik	120
Clemens-August-Klinik für Erwachsene	120
Diakonie-Klinikum Osnabrücker Land	316
Ev. Krankenhaus Enger gGmbH	70
Fachklinik St. Marienstift	200
Fachklinik St. Vitus GmbH	80
Gesundheitszentrum Hannover	-
Johanniter Krankenhaus Bramsche gGmbH	150
Kinderhospital	150
Klinikum Osnabrück GmbH (auch Klinik am Natruper Holz)	720
Krankenhaus St. Anna-Stift	140
Krankenhaus St. Annen-Stift	100
Krankenhaus St. Marien-Stift	140
Krankenhausverbund Bassum + Sulingen GmbH	340
Kreiskrankenhaus Diepholz GmbH	200
Lielje-Gruppe (Berolina Reha-Klinik; Werretal-Kinder-Rehaklinik)	280
Lukas-Krankenhaus Bünde	380
Maßregelvollzug Rheine - Westfälische Klinik Lengerich	84
Ostfriesland Kliniken Leer gGmbH	250
Parkklinik	310
Rehabilitationsklinik Werscherberg GmbH	60
Reha-Klinik Sonnenhof GmbH & Co KG	81
St. Anna-Hospital	70
St. Antonius Stift	120
St. Elisabeth-Stift	260
St. Franziskus-Hospital	200
St. Josefs-Hospital	350
St. Marien Hospital	290
Teuto-Klinik GbRmbH Operationszentrum	14
Westf. Klinik Schloß Haldem + Westfälische Klinik Rheine	234
Westfälische Kliniken f. Psychiatrie, Psychotherapie und Neurologie	700

Tabelle 5-2: Versorgte Krankenhäuser durch die Sanicare Apotheke
Quelle: Sanicare-Unternehmensdaten (2008).

Der Gesamtumsatz lag 2007 bei 397,5 Mio. Euro. Es waren 724 Mitarbeiter beschäftigt. 745.000 Kunden wurden versorgt.[43] Eine Zuordnung der Mitarbeiter zu den einzelnen Geschäftsbereichen, besonders im Bereich der Versandapotheke, der Krankenhausapotheke und der Versorgung von Pflegeeinrichtungen, ist nicht möglich. Eine Vielzahl der Mitarbeiter agiert für mehrere Bereiche parallel. Die 150 bis 200 pharmazeutische Kräfte führen primär die Beratung und Endkontrolle durch. Sanicare ist deutschlandweit die größte öffentliche krankenhausversorgende Apotheke.[44]

Sanicare agiert als externer Dienstleister für die zu versorgenden Krankenhäuser. In der Vergangenheit erfolgte die Vergütung im Regelfall über Aufschläge. Dieses System schafft falsche Anreize und führt dazu, dass eine ökonomische Versorgung unattraktiv wird. Mittlerweile wird die Vergütung über eine Jahrespauschale mit Rückvergütung im Falle eines geringen Verbrauches angestrebt.[45]

5.3.2 Gestaltung der Arzneimittelversorgung der Krankenhäuser durch die Sanicare Apotheke

Als wesentliche Aufgaben der Apotheke werden die Versorgung der Stationen mit Arzneimitteln, die Beratung, besonders unter ökonomischen Gesichtspunkten, die Leitung der Arzneimittelkommission und die Entwicklung und Überprüfung von Behandlungspfaden angesehen. Der Apotheker unterbreitet dem Krankenhaus Vorschläge über Therapiemöglichkeiten und -kosten.

Die Arzneimittellisten werden von der Arzneimittelkommission jedes einzelnen Krankenhauses erarbeitet. Die Sanicare Mitarbeiter, die in der Kommission vertreten sind, streben eine Standardisierung der Listen an. Jedem Krankenhaus ist ein fester Apotheker zugeordnet. Die Arzneimittellisten umfassen jeweils ca. 500 Stoffe. In diesem Zusammenhang nutzt Sanicare die vorhandenen Daten, um den Krankenhäusern Benchmarks und individuelle Analysen zu liefern. Die Lieferantenauswahl und Preisverhandlungen werden von Sanicare für die Krankenhäuser geführt.[46] Generika werden im Idealfall lediglich von zwei Herstellern bezogen, die nach einer Vielzahl von Kriterien, wie dem Preis-Leistungs-Verhältnis und der Lieferfähigkeit, ausgewählt werden. Zudem werden Kennzahlen, wie die Anzahl von Defekten, die Bestellhäufigkeit, die Überbestände und die Neuaufnahmen, erfasst und ausgewertet. Jedes Präparat wird im Idealfall von nur einem Lieferanten bezogen. Sonderprodukte stellt im Regelfall die hausinterne Versandapotheke bereit. 98 % der Arzneimittel werden direkt von

[43] Vgl. Sanicare (2008a), S. 5.
[44] Vgl. Isenberg, D. (2002), S. 244.
[45] Umsatzabhängige Versorgungsverträge haben den Nachteil, dass der Apotheker nicht kostensparend agiert. Vgl. Ebert, H. (1998), S. 633.
[46] Vgl. Hübner, U. (2008), S. 254.

den Herstellern bezogen. Insgesamt bezieht Sanicare im Krankenhausbereich rund 3.000 Arzneimittel von ca. 300 Herstellern.

Die Bündelung durch Primärlogistikdienstleister wie PharmLog wird von Sanicare generell positiv gesehen. Von einer Fokussierung auf die Lieferanten, die in einem solchen Pool aktiv sind, wird abgesehen. Befürchtet werden zum einen eine hohe Abhängigkeit, die einen Wechsel zu ökonomischeren Anbietern erschwert, und zum anderen ein Fokus auf falsche Beweggründe. Sanicare kommuniziert mit den Lieferanten mittels elektronischer Bestellplattformen, e-Mail oder elektronischen Faxen.[47] Entsprechend wird bei Sanicare eine ganzheitliche EDV-Umsetzung angestrebt, bei der auch die pharma mall genutzt wird.

Die Arzneimittelhersteller erhalten keine Informationen, welche Waren an welches Krankenhaus oder an welche Station geliefert werden. Durch dieses Vorgehen sollen Manipulationen vermieden werden. Der Nutzen einer gemeinsamen Planung wird als gering angesehen. Lediglich bei starken Verbrauchsänderungen werden Informationen an die Lieferanten gegeben.

Die Erfassung des Lagerbestandes erfolgt elektronisch. Es werden Mindestbestände in Höhe des Durchschnittsbedarfes von vier Wochen angestrebt. Bei einigen Notfallmedikamenten, die selten gebraucht werden, werden höhere Bestände vorgehalten. Die Lagerplatzzuordnung erfolgt arzneimittelgerecht[48], nach dem Prinzip der freien chaotischen Lagerhaltung.

Die Arzneimittel werden von den Stationen packungsweise angefordert. Die Krankenhäuser sind im Regelfall über ein Online-Bestellsystem an Sanicare angeschlossen. Die Freischaltung der Bestellungen kann nur durch einen berechtigten Arzt erfolgen. Einige Häuser bestellen generell per Fax. Dieses Vorgehen ist in allen Häusern besonders in Notfällen vorzufinden, in denen keine Berechtigung zur Onlinebestellung vorliegt. Bei auffälligen Bestellungen werden Rückfragen gestellt, die im Idealfall direkt an den Chefarzt gerichtet werden.

Im Regelfall werden die Krankenhäuser montags, mittwochs und freitags beliefert. Lediglich das Klinikum Osnabrück wird täglich beliefert. Im Notfall werden Zusatztouren gefahren. Der Lieferpunkt ist vorwiegend die Warenannahme des Krankenhauses, an der die Arzneimittel dem hausinternen Hol- und Bringdienst übergeben werden. In einigen Fällen wird bis auf die Station geliefert. Das Einsortieren wird durch krankenhausinterne Mitarbeiter durchgeführt. Zweimal im Jahr wird im Rahmen der Stationsbegehung überprüft, ob der Bestand auf der Station ein Zeitfenster von ein bis zwei Wochen abdeckt.

---

[47] Vgl. Hübner, U. (2008), S. 254. Elektronische Faxe werden vom Kunden elektronisch an das Faxgerät des Herstellers versand. Aus Sicht des Herstellers besteht somit kein Unterschied zu einem regulären Fax.

[48] Die Lagerhaltung muss die besonderen Anforderungen der Arzneimittel berücksichtigen, siehe hierzu Jung, J. (1986), S. 21f.

In vier Krankenhäusern, die von Sanicare versorgt werden, werden die Arzneimittel in Modulschränken gelagert, die nach dem Kanban-Prinzip aufgebaut sind. Die Arzneimittel werden in zwei Fächern gelagert. Ist das vordere Fach leer, wird das hintere nach vorne geholt. Für leere Fächer werden die Barcode-Karten ausgehängt. Diese werden von dem Versorgungsassistenten abgescannt. Auf diese Weise wird eine Bestellung generiert. Die Karten enthalten Informationen zum Arzneimittel, der Menge, der Station und dem Schrank. Die Systeme wurden einmalig auf Basis von Vergangenheitsdaten eingestellt und werden vom Stationspersonal überwacht (vgl. Abbildung 5-5).

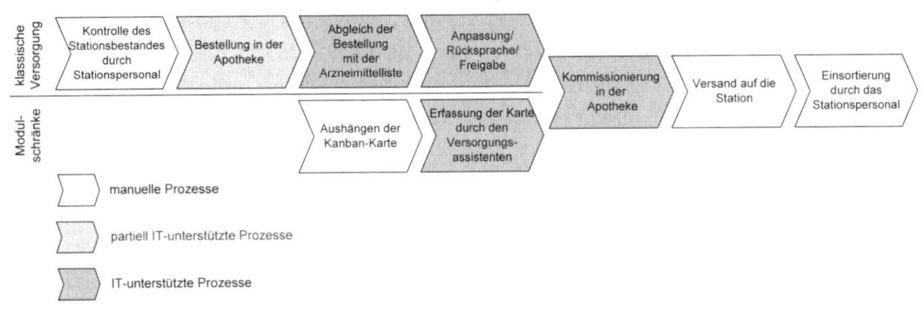

Abbildung 5-5: Versorgungsprozess der Stationen durch die Sanicare Apotheke
Quelle: Eigene Darstellung.

Sanicare erhält ausschließlich stationsbezogene Daten. Diese werden teilweise genutzt, um Eillieferungen zu vermeiden, indem die Stationen angeregt werden, Ware untereinander auszutauschen. Die Kenntnis des tatsächlichen Verbrauchs wurde im Experteninterview als wünschenswert angesehen. So kann erfasst werden, wenn Notfallartikel lediglich auf Vorrat bestellt wurden oder wie hoch der Warenbestand auf den Stationen ist. Zudem wurde angemerkt, dass die Kenntnis des Arzneimittelverbrauches für seltene Erkrankungen aus Sicht der Apotheke positiv wäre. Im Gegenzug sollten den Stationen Informationen bezüglich der Preise bereitgestellt werden, um ein ökonomisches Verhalten zu fördern.

5.4 paderlog

5.4.1 Unternehmensdarstellung der paderlog

Das Brüderkrankenhaus St. Josef Paderborn wurde 1904 von den barmherzigen Brüdern von Maria Hilf gegründet. Es ist ein Krankenhaus der Regelversorgung in freigemeinnütziger Trägerschaft mit 402 Planbetten.[49] Das Brüderkrankenhaus sieht den karitativen Dienst an den Menschen, welche im Mittelpunkt des Dienstleistungs- und Betreuungsprozesses stehen, als seine Mission an.[50]

Die paderlog wurde 1993 als Zentralapotheke des Brüderkrankenhauses gegründet.[51] Zu den Aufgaben der paderlog zählen neben der Logistik und Beratung das Vertragswesen, der Kundenservice und die Durchsetzung des Servicegedankens.[52] Das Unternehmen agiert als Logistikdienstleister und Apotheke für 22 weitere Unternehmen.[53] Diese sind:

- die Aatalklinik, Bad Wünnenberg,
- das Dreifaltigkeits-Hospital, Lippstadt,
- das Hospital zum Heiligen Geist, Geseke,
- die Klinik Eichholz, Bad Waldliesborn,
- das Maria-Hilf Krankenhaus, Warstein,
- das Marienhospital, Erwitte,
- das Rehabilitationshaus Paderborn,
- der Rettungsdienst Kreis Paderborn,
- der Rettungsdienst Stadt Paderborn,
- der Rettungsdienst Stadt Lippstadt,
- die Rose-Klinik Horn, Bad Meinberg,
- der St. Johannisstift, Paderborn,
- das St.-Marien-Hospital, Marsberg,
- das St. Nikolaus-Krankenhaus, Büren sowie
- die Krankenhäuser der MZG Bad Lippspringe GmbH und der Karl-Hansen-Kliniken GmbH Bad Lippspringe:
  - die Karl-Hansen-Klinik,
  - die HNO-Klinik,
  - die Auguste-Viktoria-Klinik,
  - die Teutoburger-Wald-Klinik,
  - die Cecilienklinik,

---

[49] Vgl. KTQ (2005), S. 6, Brüderkrankenhaus-St.-Josef (2008).

[50] Vgl. Brüderkrankenhaus-St.-Josef (2007), S. 8.

[51] Vgl. Ponßen, H. et al. (2005), S. 158. Der Qualitätsbericht des Brüderkrankenhauses sieht eine Versorgung mit Arzneimitteln und Medizinprodukten durch paderlog vor. Vgl. Brüderkrankenhaus-St.-Josef (2008), S. 33.

[52] Vgl. paderlog (2008e).

[53] 16 dieser Unternehmen werden neben Arzneimitteln auch mit Medizinprodukten beliefert.

- die Allergie- und Asthmaklinik,
- die Klinik Martinusquelle und
- die Fachklinik am Park.[54]

Die paderlog ist voll bilanziert und agiert, im Gegensatz zum konfessionellen Träger, gewinnorientiert. Die Arzneimittelausgaben liegen bei ca. sechs Millionen Euro pro Jahr. Der Gewinn des Unternehmens liegt im sechsstelligen Bereich. Die Verantwortung und Leitung der paderlog liegt bei dem Chefapotheker. Der Träger greift im Regelfall nicht steuernd in den Geschäftsprozess ein.

Im Unternehmen sind 32 Mitarbeiter beschäftigt. Insgesamt bestehen 22 volle Mitarbeiterstellen. Diese setzen sich im Wesentlichen aus sechs Apothekern (auf vier Stellen) sowie fünf PTAs, neun PKAs und Hilfsarbeitern zusammen.[55]

Die paderlog ist Mitglied der Pharmaceutical Benefit Management Group (PBMG).[56] Diese ist ein Zusammenschluss von 13 Krankenhausapotheken, darunter vier Apotheken von Universitätskliniken, die gemeinsam einkaufen und als Benchmarking Gruppe agieren. Jede der Apotheken versorgt mindestens 1.000 Betten. Der Gesamtjahresumsatz liegt bei 260 Mio. Euro.[57]

5.4.2 Gestaltung der Arzneimittelversorgung durch die paderlog

Die einzelnen Mitglieder der PBMG verhandeln jeweils über spezielle Stoffe mit den Arzneimittelherstellern. Für jedes Präparat wird eine individuelle Verhandlung geführt.[58] Ziele der PBMG sind der wirtschaftliche Einkauf, die Verfolgung einer gemeinsamen Strategie, gemeinsame IT-Strukturen, der Austausch von Arbeitsergebnissen, die Förderung der klinischen Pharmazie und die Steigerung der Qualität.[59]

---

[54] Vgl. paderlog (2008b).

[55] Vgl. paderlog (2008f). Auf der Homepage werden derzeit noch fünf Apotheker angeführt, die Zahl wurde aber Anfang 2008 erhöht.

[56] Mitglieder der PBMG sind: paderlog Zentrum für Krankenhauslogistik und Klinische Pharmazie am Brüderkrankenhaus Paderborn, die Apotheke der Uniklinik Jena, die Apotheke des Brüderkrankenhauses Trier, die Apotheke des St.-Antonius-Hospitals Eschweiler, die Gemeinschaftsapotheke des Ev. Krankenhauses Düsseldorf, die Zentralapotheke des Klinikums Kaiserslautern, die Apotheke des Uniklinikums Düsseldorf, die Apotheke des Klinikums der Universität zu Köln, die Apotheke des Klinikums der Universität Regensburg, die Apotheke der Saaland Heilstätten GmbH, die Apotheke des Klinikums Idar Oberstein, die Apotheke des Klinikums Dortmund, die Zentralapotheke im Caritas-Krankenhaus Bad Mergentheim und die Apotheke Klinikum Coburg. Vgl. PBMG (2008b).

[57] Vgl. PBMG (2008b).

[58] Wirkstoffbündel könnten bei Verhandlungen zwar starke Rabatte bewirken, doch die Abhängigkeit von den Arzneimittelherstellern nimmt zu. Eine Zuordnung der Verantwortlichkeiten innerhalb der Gruppe findet sich unter PBMG (2008a).

[59] Vgl. PBMG (2008c).

Die Arzneimittel werden von der paderlog zu 98 % - 99 % direkt vom Hersteller bezogen. Die Ausnahme stellen täglich ca. 10 bis 20 Einzelpackungen dar, die aufgrund von bestehenden Medikationen oder Sonderverordnungen vom Pharmagroßhändler bezogen werden. Dieser liefert die benötigten Waren innerhalb von zwei Stunden. Die paderlog bezieht jeden Wirkstoff lediglich von einem Hersteller. Für Generika stehen in diesem Zusammenhang zwei bevorzugte Lieferanten zur Auswahl.

Jede von der paderlog versorgte Einrichtung hat ihre individuelle Arzneimittelliste, die im Rahmen der Arzneimittelkommission erstellt wird. In den Listen werden die Wirkstoffe festgelegt. Je Haus sind zwischen 300 und 1.000 Zubereitungsformen enthalten. Die Grundlage der Arzneimittellisten stellen Kosten-Nutzen-Analysen dar. Zudem wird der niedergelassene Bereich in die Entscheidung mit einbezogen.

Die Waren werden bei den Herstellern im Regelfall mittels elektronischem Fax und in Ausnahmefällen telefonisch bestellt. Die Anlieferung wird durch die begrenzte Zahl der Transportunternehmen im Arzneimittelbereich gebündelt. Für die paderlog hat es keine Relevanz, ob die Lieferung direkt vom Hersteller oder über einen Primärlogistikdienstleister erfolgt. Es werden generell keine Informationen an die Hersteller gegeben, welches Produkt an welche Einrichtung geliefert wird. So sollen nach Aussage der Interviewpartner zielgerichtete Marketingaktivitäten durch die Arzneimittelhersteller vermieden werden.

Bei Wareneingang werden die Waren im EDV-System erfasst. Die Eingabe erfolgt im Regelfall manuell. Die Waren werden nach Umschlagshäufigkeit, Temperatur und Größe vorsortiert und nach einem Querverteilungssystem im Lager einsortiert. Innerhalb der Lagerbereiche wird ihnen ein freier Platz zugeordnet. Die Zuordnung im System erfolgt durch einen Mitarbeiter. 2001 wurde das EDV-System AMOR 3[60] von Aescudata eingeführt, um die folgenden Vorteile zu generieren:

- Umfangreiche verbrauchsgesteuerte Statistiken unterstützen das Controlling.
- Die Laufzeiten bei der Kommissionierung im freien chaotischen Lager werden minimiert.
- Die Erstellung einer elektronischen Arzneimittelliste je Haus wird ermöglicht.
- Es werden Auskünfte über Artikel, Chargen und Lieferanten speziell im Bereich der Apotheke gegeben.
- Es bestehen Gruppierungsmöglichkeiten.
- Die Bestellvorschläge werden verbrauchgesteuert generiert.

[60] Siehe Aescudata (2008).

- Die Bestellung wird automatisiert.[61]

Anhand der Bestelllisten der Stationen werden Kommissionierungslisten erstellt, die sich an den Lagerorten der Produkte orientieren. Schon bei der Kommissionierung wird der spätere Verteilweg in den angeschlossenen Einrichtungen berücksichtigt. Das System kennt den durchschnittlichen Verbrauch je Einrichtung und Station. Das Lager schlägt sich 11-mal im Jahr um. Die Waren werden nach Vertragsgestaltung um ein bis drei Monate valutiert, was die Liquidität der paderlog steigert.

Die Versorgung der Stationen verläuft nach dem klassischen Konzept. Auf den Stationen wird der Bestand ermittelt, die Bestellmenge auf Packungsebene abgeleitet und anschließend elektronisch an die paderlog übertragen.[62] Die Bestellungen werden in der Apotheke kontrolliert, an die Arzneimittelliste angepasst und kommissioniert. Alle Stationen werden dreimal die Woche beliefert. Im März wurde im Brüderkrankenhaus die Stationsversorgung durch Versorgungsassistenten als Modellprojekt eingeführt (vgl. Abbildung 5-6). Die Bestandsverantwortung wird somit von den Stationen an die paderlog abgetreten. Die anderen Krankenhäuser werden weiterhin klassisch versorgt. Für eine Versorgung mittels Versorgungsassistenten müsste ein Mitarbeiter vor Ort stationiert werden. Dieses Konzept ist aufgrund der räumlichen Distanz und der fehlenden Kontrollmöglichkeiten aus Sicht der Interviewpartner kaum umsetzbar.

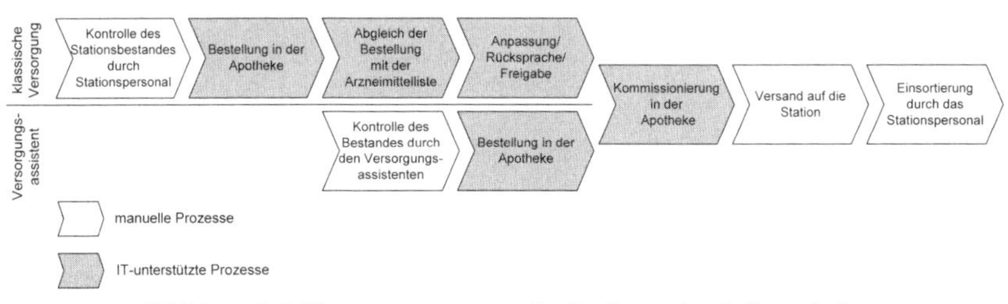

Abbildung 5-6: Versorgungsprozess der Stationen durch die paderlog
Quelle: Eigene Darstellung.

Die paderlog verfügt über eine gesonderte Abteilung zur Arzneimittelinformation. Auf Basis von herstellerunabhängigen Studien werden sowohl die Ärzte der angeschlossenen Einrichtungen beraten als auch öffentliche Apotheken der Apothekerkammer Westfalen-Lippe.[63] Im Rahmen der Beratung wird auf Anfragen durch die Ärzte und die Apotheker reagiert, die sich bspw. auf die Wirkungsfelder von Arzneimitteln oder Substitutionspräparate beziehen. Zudem wird ein

[61] Vgl. Backhaus, B. et al. (2005), S. 630, paderlog (2008d).
[62] Vgl. paderlog (2008d).
[63] Vgl. paderlog (2008c).

Arzneimittelcontrolling durchgeführt. Nutzwertmeldungen und Informationen zu neuen Arzneimitteln werden ausgegeben und Therapiestandards erarbeitet. Durch dieses Vorgehen soll nach Auskunft der Interviewpartner aggressiven Marketingansätzen der Arzneimittelhersteller entgegen gewirkt werden. Die fundierte Kenntnis der aktuellen Wissenschaftslage führt zu einem begründeten Vertrauen der Ärzte in die Auskunft der Apotheke.

5.5 Cardinal Health, Inc.

5.5.1 Unternehmensdarstellung von Cardinal Health, Inc.

Cardinal Health ist ein Distributor für Arzneimittel, Medikalprodukte sowie medizinisches und pharmazeutisches Zubehör an den Handel (Drogerien, Apotheken, Großhändler), die Krankenhäuser und andere Gesundheitsdienstleister. Der Firmensitz ist Dublin, Ohio. Im Finanzjahr 2006/2007 betrug der Umsatz 86,9 Mrd. US-Dollar. Dies entsprach einem Anstieg um 9 % zu Vorjahr. Insgesamt waren rund 28.800 Mitarbeiter beschäftigt.[64] Im Finanzjahr 2007 wurden 98,5 % der Umsätze in den USA erzielt.[65] Das Unternehmen hat 25 pharmazeutische Distributionsstandorte, sowie drei Standorte mit Spezialisierung, über die bspw. radioaktive Arzneimittel vertrieben werden.[66] Der Großteil des Gewinns wird als Logistikdienstleister oder durch Tochterfirmen erzielt.[67]

1979 übernahm der Nahrungsmittellogistiker Cardinal Distribution die Bailey Drug Co., einen Arzneimittelgroßhändler aus Ohio mit einem geschätzten Jahresumsatz von 20 Mio. US-Dollar. 1988 wurde der Firmenname in Cardinal Health geändert. Schon zu diesem Zeitpunkt lagen die Umsätze im Arzneimittelbereich bei 700 Mio. US-Dollar. 1991 fand eine Expansion in den Südwesten der USA statt. 1994 wurde die nationale Marktabdeckung durch den Zusammenschluss mit der Whitmire Distribution Cooperation erreicht.[68]

Auf dem Weg zum Marktführer übernahm Cardinal Health über 50 Unternehmen, die im Gesundheitswesen aktiv waren. Übernahmeobjekte waren im Regelfall die Marktführer oder die direkten Verfolger. Cardinal Healths Firmen entwickeln, produzieren, verpacken und vermarkten Produkte im Gesundheitswesen. Sie distributieren Arzneimittel und medizinische Hilfsmittel, entwickeln Arzneimittelausgabetechnologien und bieten bspw. Beratungsdienstleistungen an. Zu Beginn waren die Aktivitäten von Cardinal Health darauf ausgerichtet, den Marktanteil im Kerngeschäft zu erhöhen. Spätere Akquisitionen zielten darauf ab, Zusatzdienstleistungen zu erwerben, um die Stärke in der Distribution auszuspielen.[69]

---

[64] Vgl. Datamonitor (2007), S. 4.
[65] Vgl. Datamonitor (2007), S. 7.
[66] Vgl. Datamonitor (2007), S. 5.
[67] Vgl. Lashinsky, A. (2003), S. 160.
[68] Vgl. Fein, A. J. (1998), S. 249, Harrison, J. (2002), S. 27.
[69] Vgl. Harrison, J. (2002), S. 27f.

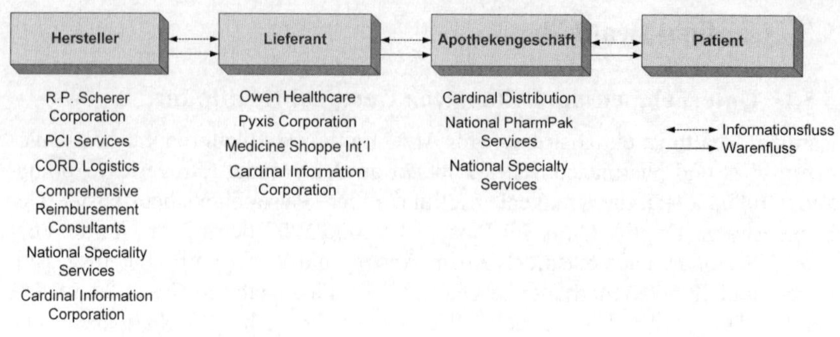

Abbildung 5-7: Vertikale Integration am Beispiel von Cardinal Health
Quelle: Aus dem englischen nach Burns, L. R. (2002), S. 158.

Die große Spannweite der Unternehmensaktivitäten (vgl. Abbildung 5-7) erlaubt es, eine Vielzahl von Kunden zu versorgen und Größenvorteile zu generieren.[70] Der Bereich der pharmazeutischen Technologien und Services wurde Anfang 2007 abgestoßen,[71] da das Unternehmen die Ausweitung der Supply Chain und des medizinischen und klinischen Produktbereichs lokal und international für vorzugswürdig hielt. Der Fokus wird auf die folgenden Bereiche gelegt:

- medizinische Dienstleistungen in der Gesundheits-Supply Chain,
- Herstellung von Medizinprodukten,
- klinische Technologien und Services,
- pharmazeutische Supply Chain-Services wie Umpacken, Distributieren, Lieferung von Arzneimitteln an Apotheken, Herstellung und Vertrieb von Nuklearmedizin, Franchising und Betrieb von öffentlichen Apotheken und die Belieferung von Krankenhäusern.[72]

5.5.2 Gestaltung der Arzneimittelversorgung durch Cardinal Health, Inc.

Aus dem vierten Punkt wird deutlich, dass Cardinal Health sowohl die Aufgaben eines Primärlogistikdienstleisters, eines Großhändlers als auch der Krankenhausapotheke abdeckt. Die komplette Arzneimittel-Supply Chain wird somit aus einer Hand organisiert. Durch dieses Konzept werden die Interessenkonflikte reduziert und die Kooperation gestärkt. Die Bestandsplanung wird ganzheitlich durchgeführt und koordiniert. Unterstützt durch elektronische Versorgungsschränke der Pyxis Corporation können Verbrauchsdaten in den Krankenhäusern

---

[70] Vgl. Datamonitor (2007), S. 6.
[71] Vgl. Ryst, S. et al. (2007), S. 27.
[72] Vgl. Page, L. (2007), S. 50.

erhoben werden, die an die vorgelagerten Stufen weitergeleitet werden.[73] Das Pyxis System ist der Marktführer in den USA. In Europa wird es in über 100 Krankenhäusern angewandt.[74] In Deutschland werden im Universitätsklinikum Jena elektronische Versorgungsschränke in den OP-Sälen und der Intensivstation eingesetzt.[75]

Cardinal Health bietet Krankenhausapotheken zudem Managementunterstützung an. Diese umfasst Beratungsdienstleistung, automatische Bestellverfahren, Bestellbestätigungssysteme, Beschaffungsprogramme, Produkttransport, Bestands- und Managementberichte, Beratung bei der Geschäftsführung und Werbung. Das Unternehmen offeriert zudem Apothekendienstleistungen inklusive externer Überwachung der Medikation.[76] Auch dieses Serviceangebot liefert dem Konzern tiefe Einblicke in die internen Prozesse der Krankenhäuser.

Das El Camino Hospital nutzt die elektronischen Versorgungsschränke von Cardinal Health auf den Stationen. Durch dieses Konzept nahmen die klinischen Interventionen um 250 % von 400 auf 1.200 pro Quartal zu. Innerhalb von 15 Minuten wird jede Verschreibung vom Apotheker kontrolliert. Es werden Einsparungen von 30.000 US-Dollar pro Quartal durch bessere Verwaltung und Dosierungskontrolle angeführt. Die Patienteninformationen werden durch den Arzt in einen Handheld eingegeben. Die Verschreibungen werden sofort für den Apotheker zur Freigabe sichtbar, zusammen mit Zusatzinfos über die Erkrankung, Vorgeschichte, etc. Die Bestellung wird an die elektronischen Versorgungsschränke gesandt und an Cardinal Health weitergeleitet. So hat Cardinal Health Echtzeitinformationen und dem Krankenhaus liegen die aktuellen Lagermengen vor. Bei Verabreichung wird durch Barcodescanning ein Abgleich der Medikation mit dem Patienten vorgenommen (vgl. Abbildung 5-8).[77]

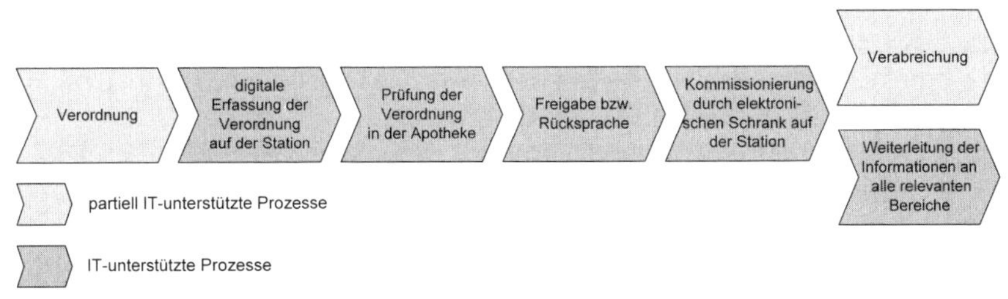

Abbildung 5-8: Medikationsprozess im El Camino Hospital
Quelle: Eigene Darstellung.

[73] Vgl. Datamonitor (2007), S. 8, Burns, L. R. (2002), S. 157, Albright, B. (2004), S. 37f.

[74] Vgl. Oelschlegel, F. (2007a), S. 58.

[75] Vgl. Uniklinik_Jena (2008).

[76] Vgl. Datamonitor (2007), S. 6.

[77] Vgl. Albright, B. (2004), S. 37f.

Cardinal Health hat Zugang zu einer großen Menge von Informationen, bspw. welche Produkte und Services Krankenhäuser nutzen und was diese kosten. Es wird davon ausgegangen, dass die Informationen einen hohen Wert haben und dazu verwendet werden können, Produkte zu verfolgen, den Servicegrad zu steigern und Kosten zu managen.[78] Durch die vertikale Ausgestaltung der Tochterunternehmen können Informationen der gesamten Arzneimittel-Supply Chain erhoben, ausgetauscht und ausgewertet werden. In diesem Zusammenhang werden aber auch Befürchtungen laut, Cardinal Health könne dazu neigen, die eigenen Produkte im Krankenhaus zu positionieren.[79]

Im Gegensatz zu den USA sind der Direktvertrieb und die Distribution von Arzneimitteln an den Endabnehmer in der europäischen Pharmaindustrie aufgrund gesetzlicher Bestimmungen wie der Verschreibungspflicht und der Abgabe von Arzneimitteln durch Apotheken in den überwiegenden Fällen nicht erlaubt.[80] Daher müssen amerikanische Konzepte an die Rahmenbedingungen in Deutschland angepasst werden.

Das Konzept der vertikalen Integration von Cardinal Health wird bei der Analyse der Arzneimittel-Supply Chain in Deutschland berücksichtigt. Die rechtlichen, technologischen und mentalitätsbezogenen Unterschiede zwischen den USA und Deutschland sind zu beachten.

---

[78] Vgl. Harrison, J. (2002), S. 27.

[79] Vgl. Burns, L. R. (2002), S. 160.

[80] Vgl. Poppe, R. et al. (2004), S. 21.

5.6 Pharmacy Supply Chain Project des National Health Systems

5.6.1 Darstellung der Probleme in der britischen Arzneimittel-Supply Chain

> *„Pharmaceuticals procurement is a key component of medicines management, with the supply chain providing the critical link between the manufacturer and the patient. "*[81]

Das britische Gesundheitswesen National Health Service (NHS) ist ein staatliches System. Es ist keine Trägervielfalt wie in Deutschland vorhanden.[82] Es gibt landesweit agierende Agenturen, die für die Beschaffung, Logistik etc. zuständig sind. Die NHS Purchasing and Supply Agency (PASA) wurde im Jahr 2000 etabliert, um die Warenströme des gesamten NHS zu überwachen, zu verbessern und zu managen. Die operativen Aufgaben des Supply Chain Managements und der Logistik liegen in der Hand der NHS Logistics.[83] Es werden 600 Krankenhäuser und anderer Gesundheitsdienstleister mit medizinischen und nicht medizinischen Gütern versorgt.[84]

Die letzte Analyse der Arzneimittel-Supply Chain des NHS wurde im Jahr 1986 durchgeführt. Dies ist dadurch zu begründen, dass der Supply Chain von den Apotheken im Vergleich eine geringe Priorität beigemessen wird.[85]

Die Vertragsgestaltung im NHS wird von regionalen Einkaufsgruppen, die aus den Mitarbeitern der Trusts[86] und der PASA gebildet werden, durchgeführt. Von daher kann ein heterogener Warenfluss der Arzneimittel zur Apotheke beobachtet werden. Im Gegensatz zu Deutschland, wo kaum Lieferungen des Großhandels an die Krankenhaus-(versorgenden-)apotheken auftreten, liefert der britische Großhandel ca. 20 Prozent seiner Waren an Krankenhäuser. Dies macht etwa ein Drittel des von den Krankenhäusern bestellten Warenwerts aus bzw. zwei Drittel der Bestellungen. In diesem Zusammenhang gab es vonseiten der Trusts Beschwerden über ungenaue Lieferungen, Fehler bei der Rechnungsstellung und die geringe Flexibilität der Großhändler. Das Servicelevel[87] der Großhändler lag bei rund 90 Prozent, was zu Initiierung Pharmacy Supply Chain Pro-

---

[81] Forrest, S. et al. (2006), S. 3.

[82] Vgl. NHS (2008), Kapitel 3.1.3.2.

[83] Vgl. Forrest, S. et al. (2006), S. 1.

[84] Vgl. Hübner, U. (2008), S. 253.

[85] Vgl. Hill, F. (2005), S. 3.

[86] „Trust sind sich selbst verwaltende organisatorische Einrichtungen, unter deren Dach Einrichtungen des Gesundheitswesens z. B. Krankenhäuser zusammengefasst werden." Stachel, K. (2008), S. 40.

[87] Auf Basis der komplett erfüllten Aufträge.

jects führte.[88] Vonseiten der Großhändler wurde berichtet, dass lediglich 40 % aller Bestellungen durch die Trusts elektronisch erfolgten, im Gegensatz zu 90 % der Bestellungen der restlichen Kunden.[89]

5.6.2 Ansätze zur Optimierung der britischen Arzneimittel-Supply Chain

Zur Verbesserung der Supply Chain-Performance zeigte das NHS verschiedene Hilfsmittel auf. Ein Ansatzpunkt war die Lieferantenbewertung. Hierzu wurde der Vendor Rating Index als Instrument entwickelt (vgl. Abbildung 5-9).[90]

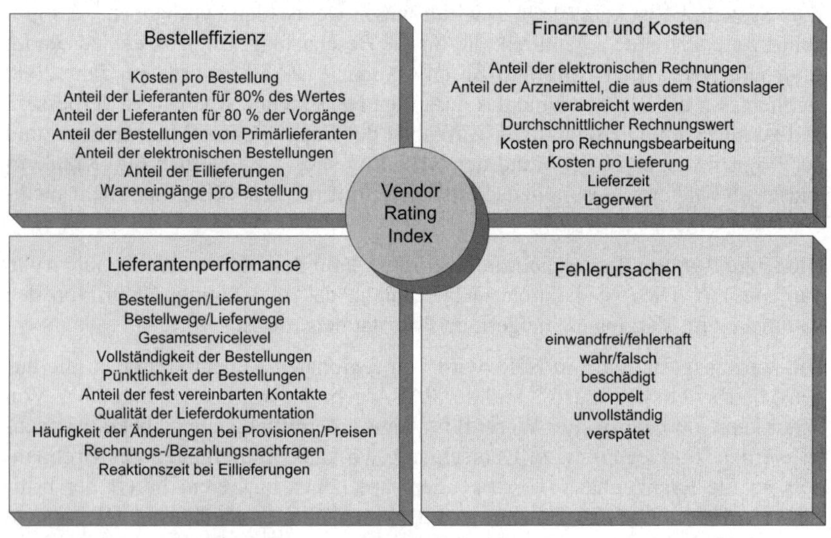

Abbildung 5-9: Vendor Rating Index des NHS
Quelle: In Anlehnung an Forrest, S., Stokoe, H., Montgomery, D. et al. (2006), S. 7.

Dieser bietet den Krankenhausapotheken einen Rahmen, um ihre Lieferanten und deren Performance zu beurteilen. Er kann als Benchmarkinggrundlage angesehen werden.

Zudem wurden die Schwächen und Handlungsoptionen analysiert und wie folgt identifiziert:

---

[88] Vgl. Hill, F. (2005), S. 3, Forrest, S. et al. (2006), S. 1 und 3.
[89] Vgl. Forrest, S. et al. (2006), S. 5.
[90] Vgl. Forrest, S. et al. (2006), S. 7.

- Es besteht eine Abhängigkeit von einer begrenzten Anzahl von Großhändlern.
- Informationstechnologien werden nur beschränkt eingesetzt.
- Die sporadische und uneinheitliche Sammlung von Informationen verhindert den Vergleich der Großhändler und den Austausch von Wissen.
- Die Fokussierung auf den Einkaufspreis verhindert eine Ursachenanalyse.

Dem standen die folgenden Handlungsoptionen gegenüber:

- Bestehende Analysetools können genutzt werden.
- Eine Zusammenarbeit mit den Supply Chain-Partnern könnte angestrebt werden.
- Im Rahmen der Supply Chain-Vereinbarung könnten zusätzliche Performancemaßstäbe verhandelt werden.
- Bestehende Supply Chain-Kanäle können bewertet und Alternativen identifiziert werden.
- Durch die Automatisierung einfacher Schritte können Personalkapazitäten für Kernaufgaben freigesetzt werden.[91]

Abschließend wurden strategische und taktische Optionen für die Umgestaltung der Supply Chain herausgearbeitet.[92] Eine taktische Option aus Sicht der PASA ist der Einsatz von Barcodes für die Verschreibung und die Nachbestellung. Durch die Etikettierung aller Produkte mit Barcodes, soll die Erfassung erleichtert werden und Zeit eingespart werden.[93] Eine weitere Option stellt der Einsatz eines Supply Chain-Koordinators dar, der für den Ablauf verantwortlich ist und Bedarfsvorhersagen erstellt. Zudem sei der Einsatz von automatischen Ausgabesystemen anzudenken, die das Personal entlasten und die Bestandsführung und Rechnungsstellung erleichtern.[94]

5.6.3 Ergebnisse des Pharmacy Supply Chain Projects

Ein Teilprojekt des Pharmacy Supply Chain Projects wurde im Heart oft England NHS Foundation Trust durchgeführt. Dieses stellte eine Kooperation zwischen dem Trust, dem Großhändler Unichem, dem Logistikdienstleister AAH Pharmaceuticals Limited und der juristischen Abteilung des NHS dar.[95] Die intensive Abstimmung der Parteien führte zu einer optimierten IT-Anbindung. So konnten Bestellungen gebündelt werden. Dadurch reduzierten sich die Lieferun-

[91] Vgl. Forrest, S. et al. (2006), S. 9.
[92] Vgl. Forrest, S. et al. (2006), S. 9.
[93] Barcodes waren zu diesem Zeitpunkt auf 85 % aller Artikel aufgedruckt.
[94] Vgl. Forrest, S. et al. (2006), S. 13f.
[95] Vgl. Bridge, S. et al. (2005), S. 3.

gen und die Rechnungen. Das Servicelevel und die Erfüllungsrate stiegen an.[96] Durch die Überwachung und Analyse konnten die Retouren reduziert werden. Die Obsolenz sank um 47 %.[97] Insgesamt zeigte das Projekt, dass durch die intensive Zusammenarbeit und die Entwicklung gemeinsamer Kennzahlen die Ergebnisse deutlich verbessert werden können, besonders indem sich die Parteien die gegenseitigen Abläufe verdeutlichten.[98]

Die wesentlichen Empfehlungen für das Supply Chain Management wurden nach Abschluss der zweiten Projektphase tabellarisch zusammengefasst. Die Tabelle der PASA umfasst Empfehlungen zur Managementpolitik, zum Warenmanagement, zum Umgang mit außenstehenden Parteien sowie zu nationalen Eingriffen.[99] Die wesentlichen Empfehlungen für die Betrachtung der Arzneimittel-Supply Chain werden in Kapitel sechs an den relevanten Stellen eingebracht.

Die Analyse des Bestellzyklus ergab für die einzelnen Prozesselemente Best Practice Empfehlungen (vgl. Abbildung 5-10).

---

[96] Vgl. Heywood, S. et al. (2005), Bridge, S. et al. (2005), S. 11 und 14.
[97] Vgl. Bridge, S. et al. (2005), S. 20.
[98] Vgl. Bridge, S. (2005b), Bridge, S. (2005a).
[99] Vgl. Forrest, S. et al. (2006), S. 12ff.

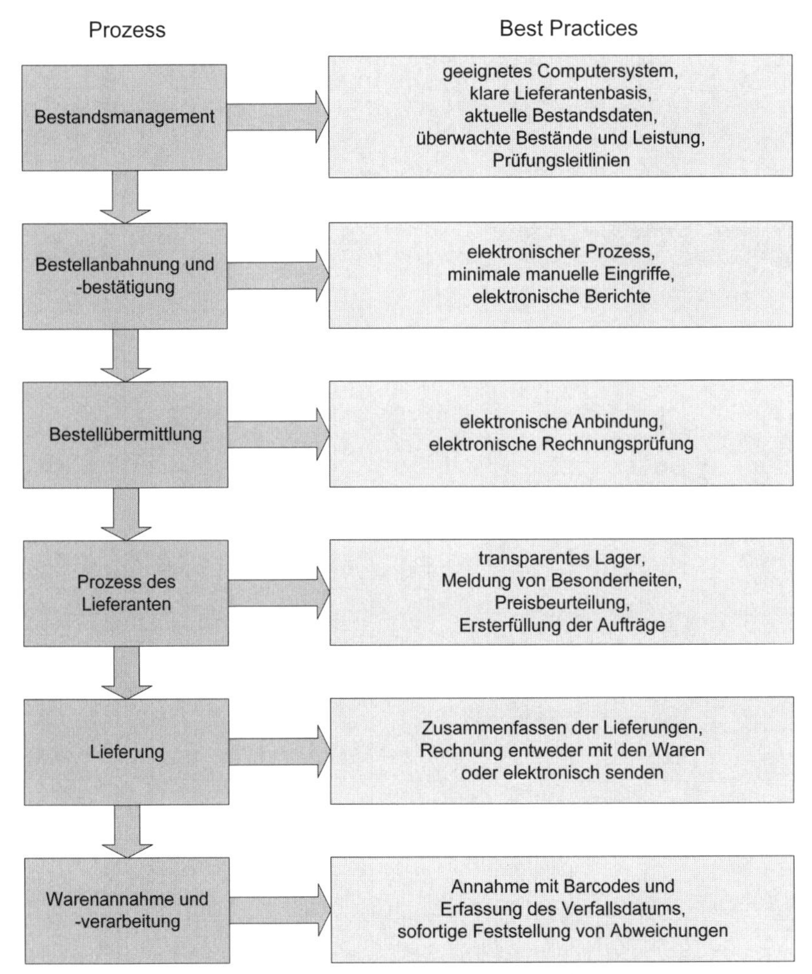

Abbildung 5-10: Best Practice Empfehlungen des PASA
Quelle: Forrest, S., Stokoe, H., Montgomery, D. et al. (2006), S. 6.

Es wird deutlich, dass die Best Practices den starken Einbezug von IT-Systemen und unterstützenden Technologien fordern. Trotz der wesentlichen Unterschiede zwischen dem britischen und dem deutschen Gesundheitssystem können diese Best Practices als Optimierungsansätze für die Analyse der Arzneimittel-Supply Chain in Deutschland dienen.

6 Analyse des Ausgestaltungsstandes und der Optimierungspotenziale

Die Restrukturierung der Arzneimittel-Supply Chain muss an die Unternehmensstrategien der Parteien angepasst und in diese integriert werden. Hierbei sind organisatorische Störfaktoren zu beseitigen. Die Grundlage ist ein Netzwerk, das Menschen und Kenntnisse innerhalb und außerhalb des Unternehmens vereint.[1] Eine Prozessorientierung ist sowohl über die gesamte Supply Chain als auch krankenhausintern sinnvoll.[2]

Wie in Kapitel 4.1 gezeigt, liegen bisher weder bei den Arzneimittelherstellern noch bei den Krankenhäusern ganzheitliche Supply Chain Management-Konzepte vor. Der zunehmende Marktdruck im deutschen Gesundheitswesen führt jedoch dazu, dass neue Wege identifiziert werden müssen, um die Wettbewerbsfähigkeit zu steigern. Insofern wird im Folgenden geprüft, ob die Voraussetzungen für ein ganzheitliches Management der Arzneimittel-Supply Chain vorliegen bzw. wie sie geschaffen werden können. Diese Analyse soll den Parteien Handlungsoptionen aufzeigen, über die sie ihre Marktposition stärken können.

Die Untersuchung erfolgt anhand der im vierten Kapitel abgeleiteten Charakteristika. In diesem Rahmen wird die aktuelle Ausgestaltung der Supply Chain auf Basis der Fallstudien in Verbindung mit der gängigen Literatur dargestellt. Im Anschluss wird untersucht, ob die Ausgestaltung der Charakteristika beeinflussbar ist. Ist dies der Fall, ist anhand der aufgezeigten Optimierungspotenziale zu prüfen, inwiefern eine Veränderung der Ausprägung unter den gegebenen Rahmenbedingungen im deutschen Gesundheitswesen empfehlenswert und umsetzbar ist. Abschließend wird eine Handlungsempfehlung generiert.

Die grafische Veranschaulichung der Handlungsempfehlungen erfolgt zum Ende der Analyse eines jeden Charakteristikums auf Basis des morphologischen Kastens.[3] Dieser wird um die Betrachtungsobjekte (Arzneimittelhersteller, Primärlogistikdienstleister, Krankenhaus-(versorgende-)apotheken und Stationen) ergänzt. In diesem Rahmen werden zunächst die gängigsten Ausprägungen der aktuellen Ausgestaltung für jedes Objekt und jede Beziehung markiert (dunkel). Eventuelle Optimierungsansätze werden durch eine Verschiebung der Ausprägungen angezeigt (hell).

---

[1] Vgl. Davila, T. et al. (2005), S. 11ff.
[2] Vgl. Pieper, U. et al. (2002), S. 297.
[3] Vgl. Kapitel 4.2.4.

6.1 Lagergestaltung in der Arzneimittel-Supply Chain

Anhand der im morphologischen Kasten aufgeführten Charakteristika werden im Folgenden die Ausgestaltungsformen der einzelnen Lager herausgearbeitet.[4] Nach EISENBARTH sind für eine erfolgreiche Organisation- und Prozessgestaltung die folgenden Leitlinien immanent, die im Rahmen der Lagergestaltung beachtet werden sollten:

- Zur Verbesserung der Supply Chain muss ihr Management als unternehmensübergreifender Verbesserungsansatz mit einer hohen Prozessorientierung gesehen werden.
- Die Wettbewerbsfaktoren Zeit, Qualität, Kosten und Flexibilität müssen konsequent optimiert werden.
- Die Strukturen sollten prozessorientiert und einfach gehalten werden.[5]

6.1.1 Lagerfunktionen in der Arzneimittel-Supply Chain

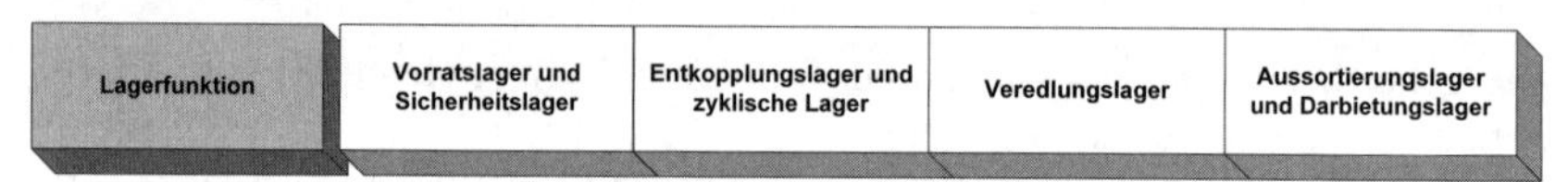

Abbildung 6-1: Lagerfunktionen als Charakteristikum
Quelle: Eigene Darstellung.

Die Zuordnung der Lagerfunktionen basiert auf der Systematisierung nach MÜLLER (vgl. Abbildung 6-1).[6]

Arzneimittelhersteller produzieren chargenweise.[7] Der schubweise Zugang im Lager entspricht nicht dem konstanten bzw. zyklischen Arzneimittelbedarf. Daher dienen die Lagerbestände der Arzneimittelhersteller im eigenen Lager oder beim Primärlogistikdienstleister der Entkopplung von Produktion und Nachfrage.[8]

In der Krankenhaus-(versorgenden-)apotheke und auf den Stationen haben die Lager eine Vorrats- und Sicherungsfunktion. Dies wird auch durch § 30 ApBetrO indiziert, der einen Lagerbestand in Höhe des durchschnittlichen

---

[4] Soweit es sich um definitorische Zuordnungen handelt, erfolgt die Darstellung deskriptiv. Bei strategischen Zuordnungen werden Handlungsempfehlungen für die Parteien der Supply Chain abgeleitet.

[5] Vgl. Eisenbarth, M. (2003), S. 264.

[6] Vgl. Müller, J. (1999), S. 76ff., Kapitel 2.2.2.

[7] Vgl. Heiden, M. et al. (1999), S. 150.

[8] Vgl. PharmLog (2008a).

Verbrauchs von zwei Wochen vorschreibt.[9] Der Verbrauch auf der Station wird durch eine medizinische Indikation und die Verordnung des Arztes initiiert. Der Vorrat auf der Station unterstützt die Erfüllung der Verordnung.[10]

Die Funktionen der Lager in der Arzneimittel-Supply Chain sind eindeutig abzugrenzen und zuzuordnen (vgl. Abbildung 6-2). Veredlungs- sowie Aussortierungs- und Darbietungslager liegen nicht vor.

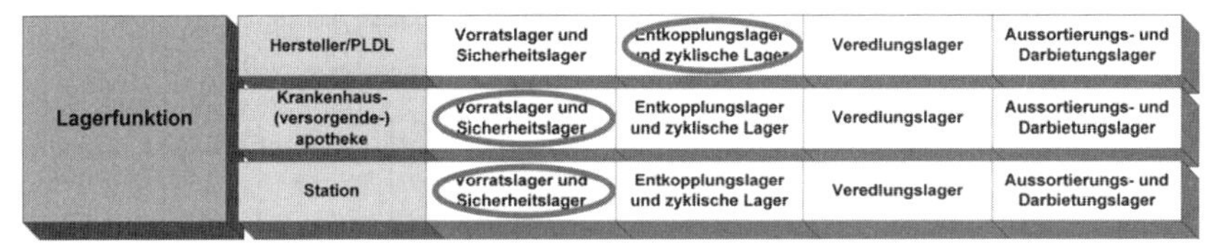

Abbildung 6-2: Lagerfunktionen in der Arzneimittel-Supply Chain
Quelle: Eigene Darstellung.

6.1.2 Zuordnung der Lagerhaltung zu den betrieblichen Funktionsbereichen in der Arzneimittel-Supply Chain

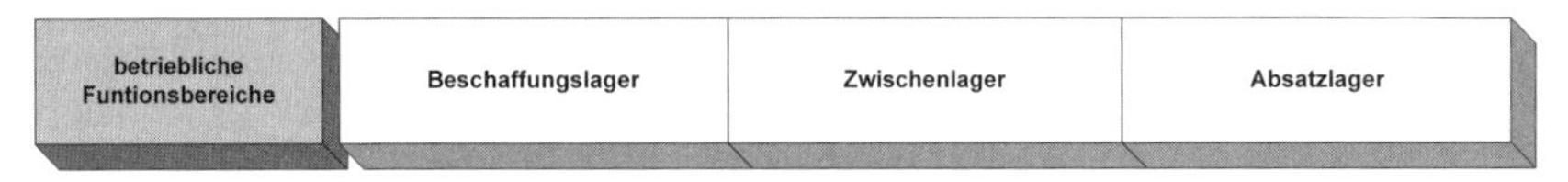

Abbildung 6-3: Betrieblicher Funktionsbereich als Charakteristikum
Quelle: Eigene Darstellung.

Zur Abgrenzung der Lager nach betrieblichen Funktionsbereichen siehe Kapitel 2.2.2 (vgl. Abbildung 6-3).

Ein Produktionsprozess im eigentlichen Sinne, der zu Beschaffungs-, Zwischen- und Absatzlagern führt, ist in der Arzneimittel-Supply Chain bei den Herstellern zu finden. Der Fokus der Untersuchung liegt auf der Arzneimitteldistribution, somit setzt die Betrachtung beim Absatzlager der Arzneimittelhersteller an.[11]

Teilweise werden die Waren beim Primärlogistikdienstleister weiter verarbeitet. Zwar findet keine Bearbeitung des Präparats statt, aber auf Basis des Postponement-Gedankens[12] werden die Arzneimittel beim Primärlogistikdienstleister

[9] Vgl. § 30 S. 1 ApBetrO.
[10] Vgl. Müller, J. (1999).
[11] Vgl. Kapitel 3.1.1.4.
[12] Vgl. Kapitel 3.2.3.3.

verpackt.[13] Dies gilt nach § 4 Abs. 14 AMG als Herstellen von Arzneimitteln.[14] Beim Primärlogistikdienstleister sind somit Beschaffungslager, Zwischenlager und Absatzlager zu finden. Die einzelnen Komponenten stellen das Beschaffungslager dar. Während der Bearbeitung entstehen Zwischenlager. Die Waren, die zur Auslieferung an die Kunden gedacht sind, stellen das Absatzlager dar.

Die Abgrenzung nach betrieblichen Funktionsbereichen in der Apotheke hängt von der Versorgungsform ab. Werden die Stationen mit Arzneimittelpackungen versorgt, findet in der Apotheke keine Bearbeitung statt, somit werden die beschafften Güter direkt ins Absatzlager verbracht. Bei einer Unit-Dose-Versorgung, wie im Mathias-Spital, wird die Schüttware dem Beschaffungslager zugeordnet. Die Ware im Dispensierautomaten stellt das Zwischenlager und die abgepackten Blisterstreifen das Absatzlager dar.[15]

Die Ware auf der Station dient der Verabreichung an die Patienten. Das Stationslager wird als Absatzlager angesehen.

Die Zuordnung der Lager zu den betrieblichen Funktionsbereichen ergibt sich definitorisch in Abhängigkeit des Weiterverarbeitungsgrades auf den einzelnen Stufen (vgl. Abbildung 6-4).

betriebliche Funtionsbereiche				
Hersteller		Beschaffungslager	Zwischenlager	Absatzlager
PLDL		Beschaffungslager	Zwischenlager	Absatzlager
Kranken-haus-(versor-gende-) apotheke	klassisch	Beschaffungslager	Zwischenlager	Absatzlager
	Unit Dose	Beschaffungslager	Zwischenlager	Absatzlager
Station		Beschaffungslager	Zwischenlager	Absatzlager

Abbildung 6-4: Zuordnung der Lager in der Arzneimittel-Supply Chain zu den betrieblichen Funktionsbereichen
Quelle: Eigene Darstellung.

[13] Vgl. die Ausführungen zum Pre-Wholesaler in Kapitel 3.1.2.2, Clement, W. et al. (2005), S. 57, PharmLog (2008f), PharmLog (2008a).

[14] Vgl. § 4 Abs. 14 AMG.

[15] Vgl. Mathias-Spital (2008), Sanicare (2008b), paderlog (2008a).

6.1.3 Lagergüter in der Arzneimittel-Supply Chain

Lagergüter	Rohstoffe	Werkzeuge	Halb- und Fertigerzeugnisse	Ersatzteile	Büromaterial	Betriebsstoffe	Handelswaren	Abfälle

Abbildung 6-5: Art der Lagergüter als Charakteristikum
Quelle: Eigene Darstellung.

Die Charakterisierung der Lagergüter in der Arzneimittel-Supply Chain orientiert sich an Kapitel 2.2.2 (vgl. Abbildung 6-5).

Das Arzneimittel verlässt die Produktion des Herstellers als Fertigerzeugnis, d. h. es kann beim Patienten angewendet werden. Allerdings kann es sich aus Sicht der Krankenhaus-(versorgenden-)apotheken um ein Halbfertigerzeugnis handeln, dies ist der Fall, wenn beim Primärlogistikdienstleister noch Verpackungstätigkeiten vorgenommen werden[16] oder wenn in der Apotheke eine Unit-Dose-Abpackung durchgeführt wird.[17]

Zusammenfassend durchläuft produktbezogen ein Fertigprodukt die Arzneimittel-Supply Chain. Verpackungstechnisch handelt es sich um ein Halbfertigprodukt, das in jedem Fall noch ver- und/oder entpackt werden muss, bevor es vom Patienten angewendet wird.[18] Hieraus ergibt sich eine klare Charakterisierung der Lagergüter (vgl. Abbildung 6-6).

Charakterisierung der Lagergüter									
	Hersteller/PLDL	Rohstoffe	Werkzeuge	Halb- und Fertigerzeugnisse	Ersatzteile	Büromaterial	Betriebsstoffe	Handelswaren	Abfälle
	Krankenhaus-(versorgende-)apotheke	Rohstoffe	Werkzeuge	Halb- und Fertigerzeugnisse	Ersatzteile	Büromaterial	Betriebsstoffe	Handelswaren	Abfälle
	Station	Rohstoffe	Werkzeuge	Halb- und Fertigerzeugnisse	Ersatzteile	Büromaterial	Betriebsstoffe	Handelswaren	Abfälle

Abbildung 6-6: Charakterisierung der Lagergüter in der Arzneimittel-Supply Chain.
Quelle: Eigene Darstellung.

Parallel zu den Arzneimitteln können Büromaterialien und Handelswaren die Supply Chain durchlaufen. Wie bei Sanicare und paderlog, die die Krankenhäuser neben den Arzneimitteln bspw. mit Medizinprodukten versorgen.[19] Bei paderlog werden Fertigarzneimittel und Handelswaren gelagert. Büromaterialien werden von einem externen Dienstleister kommissioniert, passend angeliefert

[16] Vgl. Kapitel 3.1.2.2, Clement, W. et al. (2005), S. 57, PharmLog (2008a).
[17] Vgl. Kapitel 3.2.3.3, Mathias-Spital (2008).
[18] Vgl. hierzu die Darstellung des Warenflusses durch die Arzneimittel-Supply Chain in Kapitel 3.2.
[19] Vgl. Sanicare (2008b).

und fließen in die Logistik mit ein.[20] Dieser Aspekt wird im Rahmen der Arbeit nicht weiter thematisiert, der Fokus liegt auf den Arzneimitteln.

6.1.4 Lagerhierarchie in der Arzneimittel-Supply Chain

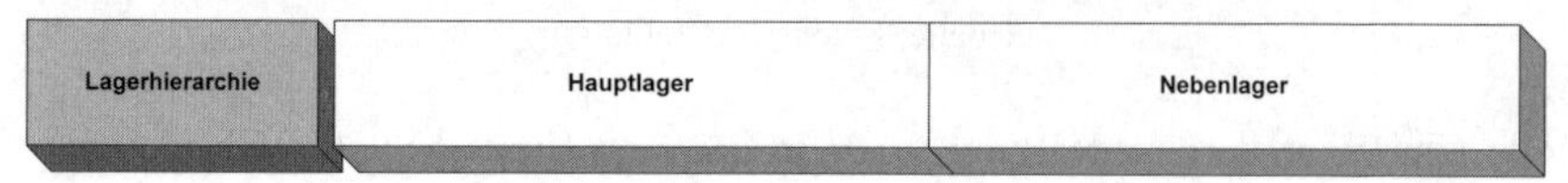

Abbildung 6-7: Lagerhierarchie als Charakteristikum
Quelle: Eigene Darstellung.

Wie in Kapitel 2.2.2 erläutert kann bei einer mehrstufigen Lagerhaltung zwischen Haupt- und Nebenlagern unterschieden werden (vgl. Abbildung 6-7). Hauptlager sind für den Warenfluss von besonderer Bedeutung. In der Arzneimittel-Supply Chain trifft dies auf die Lager der Fertigwaren beim Hersteller oder Primärlogistikdienstleister sowie das Lager in der Krankenhaus-(versorgenden-)apotheke zu.

Die Stationslager sind Nebenlager. Im Hauptlager wird der wesentliche Lagerbestand gehalten, während die Nebenlager lediglich den direkten Bedarf vorhalten sollten.[21] Bei akutem Bedarf, den das Stationslager nicht abdecken kann, wird die Ware von den Krankenhaus-(versorgenden-)apotheken kurzfristig bereitgestellt.[22] Durch eine solche hierarchische Abstufung können Schwankungen der einzelnen Stationen besser abgefangen werden, als wenn lediglich auf der letzten Supply Chain-Stufe ein Lager bestehen würde. Dies gilt im Besonderen, wenn die einzelnen Nebenlager stark überlappende Bestände aufweisen, wie es bei der Arzneimittelversorgung der Fall ist.[23]

Das Pharmacy Supply Chain Project des NHS zeigte, dass den Nebenlagern zu wenig Beachtung geschenkt wird. In den Stationslagern lagerten 16 % - 20 % des Warenwerts, ohne dass dieser erfasst wurde. Durch die Bestimmung eines idealen Lagerortes für jedes Produkt wurde das Bestandsmanagement optimiert. Bei mehreren Verbrauchsorten war dies die Apotheke. Bei einem Verbrauchsort wird das Arzneimittel direkt vor Ort gelagert. Die Ergebnisse waren:

- erhebliche Einsparungen im Jahr 2004/2005 im Heart of England Trust in Höhe von 324.000 englischen Pfund,
- eine Produktstandardisierung,
- die Senkung des gesamten Lagerbestandes,

[20] Vgl. paderlog (2008a).
[21] Vgl. Kopsidis, R. M. (2002), S. 125.
[22] Vgl. Mathias-Spital (2008), Sanicare (2008b), paderlog (2008a).
[23] Vgl. Gudehus, T. (2000), S. 308.

- freie Lagerkapazitäten und
- eine verbesserte Übersicht über die Lagerbestände.[24]

Somit sollte der Bestand der Nebenlager gering gehalten werden. Der gesetzlich geregelte Mindestbestand in der Krankenhaus-(versorgenden-)apotheke gemäß § 30 ApBetrO begrenzt den Spielraum.[25] Aber gerade auf den Stationen sind überhöhte Vorräte durch ein strukturiertes Management der Bestände zu vermeiden. Eine Abschaffung der Nebenlager auf der Station ist aufgrund von Notfällen und spontan auftretendem Bedarf nicht möglich. Allerdings wird im weiteren Verlauf der Arbeit erläutert, wie durch die patientenorientierte Arzneimittelversorgung und EDV-Unterstützung eine Bestandsoptimierung vorangetrieben werden kann.

Trotz des angezeigten Optimierungsbedarfs deutet sich keine Beeinflussung der grundsätzlichen Lagerhierarchie in der Arzneimittel-Supply Chain an (vgl. Abbildung 6-8).

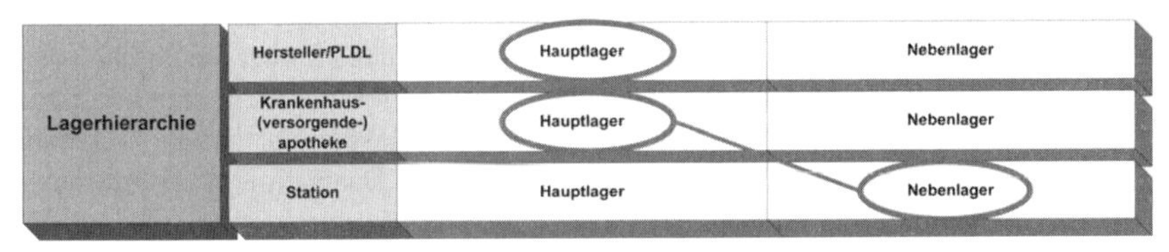

Abbildung 6-8: Lagerhierarchie in der Arzneimittel-Supply Chain
Quelle: Eigene Darstellung.

6.1.5 Räumliche Lagergestaltung in der Arzneimittel-Supply Chain

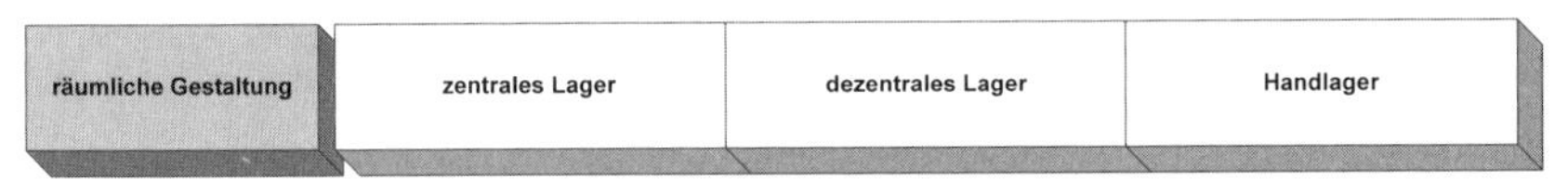

Abbildung 6-9: Räumliche Lagergestaltung als Charakteristikum
Quelle: Eigene Darstellung.

Eng mit der Aufteilung in Haupt- und Nebenlager ist die räumliche Gestaltung der Lagerhaltung verknüpft. Hier können zentrale Lager, dezentrale Lager und Handlager unterschieden werden (vgl. Abbildung 6-9).[26] Die Kombination aus einem Zentrallager und Handlager stellt die klassische Umsetzung von Haupt- und Nebenlagern in einem Unternehmen dar.

---

[24] Vgl. Madden, C. (2005).
[25] Vgl. § 30 S. 1 ApBetrO.
[26] Vgl. Kapitel 2.2.2.

Die Arzneimittelhersteller komprimieren derzeit ihre Distributionslager, teilweise werden die Lager mehrerer Länder zusammengelegt. In Kombination mit dem Postponement ist eine Reduktion des Lagerbestandes möglich. Dies führt zu einer Konzentration der Verantwortung.[27] Distributionszentren bieten den Herstellern die Möglichkeit, ihr Leistungsspektrum zu erweitern.[28] Die an PharmLog angebundenen Hersteller lagern ihre Waren zentral. Diese werden im Anschluss an die Produktion direkt bei PharmLog eingelagert und von dort an die Kunden geliefert.[29]

Die Analyse zeigte, dass Arzneimittelhersteller im Regelfall Zentrallager betreiben. So kann die Lagerauslastung optimiert werden. Der gesamte Raumbedarf nimmt ab. Das Konzept unterstützt die Kontrolle und Überwachung, zudem sinken die Personal- und Verwaltungskosten.[30]

Gemäß § 43 Abs. 1 AMG dürfen Arzneimittel lediglich über Apotheken zum Endabnehmer gelangen. Die Arzneimittel werden an die Krankenhaus-(versorgende-)apotheke geliefert, die das Zentrallager für die Arzneimittel aus Sicht der Krankenhäuser darstellt.[31]

Lebensnotwendige Arzneimittel müssen im Krankenhaus sofort verfügbar sein. Dies sind nach der NHS-Charakterisierung Arzneimittel, die nicht substituierbar sind und deren Fehlen gravierende Folgen für die Gesundheit haben.[32] Gemäß § 31 Abs. 1 ApBetrO dürfen die Arzneimittel nur auf Basis einer Verschreibung und in Ausnahmefällen nach schriftlicher Anforderung durch einen Arzt an die Station geliefert werden.[33] Diese gesetzliche Regelung schließt eine rein dezentrale Lagerhaltung der Arzneimittel auf den Stationen aus. Diese Zuordnung gilt ebenfalls für die Schrankversorgung. Ein Konzept, das diese Zuordnung ausschaltet, ist die dezentrale Lagerhaltung in Satellitenapotheken, die im Krankenhaus verteilt positioniert sind. Dieses ist aber mit dem derzeitig im Krankenhaus beschäftigten Apothekenpersonal nicht realisierbar.[34]

Die Handlager auf den Stationen garantieren einen schnellen Zugriff auf die benötigten Arzneimittel.[35] Sie erhöhen aber die Dauer der Bestellabwicklung und

---

[27] Vgl. Schulze, F. et al. (2004), S. 50ff.

[28] Vgl. Berlemann, D. (2004), S. 54.

[29] Vgl. PharmLog (2008a).

[30] Vgl. Schulte, G. (2001), S. 259, Nahmias, S. (2005), S. 296.

[31] Vgl. § 43 Abs. 1 AMG. In § 47 Abs. 1 S. 2, 3 und 3b finden sich Ausnahmeregeln für die direkte Abgabe an Krankenhäuser, diese grenzen aber die Notwendigkeit der Krankenhausapotheke nicht ein.

[32] Vgl. Stead, D. et al. (2005), S. 11.

[33] Vgl. § 31 Abs. 1 ApBetrO.

[34] Vgl. Strehl, E. et al. (1995), S. 736f., Gonnermann, C. (1992), S. 161.

[35] Vgl. Müller, J. (1999), S. 89, Schulte, G. (2001), S. 260. Wie im Rahmen des NHS Projektes gezeigt wurde, sind durch die Optimierung der Stationslager deutliche Einsparungen realisierbar. Vgl. Madden, C. (2005).

belasten das Pflegepersonal mit pflegefremden Aufgaben.[36] Es muss ein Kompromiss gefunden werden zwischen den Endnutzern, die direkt auf die Arzneimittel zugreifen und den Bestand kontrollieren wollen, und der Verwaltung, die die Kosten senken will und daher zu viele Lagerstufen und –orte und somit zu hohe Bestände vermeiden möchte.[37]

Auch bei der Unit-Dose-Versorgung besteht auf der Station ein Handlager. Dies enthält zumindest Notfallmedikamente sowie Arzneimittel, die sporadisch zum Einsatz kommen.[38]

Die räumliche Lagergestaltung in der Supply Chain ist, bei den in Deutschland derzeit realisierbaren Konzepten, einheitlich und nicht beeinflussbar (vgl. Abbildung 6-10).

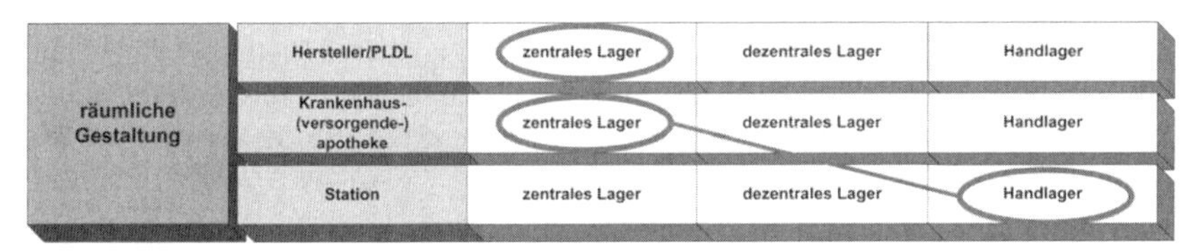

Abbildung 6-10: Räumliche Gestaltung der Lagerhaltung in der Supply Chain
Quelle: Eigene Darstellung.

6.1.6 Lagereigentümer in der Arzneimittel-Supply Chain

Abbildung 6-11: Eigentümer als Charakteristikum
Quelle: Eigene Darstellung.

Die Darstellung zur Gestaltung des Eigentumsrechts orientiert sich an den Ausführungen in Kapitel 2.2.2 (vgl. Abbildung 6-11).

Das Lager und die Distribution stellen bevorzugte Outsourcingobjekte der Arzneimittelhersteller dar.[39] Die Eigentumsrechte sind bei der Vergabe der Aufgaben durch die Arzneimittelhersteller an einen Primärlogistikdienstleister von Bedeutung. Hier ist zunehmend das Konzept der Fremdlager anzutreffen. Statt die Arzneimittel im eigenen Lager zu verwalten, lagert der Arzneimittelherstel-

[36] Vgl. Hamm, M. (2002), S. 81
[37] Vgl. Whitmee, P. (2000), S. 5.
[38] Vgl. Mathias-Spital (2008).
[39] Vgl. Schulze, F. et al. (2004), S. 50ff.

ler die Waren beim Primärlogistikdienstleister ein, bleibt aber der Eigner. So ist ihm der Bestand bekannt und er trägt die Bestandsverantwortung.[40] Da der Primärlogistikdienstleister die Güter nicht lediglich einlagert, sondern weiter verarbeitet und kommissioniert, handelt es sich nicht um eine Lagerei sondern um ein Konsignationslager.[41] Dieses Konzept hat für den Hersteller den Nachteil, dass er das Absatzrisiko selber trägt, aber den Vorteil, dass ihm Informationen über den Warenfluss vorliegen. Die Hersteller können nachvollziehen, an wen welche Produkte wann zu welchen Konditionen geliefert werden.[42]

Die Arzneimittel der Krankenhaus-(versorgenden-)apotheke werden im Regelfall dem Träger der Apotheke zugeordnet, die der Stationen werden den Beständen des Krankenhauses zugewiesen. Es liegen somit Eigenlager vor. Konsignationslager bieten die Möglichkeit, den Lieferanten die Lagerhaltung durchführen zu lassen. Allerdings fehlt im Regelfall die elektronische Anbindung an die Lieferanten, sodass Mitarbeiter der Lieferanten das Lager in der Apotheke bzw. auf der Station pflegen müssten.[43] Bei einer Anbindung der Arzneimittelhersteller können Pay-per-use-Konzepte umgesetzt werden. Arzneimittel werden nur bezahlt, wenn sie verbraucht werden.[44]

In anderen Bereichen kam dieses Verfahren zum Untersuchungszeitpunkt bereits zum Einsatz. Ethicon und Medical Columbus haben gemeinschaftlich ein Konzept zur Erfassung der Warenbestände von Medikalprodukten im Konsignationslager entwickelt. Ab der Stichtagsinventur werden alle aus- und eingehenden Waren per Scanner erfasst, sodass der aktuelle Warenbestand jederzeit abgerufen werden kann. Neben der Reduktion des Arbeitsaufwandes ermöglicht dieses Vorgehen eine patientenindividuelle Zuordnung des Materialverbrauchs.[45] Solche Konzepte könnten durch elektronische Versorgungsschränke auf den Stationen optimal unterstützt werden.

Ein Konsignationslager der Hersteller in der Krankenhaus-(versorgenden-)apotheke würde von den Apothekern begrüßt. Wobei vonseiten der paderlog das zeitliche Aussetzen der Zahlung, die sogenannte Valutierung, als Alternativkonzept angeführt wurde. Allerdings wird die Umsetzung des Konzeptes bis auf die Station sehr kritisch gesehen. Es wird befürchtet, dass die Hersteller ihr Wissen missbrauchen und für aggressive Marketingkampagnen nutzen würden.[46]

Für die Hersteller wäre die Einführung eines Konsignationslagers in der Apotheke im Gegenzug nur attraktiv, wenn für sie ein Nutzen entsteht. Ein Anreiz könnten Informationen über konkrete Lagerbestände oder -abgänge sein. Ist ein

---

[40] Vgl. PharmLog (2008a).
[41] Vgl. Kopsidis, R. M. (2002), S. 125.
[42] Vgl. Kapitel 2.2.2.
[43] Vgl. Isenberg, D. (2002), S. 249.
[44] Vgl. Behrens, M. et al. (2006), S. 21.
[45] Vgl. Isenberg, D. (2002), S. 250f.
[46] Vgl. paderlog (2008a).

solches Entgegenkommen vonseiten der Apotheker nicht möglich, werden sie keine Umsetzung anstreben.[47]

Die Umsetzung eines Konsignationslagers in deutschen Krankenhäusern ist somit realisierbar. Dies hat für die Krankenhäuser den Vorteil, dass die Kapitalbindungskosten reduziert werden und die Versorgungssicherheit zunimmt. Allerdings nimmt die Anhängigkeit von den Lieferanten zu.[48] Das Konzept des Konsignationslagers für Arzneimittel sollte vonseiten der Krankenhaus-(versorgenden-)apotheken ausführlich geprüft werden (vgl. Abbildung 6-12). Im weiteren Verlauf der Analyse wird auf den Informationsaustausch und die Kommunikation zwischen den Parteien eingegangen. Die Optimierung dieser Bereiche kann die Umsetzung von Konsignationslagern in der Krankenhaus-(versorgenden-)apotheke unterstützen.

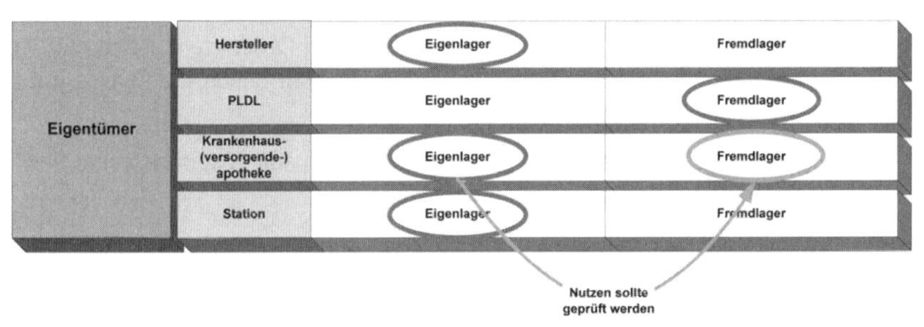

Abbildung 6-12: Lagereigentümer in der Arzneimittel-Supply Chain.
Quelle: Eigene Darstellung.

6.1.7 Lagerplatzzuordnung in der Arzneimittel-Supply Chain

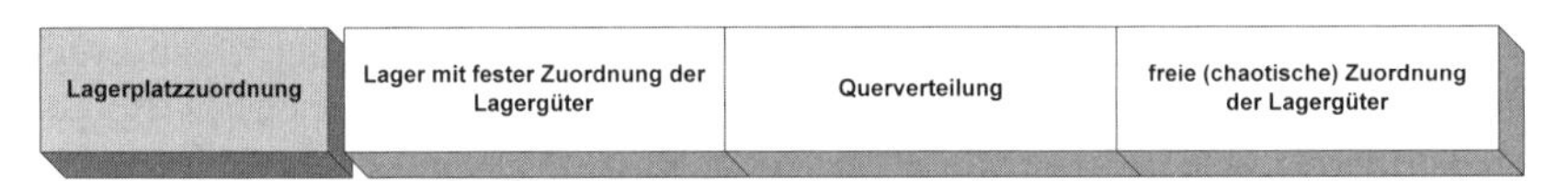

Abbildung 6-13: Lagerplatzzuordnung als Charakteristikum
Quelle: Eigene Darstellung.

Die Zuordnung der Lagerplätze ist für die Lagergestaltung und das Lagermanagement von Bedeutung (vgl. Abbildung 6-13). Bei Arzneimitteln ist vor allem zu beachten, ob produktspezifische Vorgaben zur Lagerung existieren, die eine

[47] Vgl. Simchi-Levi, D. et al. (2000), S. 134, Fernekohl, W. et al. (2001), S. 1005, Schulte, G. (2001), S. 260, Werner, H. (2008), S. 203.

[48] Vgl. Werner, H. (2008), S. 203.

grundsätzliche Lagersortierung vorgeben.[49] Dies führt zu einer Querverteilung nach Lagerart.[50]

Im Rahmen der Erhebungen wurden verschiedene Zuordnungskonzepte beobachtet:

- PharmLog betreibt eine arzneimittelgerechte chaotische Lagerhaltung.[51]
- Bei paderlog und Sanicare werden die Lagergüter zunächst nach Umschlagshäufigkeit, Temperatur und Größe vorsortiert. Innerhalb dieser Ordnung werden sie nach dem freien chaotischen Ansatz gelagert, was zu einer Querverteilung führt.[52]
- Im Baxter Automaten des Mathias Spitals werden die Arzneimittel chaotisch gelagert.[53]
- Andere große Krankenhaus-(versorgende-)apotheken, wie das Klinikum rechts der Isar[54] in München oder das Medical Order Center (MOC)[55] in Ahlen, arbeiten mit Kommissionierautomaten, in denen die Waren automatisch chaotisch eingelagert werden.
- Auf den Stationen hat im Regelfall jedes Medikament seinen festen Stellplatz; die Sortierung erfolgt alphabetisch.[56]

Die Form der Lagerhaltung sollte an die Lagersteuerung und Lagergröße gekoppelt sein. Eine freie chaotische Lagerhaltung ist nur realisierbar, wenn die Lagerposition gewissenhaft erfasst wird. Die PASA empfiehlt in diesem Zusammenhang den Einsatz von EDV-Systemen, die die Lagerposition der Arzneimittel kennen und zuordnen können.[57]

Je größer ein Lager und die gelagerte Artikelvielfalt sind, desto eher wird von einer festen Lagerplatzzuordnung abgewichen, um die Lagerfläche zu reduzieren.[58] Dies ist in der Arzneimittel-Supply Chain bei den Primärlogistikdienstleistern, wie PharmLog, und in großen Krankenhaus-(versorgenden-)apotheken zu beobachten.[59] Muss ein unkomplizierter manueller Eingriff sichergestellt werden, wird im Regelfall auf eine feste Zuordnung der Lagerplätze zurückgegriffen, wie es bei den Stationslagern zu beobachten ist. Dies gilt sowohl

---

[49] Vgl. Jung, J. (1986), S. 21f.
[50] Vgl. Kapitel 2.2.2.
[51] Vgl. PharmLog (2008e), PharmLog (2008a).
[52] Vgl. Sanicare (2008b), paderlog (2008a).
[53] Vgl. Mathias-Spital (2008).
[54] Vgl. Amann, S. (2002), S. 393.
[55] Vgl. Walter, M. (2002), S. 30.
[56] Vgl. Sanicare (2008b)
[57] Forrest, S. et al. (2006), S. 15.
[58] Vgl. Vry, W. (2004), S. 141, Weber, R. (2006), S. 311f.
[59] Vgl. Sanicare (2008b), PharmLog (2008e), PharmLog (2008a).

für die klassischen Stationslager, um einen besseren Überblick zu gewährleisten, welche Arzneimittel nachbestellt werden müssen, als auch für Schranksysteme nach dem Kanban-Prinzip. Eine alternative Zuordnung ist im Konzept der elektronischen Versorgungsschränke zu finden, welches in Deutschland noch nicht realisiert wird. Hier werden die Waren chaotisch eingeordnet.

Eine Querverteilung, wie sie von der paderlog praktiziert wird, kann helfen, die Kommissionierungswege zu minimieren und das Personal zu entlasten. Die Kühlwaren sind in dem Lager integriert, sodass die Wegstrecken optimiert werden.[60]

Generell zeigte die Fallstudienerhebung, dass intuitiv ein passendes Konzept der Lagerplatzzuordnung gewählt wurde (vgl. Abbildung 6-14).

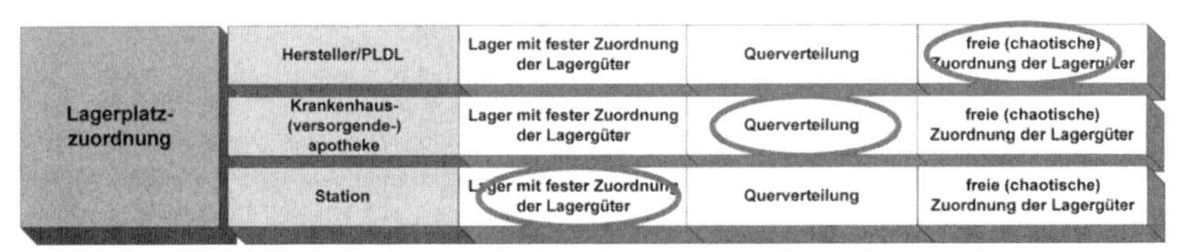

Abbildung 6-14: Lagerplatzzuordnung in der Arzneimittel-Supply Chain.
Quelle: Eigene Darstellung.

6.1.8 Lagersortierung in der Arzneimittel-Supply Chain

Abbildung 6-15: Lagersortierung als Charakteristikum
Quelle: Eigene Darstellung.

Eine klassische Stofforientierung oder Verbrauchsorientierung (vgl. Abbildung 6-15) ist in der Arzneimittel-Supply Chain aufgrund der Vielzahl von Wirkstoffen und Anwendungsgebieten von nachgelagerter Bedeutung.[61] Die Lagerung der Arzneimittel orientiert sich vielmehr an den stoffspezifischen Lageranforderungen, wie der Temperatur, oder dem patientenindividuellen Verbrauch.[62]

Gerade beim Absatzlager der Hersteller wird lediglich eine Befolgung der generellen Lageranforderungen sichergestellt. Die Lagergestaltung orientiert sich

---

[60] Vgl. paderlog (2008a).

[61] Vgl. Kapitel 3.1.1.1.

[62] Vgl. Jung, J. (1986), S. 21f.

weder an der Wirkungsweise und dem Einsatzgebiet der Arzneimittel noch an dem zukünftigen Bestimmungsort.[63]

Die Experteninterviews zeigten, dass in Krankenhaus-(versorgenden-)apotheken angestrebt wird, jeden Stoff lediglich von einem Hersteller zu beziehen. Dies schließt eine Gruppierung aus.[64]

Auf den Stationen wird in Ausnahmefällen eine Verbrauchsorientierung nach Anwendungsgebieten vorgenommen, um den Schwestern im Notfall das Auffinden des richtigen Stoffes zu erleichtern. Im Regelfall werden die Arzneimittel jedoch alphabetisch sortiert.[65] Im Bezug auf die Unit-Dose-Versorgung und der anschließenden Lagerung der Blisterstreifen in dem Verteilwagen kann von einer patientenindividuellen Verbrauchsorientierung gesprochen werden.[66]

Von einer Zuordnung der einzelnen Lager nach Sortierungsobjekten wird aufgrund der eingeschränkten Umsetzbarkeit abgesehen.

6.1.9 Lagersteuerung in der Arzneimittel-Supply Chain

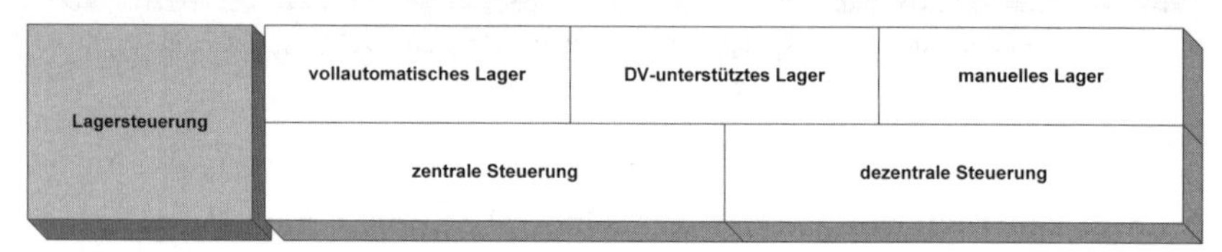

Abbildung 6-16: Lagersteuerung als Charakteristikum
Quelle: Eigene Darstellung.

Bei der Steuerung des Lagers ist zum einen zu unterscheiden, in wie weit eine EDV-Unterstützung vorliegt. Zum anderen ist zu analysieren, von welcher Partei die Steuerung vorgenommen wird (vgl. Abbildung 6-16).[67]

Die EDV-unterstützten Lager der Hersteller und Primärlogistikdienstleister werden im Regelfall zentral durch den Hersteller gesteuert. Dieser gibt den Warenfluss von der Produktion bis zur Krankenhausapotheke vor. Die Arzneimittel werden elektronisch erfasst und mittels Fördertechnik, schienengeführter Regalbediensysteme und datenfunkgesteuerten Schubmaststaplern an den Lagerort gebracht.[68]

---

[63] Vgl. PharmLog (2008e).
[64] Vgl. Sanicare (2008b), Mathias-Spital (2008), paderlog (2008a).
[65] Vgl. Sanicare (2008b).
[66] Vgl. Mathias-Spital (2008).
[67] Vgl. Kapitel 2.2.2.
[68] Vgl. PharmLog (2008e).

Vollautomatische Lager agieren ohne manuelle Eingriffe. Sie haben den Vorteil einer ganzheitlichen Bestandserfassung und Nachverfolgung. In der Arzneimittel-Supply Chain in Deutschland sind zwei Formen der vollautomatischen Lagerhaltung implementiert. Zum einen existieren in größeren Krankenhaus-(versorgenden-)apotheken Kommissionierautomaten, die die Arzneimittel nach der Anlieferung über Größe, Gewicht und Form identifizieren, einlagern und auf Anforderung stationsbezogen kommissionieren.[69] Zum anderen sind die Dispensierautomaten zu nennen, die mit Schüttware befüllt werden und diese patientenindividuell gemäß der Verordnung zusammenstellen. Daneben existiert das System der elektronischen Versorgungsschränke auf der Station, welches in Deutschland noch nicht umgesetzt wurde.[70]

Die Lagersteuerung der Krankenhausapotheken und Stationen erfolgt weitestgehend dezentral, wobei die Krankenhausapotheke gemäß § 14 Abs. 5 S. 3 ApoG eine beratende Funktion gegenüber den Stationen einnimmt.[71] Die Stationslager sind im Regelfall manuelle Lager. Die Bestandsführung und das Warenmanagement werden per Augenmaß bzw. auf Basis individueller Erfahrungen durchgeführt. Ein Ansatz der zentralen Steuerung durch die Apotheke stellen Schranksysteme dar. Sowohl in analoger als auch in elektronischer Form werden sie durch einen Versorgungsassistenten koordiniert. Das System hat die Vorteile, dass die Lieferung am Verbrauch ausgerichtet ist und nach festen Regeln verläuft.[72]

Eine solche Unterstützung bietet sich an. Subjektive Entscheidungen des Stationspersonals können vermieden werden. Die Lagerkosten können gesenkt werden und die Abstimmung zwischen den Parteien wird erleichtert. Bei der Umsetzung einer technischen Unterstützung ist zu prüfen, ob die notwendigen IT-Ressourcen für einen Informationsaustausch vorhanden sind und ob diese den Anforderungen entsprechen. [73] Die Software muss bspw. in der Lage sein, Meldung zu geben, wenn Grenzbestände erreicht werden.[74] Das EDV-System der paderlog erleichtert nach Aussage der Mitarbeiter die Bestellungen und die Kommissionierung.[75]

Die Best Practices des Pharmacy Supply Chain Projects zeigen, dass im Idealfall ein geeignetes Computersystem eingesetzt wird, um die Bestände und Leistungen zu überwachen und jederzeit aktuelle Bestandsdaten vorliegen zu haben.[76]

---

[69] Vgl. Grabst, U. (2008), S. 47f., Amann, S. (2002), S. 393, Walter, M. (2002), S. 30.

[70] Vgl. Kapitel 3.2.3.3.

[71] Vgl. § 14 Abs. 5 S. 3 ApoG.

[72] Vgl. Pieper, U. et al. (2002), S. 317.

[73] Vgl. Ireland, R. K. et al. (2005), S. 163, Langemann, T. et al. (2002), S. 40, Dehler, M. et al. (2003), S. 10.

[74] Vgl. Ireland, R. K. et al. (2005), S. 163, Langemann, T. et al. (2002), S. 41.

[75] Vgl. Backhaus, B. et al. (2005), S. 630.

[76] Vgl. Forrest, S. et al. (2006), S. 6.

Zur Realisierung dieser Best Practice muss vor allem auf den Stationen eine Abkehr von den manuell geführten Lagern stattfinden (vgl. Abbildung 6-17).

Bezüglich der Patientenversorgung stellt die patientenorientierte Arzneimittelversorgung[77] eine automatisierte, zentrale Umsetzung der Lagersteuerung dar. Diese Versorgung ist mit einer Reihe von Startinvestitionen und Restrukturierungsmaßnahmen verbunden, hat aber im Bezug auf Zeit und Qualität der Versorgung deutliche Vorteile (vgl. Abbildung 6-18).[78] Von den Experten wird besonders die Vermeidung von Medikationsrisiken hervorgehoben. Allerdings sind für das Konzept die Nähe der Apotheker zur Station sowie ausreichend Personal notwendig. Dies erschwert die Umsetzung im Besonderen bei externen Apotheken.[79]

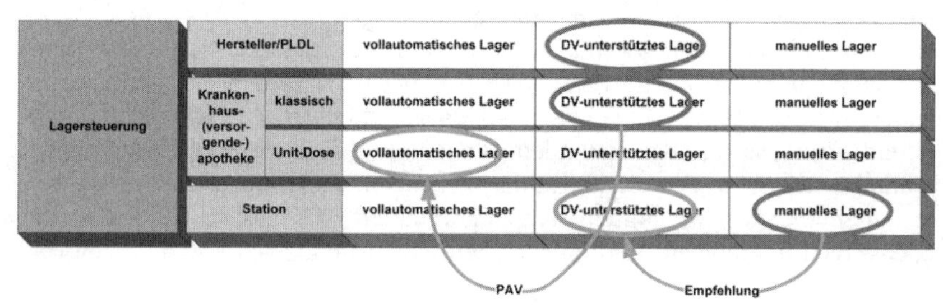

Abbildung 6-17: EDV-Unterstützung der Lagersteuerung in der Arzneimittel-Supply Chain. Quelle: Eigene Darstellung.

Lagersteuerung
Hersteller/PLDL
zentrale Steuerung
dezentrale Steuerung
Kranken-haus-(versor-gende-) apotheke
klassisch
zentrale Steuerung
dezentrale Steuerung
Unit-Dose
zentrale Steuerung
dezentrale Steuerung
Station
zentrale Steuerung
dezentrale Steuerung
PAV

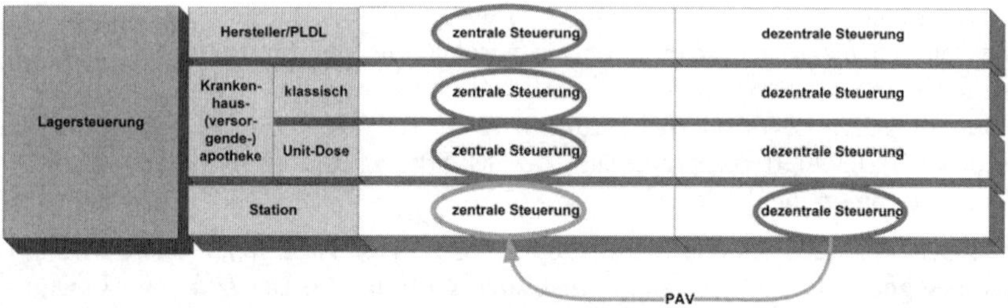

Abbildung 6-18: Zentralisationsgrad der Lagersteuerung in der Arzneimittel-Supply Chain. Quelle: Eigene Darstellung.

[77] Vgl. Kapitel 3.2.3.3.

[78] Vgl. Baehr, M. et al. (2004), S. 441.

[79] Vgl. paderlog (2008a), Sanicare (2008b), Mathias-Spital (2008).

6.2 Kooperation in der Arzneimittel-Supply Chain

Die Kooperation ist ein wesentlicher Aspekt bei der Supply Chain-Gestaltung, sie wird durch eine Vielzahl von Charakteristika beeinflusst. Diese reichen von der Beziehung der Supply Chain-Parteien bis zur Ausgestaltung der Prozesse zwischen den Parteien.[80]

6.2.1 Beziehungen der Supply Chain-Parteien

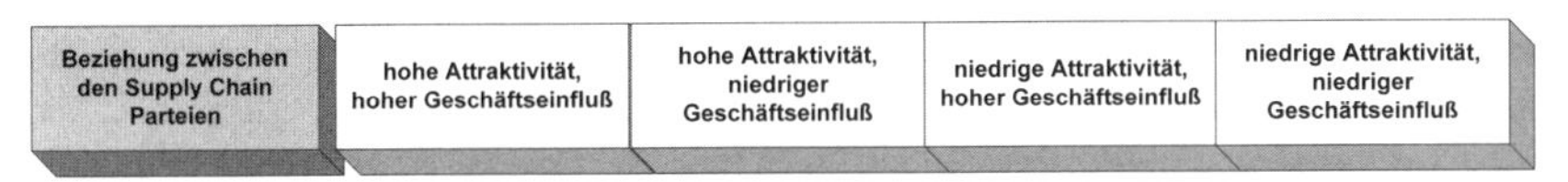

Abbildung 6-19: Beziehung zwischen den Parteien als Charakteristikum
Quelle: Eigene Darstellung.

Zur Analyse der Beziehungen zwischen den Supply Chain-Parteien werden zwei Aspekte herangezogen (vgl. Abbildung 6-19):

- Die Attraktivität einer Zusammenarbeit für die Parteien.
- Der Geschäftseinfluss der Zusammenarbeit auf die Parteien.

Die Implementierung eines ganzheitlichen Supply Chain Managements wird durch eine hohe Attraktivität und einen hohen Geschäftseinfluss gefördert.[81]

6.2.1.1 Aktuelle Gestaltung der Beziehungen

Das Servicelevel von 95,5 % in der Arzneimittel-Supply Chain weist Defizite auf. Laut CLEMENT ET AL. ist dies im Wesentlichen das Resultat des schlechten Servicelevels der Hersteller.[82] Ein weiteres Optimierungspotenzial ist in dem Abbau von Doppelbeständen auf den Supply Chain-Stufen zu erkennen. Dies wurde in den USA bspw. bei der Zusammenarbeit der Arzneimittelhersteller Eli Lilly und Bristol Myers Sqibb (BMS) mit Großhändlern wie Longs Drug Store festgestellt.[83] In der Vergangenheit traten zudem strategische Fehlentscheidungen auf. Bspw. verfolgte BMS im Jahr 2002 eine sehr aggressive Verkaufsstrategie. Dies führte dazu, dass die Großhändler hohe Bestände aufbauten. Der Abbau dauerte bis Ende des Jahres 2003.[84]

---

[80] Vgl. Kämmerer, W. (1999), S. 315f.

[81] Vgl. Schönsleben, P. (2007), S. 80.

[82] Vgl. Clement, W. et al. (2005), S. 45. Eine Untersuchung in der Konsumgüterindustrie ergab 2003 ein durchschnittliches Servicelevel von 97,5 %, die Top fünf Lieferanten erzielten einen Durchschnittswert von 99,8 %. Vgl. Thonemann, U. (2004), S. 20.

[83] Vgl. Lee, H. L. et al. (1997), S. 94.

[84] Vgl. Tierney, S. (2003), S. 15.

Im ersten Halbjahr 2004 stagnierten die Erlöse bei einigen Arzneimittelherstellern und es traten zweistellige Gewinnrückgänge auf. Dies führte nach SCHULZE ET AL. dazu, dass das Management des Distributionskanals verstärkt betrachtet wurde.[85]

Im Rahmen der Fallstudienerhebung wurde herausgestellt, dass ein Supply Chain Management aus produktionslogistischer Sicht für die Hersteller keine Vorteile bietet. Die Produktion wird langfristig geplant und ist nicht so flexibel wie in anderen Branchen.[86] Nichtsdestotrotz hat der Krankenhausmarkt für die Hersteller eine hohe Bedeutung. Über ihn werden neue Medikamente in den Markt eingeführt.[87] Eine verbesserte Marktkenntnis durch eine intensive Zusammenarbeit ermöglicht ihnen eine optimierte Planung sowie gezielte Marketingaktivitäten. Was eine hohe Attraktivität des Supply Chain Managements für die Arzneimittelhersteller begründet.

Der Nutzen einer intensiven Beziehung zwischen Hersteller und Primärlogistikdienstleister wird von beiden Seiten erkannt.[88] In diesem Bereich ist kein konkreter Optimierungsbedarf erkennbar.

Die durchgeführten Interviews zeigten, dass die Krankenhaus-(versorgenden-)apotheken einer intensiven Zusammenarbeit mit den vorgelagerten Stufen skeptisch gegenüberstehen. Es werden Abhängigkeiten und eine Einschränkung der Flexibilität befürchtet. Es wurden keine Informationen bezüglich des konkreten Verbrauchs an die Hersteller weitergegeben. Im Gegenteil wurde explizit die Befürchtung geäußert, dass diese Daten zu Manipulationsversuchen durch die Hersteller führen würden.[89]

Für die Beziehungen zwischen Krankenhaus-(versorgender-)apotheke und den Stationen wurde durch die Experten ein hoher Geschäftseinfluss bestätigt. Die Stationen nehmen die beratende Funktion des Apothekers in Anspruch. Im Mathias-Spital ist die Anbindung besonders ausgeprägt. Die Apotheke greift aktiv in den Verordnungsprozess ein, indem sie die Medikation überprüft und eventuelle korrigierende Schritte einleitet.[90] Die Abteilung zur Arzneimittelinformation der paderlog berät das Personal der angeschlossenen Einrichtungen auf Basis von wissenschaftlichen Studien. Pro Jahr gehen rund 1.000 Anfragen ein.[91]

---

[85] Vgl. Schulze, F. et al. (2004), S. 47.

[86] Vgl. PharmLog (2008a).

[87] Vgl. Schwabe, U. et al. (2007), S. 33.

[88] Vgl. PharmLog (2008a).

[89] Vgl. Mathias-Spital (2008), paderlog (2008a).

[90] Vgl. Mathias-Spital (2008).

[91] Vgl. paderlog (2008c). Auch im Rahmen von wissenschaftlichen Studien liegt häufig eine Beeinflussung durch die Industrie vor. Dies führte dazu, dass 2001 die Herausgeber von 13 wissenschaftlichen Zeitschriften bekannt gaben, Studien nur noch zu veröffentlichen, wenn die Autoren versicherten, einen ganzheitlichen Datenzugang gehabt zu haben und die Studie eigenverantwortlich erstellt zu haben. Vgl. Angell, M. et al. (2002), S. 102. Wie der aktuelle Skandal um verfälschte Stu-

6.2.1.2 Optimierungspotenziale der Beziehungen

Cardinal Health strebt durch seine vertikale Unternehmensstruktur die Optimierung des Informationsflusses zwischen den einzelnen Supply Chain-Stufen an. Die am Verbrauchspunkt erhobenen Daten werden ausgewertet, um Prognosen für alle Supply Chain-Parteien zu erstellen. So kann der Ressourcenbedarf optimiert und eine Synchronisation der Supply Chain umgesetzt werden.[92] ALBRIGHT hebt aus Sicht der Krankenhäuser die allzeit aktuellen Bestandsinformationen und die automatische Generierung der Bestellungen als positive Aspekte einer engen Zusammenarbeit mit dem Lieferanten hervor.[93]

Auch das Pharmacy Supply Chain Project des NHS zeigt, dass die Intensivierung der Zusammenarbeit der Supply Chain-Parteien einen großen Geschäftseinfluss auf die Krankenhäuser hat und hebt die Attraktivität für die Krankenhäuser hervor. Die Kooperation mit Unichem und AAH führte zu einer stärkeren Bündelung des Warenflusses und einer Optimierung der Abläufe.[94]

Nach einer Studie von FESTEL CAPITAL nimmt die Bedeutung des Supply Chain Managements im Krankenhaus aufgrund des steigenden Kostendrucks im Standardbereich und den wachsenden Qualitätsanforderungen im hochwertigen Bereich zu. Das Einsparpotenzial der Auslagerung der Supply Chain-Kompetenz wird mit 0,2 % des Gesamtumsatzes des Pharma-Mixes bzw. 0,15 % des Umsatzes der Generika beziffert.[95]

6.2.1.3 Empfehlungen zur Ausgestaltung der Beziehungen

Durch eine stärkere Einbeziehung der Lieferanten werden nicht nur die Warenbewegungen optimiert, sondern auch der Informationsfluss.[96] Nach IRELAND steigern Unternehmen, die eine funktionierende Zusammenarbeit mit den vertikalen Partnern aufweisen, ihren Umsatz und reduzieren ihre Betriebskosten.[97]

Aus den hohen Margen der Arzneimittelhersteller in der Vergangenheit resultiert eine schlechte operative Performance und eine geringe Supply Chain-Reife. Durch die geänderten Rahmenbedingungen sollte eine exzellente Produktversorgung der Kunden angestrebt werden. Die PRTM-Studie lieferte die folgenden Handlungsempfehlungen für die Bio- und Pharmabranche:

- Kernziel aller Bemühungen sollte die Kundenzufriedenheit sein.

---

dien im Zusammenhang mit Vioxx zeigt, schützt auch dieses Vorgehen nicht abschließend vor Manipulationen. Vgl. DeAngelis, C. D. et al. (2008), S. 1833ff.

[92] Vgl. Kapitel 5.5.2.

[93] Vgl. Albright, B. (2004), S. 37f.

[94] Vgl. Kapitel 5.6.3.

[95] Vgl. Festel, G. (2004), S. 6, O.V. (2004a), S. 14.

[96] Vgl. Fernekohl, W. et al. (2001), S. 1003f.

[97] Vgl. Ireland, R. K. et al. (2005), S. 2.

- Durch Geschäftsintegrationen oder Kooperationen mit Partnern können Schlüsselkompetenzen geschaffen werden.[98]

Diese Empfehlungen können durch ein Supply Chain Management-Konzept realisiert werden. Der Kundenservice ist, wie das House of Supply Chain Management veranschaulicht, das primäre Ziel aller Bemühungen. Durch die Umsetzung des Konzeptes wird die Integration und Kooperation der Parteien angestrebt.[99] Arzneimittelhersteller sollten darauf achten, ihre Innovationsbemühungen über die richtigen Wege umzusetzen und die Erfolgschance einer Kooperation mit den nachgelagerten Supply Chain-Stufen im Vorfeld sorgfältig abwägen.[100]

Für Krankenhäuser bedeutet ein erfolgreiches Arzneimittelmanagement nicht nur finanzielle Sicherheit, sondern auch eine verbesserte Patientenversorgung.[101] ZWEIG empfahl 2005, dass Krankenhäuser mit der Industrie privilegierte Partnerschaften entwickeln sollten. Zwar seien Kooperationen nicht in dem Maße realisierbar wie in der Automobilindustrie, aber Beispiele aus den USA würden zeigen, dass es Ausgestaltungsmöglichkeiten gäbe.[102] Die schnell fortschreitende Logistikentwicklung steigert das Risikopotenzial. Daher ist es hier wichtig, ein konsequentes Risikomanagement einzuführen.[103] Trotz der befürchteten Anhängigkeit und der Angst von Informationsmissbrauch sollte eine Kooperation überdacht werden.

Die Beziehungen entlang der Arzneimittel-Supply Chain haben für alle Parteien einen hohen Einfluss auf den Unternehmenserfolg. Allerdings werden sie von den Parteien nicht als attraktiv angesehen. Es wird angezweifelt, dass die Kooperation zu einer Win-Win Beziehung führt. Nach A. T. KEARNEY führen ein hoher Geschäftseinfluss und eine niedrige Attraktivität der Beziehung dazu, dass eine Intensivierung der Zusammenarbeit sehr unwahrscheinlich ist.[104]

Für die Realisierung einer Kooperation ist es notwendig, dass alle betroffenen Parteien den Nutzen erkennen. Ist dies nicht möglich, sollte die Restrukturierung der Beziehungen angedacht werden. Das Einschalten eines Logistikdienstleisters mit Großhandelszulassung als Clearingstelle zwischen den Herstellern und den Apotheken ist eine solche Option.

Solange die Primärlogistikdienstleister lediglich operative Aufgaben ausführen, genügt es, wenn sich die Hersteller und die Apotheken der Bedeutung der Kooperation bewusst werden. Wird der Dienstleister als strategische Komponente

---

[98] Vgl. Roussell, J. et al. (2007), S. 12f.
[99] Vgl. Hübner, U. (2008), S. 309.
[100] Vgl. Davila, T. et al. (2005), S. 83f., Ewers, C. L. J. et al. (2002), S. 65.
[101] Vgl. Eskew, M. (2002), S. 24.
[102] Vgl. Albrecht, M. et al. (2005), S. 360.
[103] Vgl. Jung, K.-P. et al. (2006), S. 60.
[104] Vgl. A.T.Kearney (2004), S. 10.

aktiv, ist es wichtig, dass er eine neutrale Denkweise repräsentiert. Er sollte sich von einer ausführenden Kraft zur unabhängigen Clearingstelle wandeln. Diese bündelt, verarbeitet und anonymisiert den Informations-, Finanz- und Warenfluss. So könnte die Attraktivität der Beziehungen zwischen den Herstellern und den Apotheken gesteigert und eine enge Zusammenarbeit ermöglicht werden (vgl. Abbildung 6-20).

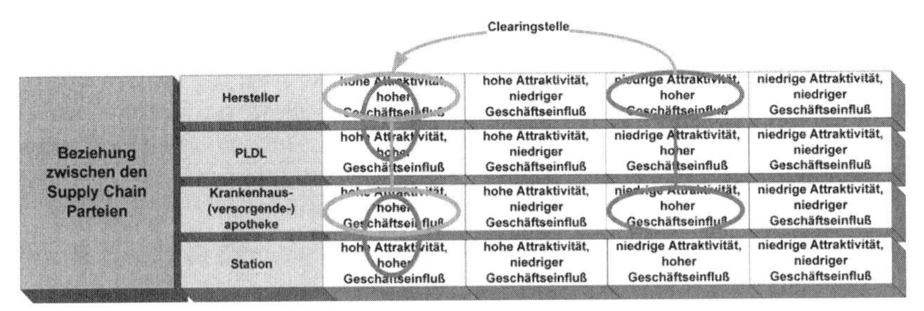

Abbildung 6-20: Beziehungen der Parteien in der Arzneimittel-Supply Chain
Quelle: Eigene Darstellung.

Sowohl Praxisprojekte, wie das des NHS, als auch Studien zeigen die Attraktivität und den Einfluss der Geschäftsbeziehungen an. Dennoch stehen die befragten Experten dem Prozess kritisch gegenüber. Im Folgenden wird eine Reihe von Charakteristika, welche diese Einstellung begründen, diskutiert.

6.2.2 Ausrichtung der Supply Chain-Strategie

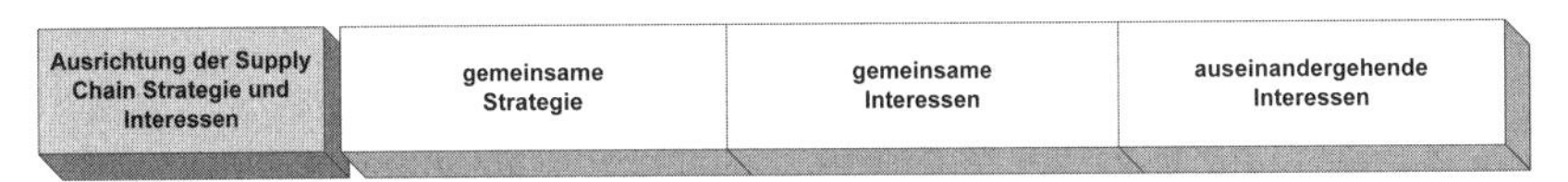

Abbildung 6-21: Strategieausrichtung als Charakteristikum
Quelle: Eigene Darstellung.

Die Kompatibilität der Strategien der Parteien ist ein wesentlicher Faktor für eine erfolgreiche Umsetzung des Supply Chain Managements (vgl. Abbildung 6-21).[105] Daher ist zu untersuchen, inwiefern Anreize zu einer Zusammenarbeit bestehen.

---

[105] Vgl. Thonemann, U. (2004), S. 39.

6.2.2.1 Aktuelle Ausrichtung

Die Primärlogistikdienstleister werden zwar nicht in die Strategieentwicklung der Arzneimittelhersteller einbezogen, allerdings liegt eine partnerschaftliche Kooperation vor. Durch diese wird angestrebt, die Produkte auf einem effektiven Weg zum Kunden zu bringen.[106] Diese Ausgestaltung zeigt die gemeinsamen Interessen der Parteien, die eine gute Grundlage für die Zusammenarbeit bilden.

Aus Sicht der Experten bestehen divergierende Interessen zwischen den Arzneimittelherstellern und den Apotheken. Vonseiten der paderlog wurde verdeutlicht, dass die Arzneimittelhersteller das Ziel der Umsatzmaximierung verfolgen, während die Kernaufgabe der Apotheken die sichere und effiziente Patientenversorgung ist. Diese beiden Bestrebungen stehen miteinander im Konflikt und führen dazu, dass eine Zusammenarbeit kaum möglich ist. [107]

Die Krankenhaus-(versorgenden-)apotheken und die Stationen legen ihre Strategie bezüglich der Arzneimittelwahl und der Therapie im Rahmen der Arzneimittelkommission gemeinsam fest.[108] Vonseiten der Apotheker wurden in diesem Zusammenhang besonders die Prägung der Ärzte durch subjektive Erfahrungen und die Beeinflussung durch die Arzneimittelvertreter hervorgehoben. Im Rahmen der Arzneimittelkommission müssen die Wünsche der Ärzte und die Vorstellungen der Apotheker aufeinander abgestimmt werden. Die paderlog zeichnet sich in diesem Zusammenhang durch seine Arzneimittelinformationsstelle aus, die Empfehlungen auf Basis von wissenschaftlichen Studien vorlegt und so subjektive Beweggründe der Ärzte weitestgehend abwenden kann.[109]

6.2.2.2 Empfehlungen für die Ausrichtung

Für Krankenhäuser bilden die Komplexitätsbewältigung und die Prozessorientierung das Hauptziel einer Neugestaltung bzw. Reorganisation der Wertschöpfungskette.[110] Das Strategiekonzept der SISTERS OF CHARITY OF LEAVENTHWORTH (SCLHS)[111] zeigt, dass zunächst die Supply Chain-Strategie beurteilt werden muss.[112] Ziel ist die ganzheitliche Führung der Supply Chain. Nicht Befehle oder Kontrollen sind zentral, sondern die kundenorientierte Umsetzung, die den Anforderungen aller Teilnehmer und des Marktes entspricht. Hierfür müssen nach dem Konzept der SCLHS zentrale Verträge vorliegen, ein Bewertungsprogramm muss entwickelt werden, die besten bzw. führenden Supply

---

[106] Vgl. PharmLog (2008a).
[107] Vgl. paderlog (2008a), Sanicare (2008b), Mathias-Spital (2008).
[108] Vgl. Raible, C. A. (2007), S. 22 sowie exemplarisch § 9 Abs. 2 S. 1 KHG NRW.
[109] Vgl. paderlog (2008a), Sanicare (2008b), Mathias-Spital (2008).
[110] Vgl. Kriegel, J. et al. (2002), S. 537.
[111] Siehe SCLHS (2008).
[112] Vgl. SCLHS (2004), S. 12.

Chain-Praktiken müssen genutzt werden und die Einführungsstrategie sollte bewertet werden.[113]

Die Vorteile einer Zusammenarbeit zwischen den Lieferanten und den Apotheken zeigt auch das NHS-Projekt. So wurden bspw. von den Apotheken und Lieferanten gemeinsame Kennzahlen entwickelt, über welche die Fortschritte in der Supply Chain gemessen werden konnten und Ziele identifiziert wurden. Dies half, ein besseres Verständnis für die anderen Parteien zu entwickeln. Als aussagekräftigste und wirkungsvollste Kennzahl wurde die Liefertermintreue identifiziert.[114]

Die kostenbewusste und wirtschaftliche Patientenversorgung beginnt nicht erst in der medizinischen Fachabteilung eines Krankenhauses, sondern beim Zulieferer. Sowohl qualitative und wirtschaftliche Vorteile als auch Innovations- und Servicepotenziale werden durch die durchgängige Betrachtung der Wertschöpfungskette unterstützt.[115]

Eine besondere Rolle bei der Umsetzung von Supply Chain Management-Konzepten spielen die Menschen. Defizite in der Zusammenarbeit und der Rollenverteilung minimieren die Erfolgsaussichten.[116] Die Belegschaft sollte ausführlich über strategische Kooperationen informiert werden, sodass sie diese in der Öffentlichkeit repräsentieren kann.[117] In diesem Kontext gilt es, potenzielle Barrieren und Blockaden zu identifizieren und zu beheben. Diese können zum einen durch unzureichende Vermittlung der Informationen resultieren und somit ein Koordinationsproblem darstellen. Zum anderen können sie aus Motivationsproblemen resultieren, wenn sich die Betroffenen bewusst gegen die Strategie stellen.[118]

Die Arzneimittelhersteller und Krankenhaus-(versorgenden-)apotheken müssen erkennen, dass ein abgestimmtes gemeinsames Vorgehen zu Erfolgen führen kann. Durch die Ermittlung gemeinsamer Interessen, die neben den auseinander gehenden Primärzielen existieren, kann die Zusammenarbeit gefördert werden. Je größer der Einfluss der gemeinsamen Ziele auf die Ziele der einzelnen Parteien ist, desto stärker ist der Anreiz für die Parteien, sich kooperativ zu verhalten. Eine anreizkompatible Vertragsgestaltung kann die Zusammenarbeit fördern (vgl. Abbildung 6-22).[119]

---

[113] Vgl. SCLHS (2004), S. 5.

[114] Vgl. Bridge, S. (2005a), Kapitel 5.6.3.

[115] Kriegel, J. et al. (2002), S. 536.

[116] Vgl. Stommel, H. et al. (2004), S. 124.

[117] Vgl. Voegele, A. R. (1998), S. 21.

[118] Vgl. Camphausen, B. (2007), S. 158, Picot, A. et al. (1999), S. 8.

[119] Vgl. Picot, A. et al. (1999), S. 8.

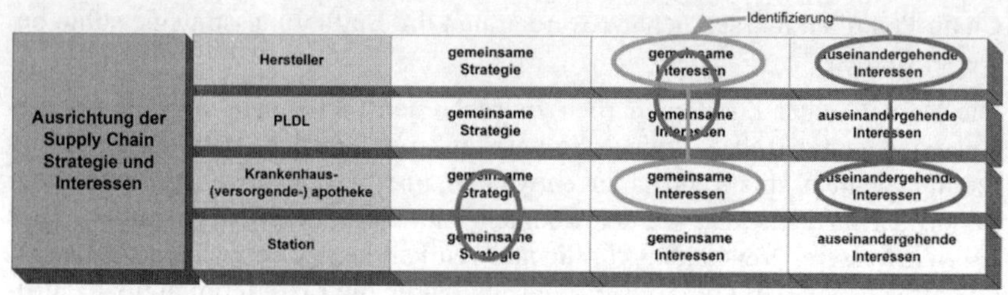

Abbildung 6-22: Strategieausrichtung in der Arzneimittel-Supply Chain
Quelle: Eigene Darstellung.

6.2.3 Grad der Organisationsumsetzung in der Arzneimittel-Supply Chain

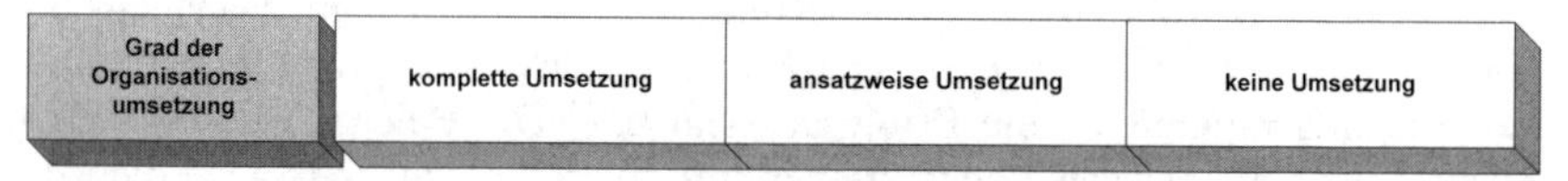

Abbildung 6-23: Organisationsumsetzung als Charakteristikum
Quelle: Eigene Darstellung.

Der Grad der Organisationsumsetzung zeigt an, auf welcher Entwicklungsstufe die Zusammenarbeit in der Supply Chain sich befindet (vgl. Abbildung 6-23).[120]

6.2.3.1 Aktueller Stand der Organisationsumsetzung

Der Umsetzungsgrad des Arzneimittel-Supply Chain Managements ist dem anderer Branchen deutlich unterlegen.[121] Wie die Befragung der PRTM zeigte, sind die Arzneimittelhersteller zum Großteil noch mit der Integration ihrer internen Prozesse beschäftigt.[122] Bei einer Umfrage des Supply Chain Management-Review gaben weniger als 17 % der Unternehmen an, dass ihre Supply Chain Management-Strategie an die Unternehmensstrategie angepasst sei.[123]

In Pharmaunternehmen sind die Betriebseinheiten oft nicht gewillt, Informationen untereinander auszutauschen, und noch weniger bereit, Informationen an externe Stellen weiterzuleiten.[124]

Die Einbindung der Primärlogistikdienstleister durch die Hersteller ist weit fortgeschritten, ein Großteil hat seine Distributionsprozesse fremdvergeben. Häufig

[120] Vgl. Lawrenz, O. (2001), S. 25.
[121] Vgl. PharmLog (2008a).
[122] Vgl. Roussell, J. et al. (2007), S. 9.
[123] Vgl. Siat, J. (2004), S. 1396.
[124] Vgl. Siat, J. (2004), S. 1396f.

verbleiben die strategische Steuerung und die Warenkoordination bei den Arzneimittelherstellern. Die Kommunikation zwischen den Stufen erfolgt weitestgehend elektronisch.[125]

Kooperationen mit Krankenhäusern sind in Deutschland nur selten anzutreffen. Eine CKM-Studie stellte im Jahr 2000 fest, dass nur rund 15 % der Krankenhäuser bereit und in der Lage waren die Lieferanten organisatorisch zu integrieren und mit ihnen zusammen zu arbeiten.[126] Mittlerweile gibt es erste Bestrebungen vonseiten der Krankenhäuser, die Lieferanten zu integrieren und eine Automatisierung des Geschäftsprozesses umzusetzen.[127]

In Krankenhäusern werden die Sachkosten im Regelfall über die Einkaufspreise optimiert. Von einer Anpassung der Strukturen und Prozesse wird abgesehen.[128] In letzter Zeit können in der Arzneimittelversorgung entgegengesetzte Trends beobachtet werden, die dem Supply Chain Management zugeordnet werden können.

- Zum einen werden die Apothekentätigkeiten ausgelagert. Die Prozesseffizienz soll somit gesteigert und eine Kostensenkung herbeigeführt werden.[129]
- Zum anderen werden die Apotheker intern stärker in den Medikationsprozess einbezogen. Dies kann durch die Begleitung der Visiten geschehen oder über eine Überprüfung der Medikation in der elektronischen oder analogen Krankenakte. Bei der internen Prozessoptimierung sind in Deutschland Unit-Dose-Systeme und Schranksysteme nach dem Kanban-Verfahren von zunehmender Bedeutung.[130]

Generell lassen sich somit zwei Ansätze der Organisationsumsetzung feststellen, die sich deutlich unterscheiden. Eine komplette Umsetzung der Supply Chain-Organisation ist nicht absehbar.

6.2.3.2 Optimierungspotenziale der Organisationsumsetzung

Konzepte aus dem Ausland, wie das von Cardinal Health, liefern Ansatzpunkte für mögliche Optimierungspotenziale.[131] Es ist zu prüfen, ob die zentrale Erfassung der Verbrauchsmengen in den Krankenhäusern durch die elektronischen Versorgungsschränke und die daran angepasste Liefer- und Produktionsstruktur in Deutschland realisierbar ist. Dieses Konzept wird durch die Konzernstruktur

---

[125] Vgl. PharmLog (2008a).
[126] Vgl. Eiff, W. v. (2000c), S. 47.
[127] Helios strebte mit der Apotheke für 2005 eine tiefe Integration von 20 Lieferanten an. Vgl. Jakobs-Schäfer, A. (2005), S. 491.
[128] Vgl. Schumacher, N. et al. (2003), S. 11, Eiff, W. v. et al. (2007), S. 36.
[129] Vgl. Kapitel 3.1.3.2.3.
[130] Vgl. Kapitel 3.2.3.3.
[131] Vgl. Kapitel 5.5.2.

gefördert. Bei dem derzeitigen Gesetzesstand ist eine ähnliche Konstruktion in Deutschland daher nicht realisierbar. Besonders unter kartellrechtlichen Gesichtspunkten erscheint ein solches Konzept fragwürdig. Durch die Aufhebung des Fremdbesitzverbotes würde aber aus Expertensicht ein wesentliches Hemmnis aus dem Weg geräumt.[132]

Vertikale Diversifikationsbestrebungen des deutschen Pharmagroßhandels sind schon heute erkennbar. Das Fremdbesitzverbot verhindert derzeit den Einstieg von Apothekenketten in den Markt der öffentlichen Apotheken.[133] Sobald dieses Gesetz fällt, könnten Apothekenketten in der Krankenhausversorgung aktiv werden. Dies würde dazu führen, dass Großhändler, die Apothekenketten führen, den kompletten Warenfluss zwischen den Herstellern und den Stationen steuern könnten.

Auch krankenhausintern sind die Medikationsprozesse in den USA transparenter als in Deutschland. Über Dispensierautomaten oder elektronische Versorgungsschränke ist in vielen Häusern eine elektronische patientenindividuelle Verbrauchs- und Kostenzuordnung gewährleistet.[134] Eine repräsentative Befragung in den USA, an der 38,9 % aller Krankenhausapotheken teilnahmen, zeigte, dass 39 % der teilnehmenden Apotheken automatische Medikamentenverwaltungssysteme, wie Dispensierautomaten und elektronische Versorgungsschränke nutzten. 19,6 % verfügten über elektronische Verschreibungssysteme und 23,4 % erfassten den Fluss der Arzneimittel mit Tracking und Tracing-Instrumenten.[135] Dies ist in Deutschland bisher in den wenigsten Häusern realisiert und wird besonders im Bereich der Kostenzuordnung selten genutzt. Gerade seit Einführung der Diagnosis Related Groups (DRG)[136] ist eine patientenindividuelle Kostenzuordnung besonders sinnvoll. So kann ein indikationsbezogenes Controlling durchgeführt werden und die qualitativ hochwertige Versorgung zu angemessenen Kosten unterstützt werden. Für einige Arzneimittel können nach dem DRG-System Zusatzentgelte angesetzt werden. Die Verabreichung dieser Arzneimittel muss patientenindividuell erfasst werden.[137]

Das Modellprojekt des NHS hat zudem gezeigt, dass eine vollständige Umsetzung des Supply Chain Management-Konzeptes und der elektronischen Beschaffung die Prozesstransparenz erhöht.[138]

---

[132] Vgl. Sanicare (2008b).
[133] Vgl. Kapitel 3.1.3.1.
[134] Vgl. Albright, B. (2004), S. 36ff., Eiff, W. v. (2007c), S. 556ff.
[135] Vgl. Bond, C. A. et al. (2008), S. 1 und 10.
[136] Im DRG-System werden die akutstationären Patienten über Fallpauschalen vergütet. Das System wurde 2004 für die deutschen Krankenhäuser obligatorisch. Vgl. Eiff, W. v. et al. (2006), S. 11ff.
[137] Vgl. Rapp, B. (2005), S. 484ff.
[138] Vgl. Kapitel 5.6.3.

6.2.3.3 Empfehlungen zur Organisationsumsetzung

Die Mitarbeiter der beteiligten Unternehmen müssen aktiv in den Prozess der Reorganisation einbezogen werden. Es ist darauf zu achten, dass sie an dem Prozess partizipieren. Dies kann bspw. über die Identifikation mit Problemfeldern, die Unterstützung des Problemlösungsprozesses sowie das Akzeptieren von organisatorischen Veränderungen geschehen.[139] Besonders die Auslagerung von Arbeitsplätzen stellt bezüglich der Zufriedenheit und Motivation der Mitarbeiter einen kritischen Aspekt dar.[140]

Die Ansätze sollten der Empfehlung der Wissenschaftlichen Gesellschaft für Krankenhaustechnik (WGKT) folgen, die besagt, dass bei der Optimierung des Gesamtprozesses alle Glieder der Logistikkette zu berücksichtigen sind. Diese sind papierlos miteinander zu verknüpfen.[141] Zudem sollten die physischen Logistikprozesse durch adäquate Informationstechnologien und –inhalte unterstützt werden.[142]

Bezüglich der Organisation zwischen Hersteller und Primärlogistikdienstleister besteht kein akuter Optimierungsbedarf. Die Hersteller und die Krankenhaus-(versorgenden-)apotheken agieren, ohne sich untereinander abzustimmen. Um langfristig Erfolge zu erzielen, sollten die Parteien eine Verbesserung ihrer Beziehungen anstreben.

Die vorab erläuterten, innerhalb der Krankenhäuser verfolgten Ansätze (Outsourcing der Apotheke, interne Optimierung) gehen nicht ganzheitlich vor. Das Outsourcing der Apotheke fördert die Bündelung des Warenflusses außerhalb des Krankenhauses. Allerdings wird die interne Optimierung des Warenflusses durch die erhöhte Distanz der Apotheke zur Station erschwert. Die verstärkte Präsenz des Apothekers im Medikationsprozess legt den Fokus auf die internen Prozesse. Die Optimierung des Arzneimittelflusses zur Apotheke wird vernachlässigt. Eine Kombination aus beiden Ansätzen könnte zu einer vollständigen Optimierung der Supply Chain führen (vgl. Abbildung 6-24).

---

[139] Vgl. Eiff, W. v. (1991), S. 289, Voegele, A. R. (1998), S. 21.
[140] Vgl. Dillmann, R. et al. (2002), S. 93, Schulte, G. (2001), S. 556.
[141] Vgl. Gudat, H. (2005), S. 2.
[142] Vgl. Hafer, F.-L. (2005), S. 1.

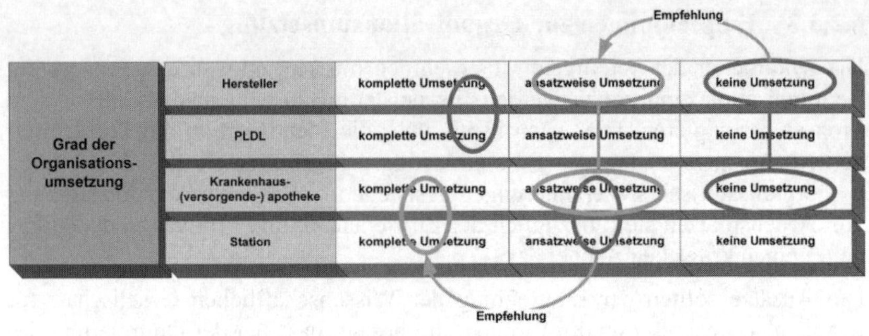

Abbildung 6-24: Grad der Organisationsumsetzung in der Arzneimittel-Supply Chain
Quelle: Eigene Darstellung.

6.2.4 Kooperationsbereitschaft in der Arzneimittel-Supply Chain

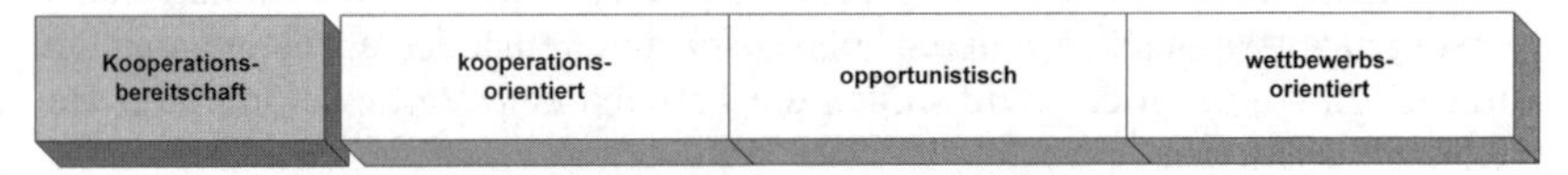

Abbildung 6-25: Kooperationsbereitschaft als Charakteristikum
Quelle: Eigene Darstellung.

Die Beziehungen zwischen den Supply Chain-Parteien geben Aufschluss über die Kooperationsbereitschaft (vgl. Abbildung 6-25).[143]

6.2.4.1 Aktuelle Kooperationsbereitschaft in der Arzneimittel-Supply Chain

Im Rahmen der Fallstudienerhebung wurde herausgestellt, dass die Hersteller und die Primärlogistikdienstleister zwar gemeinsame Interessen verfolgen, die Hersteller aber nicht von den Dienstleistern abhängig sind. Aufseiten der Hersteller liegt eine Wettbewerbsorientierung vor. Sollte der Dienstleister die gewünschten Leistungen nicht im Rahmen der erwarteten Konditionen erfüllen, geht der Hersteller eine Geschäftsbeziehung mit einem anderen Anbieter ein. Die Dienstleister agieren in diesem Kontext weitestgehend opportunistisch. Sie sind flexibel und agieren für alle Unternehmen, die ihre Dienstleistungen in Anspruch nehmen.[144]

Das Krankenhaus hat aus Sicht der Hersteller besonders im Bereich von Notfällen und chronischen Krankheiten eine entscheidende Bedeutung.[145] Die Einstel-

---

[143] Vgl. Kapitel 2.2.2.
[144] Vgl. PharmLog (2008a).
[145] Vgl. Schubert, V. A. (2005), S. 184.

lung eines Patienten auf ein patentgeschütztes Arzneimittel im Krankenhaus führt im Regelfall dazu, dass der Patient nach seiner Entlassung das Arzneimittel weiterhin verschrieben bekommt. Diese Multiplikatorwirkung ist für die Arzneimittelhersteller von großem Interesse.[146] Der Krankenhaussektor ist wesentlich für die Einführung neuer Arzneimittel in den Markt.[147] Die Fallstudienerhebung verdeutlichte zwar, dass im Bereich der Generika die Patienten oft sofort nach der Entlassung vom Hausarzt umgestellt werden, allerdings besteht in diesem Bereich die Möglichkeit, die Ärzte langfristig zu prägen. Die Arzneimittelhersteller verfolgen nach Aussage der Experten teilweise sehr aggressive Ansätze, um in den Krankenhäusern präsent zu sein. Zum einen gehen sie direkt auf die Ärzte zu und versuchen diese im Idealfall mittels Studien aber auch durch materielle Anreize, zur Verwendung spezieller Arzneimittel zu motivieren. Auf der anderen Seite geben sie die Arzneimittel mit deutlichen Preisnachlässen an die Apotheken ab.[148] Dieses Vorgehen zeigt, dass aus Sicht der Hersteller eine langfristige Geschäftsbeziehung mit den Krankenhäusern wünschenswert ist.

Die Analyse der Fallstudienobjekte hat gezeigt, dass sich die Krankenhaus-(versorgenden-)apotheken opportunistisch verhalten. Sie spielen die Hersteller gegeneinander aus und folgen dem besten Angebot. Mit Fokus auf die Krankenhäuser wird von der Krankenhaus-(versorgenden-)apotheke eine kooperationsorientierte Haltung vertreten. Je enger die Zusammenarbeit ist, desto unwahrscheinlicher ist der Wechsel zu einer anderen Ausgestaltungsform der Arzneimittelversorgung. Die Stationen reagieren in der Regel opportunistisch bzgl. der von der Krankenhausverwaltung vorgegebenen Organisationsform.[149]

6.2.4.2 Interpretation der aktuellen Kooperationsbereitschaft in der Arzneimittel-Supply Chain

Das Pharmacy Supply Chain Project des NHS zeigt, dass durch eine enge Kooperation zwischen Zulieferer und Apotheke eine optimierte IT-Anbindung, gebündelte Bestellungen, ein erhöhtes Servicelevel und eine erhöhte Erfüllungsrate erzielt werden konnten.[150] Dieses Ergebnis deutet darauf hin, dass die Zielerreichung in der Supply Chain durch eine Kooperation optimiert werden kann.

Die Schaffung geeigneter organisatorischer Strukturen zwischen den Parteien kann eine kooperative Beschaffungsentscheidung ermöglichen.[151] Während eine Kooperationsorientierung die Umsetzung des Supply Chain Managements för-

---

[146] Vgl. Breinlinger-O'Reilly, J. (1997), S. 9.
[147] Vgl. Schwabe, U. et al. (2007), S. 33.
[148] Vgl. Sanicare (2008b), paderlog (2008a).
[149] Vgl. Sanicare (2008b), paderlog (2008a), Mathias-Spital (2008).
[150] Vgl. Heywood, S. et al. (2005), Bridge, S. et al. (2005), S. 11 und 14.
[151] Vgl. Schlüchtermann, J. (2002), S. 150, Merschbächer, G. et al. (1998), S. 450, Kelsch, U. (2000), S. 40.

dert und das opportunistische Verhalten Spielräume lässt, ist die Wettbewerbsorientierung hinderlich.

Die Analyse der Beziehungen hat ergeben, dass die bestehende Orientierung der Parteien die Umsetzung des Supply Chain Managements ermöglicht. Lediglich die Beziehung zwischen Hersteller und Primärlogistikdienstleister ist kritisch zu sehen. Die Apotheken stellen den Absatzmarkt der Hersteller dar. Daher ist davon auszugehen, dass der Hersteller die Beziehung zu Primärlogistikdienstleister so gestaltet, dass ideale Voraussetzungen für eine Zusammenarbeit mit den Apotheken vorliegen (vgl. Abbildung 6-26).

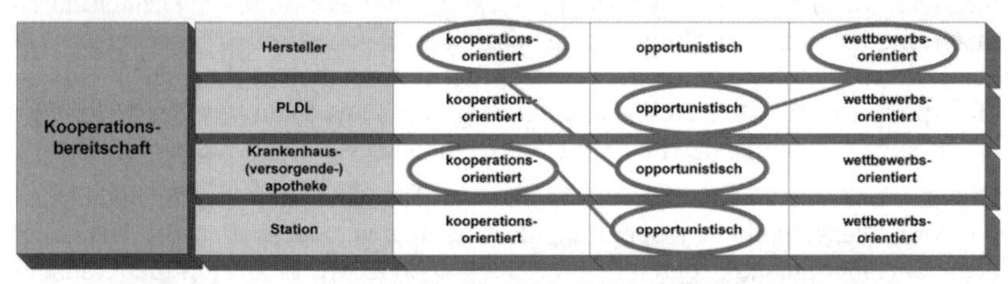

Abbildung 6-26: Kooperationsbereitschaft in der Arzneimittel-Supply Chain.
Quelle: Eigene Darstellung.

6.2.5 Ausprägung des Vertrauens zwischen den Supply Chain-Parteien

Abbildung 6-27: Vertrauen als Charakteristikum
Quelle: Eigene Darstellung.

Vertrauen ist die wichtigste Grundlage der Komplexitätsreduktion in Netzwerken (vgl. Abbildung 6-27).[152] Es ist Voraussetzung für erfolgreiche Kooperationen, fehlt es kann es zu Prinzipal Agenten Problemen kommen.[153]

[152] Vgl. Wittig, A. (2005), S. 165f.

[153] Im Rahmen der neuen Institutionenökonomik wird in diesem Zusammenhang von Hold-up Problemen gesprochen. Diese entstehen, wenn ein Partner eine unvollständige Vertragslage nach Vertragsabschluss zu seinem eigenen Vorteil ausnutzt. Eine Antizipierung dieses Verhaltens kann dazu führen, dass die Kooperation nicht zustande kommt. Vgl. Erlei, M. et al. (2007), S. 206f.

6.2.5.1 Aktuelle Vertrauensausprägung

Im Rahmen des Experteninterviews mit der PharmLog wurde herausgestellt, dass das Vertrauen zwischen dem Primärlogistikdienstleister und den Arzneimittelherstellern nach Vertragsabschluss ausgeprägt ist. Die Parteien erwarten, dass die jeweiligen vertraglich festgelegten Aufgaben erfüllt werden und kein Missbrauch vorliegender Informationen stattfindet.[154]

Im stationären Sektor wurde von einem deutlichen Verdrängungswettbewerb im Arzneimittelbereich berichtet. Die Außendienstmitarbeiter der Arzneimittelhersteller gehen aggressiv vor. Gerade bei neuen Arzneimitteln wird aktiv versucht, diese im Krankenhaus zu positionieren.[155] Die Prägung der Ärzte durch Pharmavertreter nahm nach Expertenmeinung im Zeitverlauf ab, ist aber noch vorhanden.[156] Die Krankenhaus-(versorgenden-)apotheken misstrauen den Aussagen und dem Vorgehen der Arzneimittelhersteller. Dies wurde über die unterschiedlichen Ziele der Parteien begründet. Während die Arzneimittelhersteller das primäre Ziel verfolgen, ihren Umsatz zu maximieren, verfolgen die Apotheken das Ziel, die Kosten zu senken und die Patientenversorgung effizient und effektiv zu gestalten. Die Arzneimittelhersteller befürchten verdrängt zu werden und gehen mit aggressiver Werbung dagegen vor. Die Apotheke hinterfragt alle Auskünfte der Hersteller kritisch und misstraut dem Wahrheitsgehalt zunächst.[157]

Innerhalb des Krankenhauses sehen die Ärzte die Beratung durch die Apotheker positiv, besonders bei einem breiten Medikationsspektrum erwiesen sich die Hinweise als hilfreich.[158] Dies zeigen die regelmäßigen Anfragen des Pflegepersonals bei der Arzneimittelinformationsstelle der paderlog.[159]

6.2.5.2 Empfehlungen zur Vertrauensausprägung

Das fehlende Vertrauen zwischen den Herstellern und den Apotheken stellt ein besonderes Problem in der Arzneimittel-Supply Chain dar. Im Rahmen der Fallstudienerhebung wurde deutlich, dass dieser Missstand unter gegebenen Bedingungen nicht überwunden werden kann.[160] Eine Möglichkeit zur Misstrauensbewältigung ist der Einsatz einer externen Clearingstelle, welche die Informationsflüsse zwischen den Herstellern und den Apotheken koordiniert und als unabhängige Partei die bestmögliche Lösung für alle Beteiligten herbeiführt. Laut WILHELM können Logistikdienstleister als Vertrauensbroker agieren und Miss-

---

[154] Vgl. PharmLog (2008a).
[155] Vgl. Schwabe, U. et al. (2007), S. 33, Mathias-Spital (2008).
[156] Vgl. Mathias-Spital (2008), paderlog (2008a), Sanicare (2008b).
[157] Vgl. paderlog (2008a).
[158] Vgl. Raible, C. A. (2007), S. 239.
[159] Vgl. paderlog (2008c).
[160] Vgl. paderlog (2008a), Mathias-Spital (2008), PharmLog (2008a), Sanicare (2008b).

stände zwischen den Parteien ausgleichen.[161] Um dieses Ziel zu erreichen, muss sicher gestellt werden, dass der Logistikdienstleister als Clearingstelle das Vertrauen aller Parteien besitzt und die Interessen aller Parteien repräsentiert (vgl. Abbildung 6-28).[162]

BRÜGGE betont zudem, dass das Vertrauen im unternehmensinternen Prozess eine große Bedeutung hat. Bei einer offenen Fehlerkultur und Vertrauen zum Vorgesetzten sind die Mitarbeiter eher bereit, Fehler einzugestehen.[163] Hierzu werden vom AKTIONSBÜNDNIS PATIENTENSICHERHEIT Critical Incident Reporting Systems (CIRS) empfohlen.[164] So können ADEs vermieden werden. Das Vertrauen innerhalb der Stationsversorgung hängt stark von der Beziehung zwischen den Stationen und der Apotheke ab. Je enger der Kontakt ist, desto besser kann Vertrauen generiert werden.[165]

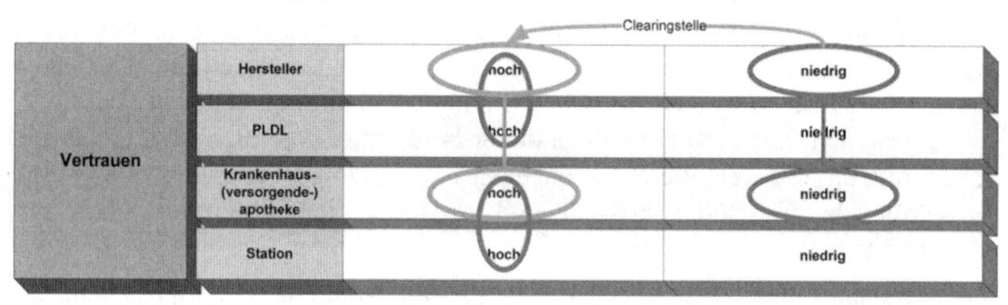

Abbildung 6-28: Vertrauensausprägung in der Arzneimittel-Supply Chain
Quelle: Eigene Darstellung.

6.2.6 Machtverhältnisse in der Arzneimittel-Supply Chain

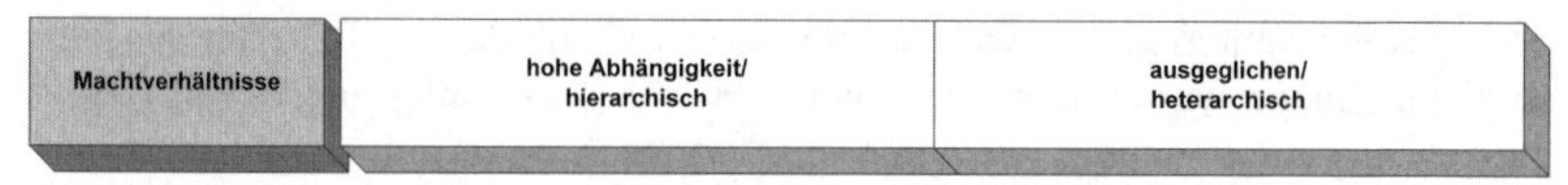

Abbildung 6-29: Machtverhältnisse als Charakteristikum
Quelle: Eigene Darstellung.

Im Rahmen der Supply Chain-Gestaltung ist die Ausprägung der Machtverhältnisse zu beachten (vgl. Abbildung 6-29). Bei einer hohen Abhängigkeit kann die dominante Partei die Durchsetzung des Supply Chain Managements forcieren

[161] Vgl. Wilhelm, M. (2007), S. 223.
[162] Vgl. Darkow, I.-L. (2004), S. 150.
[163] Vgl. Brügge, M. (2007), S. 278.
[164] Vgl. Schrappe, M. et al. (2007), S. 87ff. Zum Risikoreporting im Krankenhaus siehe Middendorf, C. (2006), S. 203ff.
[165] Vgl. Amann, S. (2000), S. 1012f.

und steuern, allerdings besteht hier die Gefahr einer Abhängigkeit der anderen Parteien.[166]

Die Machtverhältnisse zwischen Herstellern und Primärlogistikdienstleistern sind in der derzeitigen Ausgestaltung klar geregelt. Der Hersteller ist der Auftraggeber und der Primärlogistikdienstleister die ausführende, abhängige Partei.

Zwischen den Herstellern und den Krankenhäusern erscheinen die Machtverhältnisse durch die Vielzahl der am Markt agierenden Parteien ausgeglichen. 483 am Markt aktiven Arzneimittelherstellern stehen 2.105 Krankenhäusern, bzw. 467 Krankenhausapotheken, sowie einer nicht genau zu benennenden Anzahl öffentlicher Apotheken, die in der Krankenhausversorgung aktiv sind, gegenüber.[167] Lediglich bei patentgeschützten Arzneimitteln besteht eine klare Abhängigkeit von den anbietenden Herstellern.[168]

Durch die Konzentration des Großhandels, die Bildung von Apothekenketten und die Zunahme des Onlinehandels mit Arzneimitteln werden mittelfristig neue Logistikstrukturen entstehen.[169] Viele der Probleme in der Beschaffung scheinen dennoch durch die asymmetrische Größenverteilung von Herstellern und Krankenhaus-(versorgenden-) apotheken begründet zu sein.[170] In regulierten Märkten, wie in Großbritannien, erwarten die Hersteller zwar klare Standards, die vonseiten des NHS vorgegeben werden,[171] aber selbst große Gesundheitssysteme und Einkaufsgemeinschaften in den USA oder Großbritannien sind im Vergleich zu weltweit agierenden Arzneimittelherstellern klein.[172] Dies wurde im Rahmen der Experteninterviews bestätigt. Selbst für große Einkaufgemeinschaften wie die PBMG ist es nur begrenzt möglich, Interessen und Strategien gegenüber weltweit agierenden Arzneimittelherstellern durchzusetzen.[173]

Die empirische Untersuchung von HÜBNER ergab, dass in Deutschland sowohl Arzneimittelhersteller als auch Krankenhäuser die andere Partei als Treiber von Innovationen ansahen. Insgesamt scheint eine gegenseitige Beeinflussung vorzuliegen, wobei sich beide Parteien ihrer Macht nicht bewusst sind.[174]

Im internen Arzneimittelprozess besteht eine gegenseitige Abhängigkeit der Stationen und der Apotheken. Kommt die Apotheke ihrer Verpflichtung der Lieferung und Beratung nicht nach, wird eine angemessene Stationsversorgung unmöglich. Genauso ist die Apotheke von den Informationen der Stationen abhän-

---

[166] Vgl. Gronau, N. (2004), S. 210.

[167] Vgl. Kapitel 3.1.1.2 und 3.1.3.2.3.

[168] Im Regelfall wird ein patentgeschütztes Produkt von einem Hersteller angeboten, bei Co-Marketing Produkten existieren zwei Anbieter. Vgl. Volk, W. (2002), S. 340f.

[169] Vgl. Festel, G. (2004), S. 3.

[170] Vgl. Hübner, U. (2008), S. 284.

[171] Vgl. Hübner, U. (2008), S. 283.

[172] Vgl. Hübner, U. (2008), S. 302.

[173] Vgl. paderlog (2008a).

[174] Vgl. Hübner, U. (2008), S. 284.

gig. Die Beziehung ist heterarchisch geprägt. Dennoch sind zwischen den Parteien Machtkämpfe zu beobachten, besonders hinsichtlich der Gestaltung der Arzneimittelliste. Wie in Kapitel 6.2.2.1 erläutert, müssen hier die Interessen der Ärzte und der Apotheker aufeinander abgestimmt werden.

Die Machtverhältnisse stellen Rahmenbedingungen des Supply Chain Managements dar. Trends wie M&As unter den Arzneimittelherstellern und die Bildung von Einkaufsgemeinschaften haben auf die grundsätzliche Ausgestaltung der Machtverhältnisse nur einen marginalen Einfluss (vgl. Abbildung 6-30).

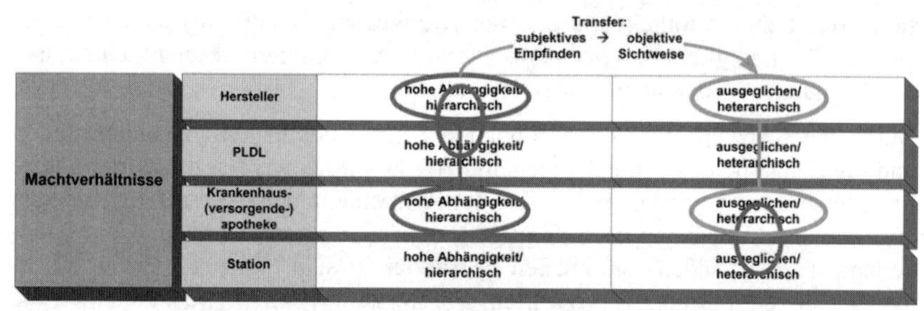

Abbildung 6-30: Machtverhältnisse in der Arzneimittel-Supply Chain
Quelle: Eigene Darstellung.

6.2.7 Verfolgte Strategien bei der Lieferantenauswahl in der Arzneimittel-Supply Chain

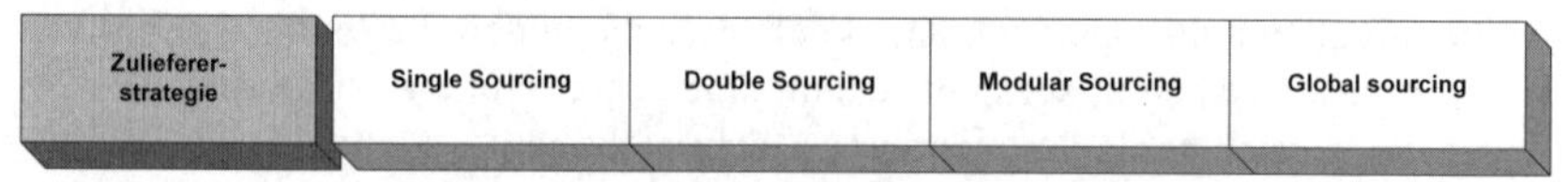

Abbildung 6-31: Zuliefererstrategie als Charakteristikum
Quelle: Eigene Darstellung.

Bei der Lieferantenauswahl sollte eine klare Strategie verfolgt werden. Vorteile sind bspw. eine Vereinfachung der Lieferantenbeziehungen und transparente Materialflüsse (vgl. Abbildung 6-31).[175]

6.2.7.1 Aktuelle Strategie bezüglich der Lieferantenauswahl

Von besonderer Relevanz in der Arzneimittel-Supply Chain ist die Zuliefererstrategie, die von den Krankenhäusern bzw. der Arzneimittelkommission ver-

[175] Vgl. Schulte, G. (2001), S. 437f., Dehler, M. et al. (2003), S. 5.

folgt wird.[176] Bezüglich der Primärlogistikdienstleister besteht keine Zuliefererstrategie.

Im Bereich der Arzneimittel kann es zu einem erzwungenen Single Sourcing kommen, wenn nur ein Anbieter einen Wirkstoff vertreibt. Dieses wird Sole Sourcing genannt. Beim Single Sourcing werden die Degressionseffekte ausgeschöpft und die Transportkosten nehmen ab. Allerdings entsteht eine hohe Abhängigkeit von dem Partner. Lieferantenwechsel werden erschwert, was technische Innovationen verhindern kann.[177]

In den Krankenhäusern wird die Verschreibung der Ärzte durch die vorgelagerte Entscheidung der Arzneimittelkommission gelenkt, welche die Wirkstoffe festlegt.[178] Diese wird nach SCHUBERT stark durch wissenschaftliche Publikationen und den Kontakt mit den Arzneimittelvertretern beeinflusst.[179] Im Rahmen der Verhandlungen durch die Einkaufsabteilung[180] werden zwei unterschiedliche Strategien verfolgt:

- Im Bereich der patentgeschützten Arzneimittel wird eine Kostenoptimierung angestrebt.[181]
- Die benötigten Generika werden im Regelfall von zwei Anbietern bezogen, um das komplette Produktspektrum abzudecken und eine Abhängigkeit zu vermeiden.

Durch die Betrachtung der unterschiedlichen Wirkstoffgruppen ergibt sich trotz Single- bzw. Doublesourcings je Wirkstoff eine große Lieferantenzahl. Die Bündelung von Anlieferungen wurde in den Interviews zwar positiv gesehen, allerdings wird eine bewusste Reduktion auf einen Lieferanten vermieden. Die Apotheke des Mathias-Spitals hat ca. 50 Lieferanten. Auf der PBMG-Homepage werden 42 Arzneimittelhersteller als Partner angeführt.[182]

§ 14 ApoG sieht vor, dass jedes Krankenhaus von einer einzigen Apotheke versorgt wird, es liegt somit aus Sicht der Stationen ein Single Sourcing vor.[183] Die Versorgung der Stationen mit Unit-Doses wird dem Modular Sourcing zugeord-

---

[176] Strategische Überlegungen wie Warengruppen- und Lieferantenmanagement werden in Krankenhäusern selten durchgeführt. Vgl. Ponßen, H. (2003), S. 5.

[177] Vgl. Werner, H. (2008), S. 137.

[178] Vgl. Schubert, V. A. (2005), S. 165.

[179] Vgl. Schubert, V. A. (2005), S. 168 und 170.

[180] Hierbei kann es sich im die Einkaufsabteilung des Krankenhauses bzw. der externen Apotheke oder eine Einkaufsgemeinschaft handeln.

[181] Im Bereich des Co-Marketings wird einer der Anbieter ausgewählt, wobei hier nur sehr selten Preisunterschiede feststellbar sind.

[182] Vgl. Mathias-Spital (2008), PBMG (2008a). Sanicare gibt 300 Hersteller an, diese hohe Anzahl liegt in dem breiten Spektrum der Apotheke begründet. Vgl. Sanicare (2008b).

[183] Vgl. § 14 ApoG.

net. Hier werden Arzneimittel in der Apotheke patientenindividuell zusammengestellt und als Module an die Stationen geliefert.

6.2.7.2 Optimierungspotenziale der Strategie der Lieferantenauswahl

In den USA bestehen Bestrebungen einen Primärlieferanten einzusetzen, der das Krankenhaus mit allen benötigten Arzneimitteln versorgt. BMS und die Krankenhauskette American Healthcare System sind bspw. schon Mitte des Jahres 1993 eine Kooperation eingegangen. BMS wurde zum bevorzugten Lieferanten für Arzneimittel der mehr als 1.000 angeschlossenen Krankenhäusern.[184]

Auch die Kooperation mit einem Primärlieferanten im Rahmen des NHS Projektes brachte allen Parteien deutliche Vorteile. Durch die Festlegung gemeinsamer Ziele wurde das Servicelevel deutlich erhöht und die Obsolenz gesenkt.[185]

Das Brüderkrankenhaus Trier strebte 1998 einen ähnlichen Ansatz im Bereich der Verbandmittel an. Die Materialwirtschaft sollte durch die Zusammenarbeit mit einem einzigen Lieferanten optimiert werden. Ziele waren:

- die Konzentration des Umsatzes,
- die Vereinfachung und Vereinheitlichung der Liefermodalitäten,
- die Implementierung einer Konsensstrategie,
- die Reduktion des internen Aufwandes und
- die Reduktion der Sicherheitsbestände.

Als Risiken dieses Konzeptes wurden der Verlust der Marktkenntnis und die Abhängigkeit vom Lieferanten angesehen.[186]

6.2.7.3 Empfehlungen zur Strategie der Lieferantenauswahl

Diese Beispiele zeigen, dass die Fokussierung auf einen Lieferanten mit Vorteilen verbunden sein kann. Der Bezug aller Arzneimittel von einem Hersteller ist nicht realisierbar. Eine Alternative zu dem exklusiven Bezug von Arzneimitteln eines einzigen Herstellers ist der Einsatz eines externen Logistikdienstleisters als Clearingstelle. Dieser kann die Verantwortung für die effektive und effiziente Arzneimittelversorgung des Krankenhauses übertragen bekommen. So können die Arzneimittelflüsse gebündelt und koordiniert gestaltet werden.

Im Rahmen der derzeitigen Marktgestaltung können Arzneimittelgroßhändler diese Position ausfüllen. Diese stehen mit allen Herstellern in Kontakt. Eine Ausweitung des Dienstleistungsspektrums auf die Krankenhäuser wird vonseiten der Großhändler bereits angestrebt. Allerdings steht dem Konzept das derzeitige Vergütungsmodell entgegen. Zudem verlieren die Hersteller auf diesem

[184] Vgl. Fehr, B. (1993), S. 15.
[185] Vgl. Kapitel 5.6.3.
[186] Vgl. Merschbächer, G. et al. (1998), S. 450ff.

Weg die Kontrolle über den Warenfluss und erhalten keine Informationen über den Lieferort mehr. Eine Kooperation, wie sie zwischen Pfizer und Unichem in England umgesetzt wird, hebt diese Nachteile aus Sicht der Hersteller auf.[187]

Auch externe Apotheken können als Logistikdienstleister angesehen werden. Sanicare und paderlog führen eine ganzheitliche Versorgung der Stationen durch. Die Arzneimittel werden von den Herstellern im Lager angeliefert. Dort werden sie stationsbezogen kommissioniert, sodass die Arzneimittel beim Krankenhaus nur dreimal die Woche angeliefert werden und keine Einzellieferung durch die Arzneimittelhersteller erfolgen.[188] Durch die Größe und die Liefermengen können Effizienzgewinne erzeugt werden.[189]

Ein Primärlieferant, der sich an die Bedürfnisse des Krankenhauses anpasst und dieses mit einer kompletten Warengruppe versorgt, kann im Idealfall das Bestandsmanagement koordinieren.[190] Die Optimierungspotenziale sollten detailliert geprüft werden (vgl. Abbildung 6-32).

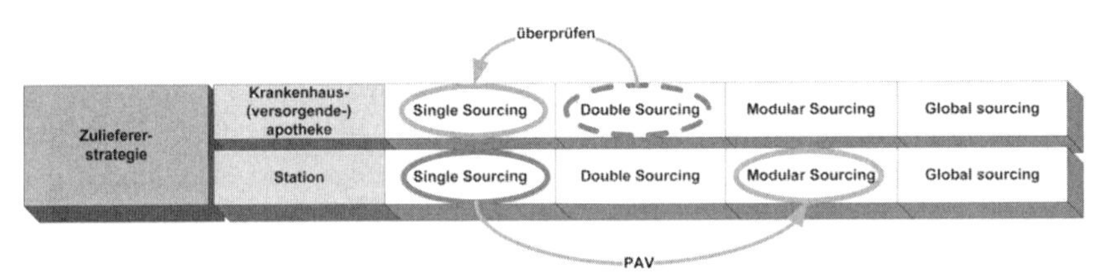

Abbildung 6-32: Zuliefererstrategie in der Arzneimittel-Supply Chain
Quelle: Eigene Darstellung.

6.2.8 Ausgestaltung der Supply Chain-Prozesse

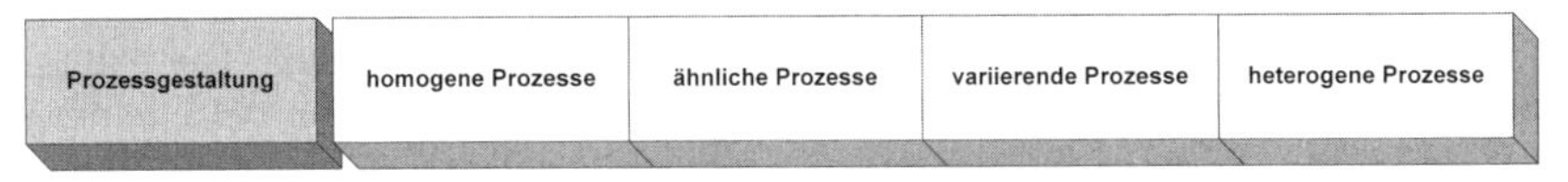

Abbildung 6-33: Prozessgestaltung als Charakteristikum
Quelle: Eigene Darstellung.

Homogene Prozesse in der Supply Chain erleichtern ein ganzheitliches Management (vgl. Abbildung 6-33).[191] Gerade bei komplexen Beziehungen und einer

---

[187] Vgl. Kapitel 3.2.1.

[188] Vgl. Ponßen, H. et al. (2005), S. 158ff.

[189] Vgl. Cahill, D. L. (2007), S. 26f.

[190] Vgl. Pieper, U. et al. (2002), S. 282.

[191] Vgl. Kapitel 2.2.2.

Vielzahl von Parteien auf den einzelnen Stufen ist eine homogene Prozessgestaltung selten.

6.2.8.1 Aktuelle Prozessgestaltung

Für die Arzneimittelhersteller stellt die zunehmende Globalisierung gerade im Verpackungsprozess ein Problem dar. Bestellungen aus verschiedenen Ländern oder Krankenhäusern unterscheiden sich in der Verpackungsart und den Anforderungen an die Begleitpapiere.[192] Wie sich am Beispiel der PharmLog zeigte, wird diesen variierenden Anforderungen bspw. durch ein Postponement der Verpackungsprozesse zum Primärlogistikdienstleister begegnet. Der Lieferprozess zwischen Hersteller und Primärlogistikdienstleister gestaltet sich homogen. Die Prozesse beim Primärlogistikdienstleister variieren nach Prozessverantwortung. Diese kann von der puren Einlagerung bis zum Verpacken reichen.[193]

Nach SCHÖFFSKI sind bezüglich der Beziehung zwischen Arzneimittelherstellern und Krankenhaus-(versorgenden-)apotheken nur in Ansätzen standardisierte Prozesse zu finden.[194] Die Fallstudien zeigen, dass die Bestellung teilweise durch elektronische Bestellplattformen übermittelt wird, im Regelfall aber per Fax und in einigen Fällen telefonisch. In den meisten Fällen wird kein Lieferavis an die Apotheken geschickt. Die Anlieferung erfolgt entweder direkt vom Hersteller oder über einen Primärlogistikdienstleister. Einige Hersteller senden die Rechnung elektronisch, andere fügen sie der Lieferung bei und wieder andere senden sie separat.[195]

Der Grad der Standardisierung in den Krankenhäusern hängt von der Versorgungsart ab. Die klassische Arzneimittelversorgung führt zu variierenden Abläufen; beginnend bei dem Bestellverhalten auf den Stationen, bis zu den Lieferfrequenzen durch die Apotheken. Die Endnutzer werden nicht über Verträge, Produkte, Preise usw. informiert. Das Bestandsmanagement kann nicht vereinheitlicht werden.[196] Die Arzneimittelschränke nach dem Kanban-Prinzip stellen einen ersten Schritt zur Standardisierung dar. Die Prozesse werden durch das Pull-Prinzip koordiniert und basieren auf dem tatsächlichen Verbrauch. Die patientenorientierte Arzneimittelversorgung mit elektronischen Arzneimittelschränken auf der Station oder Dispensierautomaten in der Apotheke führt zu einer Standardisierung der Prozesse und ermöglicht die ganzheitliche Nachverfolgung.[197]

---

[192] Vgl. Ewers, C. L. J. et al. (2002), S. 10.

[193] Vgl. PharmLog (2008f), PharmLog (2008a).

[194] Vgl. Dambacher, E. et al. (2002), S. 254.

[195] Vgl. Kapitel 5.1 bis 5.4, PharmLog (2008a), Mathias-Spital (2008), Sanicare (2008b), paderlog (2008a).

[196] Vgl. Davis, R. N. (2004), S. 74.

[197] Vgl. Kapitel 3.2.3.3.

6.2.8.2 Empfehlungen zur Prozessgestaltung

Für die Hersteller sind im Rahmen einer Standardisierung der Prozesse vor allem Einkaufsgemeinschaften mit Logistikzentren interessante Partner. Sie gewährleisten ein verbindliches Listing und eine Reduktion der Komplexität durch Standardisierung.[198] HÜBNER empfiehlt den Herstellern, die Krankenhäuser bei der Optimierung ihrer Logistikprozesse zu unterstützen.[199]

Prozessoptimierung und –standardisierung werden vonseiten der Krankenhäuser als wesentliche Gründe für die Einführung von eBusiness[200] angesehen. Ziele sind die Optimierung der Schnelligkeit, der Effizienz, der Fehlerrate und der Fehlerfindung.[201] Die WGKT empfiehlt die Koordinierung und Bündelung aller logistischen Prozesse im Krankenhaus mit Unterstützung adäquater Informationstechnologien.[202]

WILKE ET AL. kommen zu dem Schluss, dass Krankenhaus-(versorgende-)apotheken in Zukunft einen besonderen Fokus auf die Optimierung der Arzneimittellogistik legen müssen. Das Aufgabenprofil werde sich verändern. Durch die pharmazeutische Steuerung eines Hauses könne sich die Apotheke einen strategischen Wert schaffen.[203] RAIBLE stellt fest, dass strukturelle Veränderungen der Aufbau- und Ablauforganisation der krankenhausinternen Arzneimittelversorgung kosten-effektiv sein können. Er merkt aber an, dass das Ergebnis von Rahmenbedingungen, wie den klinischen Strukturen und Prozessen, abhängig sei.[204]

Generell sollte eine Homogenisierung der Prozesse angestrebt werden. Zwischen den Herstellern und den Apotheken kann dieses Ziel durch EDV-Standards erreicht werden. Eine elektronische Anbindung der Apotheken würde zu einer Homogenisierung der Bestellprozesse führen. Die nachfolgenden Prozesse, wie der Versand des Lieferavis und der Rechnung sowie die Warenannahme können so ebenfalls optimiert werden. Dies zeigte auch das Pharmacy Supply Chain Project des NHS.[205] In Deutschland wird ein solcher Ansatz von der pharma mall angeboten. Die Hersteller und Apotheken können elektronisch an die Clearingstelle angebunden werden. Durch eine vollständige Umsetzung könnten die Prozesse der Parteien standardisiert werden. Allerdings zeigte die

---

198 Vgl. Emmermann, M. et al. (2005), S. 498.

199 Vgl. Hübner, U. (2008), S. 283.

200 eBusiness ist „die fortwährende und überwiegende Abwicklung, Unterstützung und Kontrolle der Prozesse und Beziehungen zwischen den Geschäftspartnern, Mitarbeitern und Kunden durch elektronische Medien“. Berens, W. et al. (2002), S. 133.

201 Vgl. Hübner, U. (2008), S. 266.

202 Vgl. Gudat, H. (2005), S. 1.

203 Vgl. Wilke, T. et al. (2007), S. 1285.

204 Vgl. Raible, C. A. (2007), S. 182.

205 Vgl. 5.6.3.

Untersuchung, dass eine Umsetzung des Konzeptes noch nicht vollständig realisiert wurde.[206]

Bezogen auf die Beziehung zwischen den Apotheken und den Stationen können vor allem Technologien im Rahmen der patientenorientierten Arzneimittelversorgung, wie die Dispensierautomaten, die elektronische Verordnungssoftware und elektronische Versorgungsschränke, zur Homogenisierung beitragen. Ein erster notwendiger Schritt ist die Implementierung eines Warenwirtschaftssystems (vgl. Abbildung 6-34).

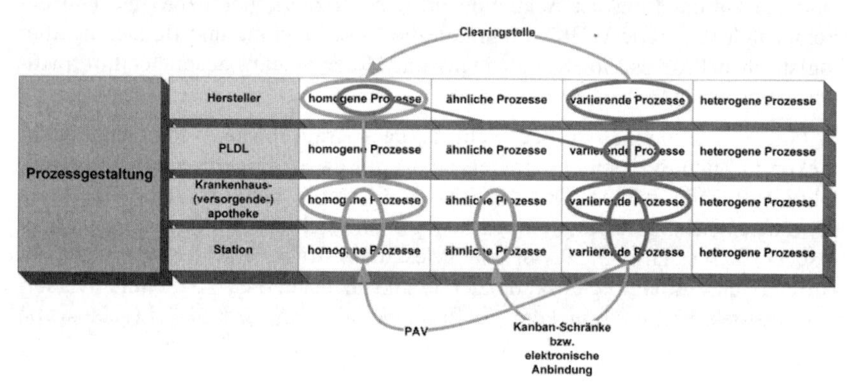

Abbildung 6-34: Prozessgestaltung in der Arzneimittel-Supply Chain.
Quelle: Eigene Darstellung.

6.2.9 Datenzugang in der Arzneimittel-Supply Chain

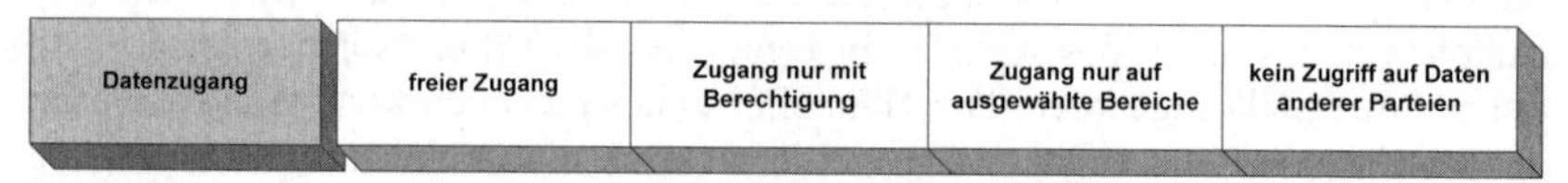

Abbildung 6-35: Datenzugang als Charakteristikum
Quelle: Eigene Darstellung.

Der Datenzugang gibt Aufschluss über die Kooperationstiefe zwischen den Parteien (vgl. Abbildung 6-35).

6.2.9.1 Aktuelle Gestaltung des Datenzugangs

Im Rahmen der Experteninterviews zeigte sich, dass den Arzneimittelherstellern ihr Warenbestand beim Primärlogistikdienstleister bekannt ist. Sie werden über

---

[206] Vgl. pharma-mall (2008), Kapitel 5.1.2.

alle relevanten Prozesse informiert. Ein direkter Zugang zu den Daten des Dienstleisters ist im Regelfall aber nicht gegeben. Der Primärlogistikdienstleister hat keine Zugangsrechte zu den Daten des Arzneimittelherstellers.[207]

Auch zwischen den Arzneimittelherstellern und den Apotheken existieren keine Datenzugangsberechtigungen. Dies ist vor allem durch das fehlende Vertrauen (siehe Kapitel 6.2.5) der Parteien zueinander zu begründen.[208]

Krankenhausintern steht vor dem Datenzugang zunächst die Datenverfügbarkeit. Durch das Bestandsmanagement sollten ständig aktuelle Daten über alle Apothekenmaterialien vorliegen.[209] Im Falle der Datenverfügbarkeit hängt die Zugangsberechtigung stark von der Versorgungsform ab. Bei der patientenorientierten Arzneimittelversorgung hat der Apotheker im Idealfall Zugang zu den patientenindividuellen Verordnungen, um diese zu überprüfen. Bei der klassischen Versorgung liegen in der Regel keine Zugangsberechtigungen auf Patientendaten vor.

6.2.9.2 Optimierungspotenziale zur Gestaltung des Datenzugangs

Im Rahmen eines ISM-Projektes wurde 2005 ein alternativer Lösungsansatz entwickelt. Es wurde vorgeschlagen, dass die Apotheken den Lieferanten direkten Einblick in die Lagerbestände gewähren sollen.[210] Durch eine einheitliche Krankenhaus-EDV und eine klare Zuordnung der Zugangsrechte bis zum Hersteller oder Großhändler wurde eine Optimierung des Informationsaustausches erwartet. Die mentalen Hemmschwellen der beteiligten Parteien wurden in diesem Zusammenhang nicht beachtet. Es wurde aber darauf hingewiesen, dass die resultierende Abhängigkeit einer solchen elektronischen Verknüpfung berücksichtigt werden muss.[211]

Das Konzept von Cardinal Health zeigt, dass ein Datenzugang der vorgelagerten Stufen eine Optimierung der Supply Chain herbeiführen kann. Die Hersteller können den Bedarf besser abschätzen und Engpässe frühzeitig identifizieren. Aus Sicht der Krankenhäuser sind eine verbesserte Warenverfügbarkeit sowie aktuelle Bestandsinformationen relevante Vorteile. Insgesamt können die Bestände in der Supply Chain besser determiniert werden, sodass eine ganzheitliche Optimierung möglich ist.[212]

---

[207] Vgl. PharmLog (2008a).
[208] Vgl. Mathias-Spital (2008), PharmLog (2008a).
[209] Vgl. SCLHS (2004), S. 11.
[210] Vgl. ISM (2005), S. 64.
[211] Vgl. ISM (2005), S. 39.
[212] Vgl. Albright, B. (2004), S. 37f., Kapitel 5.5.2.

6.2.9.3 Empfehlungen zur Gestaltung des Datenzugangs

Auch in Deutschland sehen die Lieferanten fehlerfreie Daten als wesentliches Merkmal einer Prozessautomatisierung an. Die realitätsgetreue Darstellung wird als wünschenswert erachtet.[213] Ein direkter Zugang zu den relevanten Daten würde Verfälschungen verhindern und die Optimierung der Supply Chain fördern.

In den Experteninterviews zeigten sich potenzielle Vorteile eines Datenzugangs für die Krankenhaus-(versorgenden-)apotheken. Durch die zunehmende Bestandsoptimierung aufseiten der Hersteller kommt es vermehrt zu Arzneimittelengpässen.[214] Je eher die Apotheke solche Entwicklungen absehen kann, desto schneller kann sie bspw. notwendige Therapieumstellung durchsetzen. Aus Sicht der Krankenhäuser kann durch eBusiness allen Parteien ein Datenzugang ermöglicht werden. So können Fehler vermieden werden.[215] Trotz dieser Erkenntnis ist die Umsetzung nicht absehbar. Zum einen liegen die Daten nicht vor, zum anderen kann das fehlende Vertrauen als Ursache eines stark eingeschränkten Datenzugangs gesehen werden.[216] Im Rahmen der Optimierung des Vertrauens durch eine Clearingstelle kann das Problem des Datenzugangs abgemildert werden. Ein direkter Datenzugang wäre zwar nicht möglich, könnte aber über Informationen durch die Clearingstelle ausgeglichen werden.

Krankenhausintern zeigt die Analyse in Kapitel 3.2.3.2 die Risiken, die mit der herkömmlichen Arzneimittelversorgung verbunden sind. Insbesondere durch die Verordnung und Verabreichung von falschen Arzneimitteln treten ADEs auf. Hat der Apotheker Zugang zu den Daten, kann er, im Idealfall EDV-unterstützt, die Medikation überprüfen. So können ADEs verhindert werden. RAIBLE kommt zu dem Schluss, dass indikationsspezifische Interventionen durch die Mitarbeiter der Krankenhausapotheke, wie die Überprüfung der Verordnung oder die Beratung überwiegend kosten-effektiv sind.[217] Von den beteiligten Parteien sollte der Nutzen eines Zugangs zu den Patientenakten durch die Apotheke im Rahmen der patientenorientierten Arzneimittelversorgung geprüft werden (vgl. Abbildung 6-36).

[213] Vgl. Hübner, U. (2008), S. 281 und 286.
[214] Vgl. Sanicare (2008b), Mathias-Spital (2008).
[215] Vgl. Hübner, U. (2008), S. 266.
[216] Vgl. Kapitel 6.2.5.
[217] Vgl. Raible, C. A. (2007), S. 182.

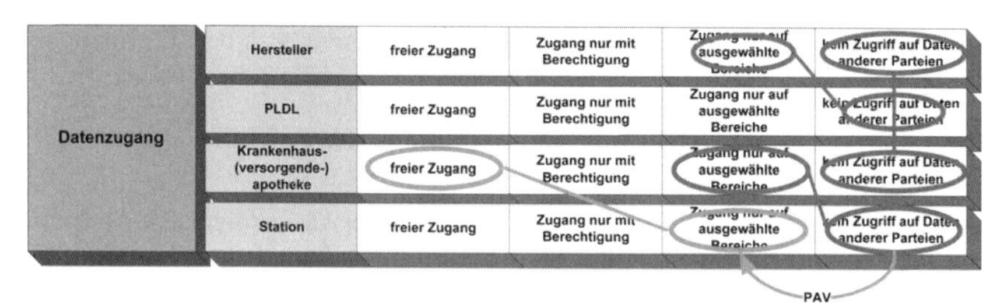

Abbildung 6-36: Datenzugang in der Arzneimittel-Supply Chain
Quelle: Eigene Darstellung.

6.3 Koordination der Arzneimittel-Supply Chain

Das House of Supply Chain Management ordnet der Koordination die Bereiche Informations- und Kommunikationstechnologien, Prozessorientierung und gehobene Planung zu.[218] Diese Aspekte werden im Folgenden, bezogen auf die Arzneimittel-Supply Chain, analysiert.

Nach EISENBARTH werden die erfolgreiche Information und die Kommunikation in der Supply Chain durch die Nutzung von Informationstechnologien wesentlich unterstützt. Hier sind im Besonderen der internetbasierte Informationsaustausch und die zwischenbetriebliche Kommunikation über neue Medien zu nennen.[219]

6.3.1 Intensität des Informationsaustausches in der Arzneimittel-Supply Chain

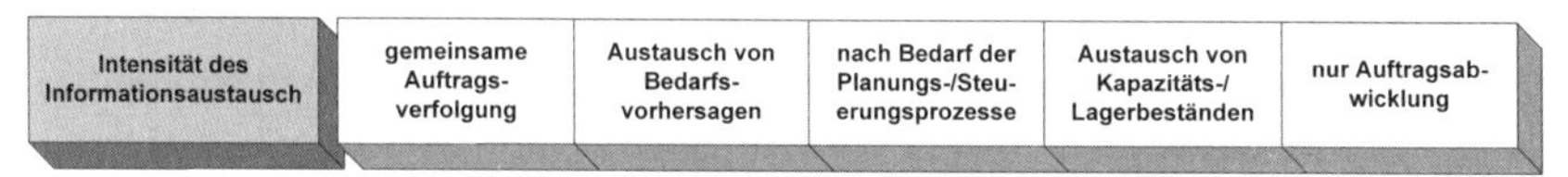

Abbildung 6-37: Informationsaustausch als Charakteristikum
Quelle: Eigene Darstellung.

Wie schon in Kapitel 6.2.9.3 angedeutet, kann der nicht vorhandene Datenzugang durch die Informationsbereitstellung ausgeglichen werden. Die Intensität des Informationsaustausches liefert Hinweise zur Ausgestaltung der Koordinati-

---

[218] Vgl. Kapitel 2.1.4.1.
[219] Vgl. Eisenbarth, M. (2003), S. 264.

on der Supply Chain (vgl. Abbildung 6-37). Je intensiver sich der Informationsaustausch gestaltet, desto besser ist ein Supply Chain Management umsetzbar.[220]

6.3.1.1 Aktuelle Intensität des Informationsaustausches

Die Intensität des Informationsaustausches in der Arzneimittel-Supply Chain in Deutschland ist gering. An die Primärlogistikdienstleister werden nach Auskunft der PharmLog lediglich die Auftragsinformationen weitergeleitet. Die Primärlogistikdienstleister leiten Informationen zu den Lagerbewegungen an die Hersteller weiter, sodass diese ihre Bestände beim Primärlogistikdienstleister nachvollziehen können.[221]

Eine Integration der Lieferanten in den Beschaffungsprozess ist in deutschen Krankenhäusern nicht üblich, weniger als 25 % der Häuser gaben, nach den Ergebnissen der DKI-Umfrage im Jahr 2003, Informationen über die relevanten Grundlagen ihrer Beschaffungsentscheidung an die Lieferanten weiter.[222]

Zwischen den Krankenhaus-(versorgenden-)apotheken und den Herstellern beschränkt sich der Informationsaustausch in der Regel auf die reine Auftragsabwicklung. Zwar werden bei den Verhandlungen Rahmenmengen vereinbart, diese bieten aber nur Orientierungspunkte. Nach Aussage von Sanicare werden die Hersteller nur bei extremen Bedarfsschwankungen informiert.[223]

Die Intensität des Informationsaustausches zwischen Station und Apotheke schwankt stark. Bei der klassischen Stationsversorgung findet im Regelfall eine reine Auftragsabwicklung statt. Die Schrankversorgung nach dem Kanban-Prinzip liefert Informationen an die Apotheke, sobald ein Mindestbestand unterschritten ist. Die Apotheke ist somit ansatzweise über die Lagerbestände auf der Station im Bilde. Die Station erhält aber keine Informationen von der Apotheke. Beim Einsatz von Unit-Dose-Systemen und elektronischen Schranksystemen liegen den Apothekern patientenindividuelle Informationen vor. Die Apotheker übernehmen Kontrollaufgaben. [224]

6.3.1.2 Optimierungspotenziale zur Gestaltung des Informationsaustausches

In den USA werden Großhändler in die Kooperationsplattformen integriert, so werden Material- und Bestandsinformationen ausgetauscht und die Lager werden auf Basis dieser Informationen wieder aufgefüllt.[225]

---

[220] Vgl. Stadtler, H. (2007), S. 12.
[221] Vgl. PharmLog (2008a).
[222] Vgl. Schumacher, N. et al. (2003), S. 26f.
[223] Vgl. Sanicare (2008b).
[224] Vgl. Baehr, M. et al. (2004), S. 439ff., Mathias-Spital (2008), Sanicare (2008b), paderlog (2008a).
[225] Vgl. Poppe, R. et al. (2004), S. 29.

In Norwegen, Großbritannien oder den Niederlanden sind die Großhändler teilweise Partner von Gesundheitszentren. Sie haben Informationen über den Markt, die Produkte, die Hersteller und den Vertrieb. So können sie die Ausgabenoptimierung unterstützen.[226]

Auch das Pharmacy Supply Chain Project hat gezeigt, dass ein kontinuierlicher Informationsaustausch zwischen den Parteien hilft, die Prozesse der anderen zu verstehen und die Kooperation zu optimieren. So konnten die Kosten gesenkt und das Servicelevel gesteigert werden.[227] Die PASA empfiehlt in diesem Zusammenhang, dass die Hersteller die nachgelagerten Stufen umgehend benachrichtigen sollten, sobald Vertragsänderungen oder Preisänderungen abzusehen sind.[228]

6.3.1.3 Empfehlungen zur Gestaltung des Informationsaustausches

Diese Ansätze zeigen, dass die Intensivierung des Informationsaustausches ein wesentlicher Erfolgsfaktor des Supply Chain Managements ist. Zur Überwachung der Bestände muss zunächst sichergestellt werden, dass alle benötigten Informationen vorliegen. Gute Überwachungsmethoden sind notwendig.[229] Die Nachfrage muss an alle Beteiligten kommuniziert werden, um eine angemessene Reaktion zu gewährleisten.[230] Wenn von allen Planungsinstanzen die tatsächliche Nachfrage als Grundlage verwendet wird, kann die Nachfrage zeitnah und kosteneffektiv erfüllt werden. Zudem können die Bestände auf allen Ebenen reduziert werden.[231]

Die Primärlogistikdienstleister bieten die Lagerung und Distribution der Waren der Hersteller an und haben vertragliche Rahmenmengen abgestimmt. Die Produktionsinformationen von den Herstellern sind für diese primäre Aufgabe von geringer Bedeutung. Sie benötigen lediglich Informationen zur Auftragsabwicklung.[232]

Den Krankenhaus-(versorgenden-)apotheken können frühzeitige Informationen helfen auf Arzneimittelengpässe zu reagieren und ihre Therapieplanung anzugleichen.[233] Parallel sind für die Arzneimittelhersteller Informationen von den

[226] Vgl. Clement, W. et al. (2005), S. 62.

[227] Vgl. Kapitel 5.6.3.

[228] Vgl. Forrest, S. et al. (2006), S. 15.

[229] Vgl. Axsäter, S. (2000), S. 175, Tempelmeier, H. (2006b), S. 14.

[230] Vgl. Ireland, R. K. et al. (2005), S. 5.

[231] Vgl. Ireland, R. K. et al. (2005), S. 13.

[232] Vgl. PharmLog (2008a).

[233] Allerdings muss hierbei beachtet werden, dass die Informationen in beide Richtungen ausgetauscht werden. Im anderen Fall könnte es zu Phantomnachfragen aufseiten der Apotheken kommen, die einen Bullwhip-Effekt auslösen könnten.

Apotheken wichtig, um ihre Produktionsplanung und Marketingaktivitäten an die Marktgegebenheiten anzupassen.[234]

Die Umsetzung einer gemeinsamen Auftragsverfolgung von Hersteller und Apotheke erscheint aufgrund der divergierenden Ziele nicht realistisch.[235] Es sollte zumindest der Austausch von Kapazitäts- und Lagerbeständen angestrebt werden. Eine Clearingstelle könnte die Informationen sammeln und auswerten. So wird der Austausch von Bedarfs- und Bestandsvorhersagen sicher gestellt, ohne dass die andere Partei Informationen missbrauchen kann (vgl. Abbildung 6-38).

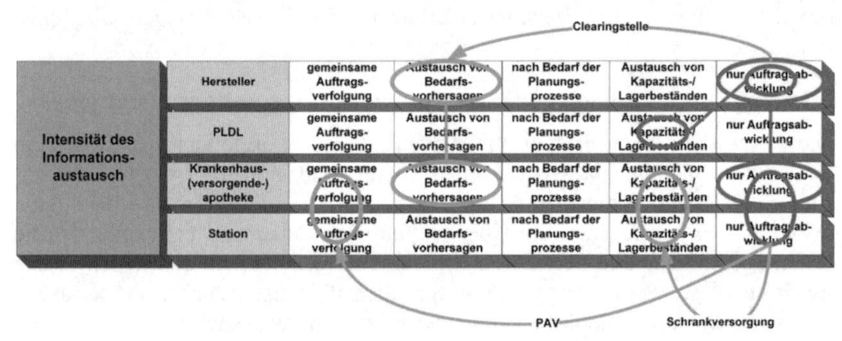

Abbildung 6-38: Intensität des Informationsaustausches in der Arzneimittel-Supply Chain
Quelle: Eigene Darstellung.

6.3.2 Kommunikationsgrad in der Arzneimittel-Supply Chain

Grad der Kommunikation	Vielzahl von Kontakten zwischen den Parteien und Kanälen	zentrale Clearingstelle	regelmäßige Treffen der Supply Chain Parteien	einzelner Kontakt für die Geschäftstransaktionen

Abbildung 6-39: Kommunikationsgrad als Charakteristikum
Quelle: Eigene Darstellung.

Der Mensch ist der soziale Faktor bei der Beschaffung. Die persönliche Kommunikation unterstützt die Wertschöpfung. Sie steuert und begründet geschäftliche Beziehungen (vgl. Abbildung 6-39).[236]

[234] Vgl. Kapitel 3.1.1.3.
[235] Vgl. Kapitel 6.2.2.1.
[236] Vgl. Hirschsteiner, G. (2006), S. 492ff.

6.3.2.1 Aktuelle Gestaltung der Kommunikation

Zwischen den Arzneimittelherstellern und den Primärlogistikdienstleistern wird nach Auskunft der PharmLog eine enge Bindung angestrebt. Die beiden Parteien sind voneinander abhängig. Die Kommunikation der Mitarbeiter geht über die reinen Geschäftstransaktionen hinaus, es finden regelmäßige Treffen statt.[237]

Die Experteninterviews ergaben, dass der Kontakt zwischen den Apotheken und den Arzneimittelherstellern auf die Geschäftstransaktionen beschränkt ist. Die generellen Konditionen werden im Regelfall zwischen Vertretern der Einkaufsgemeinschaft oder der als externer Dienstleister agierenden Apotheke verhandelt. Im Anschluss rufen die Apotheken die Waren bei den Herstellern ab. Somit treffen die in der Arzneimittel-Supply Chain aktiven Mitarbeiter in Regel nicht zusammen.[238]

Der interne Prozess gestaltet sich in Abhängigkeit von der Versorgungsform. In der klassischen Versorgung beziehen sich die Kontakte im Regelfall auf Geschäftstransaktionen und Informationsanfragen bei der Apotheke. Ähnlich ist es bei der Schrankversorgung nach dem Kanban-Prinzip. Erst bei der patientenorientierten Arzneimittelversorgung wird die Kommunikation zwischen den Apotheken und den Stationen deutlich intensiver, was durch die enge organisatorische Anbindung zu erklären ist. Der Warenfluss wird gemeinschaftlich koordiniert. Durch die Medikationskontrolle der Apotheker und ihre beratende Funktion wird die Kontaktzahl deutlich gesteigert.[239] Am Beispiel der paderlog zeigt sich, dass die Beziehung zum Brüderkrankenhaus besonders intensiv ist. Es wird Kontakt zu allen Ärzten gepflegt. Bei den anderen versorgten Einrichtungen laufen die Kontakte primär über die Chefärzte. Neben der Versorgungsform ist somit die Nähe der Apotheke zum Krankenhaus von Bedeutung.[240]

6.3.2.2 Empfehlungen zur Gestaltung der Kommunikation

Oft wird eine offene Kommunikation durch fehlendes Vertrauen erschwert. Hier bietet sich die Implementierung einer externen Clearingstelle an. Diese kann die Kommunikation mit den Supply Chain-Parteien übernehmen und als Vermittler dienen.

Ein externer Dienstleister mit Großhandels- oder Apothekenzulassung kann die Kommunikation in der Supply Chain deutlich erleichtern.[241] Sanicare agiert bspw. auf diesem Wege. Sowohl die Kommunikation mit den Herstellern als

---

[237] Vgl. PharmLog (2008a).

[238] Dies ist bei über 700 Krankenhaus-(versorgenden-)apotheken mit jeweils ca. 50 unterschiedlichen Lieferanten nur schwer realisierbar. Vgl. Mathias-Spital (2008), Sanicare (2008b), paderlog (2008a).

[239] Vgl. Mathias-Spital (2008), Sanicare (2008b), paderlog (2008a).

[240] Vgl. paderlog (2008a).

[241] Auch Einkaufsgemeinschaften agieren als Clearingstellen zwischen den Herstellern und den Apotheken, allerdings vertreten sie die Interessen der Apotheken und sind somit nicht neutral.

auch mit den Krankenhäusern wird hier zentral gebündelt. Allerdings wird der Informationsfluss unterbrochen. Sanicare erhält keine Informationen von den Herstellern und nur stationsbezogene Informationen von den angeschlossenen Einrichtungen. Eine Weiterleitung der Informationen findet nicht statt (vgl. Abbildung 6-40).[242]

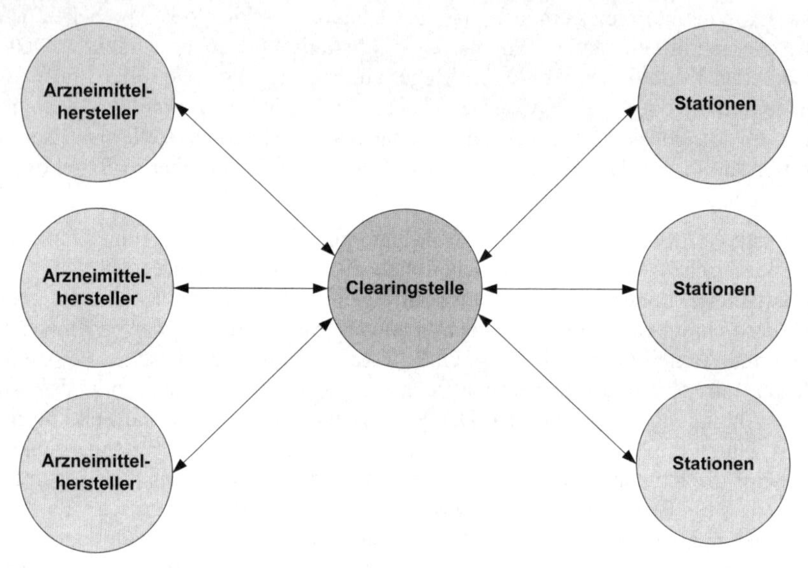

Abbildung 6-40: Bündelung der Kommunikationsflüsse
Quelle: Eigene Darstellung.

Im Rahmen der Fallstudienerhebung zeigte sich, dass eine enge Beziehung zu den Krankenhäusern, die Bereitschaft zum Informationsaustausch mit den Herstellern dämpft. Dies bedeutet, dass eine Krankenhaus-(versorgende-)apotheke nur als neutrale Clearingstelle auftreten kann, wenn sie nicht direkt von den Krankenhäusern abhängig ist (vgl. Abbildung 6-41).

---

[242] Vgl. Ponßen, H. et al. (2005), S. 161ff., Sanicare (2008b).

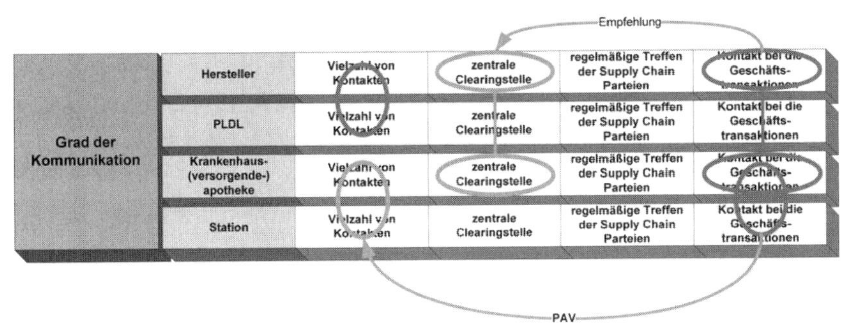

Abbildung 6-41: Kommunikationsgrad in der Arzneimittel-Supply Chain
Quelle: Eigene Darstellung.

6.3.3 Zuordnung der Prozessverantwortung in der Arzneimittel-Supply Chain

Prozessverantwortung	Vendor Managed Inventory	Co- Managed Inventory	Buyer Managed Inventory	LDL

Abbildung 6-42: Prozessverantwortung als Charakteristikum
Quelle: Eigene Darstellung.

Die Verantwortung über die Prozesse stellt ein wesentliches Charakteristikum der Koordination dar (vgl. Abbildung 6-42). DEEPEN prognostiziert, dass die Steuerung der Supply Chain zukünftig an einen Logistikdienstleister ausgelagert wird. Das Gleiche erwartet er weitestgehend für Transport, Umschlag und Lagerhaltung (TUL). Im Bereich des Aufbaus, der Gestaltung und der Planung von Supply Chains hält er dieses Vorgehen für unwahrscheinlich (vgl. Abbildung 6-43).[243]

[243] Vgl. Deepen, J. M. (2003), S. 136.

Führungshorizont	Komplexität: niedrig	Komplexität: hoch
strategisch	Aufbau und Gestaltung von Supply Chains	Planung von Supply Chains
operativ	klassische TUL / Mehrwert TUL	Steuerung von Supply Chains

Abbildung 6-43: Outsourcingpotenzial der Steuerung von Supply Chains
Quelle: In Anlehnung an Deepen, J. M. (2003), S. 136.

6.3.3.1 Aktuelle Gestaltung der Prozessverantwortung

Die Primärlogistikdienstleister agieren zwischen den Herstellern und den Krankenhaus-(versorgenden-)apotheken. Die Informationsflüsse laufen weitestgehend über die Arzneimittelhersteller, welche diese im Rahmen der Auftragsabwicklung an den Dienstleister weiterleiten.[244]

Die Interviews zeigten, dass die Krankenhaus-(versorgenden-)apotheken eigenständig bestimmen, wann sie welche Menge eines Arzneimittels beziehen. Es liegt ein klassisches Buyer Managed Inventory vor. Zwar gibt es beispielsweise auf der pharma mall-Homepage das Angebot, Vendor Managed Inventory-Konzepte für Krankenhaus-(versorgenden-)apotheken durchzuführen. Dieses wird aber nicht in Anspruch genommen, was besonders durch das mangelnde Vertrauen der Apotheken zu begründen ist. Diese sehen die pharma mall als direktes Angebot der Hersteller und nicht als neutrale Plattform.[245]

Eine Befragung von MÜLLER bezüglich der Ausgliederung von bestehenden Ver- und Entsorgungsfunktionen im Krankenhaus ergab, dass 18,5 % der Befragten eine Ausgliederung von Einkauf und Beschaffung für möglich hielten. 22,2 % sahen die Ausgliederung der Lagerhaltung und Bestandsführung positiv, 44,4 % die des internen Transports und 48,1 % die der Abfalltrennung und –entsorgung.[246] Dieses Ergebnis wird von der zunehmenden Auslagerung der Versorgung der Krankenhäuser mit Arzneimitteln an externe Apotheken widergespiegelt. Diese agieren in Form eines Logistikdienstleisters. Sie stehen zwi-

[244] Vgl. PharmLog (2008a).

[245] Vgl. pharma-mall (2008), PharmLog (2008a), Mathias-Spital (2008), Sanicare (2008b), paderlog (2008a).

[246] Vgl. Müller, J. (1999), S. 55.

schen den Krankenhäusern und den Herstellern und übernehmen die Preisverhandlungen und die Koordination des Warenflusses.[247]

Bezogen auf das Stationslager ist bei der klassischen Versorgung von einem Buyer Managed Inventory auszugehen. Die Unit-Dose-Versorgung stellt einen Übergang dar. Sie wird von der Station und der Apotheke gemeinschaftlich koordiniert. Es wird somit von einem Co-Managed Inventory gesprochen. Im Rahmen der Schrankversorgung wird das Bestandsmanagement von den Apotheken durchgeführt. Die Apotheken agieren als Lieferanten der Stationen, insofern kann in diesem Kontext von einem Vendor Managed Inventory gesprochen werden. Das Kanban-Prinzip liefert erste Ansätze, indem der Apotheke immer eine Bestandsbandbreite bekannt ist. Elektronische Versorgungsschränke können durch ihre aktuellen Bestandsinformationen komplett von der Apotheke gemanagt werden.[248]

6.3.3.2 Optimierungspotenzial in der Gestaltung der Prozessverantwortung

Internationale und nationale Konzepte weisen auf das Potenzial innovativer Modelle der Prozessverantwortung hin:

- Broadlane agiert in den USA als 4 PL für Krankenhausapotheken. Das Unternehmen bietet Datenmanagementsoftware, Nutzungstrends, Preisvergleiche und Zuliefererverträge als Komplettpaket an. Es stellt seinen Kunden aktuelle Informationen zur Medikationssicherheit und evidenzbasierten Standards zur Verfügung. Zudem verspricht es Preisanstiege unterhalb des Marktniveaus sowie ein- bis zweiprozentige Einsparungen im Arzneimittelversorgungsprozess.[249]

- In Kanada haben sich 24 pharmazeutische Unternehmen zum Canadian Pharmaceutical Distribution Network (CPDN) zusammengeschlossen. Die Distribution wird von einem 3 PL übernommen, der im Monat für 6.000 Bestellungen die Bestellannahme, die Lagerhaltung, das Bestandsmanagement, das Absortieren und Abpacken, den Transport sowie die Buchhaltung übernimmt.[250]

- Das Wyoming Valley Healthcare System beschloss im Jahr 2000, seine Warenlager an einen Dienstleister zu vergeben. Ab dem Zeitpunkt wurden nur noch kleine Mengen direkt an die Stationen geliefert. So konnte kontrolliert werden, wo welche Produkte genutzt wurden. Ein gutes EDV-System wurde als Voraussetzung genannt, um zusätzlichen Arbeitsauf-

[247] Vgl. Kapitel 3.1.3.2.3.
[248] Vgl. Kapitel 2.3.1.
[249] Vgl. Broadlane (2008).
[250] Vgl. Eskew, M. (2002), S. 28.

wand zu vermeiden. Die Einsparungen des Systems hängen von den Anfangsbeständen und der Lieferkette ab. Zudem muss eine breite Standardisierung angestrebt werden.[251]

- In Großbritannien wurde Exel als Primärlieferant ausgewählt, der zwischen den Herstellern und den Krankenhäusern agiert.[252] So wird der Warenfluss gebündelt.

- Die Hirsch Apotheke in Bremen ist eine öffentliche Apotheke, die Krankenhäuser versorgt. Die Arzneimittel werden direkt an die Stationen geliefert, wodurch die versorgende Apotheke einen Überblick über den Bedarf erhält. Die Hirsch Apotheke gibt an, dass die Kosten pro Patient im Medikalprodukte und Arzneimittelbereich um 6 % gesenkt wurden, seitdem sie die Versorgung übernommen habe. Die Prozesskosten der Beschaffung seien um knapp 43 % reduziert worden.[253]

- Das MOC wurde im April 2001 in Ahlen, Westfalen in Betrieb genommen. Das Dienstleistungscenter ist ein Kooperationsprojekt zwischen der F-Log AG und der St. Franziskus-Hospitalgesellschaft in Münster.[254] Das MOC stellt ein Ver- und Entsorgungszentrum dar, dass die Supply Chain-Flüsse vom Hersteller zum Krankenhaus bündelt.[255]

6.3.3.3 Empfehlungen zur Gestaltung der Prozessverantwortung

Das Bestandsmanagement sollte generell dort angesiedelt sein, wo es für das jeweilige Unternehmen am sinnvollsten ist, um Kundenanforderungen zu erfüllen und wirtschaftlich zu agieren. Eine universelle Ideallösung ist nicht existent. Idealerweise profitieren alle Parteien der Supply Chain gleichermaßen von der Einführung eines Supply Chain Managements.[256] Zur Umsetzung des Bestandsmanagements ist das betroffene Personal von großer Bedeutung. Es muss sich verantwortlich fühlen und mit den Prozessen vertraut sein.[257] Bestandsmanagement erfordert von den Mitarbeitern nicht nur den Einsatz der richtigen Instrumente, sondern vor allem Urteilsfähigkeit und Kompetenz.[258]

Für die Arzneimittelhersteller bieten sich die folgenden Strategien an, um die Gestaltung der Prozessverantwortung zu optimieren:

---

[251] Vgl. Cys, J. (2001), S. 19ff.
[252] Vgl. Reif, M. (2007), S. 421.
[253] Vgl. O.V. (2004d), S. 54f.
[254] Vgl. Berlemann, D. (2004), S. 45.
[255] Vgl. Berlemann, D. (2004), S. 46. Es umfasst vier Dienstleistungsbereiche: Die Zentralsterilisation, die Zentralapotheke, das Zentrallager für medizinischen Bedarf, Büro- und Wirtschaftsartikel und die Servicegesellschaft. Vgl. Jankowski, E. (2002), S. 542, Berlemann, D. (2004), S. 47.
[256] Vgl. Cys, J. (2001), S. 21, Baihaqi, I. et al. (2005), S. 6, Davis, R. N. (2004), S. 68.
[257] Vgl. Axsäter, S. (2000), S. 176.
[258] Vgl. Prichard, J. W. et al. (1965), S. 4.

- Durch regionale Distributionszentren könnte das Distributionsnetzwerk optimiert werden.
- Die komplette Logistik könnte ausgelagert werden, wie es bspw. durch PharmLog realisiert wird.
- Die erhöhte Vernetzung mit anderen Mitgliedern der Supply Chain sollte angestrebt werden.
- Durch eine enge Kooperation mit den nachgelagerten Stufen kann die Supply Chain synchronisiert werden, so wird der Bullwhip-Effekt[259] vermieden. Der Prozess der Integration kann bspw. durch ein Vendor Managed Inventory umgesetzt werden.[260]

Nach der Optimierung der internen Prozesse bietet Vendor Managed Inventory eine Option für den Arzneimittelhersteller mittels Konsignationslagern beim Kunden, die Flexibilität entlang der Supply Chain zu erhöhen und eine Bestandsoptimierung zu erreichen.[261] So kann der Verfall von Arzneimitteln vermieden werden.[262] Die vollständige Logistikpartnerschaft in Form der Planung, Steuerung und Überwachung durch einen externen Dienstleister ist nach den Erkenntnissen von FESTEL im Gesundheitswesen selten.[263] Durch die Vielzahl der aktiven Arzneimittelhersteller wird die Umsetzung eines direkten Vendor Managed Inventorys erschwert. Eine Option wäre, dieses Konzept durch einen Logistikdienstleister als Clearingstelle umzusetzen. Dieser kann als Mittler zwischen den Herstellern und den Krankenhaus-(versorgenden-)apotheken agieren und die Informations-, Finanz- und Warenflüsse koordinieren (vgl. Abbildung 6-44).[264]

---

[259] Vgl. Kapitel 2.1.5.

[260] Vgl. Brückner, M. et al. (2002), S. 729 und 731f., Schürbüscher, D. et al. (2003), S. 88ff., Festel, G. (2004), S. 7.

[261] Vgl. Schürbüscher, D. et al. (2003), S. 92.

[262] Vgl. Roberts, S. (2003), S. 34. Ein abgelaufenes Arzneimittel stellt ein Sicherheitsrisiko dar.

[263] Vgl. Festel, G. (2004), S. 7.

[264] Vgl. Kriegel, J. et al. (2002), S. 536. Nach Dillmann, R. et al. (2002), S. 93 können Unternehmen durch die externe Vergabe des Supply Chain Management eine Vorreiterrolle in speziellen Beschaffungsbereichen erzielen und so einen langfristigen Nutzen generieren.

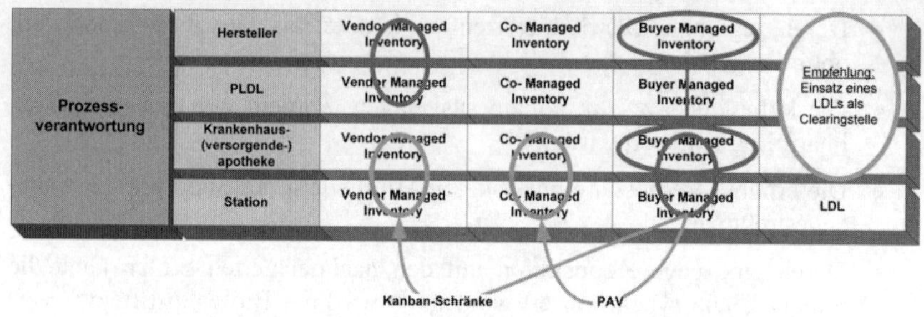

Abbildung 6-44: Prozessverantwortung in der Arzneimittel-Supply Chain
Quelle: Eigene Darstellung.

6.3.4 Autonomie der Planungsentscheidung in der Arzneimittel-Supply Chain

Autonomie der Planungsentscheidung	hierarchisch, geführt durch zentrale Stelle	lokal, gemäß zentralen Richtlinien	heterarchisch, lokal, unabhängig, autonom

Abbildung 6-45: Autonomie als Charakteristikum
Quelle: Eigene Darstellung.

Die Autonomie der Planungsentscheidung hängt eng mit der Prozessverantwortung zusammen (vgl. Abbildung 6-45). Je besser die Planungsentscheidungen aufeinander abgestimmt werden, desto eher ist ein ganzheitliches Supply Chain Management möglich.[265]

Nach Auskunft der PharmLog orientierten sich die Planungsentscheidungen der Arzneimittelhersteller an den vertraglichen Absprachen mit den Primärlogistikdienstleistern. Es liegt keine Koordination zwischen Hersteller und Primärlogistikdienstleister vor.[266]

Auch die Krankenhaus-(versorgenden-)apotheken agieren lokal. In den Interviews wurde verdeutlicht, dass die Planungsentscheidungen im Rahmen der Arzneimittelkommission der einzelnen Krankenhäuser und der Vertragsverhandlungen getroffen werden. Den Apotheken und Stationen werden Richtlinien vorgegeben, welche Präparate zu beziehen sind. Somit besteht ein Handlungsrahmen für die Aktivitäten der Parteien.[267]

---

[265] Vgl. Lawrenz, O. (2001), S. 33.
[266] Vgl. PharmLog (2008a).
[267] Vgl. Mathias-Spital (2008), Sanicare (2008b), paderlog (2008a).

Die Autonomie der Planungsentscheidungen im Bezug auf die Stationen hängt stark von der internen Versorgungsform ab. Bei der klassischen Arzneimittelversorgung agieren die Stationen lokal gemäß zentralen Richtlinien. Die Schrankversorgung nach dem Kanban-Prinzip ist ein dezentrales System, das stark an Richtlinien orientiert ist. Die patientenorientierte Arzneimittelversorgung wird gemeinschaftlich mit der Apotheke gesteuert.[268]

Nach HÜBNER ist es heutzutage unmöglich, ein Logistiksystem zu entwickeln, ohne die anderen Parteien der Supply Chain mit einzubeziehen. Besonders der Trend zum Lean Management macht eine Kooperation mit den Lieferanten, den Logistikdienstleistern und anderen Krankenhäusern notwendig.[269]

Die Planungsentscheidungen in der Arzneimittel-Supply Chain werden weitestgehend autonom getroffen. Es bestehen lediglich Rahmenverträge und Richtlinien, die Anhaltspunkte geben können. Eine zentrale Planung kann helfen, die Bestände in der gesamten Supply Chain zu reduzieren und die Strukturen zu verschlanken. Aufgrund der Vielzahl von Planungsinstanzen in der Supply Chain, bietet sich hier eine neutrale Clearingstelle zur Koordination der Informations-, Finanz- und Warenflüsse an (vgl. Abbildung 6-46).

Autonomie der Planungs-entscheidung			
Hersteller	hierarchisch, geführt durch zentrale	lokal, gemäß zentralen Richtlinien	heterarchisch, lokal, unabhängig, autonom
PLDL	Empfehlung: Einsatz eines LDLs als Clearingstelle	lokal, gemäß zentralen Richtlinien	heterarchisch, lokal, unabhängig, autonom
Krankenhaus-(versorgende-) apotheke	geführt durch zentrale Stelle	lokal, gemäß zentralen Richtlinien	heterarchisch, lokal, unabhängig, autonom
Station	hierarchisch, geführt durch zentrale Stelle	lokal, gemäß zentralen Richtlinien	heterarchisch, lokal, unabhängig, autonom

Abbildung 6-46: Autonomie der Planungsentscheidung in der Arzneimittel-Supply Chain
Quelle: Eigene Darstellung.

6.3.5 Einsatz von Tracking und Tracing-Technologien in der Arzneimittel-Supply Chain

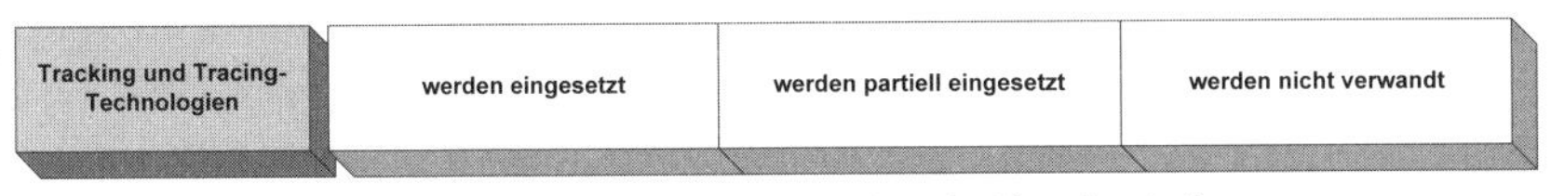

Abbildung 6-47: Tracking und Tracing als Charakteristikum
Quelle: Eigene Darstellung.

[268] Vgl. Mathias-Spital (2008), Sanicare (2008b), paderlog (2008a).
[269] Vgl. Hübner, U. (2008), S. 246.

RFID-Tracking bietet für alle Parteien die Möglichkeit, Waren zu jedem Zeitpunkt zu lokalisieren (vgl. Abbildung 6-47).[270] Eine Befragung der Unternehmensberatung Capgemini aus dem Jahr 2004 zeigte, dass 31 % der Befragten annahmen, dass das Gesundheitssystem und die Arzneimittelhersteller am stärksten durch die erste Welle der RFID-Einführung bis zum Jahr 2010 betroffen sein würden. Als bevorzugten Unternehmensbereich für den RFID-Einsatz sahen 71 % den Bereich Supply Chain bzw. Operations an.[271]

6.3.5.1 Aktueller Stand des Einsatzes von Tracking und Tracing-Technologien

Das Interesse der Arzneimittelhersteller an logistischen Lösungen war nach Angaben der IT-Anbieter aus dem Jahr 2005 gering.[272] Aus Expertensicht ist RFID zu teuer, zu komplex und zu aufwendig und wird daher nicht eingesetzt. Barcodes werden als sinnvoll erachtet und verwendet. Die Arzneimittel werden bspw. beim Eingang ins Lager der PharmLog palettenweise gescannt.[273]

Der Warenfluss in die Apotheken wird nach Ausgestaltungsform auf unterschiedlichem Wege erfasst. Apotheken erfassen die Waren im Regelfall mittels Barcodes, teilweise aber auch manuell. Werden die Güter in einem Kommissionierautomaten verwaltet, geschieht dies im Regelfall mittels Scan.[274]

Im Bereich der öffentlichen Apotheken vergibt die Informationsstelle für Arzneimittelspezialitäten (IFA) die Pharmazentralnummer (PZN). Alle in Deutschland auf dem Markt befindlichen Arzneimittel müssen die PZN zumindest in Klarschrift aufweisen. Im Krankenhausbetrieb existieren parallel weitere Standards wie die Europäische Artikel Nummer (EAN).[275]

Der Warenfluss auf die Stationen wird im Regelfall manuell erfasst. Die patientenorientierte Arzneimittelversorgung sieht zwar das Abscannen der Unit-Doses und des Patientenarmbands vor. Pilotprojekte, welche dieses ganzheitliche Konzept in Deutschland umsetzen wollten, scheiterten jedoch bis jetzt. Die skeptische Haltung gegenüber Barcode- und RFID-Technologien im Krankenhaus zeigte sich auch im Rahmen der Experteninterviews. Neben den Kosten wurden datenschutzrechtliche Gründe angesprochen. Die Apotheker waren der Ansicht, dass die Zeit für den Einsatz von Tracking und Tracing-Technologien in Deutschland noch nicht reif sei.[276]

---

[270] Vgl. Gilbert, G. (2004), S. 1453.
[271] Vgl. O.V. (2004b), S. 2.
[272] Vgl. Stiehler, A. et al. (2005), S. 22.
[273] Vgl. PharmLog (2008a).
[274] Vgl. Kapitel 6.1.7.
[275] Vgl. Stiehler, A. et al. (2005), S. 17f.
[276] Vgl. Mathias-Spital (2008), Sanicare (2008b).

6.3.5.2 Weiterführende Aspekte des Einsatzes von Tracking und Tracing

In den USA liegt nach FUCHSLOCHER ein jährlicher Arzneimittelschwund im Wert von 40 Mrd. US-Dollar auf dem Weg von der Produktion bis zum Verkauf vor. Dies und die zunehmenden Fälschungen führten dazu, dass die Food and Drug Administration (FDA) eine Chargenverfolgung vorschrieb und hierzu RFID empfahl.[277]

In Kalifornien wird durch die Pedigree Legislation die detaillierte Rückverfolgung des Arzneimittelflusses sichergestellt. D. h. es muss für jeden Zeitpunkt nachgewiesen werden können, an welchem Ort der Supply Chain ein spezielles Produkt sich gerade befunden hat. Cardinal Health plant, für sein Distributionscenter in Sacramento, Kalifornien ein ganzheitliches RFID-Projekt umzusetzen, um der neuen Gesetzgebung zu entsprechen.[278]

Das Unternehmen führte einen RFID-Test über den kompletten Warenfluss durch. In acht Monaten wurde die Supply Chain von der Produktion, über die Verpackung bis zur Apotheke verfolgt. Es wurde geprüft, ob RFID-Tags angebracht und verschlüsselt gelesen werden konnten, während die Prozesse im normalen Tempo durchlaufen wurden. Zudem wurde überprüft, ob eine Effizienzsteigerung erzielt werden konnte. Mit zwei unterschiedlichen Packungsgrößen wurden die folgenden Prozessschritte durchlaufen:

- Die Druckerei, in der die RFID-Tags in die Etiketten eingebracht wurden.
- Die Verpackungsanlage, in der die Etiketten aufgebracht wurden.
- Das Distributionscenter, in dem eine palettenweise Erfassung durchgeführt wurde.
- Die Apotheke, in der bei Wareneingang gescannt wurde.[279]

Im Test wurden 95 bis 97 Prozent der Güter erfasst, durch kleinere Anpassung wird eine Erhöhung auf 100 % angestrebt.[280] Als Voraussetzung für eine komplette Umsetzung werden die Verbesserung der Technologien, der ergänzende Einsatz von Barcode-Technologien und eine Kostenanalyse der Einführung und Instandhaltung der Technologie benannt.[281]

---

[277] Vgl. Fuchslocher, M. (2006), S. 928, FDA (2004), S. i, Stiehler, A. et al. (2005), S. 2. Die FDA ging 2004 davon aus, dass die Einführung von Tracking und Tracing-Technologien bis zum Jahr 2007 umgesetzt wäre. Sie hält RFID für die beste Technologie, um den Warenfluss vom Hersteller zum Patienten nachzuverfolgen. Vgl. FDA (2004), S. ii.

[278] Vgl. O.V. (2007a), S. 5.

[279] Vgl. Chater, A. (2006), S. 56.

[280] Vgl. Chater, A. (2006), S. 56 und 60.

[281] Vgl. Chater, A. (2006), S. 60.

RFID wird im Ausland auch bei elektronischen Arzneimittelschränken eingesetzt. Auf diese Weise kann die Entnahme kontrolliert werden und eine Anbindung an das Warenwirtschaftssystem erfolgen.[282]

Des Weiteren veröffentlichte die FDA im Jahr 2004 eine Vorschrift, dass alle verschreibungspflichtigen und einige OTC-Arzneimittel sowie Blutkonserven mit Barcodes gekennzeichnet sein müssen. So sollte die Patientensicherheit gesteigert werden.[283] POON ET AL. untersuchten 2006 den Nutzen von Barcode-Systemen in der Apotheke bei der Vermeidung von Dosierungs- und Ausgabefehlern. Sie stellten fest, dass sich die Fehlerquote durch die Einführung der Barcodes erheblich verbesserte. Die Ausgabefehler sanken um 85 %, die ADEs um mehr als 60 %.[284]

Im Bereich der Patientenversorgung testet das Klinikum Saarbrücken seit dem Jahr 2005 als erstes deutsches Krankenhaus den Einsatz von RFID-Chips zur Patientenidentifikation. Hier wurde die Medikations- und Dosierungssicherheit in einen besonderen Fokus gerückt. Die Medikation wird mit einer Software überprüft.[285] Diese übernimmt Patientendaten aus dem Klinikinformationssystem und ermöglicht die Patientenidentifikation mittels Barcode oder RFID.[286] 2005 zeigte eine Erhebung, dass das Krankenhaus Kosten einsparen konnte und 85 % der Patienten das Identifikationsarmband gerne trugen.[287] Auch in anderen Quellen wird von einer guten Akzeptanz der Armbänder durch die Patienten berichtet. Sie stellen eine eindeutige Identifikation, eine effiziente Erfassung und Verwaltung von Patientendaten sowie eine Vermeidung von Irrtümern sicher. Die Patienten empfinden ein gesteigertes Sicherheitsgefühl.[288]

6.3.5.3 Empfehlungen für den Einsatz von Tracking und Tracing

Das Ergebnis des oben beschriebenen Pilotprojektes zeigt, dass RFID zur Nachverfolgung des Warenflusses in der Arzneimittel-Supply Chain eingesetzt werden kann und gute Ergebnisse generiert. In den USA bestehen Bestrebungen durch die FDA, den Einsatz von RFID und Barcodes voranzutreiben.[289] Solche regulatorischen Vorgaben sind in Deutschland zwar nicht existent, könnten aber

---

[282] Vgl. Buck, C. (2005), S. 22. Dies erhöht die Sicherheit, da Nachahmung oft andere Zusammensetzungen aufweisen und im Extremfall schädigend sein können.

[283] Vgl. Navarra, M. B. (2005), S. 6. 80 % berichteten bereits über einen Rückgang der Unit-Dose tauglichen Arzneimittel über die letzten fünf Jahre.

[284] Vgl. Poon, E. G. et al. (2006), S. 426ff.

[285] Vgl. Hensold, S. (2005), S. 749f., O.V. (2006), S. 19. Diese prüft Verordnungen auf relevante Interaktionen, eine ungewöhnliche Dosierung und die Anwendungshäufigkeit. Zudem werden Dosisanpassungen bei älteren und niereninsuffizienten Patienten vorgenommen. Vgl. Korzilius, H. (2005), S. A-1175, O.V. (2007e), S. 53, O.V. (2007c), S. 562.

[286] Vgl. Oelschlegel, F. (2007a), S. 57.

[287] Vgl. Semmler, T. (2005a), S. 60. Die erste Generation der RFID-Armbänder im Klinikum Saarbrücken wurde von den Patienten nicht gut angenommen, da ein Barcode aufgedruckt war.

[288] Vgl. Marienfeld, S. (2006a), S. 432, Marienfeld, S. (2006b), S. 53.

[289] Vgl. FDA (2004), S. iii, Navarra, M. B. (2005), S. 6.

durch die zunehmende Globalisierung an Bedeutung gewinnen. Die Unternehmen müssen ihre Zusammenarbeit optimieren, um Potenziale zu erkennen und die Effizienz zu steigern.[290] Eine Kombination aus packungsindividuellen RFID-Tags und einer Datenbank ermöglicht es, den Fluss des Arzneimittels durch die Supply Chain nachzuvollziehen. So wird der Schutz vor gefälschten Arzneimitteln sichergestellt.[291]

Zudem steigert die große Anwendungsbreite, wie Patientensicherheit und Logistik, sowie das günstige Verhältnis des Produktwertes zu den Kosten pro RFID-Tag im Bereich der Arzneimittel die Attraktivität des Konzeptes.[292]

Die PASA empfiehlt die Einführung eines barcodeunterstützten Wareneingangs und die Erfassung des Verfallsdatums, um Einsparungen zu generieren.[293] Bei der ganzheitlichen Implementierung eines Barcode-Konzeptes sind durchgängige Unterstützung und rechtzeitiges Training der beteiligten Mitarbeiter wichtige Kriterien.[294] Eine Ausweitung auf die Barcode-Versorgung am Patientenbett reduziert Fehler und garantiert eine schnellere und akkuratere Dokumentation.[295]

Insgesamt zeigt sich, dass der Einsatz von Tracking und Tracing-Technologien sowohl für den Warenfluss von dem Hersteller zur Apotheke von großer Bedeutung ist, als auch von der Apotheke zum Patienten. Risiken können vermieden und die Echtheit der Produkte kann gewährleistet werden.

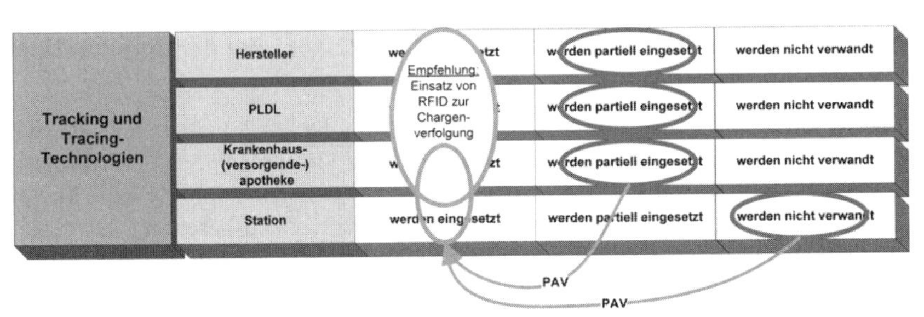

Abbildung 6-48: Tracking und Tracing in der Arzneimittel-Supply Chain
Quelle: Eigene Darstellung.

290 Vgl. Chater, A. (2006), S. 60.

291 Vgl. Stiehler, A. et al. (2005), S. 1, Fuchslocher, M. (2006), S. 931. Allerdings besteht ein Problem in der Standardisierung dieser Netzwerke.

292 Vgl. Stiehler, A. et al. (2005), S. 2f., Fuchslocher, M. (2006), S. 931. Berlecon Research kommt zu dem Schluss, dass RFID-Lösungen kurz- und mittelfristig eher als Ergänzungen zu bestehenden Barcodesystemen eine Rolle spielen werden, als diese zu ersetzen. Es wird eine Kombination aus Barcode und RFID empfohlen, wobei RFID die Bereiche abdeckt, die durch Barcodes nicht sichergestellt werden können. Vgl. Stiehler, A. et al. (2005), S. 29f.

293 Vgl. Forrest, S. et al. (2006), S. 12.

294 Vgl. Heinen, M. G. et al. (2003), S. 18.

295 Vgl. Navarra, M. B. (2005), S. 6. Um die Nutzerakzeptanz zu erhöhen und die Arbeit zu minimieren, muss den Mitarbeitern der Nutzen der Barcodes verdeutlicht werden.

6.3.6 Weiterführende Technologien in der Arzneimittel-Supply Chain

Einsatz von weiterführenden Technologien	zur Unterstützung der integralen Planung und Abwicklung	zur Unterstützung der Auftragsabwicklung im Supply Chain	rein zur Unterstützung der internen Prozesse

Abbildung 6-49: Weiterführende Technologien als Charakteristikum
Quelle: Eigene Darstellung.

Nach ZIEGENBEIN sind geeignete EDV-Instrumente zur Unterstützung der Prozesse notwendig (vgl. Abbildung 6-49).[296] In der Arzneimittel-Supply Chain dienen diese der Unterstützung der Informations-, Finanz- und Warenflüsse.

Neben der Anbindung an den Lieferanten und Kunden durch EDI oder anderen internetbasierte Informationsplattformen stehen, im Rahmen des Managements der Arzneimittel-Supply Chain, elektronische Hilfsmittel für den Warenfluss von der Krankenhaus-(versorgenden-)apotheke zum Patienten im Vordergrund. Dies sind Kommissionierautomaten sowie Dispensierautomaten und elektronische Versorgungsschränke, die im Rahmen der patientenorientierten Arzneimittelversorgung genutzt werden. Diese alternativen Formen der Lagerautomatisierung fördern die Patientensicherheit und die Prozessstandardisierung.[297]

6.3.6.1 Warenwirtschaftssysteme zur Unterstützung der Information und Kommunikation

Durch den Einsatz integrierter Informationstechnologien ergeben sich aus den Synergien Kostensenkungs- und Effizienzsteigerungspotenziale.[298] Informations- und Kommunikationssysteme sind essenziell für ein Supply Chain Management. Sie ermöglichen die Erfassung, Verarbeitung, Aufbereitung und Speicherung der relevanten Daten aller Partner.[299] Sind sie nicht vorhanden, fehlen Nachverfolgungsinstrumente und Warnfunktionen. Somit wird die Transparenz in der Supply Chain eingeschränkt.[300] Durch die elektronischen Beschaffungsvorgänge können intern die Prozesskosten gesenkt, die Bearbeitungszeiten verkürzt und die Fehlereingaben reduziert werden.[301]

Nach Ansicht der Apotheken und Krankenhäuser liegen die technischen Voraussetzungen für die Umsetzung des eBusiness vor. Es bestehen aber interne Bar-

---

[296] Vgl. Ziegenbein, R. (2007), S. 119ff.

[297] Vgl. Woditsch, G. et al. (2008), S. 17.

[298] Vgl. Goldschmidt, A. J. W. (2004), S. 53, Eiff, W. v. (2000b), S. 168. Zur Bedeutung der IT und zum Management des IT-Portfolios siehe Kaplan, J. (2005).

[299] Vgl. Wannenwetsch, H. (2005), S. 13 und 29.

[300] Vgl. Klaus, O. (2004), S. 13.

[301] Vgl. Ghanaat, H. (2004), S. 48. Zur elektronischen Beschaffung siehe Holtrup, M. et al. (2004), S. 259ff.

rieren in den Unternehmen, wie die Managementstrategie, das Personal und die generelle Organisation.[302] Die Hersteller, Apotheken und Krankenhäuser stimmen darin überein, dass die hohen Kosten von fortschrittlichen IT-Systemen für die Krankenhäuser ein Problem darstellen.[303]

Die in deutschen Krankenhäusern teilweise zur Unterstützung des Medikationsprozesses verwendeten EDV-Systeme haben die standardisierte Erfassung der Kranken- und Verordnungshistorie sowie die Dosier- und Interaktionsprüfung gemeinsam. Sie unterscheiden sich bzgl. der Benutzeroberfläche sowie der Integration von Patientendaten in die Dosier- und Interaktionsprüfung.[304]

Die WGKT empfiehlt zur Verbesserung der logistischen Prozesse im Krankenhaus die weitgehend papierlose, EDV-gestützte Abwicklung aller Logistikprozesse sowie die Koordination und Bündelung aller logistischen Prozesse durch adäquate Informationstechnologien.[305] Es sollte geprüft werden, über welche Instrumente eine Optimierung des Transports- und Warenmanagements realisiert werden kann.[306]

Das Projekt des NHS führte zu dem Ergebnis, dass die elektronische Anbindung der Apotheken an die Lieferanten, die Servicequalität durch die Lieferanten steigert. Die Lieferzeit verkürzte sich, die Bestellungen waren akkurater und es gab weniger Retouren.[307] In diesem Zusammenhang führte die National Pharmaceuticals Supply Group (NPSG) die Performancemessung, die Verbesserung der pharmazeutischen Praktiken und die Automatisierung als strategische Handlungsfelder an.[308]

Die PASA gibt für die technologischen Hilfsmittel in der Arzneimittel-Supply Chain die folgenden Empfehlungen:

- Beschaffungssysteme sollten so gestaltet sein, dass manuelle Interventionen minimiert, Dopplungen vermieden und die Störanfälligkeiten optimiert werden.
- Ein interaktives EDI-System sollte die Bestellübertragung, die Bestellbestätigung und die Rechnungsstellung unterstützen. Hierzu müssen aufseiten der Hersteller und Lieferanten adäquate Systeme existieren.

[302] Vgl. Hübner, U. (2008), S. 270.

[303] Vgl. Hübner, U. (2008), S. 283.

[304] Vgl. Müller, S. et al. (2006), S. 51. Im Zusammenhang mit der Analyse der NHS-Arzneimittel-Supply Chain wurde eine ausführliche Aufstellung entwickelt, welche Aspekte ein Computersystem abdecken sollte. Auf diese umfangreiche Liste wird hier nicht eingegangen, sie ist unter NHS (2005) einzusehen.

[305] Vgl. Gudat, H. (2005), S. 1.

[306] Vgl. SCLHS (2004), S. 12.

[307] Vgl. Doherty, M. (2005), Bridge, S. et al. (2005), S. 10, Reading, I. (2005).

[308] Vgl. Stokoe, H. (2005), S. 12.

- Eine elektronische Archivierung der durchgeführten Bestellungen sollte möglich sein.[309]

Ein professionelles Bestandsmanagement löst die Probleme des Verfalls, des Schwundes und der Sortimentsbereinigung, zudem dient es der Optimierung der Ablauforganisation.[310] Eine Materialwirtschaftssoftware ist unumgänglich. Im Idealfall sollte die dezentrale, mobile Erfassung der Daten möglich sein.[311]

Nur auf Basis der adäquaten Struktur, in der Informationen automatisiert weitergeleitet werden, kann bspw. ein automatisierter Wareneingang[312] umgesetzt werden.[313] Die IT-Systeme sollten ständig auf dem aktuellen Stand gehalten werden.[314]

Technologien, besonders IT-gestützte Verschreibung und Scanvorrichtungen bei der Arzneimittelgabe, leisten einen hohen Beitrag zur Effektivitätssteigerung. Eine Umsetzung sollte daher angestrebt werden.[315] Medikationsfehler können deutlich reduziert, die Gesamtkosten für Arzneimittel signifikant gesenkt und der Personaleinsatz im Krankenhaus optimiert werden.[316] Neben- und Wechselwirkungen, Übertragungsfehlern und menschlichen Fehlern wird entgegengewirkt.[317]

6.3.6.2 Technologische Unterstützung in der Patientenversorgung

Die klassische Arzneimittelversorgung durch die Apotheke sollte durch ein Materialwirtschaftssystem unterstützt werden, das eventuell durch einen Kommissionierungsautomaten in der Apotheke ergänzt wird.[318] Im Expertengespräch wurde vonseiten der paderlog verdeutlicht, dass der Einsatz eines Kommissionierautomaten kritisch gesehen wird. Es wird angezweifelt, dass die Investitionskosten über Personaleinsparungen ausgeglichen werden können. Ein besonderes Problem stelle das Befüllen des Automaten mit den Packungen dar, welches sehr zeitaufwendig sei.[319]

---

[309] Vgl. Forrest, S. et al. (2006), S. 12ff. Zur Archivierung und Kontrolle empfiehlt die PASA dennoch Papierduplikate.

[310] Vgl. O.V. (2000), S. 36.

[311] Vgl. Rothfuß, G. et al. (2002), S. 546.

[312] Im Bereich des Wareneingangs kann durch Barcode-Erfassung oder RFID eine Fehlervermeidung angestrebt werden. Vgl. Werner, H. (2008), S. 84.

[313] Vgl. SCLHS (2004), S. 12, Ireland, R. K. et al. (2005), S. 163.

[314] Vgl. Briceland, L. L. (2001), S. 5f., Kaushal, R. et al. (2002), S. 262 und 264, Kilty, G. L. (2000), S. 19 und 24.

[315] Vgl. Briceland, L. L. (2001), S. 5f.

[316] Vgl. Hackl, G. et al. (2004).

[317] Vgl. Wilke, M. et al. (2006), S. 9.

[318] Vgl. Kapitel 6.1.7.

[319] Vgl. paderlog (2008a).

Im Rahmen der patientenorientierten Arzneimittelversorgung kommt in der Idealform eine Kombination aus spezieller Verordnungssoftware, automatischer, patientenbezogener Arzneimittelkommissionierung und IT-gestützter Kontrolle bei der Arzneimittelverabreichung zum Einsatz.[320]

Im klassischen Medikationsprozess werden die Arzneimittel mit dem Verlassen der Apotheke ausgebucht, somit werden Verluste durch Überalterung und Schwund nicht erfasst.[321] Die Unit-Dose-Versorgung ermöglicht die Analyse des Arzneimittelverbrauchs. Sie bietet deutliche Zeitersparnisse in der Pflege, eine Erhöhung der Arzneimittelsicherheit, eine Verringerung der Lagerhaltung auf den Stationen sowie die Verbesserung der Medikationsdokumentation.[322] Die Kostenzuordnung endet nicht länger beim Stationslager, sondern ist patientenindividuell umsetzbar (vgl. Abbildung 6-50).

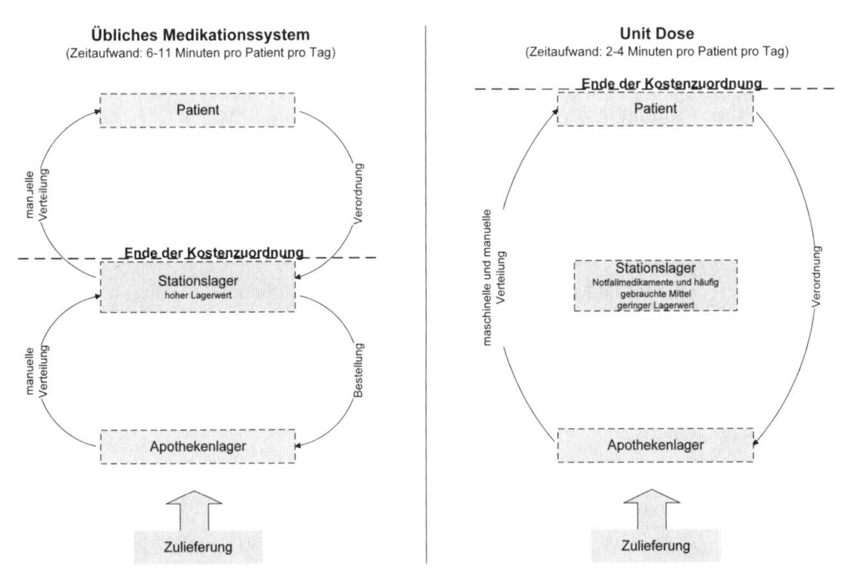

Abbildung 6-50: Gegenüberstellung des herkömmlichen Medikationssystems mit der Unit-Dose-Versorgung
Quelle: In Anlehnung an Breinlinger-O'Reilly, J. (1997), S. 111.

Sowohl die klassische Arzneimittelversorgung als auch Unit-Dose-Systeme bieten Vor- und Nachteile und können manuell und maschinell abgewickelt werden. Vorteil der klassischen Versorgung ist die Flexibilität auf der Station.

[320] Vgl. Wilke, M. et al. (2006), S. 4 und 9.
[321] Vgl. O.V. (2000), S. 36.
[322] Vgl. Ippolito, P. (2007), S. 78, Wilke, M. et al. (2006), S. 4 und 6.

Nachteil sind die hohen Lagerbestände, die selten kontrolliert werden und die daraus resultierenden Obsolenzkosten. Die Versorgung mit Unit-Doses führt dazu, dass das Arbeitsspektrum der Apotheke zunimmt, da Arbeit von den Stationen verlagert wird. Allerdings wurden Kosteneinsparungen im Arzneimittelbereich, eine qualitative Verbesserung der pharmazeutischen Betreuung und eine geringere Fehlerrate als positive Aspekte festgestellt.[323]

Das Unit-Dose-Konzept wurde im Rahmen der Experteninterviews generell positiv gesehen. Vonseiten der paderlog wurden besonders die Risikogesichtspunkte[324] bezogen auf den Medikationsprozess hervorgehoben. Es wurde allerdings betont, dass der Nutzen für das gesamte Krankenhaus geprüft werden sollte. Dies umfasst die Aspekte, wie viele Arzneimittel noch auf den Stationen gelagert werden und welche Arzneimittel verarbeitet werden können. Nur auf Basis aller Daten könne eine ganzheitliche Entscheidung getroffen werden. Es wird davon ausgegangen, dass Unit-Dose-Systeme durch die hohen Investitions- und Personalkosten keine messbaren Einsparungen hervorbringen, sondern vielmehr die Medikationssicherheit steigern. Als besonderes Problem stellte sich im Gespräch die mangelhafte Apothekerdichte in deutschen Krankehaus(versorgenden-)apotheken heraus. Die Anzahl der Apotheker müsste aus Sicht der paderlog und der Sanicare für eine ganzheitliche Umsetzung signifikant erhöht werden.[325]

Dispensierautomaten	Baxter	Die Unit-Dose-Automaten von Baxter erzeugen Blisterstreifen mit oralen festen Arzneimitteln, eine Zusortierung von Beuteln und Spritzen in den Verteilwagen ist möglich.
	Pillpick	Das Pillpick-System von SwissLog bietet eine zentrale vollautomatische Verarbeitung von oralen Arzneimitteln, Ampullen, Salben bis hin zu Fertigspritzen.
elektronische Versorgungsschränke	Pyxis Omnicell	Pyxis von Cardinal Health und Omnicell sind dezentrale Lösung auf der Station. Es handelt sich um elektronische Versorgungsschränke mit einer kontrollierten Entnahme von Arzneimitteln und Medikalprodukten.

Tabelle 6-1: Elektronische Medikationsverwaltungssysteme auf dem deutschen Markt
Quelle: Eigene Darstellung.[326]

---

[323] Vgl. Jung, J. (1986), S. 26.
[324] Vgl. Kapitel 3.2.3.2.
[325] Vgl. paderlog (2008a), Sanicare (2008b).
[326] Vgl. Müller, S. et al. (2006), S. 51, Neil, R. (2003), S. 19.

In Bezug auf die unterstützenden IT-Systeme (vgl. Tabelle 6-1) ist grundsätzlich zu unterscheiden, ob die Systeme auf der Station oder in der Apotheke eingesetzt werden. Wie aus der Liste der Unit-Dose-Anwender in Deutschland (vgl. Kapitel 5) deutlich wird, wurden bis zum Untersuchungszeitpunkt in Deutschland die Systeme von SwissLog und Baxter implementiert.[327] Diese werden in der Apotheke eingesetzt.

6.3.6.2.1 Optimierungspotenziale für den Einsatz von Technologien in der Krankenhaus-(versorgenden-)apotheke

1992 brachte die Baxter Healthcare Corp. einen computerunterstützten Arzneimittellager- und -ausgabeautomaten auf dem Markt. Zielsetzung war, Medikationsfehler zu reduzieren, die zeitliche Beanspruchung des Personals zu minimieren und die genauen Bestandsmengen zu ermitteln. Es besteht die Möglichkeit, Berichte bzgl. der Bestandsmenge, der Arzneimittelausgabe, etwaiger Diskrepanzen, der Rechnung und der Arzneimittellieferung zu erstellen.[328]

Das Mathias-Spital in Rheine setzt seit 1995 Baxter Automaten ein. Die Arzneimittel werden in der Apotheke in Blisterstreifen abgefüllt, sodass patientenindividuelle Dosen entstehen. Diese Form der Unit-Dose-Versorgung wurde sowohl von den Patienten als auch von den Pflegekräften und Ärzten positiv aufgenommen. Die folgenden Vorteile wurden angeführt:

- Die Chargenzuordnung über das Computersystem ist möglich. Das Verfallsdatum kann einwandfrei zugeordnet werden.
- Die Blistertütchen geben klare Informationen zu Einnahmezeitpunkt und Art der Einnahme.
- Die Arzneimittel können patientenindividuell zugeordnet und abgerechnet werden.
- Im ersten Jahr konnten 10 % der Verschreibungskosten eingespart werden.
- Der Stationsvorrat konnte deutlich reduziert werden.
- Die Stationsbegehungen wurden erleichtert.[329]

Im Evangelischen Krankenhaus in Witten wurde 1991 mit der Unit-Dose-Versorgung begonnen. Zu Beginn wurden die Einzeldosen je Patient tageweise manuell verpackt und entweder in der Zentral- oder Satellitenapotheke zusammengestellt, bevor sie auf der Station durch die Krankenschwester verabreicht wurden. Diese Form der Bereitstellung war für die Apotheke sehr arbeitsintensiv

---

[327] Eine Gegenüberstellung der beiden Systeme findet sich bei Woditsch, G. et al. (2008), S. 19.
[328] Vgl. O.V. (1992), S. 1.
[329] Vgl. Mathias-Spital (2008).

und führte zu Abstimmungsproblemen. Im Herbst 1992 wurde der Baxter Automat zur elektronischen Verpackung eingeführt und wird seither genutzt.[330]

Auch in der Apotheke der Asklepios Kliniken in Hamburg werden Baxter Automaten eingesetzt. Durch die 2007 eingeweihte Klinikapotheke werden ca. 1.800 Betten auf 74 Station mit Unit-Doses versorgt. Die Kontrolle der Verordnungen wird in diesem Modell nicht elektronisch durchgeführt sondern von den Apothekern anhand der Patientenakten auf der Station vorgenommen.[331] Die fehlende EDV-Unterstützung ist von Nachteil.

2006 verwendeten drei deutsche Krankenhausapotheken das Pillpick System[332]: das Zentrum für klinische Pharmazie in Bottrop, die Apotheke des Universitätsklinikums Hamburg Eppendorf und die Apotheke des SRH Zentralklinikums in Suhl. Es fand eine breite Berichterstattung über die Projekte statt, welche die positiven Aspekte des Systems hervorhob.[333] Dennoch waren sämtliche Pilotprojekte zum Erhebungszeitpunkt eingestellt.

Das Zentrum für Klinische Pharmazie Bottrop war ein Kooperationsprojekt zweier mittelgroßer Krankenhäuser (St. Marien-Hospital Buer und St. Elisabeth-Krankenhaus Oberhausen). Es sah unter anderem den Einsatz interaktiver Verschreibungssoftware bei der Arzneimittelverordnung am Krankenbett vor. Auf diesem Weg sollten Neben- und Wechselwirkungs- sowie Unverträglichkeitsprüfungen softwareunterstützt am Krankenbett vorgenommen werden. Verordnungen wurden direkt zur Apotheke übertragen, um Fehler durch handschriftliche Übertragung zu minimieren. Die Apotheke führte eine Unit-Dose-Versorgung durch.[334] Bei einer rein elektronischen Arzneimittelversorgung bzgl. Verschreibung und Dokumentation wurden Einsparungen in Höhe von 20 % erwartet.[335] Das Projekt ist im Juni 2006 eingestellt worden.[336]

Die Krankenhausapotheke des UKE erlangte 2004 eine große Medienpräsenz, als das Unit-Dose-System implementiert wurde.[337] Die Implementierung hatte die Ziele, die Arzneimitteltherapiesicherheit zu erhöhen, die Prozesskosten zu senken und den Prozess ganzheitlich abzubilden.[338] Auslöser war die mangelnde Anpassung der Bestellungen an den tatsächlichen Bedarf der Stationen. Allein die geringeren Obsolenzkosten führten innerhalb eines Jahres zu Einsparungen

---

[330] Vgl. Negele, H.-J. (1993), S. 523ff.

[331] Vgl. O.V. (2007b). Das LBK konnte seine Medikamente von 7.000 auf 3.000 reduzieren. Der Bestand auf den Stationen wurde deutlich reduziert. Vgl. Gaede, K. (2004), S. 60f., Bonnet (2005).

[332] Vgl. Leising, M. (2004), S. 26.

[333] Vgl. Thies, D. (2006), S. 16, Grosch, S. (2003), S. 539ff., Grosch, S. (2005), S. 6.

[334] Vgl. BMGS (2005).

[335] Vgl. Leising, M. (2006), S. 53.

[336] Vgl. ADKA (2007b), S. 1. Detaillierte Gründe konnten nicht ermittelt werden, allerdings ist ein direkter Zusammenhang mit dem Konkurs der Neuen Pergamon Krankenhaus Management GmbH zu vermuten. Vgl. O.V. (2008d).

[337] Vgl. Eisend, S. (2005), S. 1.

[338] Vgl. Baehr, M. (2006), S. 50.

im sechsstelligen Bereich.[339] Für die Kontrolle der Verschreibung durch den Apotheker mussten die Vitalparameter und die Medikation auf dem Bildschirm angezeigt werden. Die gesamte Dokumentation sollte elektronisch verlaufen und die klinischen Besonderheiten abbilden. Neue Arzneimittel sollten unkompliziert und schnell erfassbar sein. Es zeigte sich, dass die Plausibilitätsprüfung durch den Apotheker sehr zeitintensiv war. Zudem erwies sich die Kombination aus oraler und parentaler Form in Unit-Doses bei der Verabreichung durch das Stationspersonal als ungünstig. Die erwartete Kostensenkung von 10 % der Gesamtprozesskosten wurde nicht realisiert.[340] Im März 2006 wurde das Pilotprojekt Scan for Safety am UKE beendet. Im Januar 2007 wurde zum Baxter-Automaten als technische Unterstützung der Unit-Dose-Versorgung übergegangen, die Belieferung der Stationen begann im Juli. Dieses Konzept befindet sich derzeit in der Testphase.[341]

Die Darstellung der beiden Systeme zeigt, dass sich die Integrationstiefe deutlich unterscheidet. Das System von SwissLog ist insgesamt umfassender. Alle Formen von Arzneimitteln werden patientenindividuell abgepackt. Die Verschreibung soll elektronisch am Patientenbett erfolgen und bei der Verabreichung wird ein elektronischer Abgleich von Patient und Medikation durchgeführt. Dass dieses Konzept in Deutschland scheiterte, ist besonders durch die mangelhafte Apothekerdichte im Vergleich zu anderen Gesundheitssystemen zu erklären.[342]

Wie aus Kapitel 3.1.3.2.3 ersichtlich ist, kommen in Deutschland auf einen Krankenhausapotheker 236 Betten. In Großbritannien kommt in einem Best Practice Haus nach Angaben des NHS ein Apotheker auf 35 Betten.[343] In einem Best Practice Krankenhaus in den USA kam 1992 ein Apotheker auf 11,6 Betten.[344] Die Zahl der klinischen Pharmazeuten nahm in den USA seither kontinuierlich zu. 2006 versorgte ein Apotheker im Schnitt 6,6 belegte Betten. Der Anstieg der klinischen Pharmazeuten von 1998 bis 2006 um 56,2 % zeigte sich auch in einer verstärkten Begleitung der Visiten, die Teilnahme stieg über acht Jahre um 104 %.[345] Dies resultiert in einer deutlich fundierteren pharmazeutischen Betreuung, die in Deutschland mit den derzeitigen personellen Ressourcen

[339] Vgl. Grimm, C. (2006), S. 41. Der Prozess gestaltete sich nach Einführung des Unit-Dose-Systems wie folgt: Der Patient erielt im Moment der Aufnahme ein Barcode-Armband, der Arzt gab die Verordnung patientennah ein, die Verordnung wurde durch den Apotheker kontrolliert, die Unit-Doses wurden patientenindividuell erstellt und im Visitenwagen bereit gestellt. Bei der Verabreichung am Patientenbett wurden die Doses und das Patientenarmband per Barcode miteinander abgeglichen. Vgl. Baehr, M. (2006), S. 50.

[340] Vgl. Baehr, M. (2006), S. 50.

[341] Vgl. ADKA (2007b), S. 3. Auch in Österreich wurde von ersten Pilotprojekten berichtet. Vgl. O.V. (2007f), S. 42ff.

[342] Vgl. paderlog (2008a), Mathias-Spital (2008).

[343] Vgl. Bridge, S. et al. (2005), S. 3.

[344] Vgl. Gonnermann, C. (1992), S. 158.

[345] Vgl. Bond, C. A. et al. (2008), S. 4f.

nicht realisiert werden kann. Zur ganzheitlichen Umsetzung müsste nach GONNERMANN mindestens ein Apotheker je Fachabteilung in den Krankenhäusern beschäftigt werden.[346] Somit ist zu erklären, dass sich die sehr personalintensive ganzheitliche patientenorientierte Arzneimittelversorgung in Deutschland bisher nicht realisieren ließ.

6.3.6.2.2 Optimierungspotenziale für den Einsatz von Technologien auf der Station

Schranksysteme werden in Deutschland zunehmend implementiert, allerdings handelt es sich im Regelfall um analoge Systeme nach dem Kanban-Prinzip und nicht um elektronische Versorgungsschränke. Das Kanban-System der Schränke wird selten durchgängig umgesetzt.[347] Eine Befragung des DKI im Jahr 2003 ergab, dass in den alten Bundesländern 35 % der Häuser Kanban-Schränke nutzten und jedes zweite Krankenhaus in den neuen Bundesländern über diese Form der Materialversorgung verfügte.[348] Nach EMMERMANN können die Lagerplatzkapazitäten im medizinischen Nutzungsbereich auf diesem Weg um bis zu 30 Prozent reduziert werden.[349]

Vorteile der Kanban-Versorgung sind feste Bestellmengen, feste Sortimente, die Reduktion der Kapitalbindung, die Vermeidung von Verfall, die logistische Fachkompetenz sowie die Minimierung der Reklamationen und Fehlerquoten.[350]

Die Lagerhaltung und das Bestandsmanagement auf der Station entwickeln sich schrittweise:

- Das Kanban-Prinzip stellt die erste Stufe dar.
- Darauf folgt die elektronische kontinuierliche Erfassung des Bedarfs mittels Handhelds.
- Im nächsten Schritt liegen offene Regalsysteme vor, bei denen die einzelnen Fächer durch Barcodes oder RFID-Tags gekennzeichnet sind. Die Entnahme eines Produktes kann durch Einlesen patientenindividuell erfasst werden.[351]
- Die höchste Entwicklungsstufe der Stationsversorgung ist der elektronische Versorgungsschrank.

---

[346] Vgl. Gonnermann, C. (1992), S. 160f.

[347] Vgl. Schumacher, N. et al. (2003), S. 25, Meyer, H. et al. (1998), S. 22, Emmermann, M. et al. (2003), S. 26, Gudat, H. (2006), S. 13.

[348] Vgl. Offermanns, M. (2003), S. 53.

[349] Vgl. Emmermann, M. et al. (2003), S. 26.

[350] Vgl. Giebe, T. et al. (2003).

[351] Vgl. Hübner, U. (2008), S. 204f. Das Jefferson Regional Center entwickelte im Jahr 2003 ein System, bei dem die Entnahmen von Stationsbedarf über Barcodes und einen Touchscreen Monitor registriert wurde. Durch das System wurde neben deutlichen Einsparungen eine Bestandssenkung um neun Prozent erzielt. Vgl. Carpenter, D. (2005), S. 36ff.

Der elektronische Versorgungsschrank erfordert eine Identifizierung des Mitarbeiters und des Patienten, bevor die Produktentnahme möglich ist. Das System verhindert Schwund, Obsolenz und Fehlmengen, indem die Verbuchung sichergestellt wird. Eine patientenindividuelle Zuordnung des Verbrauchs wird ermöglicht.[352] Zudem kann das System die Informationen an die Verwaltung, die Lieferanten oder die Buchhaltung weiterleiten, so erhalten alle beteiligten Parteien zeitnahe Prozessinformationen.[353]

39 % aller Apotheken in den USA nutzen automatische Medikamentenverwaltungssysteme wie Dispensierautomaten oder elektronische Versorgungsschränke.[354] Die elektronischen Versorgungsschränke arbeiten im Regelfall mit Barcodes bei der Arzneimittelidentifikation und mit Tastaturen oder Fingerabdruckscans bei der Mitarbeiteridentifikation. Es existieren aber auch Systeme mit einem höheren Automatisierungsgrad, bei denen die Arzneimittelentnahme mittels RFID erfasst wird. Dies erleichtert die Entnahme und die Protokollierung.[355]

Eine tiefe Prozessintegration dieses Konzeptes unterstützt die Fehlervermeidung. Das System kann bspw. automatisch eine Bestellung auslösen, wenn der Lagerbestand den Bestellpunkt erreicht.[356] Der CKM-Krankenhausbetriebsvergleich zeigte, dass Häuser, die elektronische Versorgungsschränke einsetzen, im Vergleich zu Häusern ohne elektronische Unterstützung des Bestandsmanagements eine deutlich höhere Prozesseffizienz aufweisen. Das Personal wird von logistischen Aufgaben befreit und die Kapitalbindung sinkt in Folge der Bestandsreduktion.[357] Die nachfolgenden Praxisbeispiele zeigen mögliche Effekte einer patientenorientierten Arzneimittelversorgung mit elektronischen Versorgungsschränken auf der Station:

- Im Cromwell Hospital in Großbritannien konnte durch die Einführung eines elektronischen Versorgungsschrankes die Warenverfügbarkeit von 66 % auf 93 % gesteigert werden, die Verbrauchsmenge sank um 25 %. Durch die Verlagerung des Arbeitsaufwandes von der Station in die Apotheke stieg die Arbeitsbelastung der Apotheke um 6 %.[358]
- Das El Camino Hospital berichtete von Einsparungen in Höhe von 30.000 US-Dollar pro Quartal durch die optimierte Verwaltung und Dosierungskontrolle nach Einführung der elektronischen Versorgungsschränke.[359]

---

[352] Vgl. Hübner, U. (2008), S. 206.

[353] Vgl. Neil, R. (2003), S. 19.

[354] Vgl. Bond, C. A. et al. (2008), S. 1 und 10.

[355] Vgl. Eiff, W. v. et al. (2007), S. 604. Auf dem Markt sind Systeme der Unternehmen Cardinal Health, MacKesson, PAR Excellence Systems und Omnicell. Vgl. Neil, R. (2003), S. 19. Hübner, U. (2008), S. 207 nennt Omnicell, PAR Excellence und Cardinal Health.

[356] Vgl. Neil, R. (2003), S. 19.

[357] Vgl. Eiff, W. v. (2007b), S. 175f.

[358] Vgl. McCullagh, H. (2004), S. 27, Oelschlegel, F. (2007a), S. 58.

[359] Vgl. Albright, B. (2004), S. 37f.

- Im Krankenhaus in Enschede konnten die Prozesskosten je Medikation von 0,34 Euro auf 0,29 Euro gesenkt werden.[360]
- HUFSCHMID THURNHERR ET AL. berichteten 2003 von einem Rückgang der Arzneimittelkosten pro Patient um 19 % über zwei Jahre durch die Einführung der patientenorientierten Arzneimittelversorgung mit elektronischen Versorgungsschränken im Spital Thun. Insgesamt sanken die Arzneimittelkosten in zwei Jahren um 21 %. Im Gegenzug nahm die Arbeitsbelastung der Apotheker erwiesener Maßen zu.[361]

Elektronische Versorgungsschränke helfen, Trends zu erfassen, die Lieferfrequenzen festzulegen, die Anwendercompliance zu stärken und die Rechnungsstellung sicherzustellen.[362] Der Warenbestand und somit die Kapitalbindung kann um bis zu 30 Prozent reduziert werden. Weitere Vorteile sind standardisierte Bestellmengen und Sortimente sowie die Minimierung von Reklamationen und Fehlerquoten.[363] Ergebnisse sind eine lagerminimale Logistiksteuerung, eine patientenbezogene Kostenverrechnung sowie die Entlastung des Stationspersonals von Logistik-, Dispositions-, Bestandsüberwachungs- und Verwaltungsaufgaben.[364] Die elektronischen Versorgungsschränke unterstützen die pünktliche und sichere Patientenversorgung.[365] Als Fehlerquelle der Schrankversorgung bleibt der Weg des Arzneimittels zum Patienten.[366] Hier können Tracking und Tracing-Technologien ergänzend eingesetzt werden.

6.3.6.2.3 Handlungsempfehlungen für den Einsatz weiterführender Technologien in der Patientenversorgung

RAIBLE führte im Zeitraum 2005/2006 eine vergleichende Studie der klassischen Versorgung und der Unit-Dose-Versorgung durch die Apotheke durch. Als primäre Zielparameter wurden die Prozesskosten pro Patient und Aufenthalt sowie der Medication Appropriateness Index (MAI) herangezogen, der die Ergebniseffektivität erfasst. Sekundäre Zielparameter stellten die Patienten- und Mitarbeiterzufriedenheit dar.[367] Die Analyse ergab für die Unit-Dose-Versorgung Zusatzkosten in Höhe von ca. 42 Euro pro Patient und Aufenthalt, die im Besonde-

---

[360] Vgl. Eiff, W. v. (2007c), S. 563.
[361] Vgl. Hufschmid Thurnherr, E. et al. (2003), S. 29, Eiff, W. v. (2007c), S. 564.
[362] Vgl. Hübner, U. (2008), S. 214.
[363] Vgl. Nahmias, S. (2005), S. 377, Oelschlegel, F. (2006), S. 52, Giebe, T. et al. (2003), Engel, A. et al. (2006), S. 17ff., Aberle, G. (2003), S. 507, Harneit, J. (1999), S. 7, Schulte, G. (2001), S. 323, Emmermann, M. et al. (2003), S. 26.
[364] Vgl. Eiff, W. v. (1998a), S. 148f.
[365] Vgl. Hübner, U. (2008), S. 199.
[366] Vgl. Gaede, K. (2007), S. 59.
[367] Vgl. Raible, C. A. (2007), S. 197.

ren aus den Betriebskosten resultierten.[368] Die qualitativen Faktoren wiesen jedoch auf Vorteile der Unit-Dose Versorgung hin. Der MAI der Unit-Dose-Versorgung lag signifikant über dem der klassischen Stationsversorgung.[369] Insgesamt muss, nach RAIBLE, von der Krankenhausführung entschieden werden, ob die erhöhten Kosten durch die gesteigerte Effektivität des Medikationsprozesses gerechtfertigt werden.[370]

Im Rahmen dieser Untersuchung ergab sich, dass aus Sicht der Ärzte die Stationsversorgung den Vorteil hat, dass flexibel und spontan gehandelt werden kann. Die Unit-Dose-Versorgung durch die Apotheke steigert demnach den Koordinationsaufwand. Sie wird nur bei einer Dauermedikation als sinnvoll erachtet. Im Gegensatz zu dieser kritischen Sichtweise befürworteten die Krankenhausapotheker das System. Es stärkt ihre Position im Krankenhaus.[371]

Im Rahmen der Experteninterviews zeigte sich, dass eine Kombination der Unit-Dose-Versorgung aus der Apotheke mit der Schrankversorgung auf der Station skeptisch gesehen wird. Die Bestände auf den Stationen bestehen durch die Unit-Dose-Versorgung im Regelfall aus nicht festen und Notfallmedikamenten. Maximal auf der Intensivstation besteht nach Ansicht der Unit-Dose-Verwender ein Potenzial.[372] Eine Unit-Dose-Versorgung durch eine externe Apotheke wurde von den Experten aufgrund der Wegstrecken kritisch gesehen. Hier wurde das Konzept des elektronischen Versorgungsschrankes als zukunftsträchtiger erachtet.[373]

Im Rahmen dieser Diskussion sollte der Postponement-Gedanke Beachtung finden. Je weiter der Fertigungsprozess an das Ende der Supply Chain verlagert wird, desto höher ist die Flexibilität. Dieses Argument spricht eindeutig für eine Versorgung durch elektronische Versorgungsschränke. Allerdings erschweren die hohen Investitions- und Personalkosten die Realisierung dieses Konzeptes in Deutschland. Es wird derzeit höchstens auf einzelnen Stationen, wie auf der Intensivstation, eingesetzt.[374]

Abschließend bleibt festzuhalten, dass Kombinationen aus Verordnungssoftware, automatischer, patientenbezogener Arzneimittelkommissionierung und der IT-gestützten Kontrolle bei der Arzneimittelgabe unter Risikogesichtspunkten die idealen Ausgestaltungsformen darstellen.[375] Für diese Ausgestaltungen

[368] Vgl. Raible, C. A. (2007), S. 226ff. Je nach Szenario schwanken die Zusatzkosten zwischen 14 und 64 Euro pro Patienten und Aufenthalt.
[369] Vgl. Raible, C. A. (2007), S. 229.
[370] Vgl. Raible, C. A. (2007), S. 232f.
[371] Vgl. Raible, C. A. (2007), S. 240 und 248.
[372] Vgl. Mathias-Spital (2008).
[373] Vgl. Sanicare (2008b). Wobei der aufwendige Entnahmeprozess besonders in Notfällen als kritisch angesehen wurde. In Notfällen kann aber über einen Sicherheitshebel der Schrank geöffnet werden, somit kann auch hier auf die Arzneimittel zugegriffen werden. Vgl. Hübner, U. (2008), S. 207.
[374] Vgl. Schulze, F. et al. (2004), S. 50ff.
[375] Vgl. Wilke, M. et al. (2006), S. 4.

spricht, dass die häufigste Ursache für Verschreibungsfehler fehlende Informationen zu den Arzneimitteln, dem Patienten oder dem Anwendungsgebiet sind. Elektronische Systeme können diese Informationen liefern (vgl. Abbildung 6-51).[376]

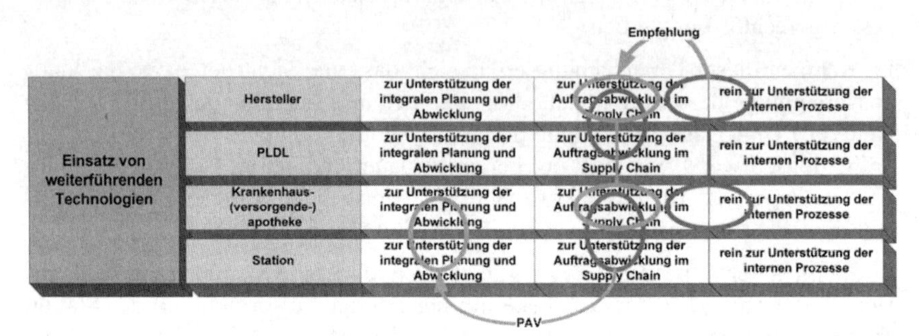

Abbildung 6-51: Einsatz von weiterführenden Technologien in der Arzneimittel-Supply Chain
Quelle: Eigene Darstellung.

[376] Vgl. Grandt, D. (2008), S. 8.

6.4 Zusammenfassende Handlungsempfehlung

Nach der derzeitigen Rechtslage stellt die Distribution der Arzneimittel über die Krankenhausapotheke eine unumgängliche Tatsache dar.[377] Die Analyse hat gezeigt, dass zwischen **der Apotheke und den Herstellern** stark divergierende Interessen bestehen. Eine intensive Integration dieser beiden Parteien ist nicht realisierbar. Es bleibt eine Schnittstelle bei der Anlieferung der Waren an die Apotheke bestehen. Um dennoch einen Informationsaustausch zu realisieren, sollte der Einsatz einer neutralen Clearingstelle geprüft werden. Diese könnte die Informations-, Finanz- und Warenflüsse bündeln und anonymisiert weiterleiten. Hier kann zum einen eine externe Partei eingeschaltet werden. Zum anderen kann sich die Krankenhausapotheke oder der Primärlogistikdienstleister zum neutralen Logistikdienstleister entwickeln, der den Warenfluss vom Hersteller und zur Station koordiniert.

Bei einer engen Anbindung des Logistikdienstleisters an die Supply Chain-Parteien kann die Neutralität eingeschränkt werden. Daher erscheint der Einsatz einer externen Partei zielführender. Dies können bspw. Großhändler sein, die von ihrem bisherigen Geschäftsmodell abweichen und im Sinne eines Logistikdienstleisters nach dem Fee-for-Service-Konzept agieren.

Die Analyse der Beziehung zwischen **Apotheke und Station** hat gezeigt, dass für eine effiziente Versorgung das Vertrauen zwischen den Parteien eine besondere Rolle spielt. Es beeinflusst die Attraktivität der Kooperation, den Datenzugang, die Intensität des Informationsaustausches und die Kommunikation. Die Kommunikation zwischen den Parteien und ihre Beziehungen zueinander beeinflussen den Medikationsprozess.

Besonders die Beratung durch den Apotheker, die Kontrolle der Verordnung und die Unterstützung durch weiterführende Technologien sind in diesem Rahmen von großer Bedeutung. In Deutschland hat der Krankenhausapotheker nach dem herkömmlichen Rollenverständnis eine passive Funktion. Die aktive Optimierung der pharmako-therapeutischen Behandlung durch beratende Tätigkeiten von klinischen Pharmazeuten auf der Station steht erst am Anfang. Durch den Einsatz beratender Pharmazeuten lässt sich die Prozessqualität verbessern.[378] Einen wesentlichen Nachteil stellt in Deutschland die geringe Apothekerdichte in Krankenhäusern dar. Dennoch sollte durch die Apotheker die Nähe zum Stationspersonal und Patienten angestrebt werden. Die empirische Betrachtung der unterschiedlichen Apothekenformen zeigte, dass eine persönliche Bindung an den Apotheker zu einer intensiven Nutzung der Beratungsleistungen und somit zur Risikoreduktion im Medikationsprozess führt.[379]

---

[377] Die Empfehlung des EU-Generalanwalts deutet an, dass sich dies in absehbarer Zeit nicht ändern wird. Vgl. O.V. (2008c).

[378] Vgl. Dörje, F. (1998).

[379] Vgl. Sanicare (2008b), Mathias-Spital (2008).

Informationstransparenz zwischen den Partnern und eine neutrale Steuerung sind die Kernvoraussetzungen eines erfolgreichen Supply Chain Managements.[380] Es ergeben sich somit zwei wesentliche Erfolgsfaktoren für die Optimierung des Managements der Arzneimittel-Supply Chain in der deutschen Krankenhausversorgung (Vgl. Abbildung 6-52):

- Zum einen muss eine **neutrale Clearingstelle** die Informations-, Finanz- und Warenflüsse zwischen den Arzneimittelherstellern und den Krankenhäusern bündeln und koordinieren.
- Zum anderen ist eine enge Zusammenarbeit zwischen den Apothekern und dem Stationspersonal anzustreben. Dies sollte im Idealfall über die **patientenorientierte Arzneimittelversorgung** geschehen.

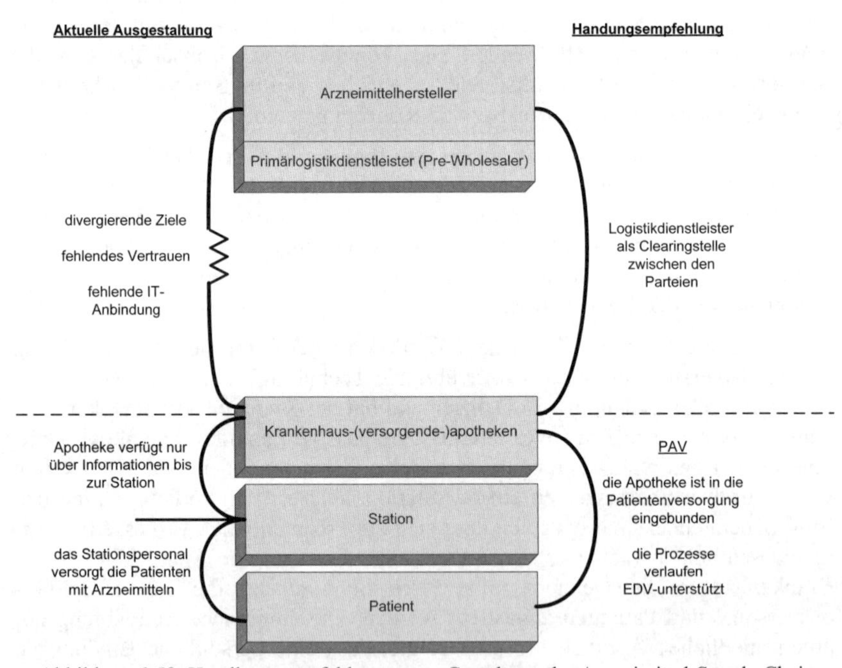

Abbildung 6-52: Handlungsempfehlungen zur Gestaltung der Arzneimittel-Supply Chain
Quelle: Eigene Darstellung.

[380] Vgl. Stommel, H. et al. (2004), S. 124. Allerdings stehen in der Realität häufig bilaterale Verträge diesem Konzept entgegen.

6.4.1 Einsatz eines Logistikdienstleisters als Clearingstelle zwischen den Arzneimittelherstellern und den Krankenhaus-(versorgenden-)apotheken

Durch die Einführung einer zentralen Clearingstelle können die folgenden Charakteristika beeinflusst werden:

Die Beziehung zwischen den Herstellern und den Apotheken: Durch die Einbringung einer zentralen Clearingstelle in die Supply Chain werden die direkten Kontakte zwischen den Parteien vermieden und die direkten Abhängigkeiten[381] reduziert. Die Informationen werden zentral gebündelt an die Parteien weitergegeben. Für die Hersteller hat dies den Vorteil, dass sie tatsächliche Verbrauchsdaten erhalten. Aus Sicht der Apotheken stellt die Bündelung der Daten eine Absicherung gegen Manipulationen durch die Hersteller dar.

Die Ausrichtung der Interessen der Hersteller und Apotheken: Wie die Experteninterviews zeigten, divergieren die Primärinteressen der Hersteller und Apotheken stark. Durch die Einführung einer Clearingstelle und die Entwicklung strategischer Zielgrößen der Zusammenarbeit im Rahmen von anreizkompatiblen Verträgen können gemeinsame Interessen generiert werden. Diese zu erfüllen stellt das gemeinsame Ziel der Kooperation dar.

Grad der Organisationsumsetzung bezüglich der Hersteller und Apotheken: Eine Integration der Parteien ist nicht realisierbar. Die Einführung einer Clearingstelle bietet Ansatzpunkte für eine intensive Kooperation der Parteien.

Vertrauen zwischen den Herstellern und Apotheken: Ziel der Clearingstelle ist es, das Vertrauen aller Parteien zu gewinnen. Sie agiert als Vertrauensbroker und gleicht Missstände zwischen den Parteien aus. Das nicht existente Vertrauen der Parteien zueinander ist von nachgelagerter Bedeutung, da kein direkter Kontakt besteht.

Prozessgestaltung zwischen den Herstellern und Apotheken: Durch die Einbindung der Clearingstelle werden die Informations-, Finanz- und Warenflüsse zentral gebündelt und gesteuert. Die Umsetzung basiert auf einer ganzheitlichen elektronischen Erfassung aller Flüsse. Durch dieses Vorgehen werden die Prozesse zwischen den Herstellern und Apotheken homogenisiert.

Informationsaustausch zwischen den Herstellern und Apotheken: Die Clearingstelle bündelt und koordiniert die Informationsflüsse. Sie trägt alle relevanten Daten zusammen und leitet sie an die jeweiligen Parteien weiter. Hier kann eine Komprimierung der Daten vorgenommen werden. Der Informationsaustausch geht weit über die reine Bedarfsabwicklung hinaus.

---

[381] Im Gegenzug entsteht eine neue Beziehung zu der Clearingstelle, die neue Abhängigkeiten generiert.

Kommunikation zwischen den Herstellern und Apotheken: Durch die zentrale Clearingstelle kann der direkte Kontakt zwischen den Parteien vermieden werden. Alle relevanten Daten werden an die jeweiligen Parteien weitergeleitet. Dies erleichtert den einzelnen Parteien die Kommunikationspolitik.

Verantwortung über die Logistikprozesse von den Herstellern zu den Apotheken: Es findet eine Abkehr von der klassischen Beschaffung in Form des Buyer Managed Inventory zum Outsourcing der Prozessverantwortung an einen Dienstleister statt.

Autonomie der Planungsentscheidung der Hersteller und Apotheken: Bei einer durchgängigen Umsetzung werden die Planungsentscheidungen ebenfalls von der Clearingstelle getroffen. Dies führt dazu, dass die einzelnen Parteien ihre Autonomie verlieren. Es hat aber den Vorteil, dass der Planungsstelle alle relevanten Informationen vorliegen und somit ein Gesamtoptimum für alle Parteien gefunden werden kann.

Einsatz von IT-Systemen zwischen den Herstellern und Apotheken: Die Umsetzung einer zentralen Clearingstelle basiert auf der Verfügbarkeit aller Informationen. Diese müssen elektronisch erfasst werden. Es ist unumgänglich, dass die Auftragsabwicklung in der Supply Chain durch IT-Systeme unterstützt wird.

Anhand des morphologischen Kastens für die Arzneimittelhersteller und die Krankenhaus(versorgenden-)apotheken wird demonstriert, wie sich die Ausprägungen durch die Einführung einer zentralen Clearingstelle wandeln würden. Die veränderten Ausprägungen der Charakteristika zeigen an, dass eine Optimierung der Supply Chain durch den Einsatz der Clearingstelle vorangetrieben wird. Durch die Optimierung der Charakteristika der Koordination und Kooperation bezüglich der Beziehung zwischen den Krankenhaus(versorgenden-)apotheken und den Arzneimittelherstellern werden die tragenden Säulen des House of Supply Chain Managements gestärkt. Die Kooperation und Koordination zwischen den Parteien wird gefördert. So kann eine langfristige Zusammenarbeit für beide Seiten sichergestellt werden. Die Umsetzung eines ganzheitlichen Konzeptes wird erleichtert, was zu einer Steigerung der Wettbewerbsfähigkeit und des Kundenservices führt. Die Ziele des Supply Chain Managements können somit besser realisiert werden (vgl. Abbildung 6-53 und Abbildung 6-54).

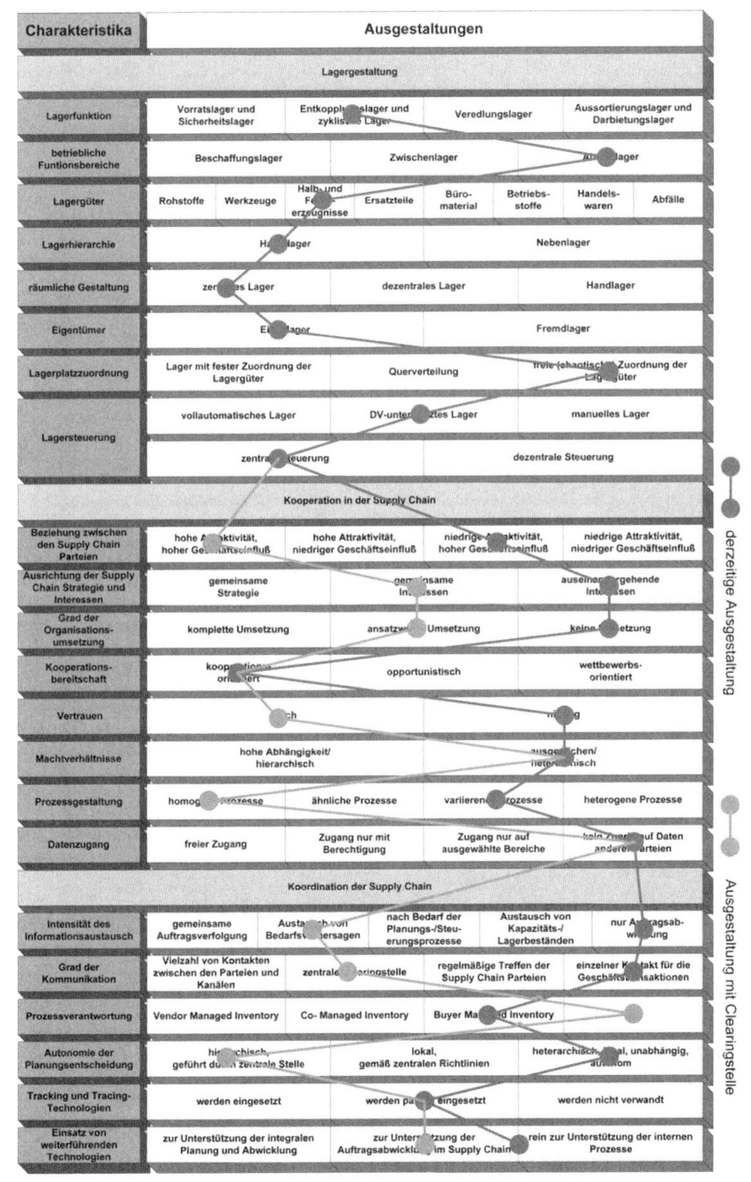

Abbildung 6-53: Veränderung durch die Einführung einer zentralen Clearingstelle aus Sicht des Arzneimittelherstellers mit Perspektive auf die Krankenhaus-(versorgende-)apotheke
Quelle: Eigene Darstellung.

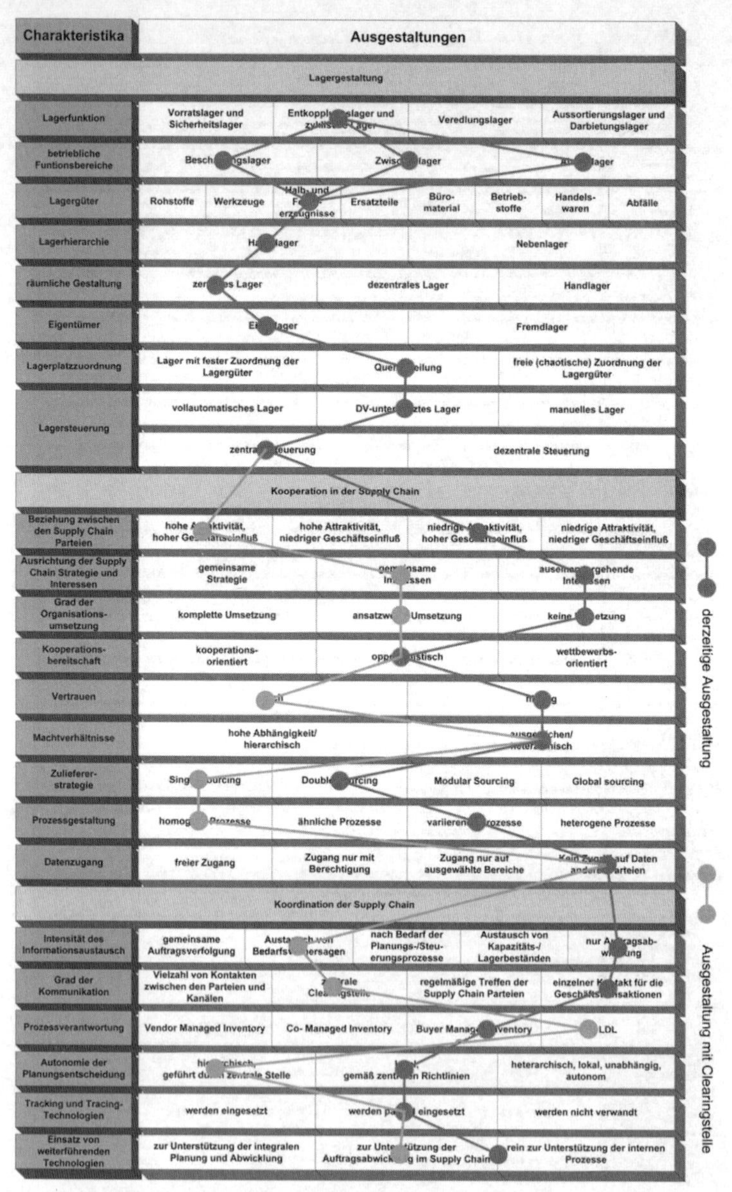

Abbildung 6-54: Veränderung durch die Einführung einer zentralen Clearingstelle aus Sicht der Krankenhaus-(versorgenden-)apotheke mit Perspektive auf den Arzneimittelhersteller
Quelle: Eigene Darstellung.

6.4.2 Umsetzung der patientenorientierten Arzneimittelversorgung

Für die Patientenversorgung im Krankenhaus kann die folgende Idealsituation abgeleitet werden:

Der Arzt scannt den RFID-Chip des Patienten und erhält dessen Krankenakte über Funk. Im Anschluss trägt er am Touchscreen des Personal Digital Assistents (PDA) die beabsichtigte Medikation in die Krankenakte ein. Ein Programm im PDA kontrolliert mittels Zugang zu den Krankendaten und standardisierten Medikationsrichtlinien, ob die geplante Medikation zu Geschlecht, Alter, Krankheit, Vorbelastung, Unverträglichkeit, Allergien, weiteren verabreichten Arzneimitteln und anderen Parametern passt.[382] Auf Basis dieser Informationen wird die Verordnung durch den Apotheker direkt oder nach Rücksprache mit dem Arzt freigegeben. Nach der Freigabe wird die Medikation durch einen Dispensierautomaten in der Apotheke oder an einem elektronischen Versorgungsschrank auf der Station patientenindividuell zusammengestellt und zum Patienten verbracht. Beim Verabreichen wird zunächst geprüft, ob die Arzneimittel zum richtigen Patienten gebracht wurden. Die Arzneimittelgabe wird direkt elektronisch dokumentiert.

Durch die Optimierung der Versorgungsstruktur im Krankenhaus werden die Grundlagen für die Erhöhung der Prozess- und der Ergebnisqualität gelegt.[383] Die patientenorientierte Arzneimittelversorgung wirkt sich auf die Ausprägung der Charakteristika der Station und der Apotheke aus. Die Veränderungen werden im Folgenden kurz zusammengefasst:

Lagersteuerung: Im Rahmen der patientenorientierten Arzneimittelversorgung sind die zentrale Verfolgung des Medikationsprozesses und die Automatisierung von Bedeutung. Die Erstellung der Unit-Doses wird im Idealfall elektronisch unterstützt. Es besteht ein vollautomatisches Lager. Dies kann entweder durch ein Unit-Dose-System in der Apotheke oder einen elektronischen Versorgungsschrank auf der Station umgesetzt werden.

Datenzugang: Im Rahmen der patientenorientierten Arzneimittelversorgung erfolgt eine elektronische Anbindung der Apotheke an die Station. Die Verordnungen werden vom Apotheker kontrolliert. Dieser hat im Idealfall vollständigen Zugang zu den Daten der Station. Die Stationen erhalten Zugang zu den Daten, welche die individuellen Abläufe betreffen.

Zulieferstrategie: Aus Sicht der Station stellt die Unit-Dose-Versorgung durch die Apotheke einen Wechsel vom Single Sourcing zum Modular Sourcing dar. Die Arzneimittel werden als fertige patientenbezogene Module auf der Station geliefert, was den Arbeitsaufwand vor Ort reduziert.

---

[382] Semmler, T. (2005b), S. 59.

[383] Vgl. Donabedian, A. (2005), S. 691ff.

Prozessgestaltung: Bei der ganzheitlichen Umsetzung der patientenorientierten Arzneimittelversorgung erfolgt eine Anbindung der Stationen an die Krankenhausapotheke. Durch die optimierte EDV-Anbindung und die Belieferung der Stationen mit patientenindividuellen Unit-Doses bzw. das zentrale Management des elektronischen Versorgungsschrankes werden die Prozesse synchronisiert und homogenisiert.

Informationsaustausch: Durch die enge Anbindung der Parteien wird eine gemeinsame Auftragsverfolgung realisiert. Der Informationsaustausch geht deutlich über die Auftragsabwicklung hinaus.

Kommunikationsgrad: In diesem Zusammenhang steigert sich der Kommunikationsgrad deutlich. Die Parteien kommunizieren täglich miteinander, indem sie die Medikation abstimmen. Im Vergleich zur reinen passiven Beraterrolle der Apotheker liegt eine deutliche Steigerung vor.

Verantwortung über die Logistikprozesse: Die Logistikprozesse im Rahmen der patientenorientierten Arzneimittelversorgung werden von den beiden Parteien gemeinsam gesteuert. Es liegt ein Co-Managed Inventory vor.

Tracking und Tracing-Technologien: Bei einer durchgängigen Umsetzung der patientenorientierten Arzneimittelversorgung werden Barcodes oder RFID-Systeme zu Identifikation des Patienten und zum Abgleich der Medikation mit dem Patienten eingesetzt.

IT-Systeme: Wie angesprochen sind IT-Systeme für die Realisierung einer patientenorientierten Arzneimittelversorgung essenziell. Dies gilt sowohl für eine elektronische Erfassung der Medikation als auch für automatisierte Medikationssysteme in Form von Dispensierautomaten oder elektronischen Versorgungsschränken.

Anhand des morphologischen Kastens für die Krankenhaus(versorgenden-)apotheken und die Stationen wird demonstriert, wie sich die Ausprägungen durch die Einführung der patientenorientierten Arzneimittelversorgung wandeln würden. Die veränderten Ausprägungen der Charakteristika zeigen an, dass eine Optimierung der Supply Chain durch die Einsetzung der patientenorientierten Arzneimittelversorgung vorangetrieben wird. Die Ziele des Supply Chain Managements können somit besser realisiert werden, dies sind im Besonderen die Steigerung des Kundenservice und der Wettbewerbsfähigkeit (vgl. Abbildung 6-55 und Abbildung 6-56).

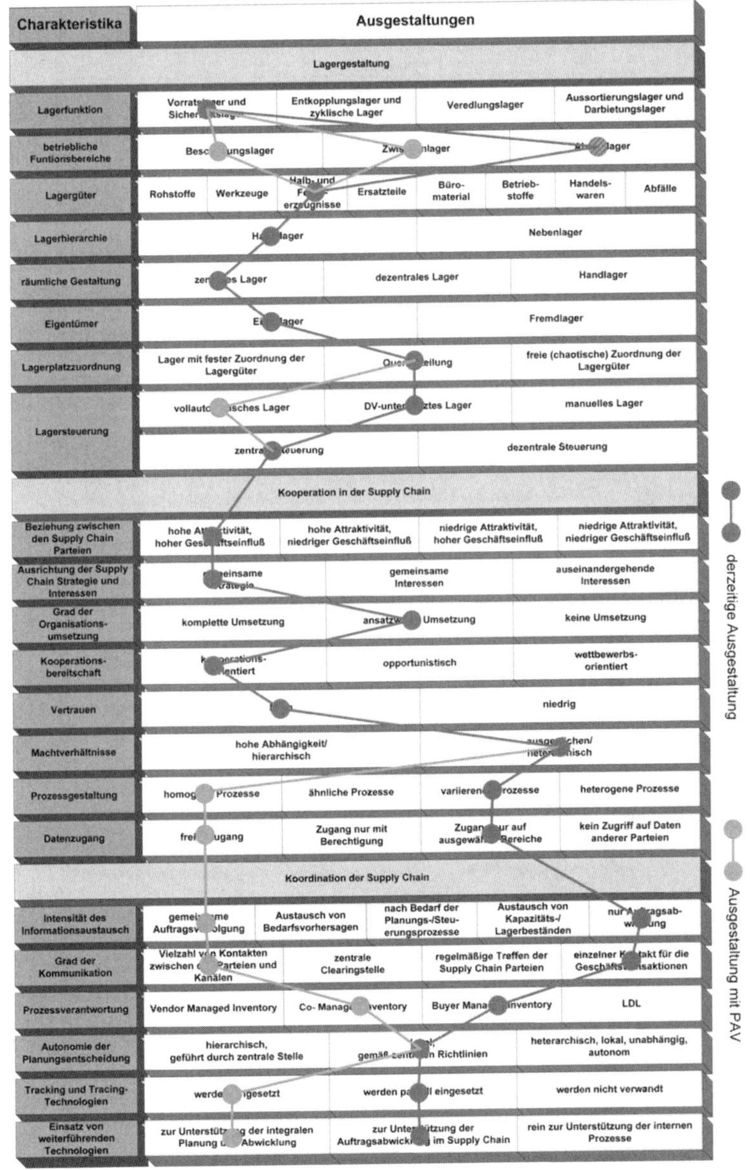

Abbildung 6-55: Veränderung durch die Einführung der patientenorientierten Arzneimittel-versorgung aus Sicht der Krankenhaus-(versorgenden-)apotheke mit Perspektive auf die Stationen
Quelle: Eigene Darstellung.

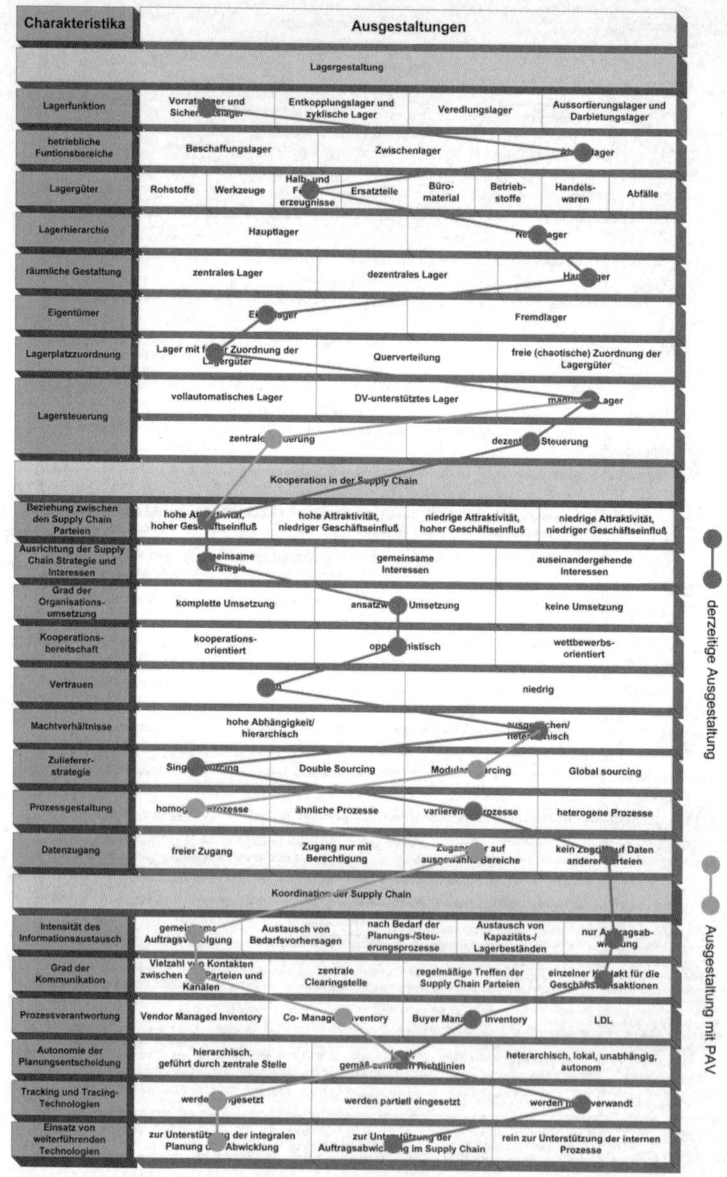

Abbildung 6-56: Veränderung durch die Einführung der patientenorientierten Arzneimittelversorgung aus Sicht der Stationen
Quelle: Eigene Darstellung.

7 Zusammenfassung und Ausblick

In einer Pressemitteilung des deutschen Ärzteblattes vom 11. April 2008 heißt es:

> *„Die Arzneimittelversorgung von Krankenhäusern durch nahe gelegene Apotheken bleibt vorerst gesichert. Der Gesundheitsschutz rechtfertige eine entsprechende Einschränkung des Handels von Medikamenten im europäischen Binnenmarkt, der Generalanwalt des Europäischen Gerichtshofs (EuGH)."*[1]

Die Gesundheit wird somit über den Grundsatz des freien Warenhandels gestellt. Hieraus ergibt sich die Besonderheit der vorliegenden Untersuchung. Zum einen ist der Warenfluss der Arzneimittel rechtlich vorgegeben. Zum anderen steht die Gesundheit der Patienten im Fokus des Warenflusses.

7.1 Zusammenfassung

Zu Beginn der vorliegenden Analyse des Managements der Arzneimittel-Supply Chain wurde auf die theoretischen Grundlagen des Supply Chain Managements eingegangen. Dem Umstand des rechtlich determinierten Warenflusses wurde durch die Wahl eines Supply Chain Management-Ansatzes gemäß der Linkage School Rechnung getragen. Diese nimmt die Parteien der Supply Chain als gegeben hin und strebt eine Optimierung der Warenflüsse und der Bestände an. In diesem Zusammenhang wird eine direkte Beziehung zwischen dem Supply Chain Management und der Logistik anerkannt.

Als Rahmenmodell für die spätere Analyse wurde das House of Supply Chain Management herangezogen. Dieses visualisiert, dass auf einem operativen Fundament die Kooperation und die Koordination die wesentlichen Aspekte im Rahmen des Supply Chain Managements sind, um die Ziele Kundenservice und Steigerung der Wettbewerbsfähigkeit zu erreichen. Einen wesentlichen Aspekt für die Einführung eines Supply Chain Managements stellt die Koordination der Lager an den Schnittstellen dar. Daher wurde in der Untersuchung der Arzneimittel-Supply Chain ein Fokus auf die Lagergestaltung und die Bestandsverantwortung gelegt.

Die Arzneimittelhersteller, die Großhändler und die Apotheken sind vom Gesetzgeber als Akteure in der Arzneimitteldistribution zugelassen. Logistikdienstleister, die in dieser aktiv werden, müssen eine Großhandelsgenehmigung

[1] Vgl. O.V. (2008c). Das Urteil des Europäischen Gerichtshofes wird im Herbst 2008 erwartet. Es ist davon auszugehen, dass dieser der Ansicht des Generalanwalts folgt.

vorweisen. Die Marktstruktur der Arzneimittel-Supply Chain ist durch die folgenden Aspekte geprägt:

Es besteht eine große Vielfalt von **Arzneimitteln**. Die global agierenden **Arzneimittelhersteller** haben ihre internen Prozesse weitestgehend optimiert und legen ihren Optimierungsfokus auf die Distribution. Die **Arzneimittelgroßhändler** sind im Markt etabliert, werden aber durch ihre fixen Margen aus Sicht der Hersteller gerade im hochpreisigen Segment unattraktiv. Dies führt langfristig dazu, dass der Großhandel horizontal, vertikal und regional nach neuen Geschäftsfeldern sucht. Die **Apotheken** sind sowohl im öffentlichen als auch im Krankenhausmarkt stark im Umbruch. Im öffentlichen Bereich führt eine Aufweichung der gesetzlichen Rahmenbedingungen zu einer verstärkten horizontalen Kooperation zwischen den Apotheken. Im Krankenhausbereich sind zwei konträre Entwicklungen zu beobachten:

- Auf der einen Seite werden die Apotheker, getrieben durch die hohen *Risiken,* im Medikationsprozess zu *klinischen Pharmazeuten*, die aktiv am Behandlungsprozess partizipieren. Mittels elektronischer Medikationssysteme und EDV-Systemen werden die krankenhausinternen Prozesse optimiert.

- Auf der anderen Seite führen *Wirtschaftlichkeitsüberlegungen* zur *Auslagerung der Apotheken.* Es entstehen große krankenhausversorgende Apotheken, die entweder an eine öffentliche Apotheke oder an ein Krankenhaus angebunden sind.

Zur Analyse dieses komplexen Marktes wurde anhand der zuvor erläuterten grundlegenden Aspekte des Supply Chain Managements ein morphologischer Kasten entwickelt, der basierend auf dem House of Supply Chain Management Charakteristika der Lagerhaltung, der Kooperation und der Koordination enthält.

Anhand dieses Rasters wurden auf Basis der vorgestellten Fallstudien die aktuellen Ausgestaltungsformen analysiert und eingeordnet. Bezogen auf strategische Aspekte wurde durch nationale und internationale Best Practices das Optimierungspotenzial verdeutlicht. Auf dieser Basis wurde untersucht, inwiefern die Konzepte unter den gegebenen Rahmenbedingungen in Deutschland umgesetzt werden können.

Die Analyse der Ausgestaltung der Supply Chain zeigte deutliche Optimierungspotenziale auf.

Zunächst wurde der operative Bereich der **Lagerhaltung** weitestgehend deskriptiv dargestellt. Zu den Ausprägungen der Charakteristika Lagerfunktion, betriebliche Funktionsebenen, Lagergüter, Lagerhierarchie, räumliche Lagergestaltung und Lagersortierung fand eine Zuordnung der Supply Chain-Parteien statt. Den Arzneimittelherstellern und Apotheken wurde empfohlen, die Umsetzung von Konsignationslager in der Apotheke zu prüfen. Bezüglich der Lagerplatzzuordnung wurde die Empfehlung erarbeitet, die freie chaotische Lagerhaltung bei großen und/oder EDV-gesteuerten Lagern zu nutzen. Zudem wurde im Sinne der Datenverfügbarkeit empfohlen, die Lager durch EDV-Systeme zu unterstützen und den Lagerbestand elektronisch zu erfassen.

Im Rahmen der Kooperationsanalyse zeigte sich, dass vor allem das fehlende Vertrauen zwischen **den Herstellern und den Krankenhaus-(versorgenden-) apotheken** zu Problemen führt. Durch die divergierenden Ziele der Parteien sinkt die Attraktivität einer Kooperation. Die Prozesse zwischen den Parteien gestalten sich sehr heterogen. Ein unternehmensübergreifender Datenzugang wird nicht zugelassen. Im Rahmen der Koordination führt das fehlende Vertrauen dazu, dass sich der Informationsaustausch und die Kommunikation auf das Notwendigste beschränken.

Als Lösungsansatz für diese Probleme wird der Einsatz einer zentralen Clearingstelle in Form einer neutralen Partei empfohlen, die das Vertrauen aller Supply Chain-Parteien innehat. Diese kann die Informationsströme bündeln, auswerten und anonymisiert weiterleiten. Eine ansatzweise Umsetzung stellt die Bestellplattform pharma mall dar. Wobei hier eine starke Anbindung an die Hersteller derzeit die Umsetzung des Gesamtkonzeptes verhindert. Die Clearingstelle sollte unabhängig von den bestehenden Parteien sein und das Vertrauen aller genießen. Die Bündelung der Waren- und Finanzflüsse kann entweder ebenfalls über diese Partei verlaufen oder separat geschehen. Diese Aktivitäten können alternativ von einer externen Apotheke, wie es bei Sanicare ansatzweise realisiert wird, oder von einem Logistikdienstleister mit Großhandelsgenehmigung übernommen werden.

Für die Apotheken hat dieses Vorgehen den Vorteil, dass sie frühzeitig über Liefertermine und –engpässe informiert werden. Sie können so ihre Therapie- und Bestandsplanung optimieren. Die Hersteller können auf diese Weise ihre Bindung an die Kunden intensivieren und durch die anonymisierten Bestandsdaten der Kunden ihre Planung optimieren. Zwar ermöglicht dieses Vorgehen durch die anonymisierten Informationen keine gezielten Marketingaktivitäten, aber durch die intensivere Kooperation wird eine langfristige Geschäftsbeziehung gefördert.

In der Beziehung zwischen **der Krankenhaus-(versorgenden-)apotheke und der Station** stellte im Besonderen die EDV-Unterstützung ein Problem dar. Der Medikationsprozess verläuft weitestgehend manuell. Die Verordnung erfolgt handschriftlich, das Stellen und Verabreichen der Arzneimittel manuell und die Bestellung der Stationen in der Apotheke ohne feste Vorgaben. Die Apotheker begehen die Stationen oft nur zweimal im Jahr. Dieses Vorgehen führt zu einer Vielzahl von Fehlern im Bereich der Verordnung, Bereitstellung, Datenübertragung und Verabreichung.

Durch die Implementierung eines ganzheitlichen EDV-Konzepts und die stärkere Einbindung der Apotheker kann im Rahmen der patientenorientierten Arzneimittelversorgung das Medikationsrisiko im krankenhausinternen Prozess deutlich gesenkt werden. Die integrale Planung und Entwicklung wird unterstützt. Tracking und Tracing-Technologien ermöglichen eine elektronische Verfolgung. Die Kommunikation und der Informationsaustausch zwischen den Apotheken und Stationen wird optimiert, was durch die erhöhte Datenverfügbarkeit und den erweiterten Datenzugang unterstützt wird. Die Prozesse werden homogenisiert, indem die Arzneimittel modulweise auf die Station gelangen und nicht manuell gestellt werden müssen.

Zur Umsetzung dieses Konzeptes ist der direkte Einbezug des Apothekers in die Patientenversorgung notwendig. Dafür muss ausreichend Personal in der Apotheke beschäftigt sein. Aus Expertensicht würde für die ganzheitliche Umsetzung ein Apotheker je Fachabteilung benötigt. Im Schnitt kommt in Deutschland aber nur ein Krankenhausapotheker auf 236 Betten. Insofern müsste das pharmazeutische Personal zur Umsetzung der patientenorientierten Arzneimittelversorgung deutlich aufgestockt werden. Dies stellt gerade bei krankenhausversorgenden Apotheken, die eine hohe Effizienz durch die Bündelung der Ressourcen anstreben, ein Problem dar.

Zusammenfassend zeigte sich, dass die externe Apotheke zwar die Bündelung der Supply Chain-Flüsse realisieren kann, aber die patientenindividuelle Arzneimittelversorgung derzeit in Deutschland ausschließlich von krankenhausinternen Apotheken durchgeführt wird. Es sollte somit nach einem Konzept gesucht werden, durch welches sowohl der Einsatz einer Clearingstelle als auch die Nähe zur Station realisiert werden kann:

- Krankenhausinterne Apotheken könnten ein solches Konzept realisieren, indem sie mit einem Großhändler kooperieren, der den Warenfluss für sie bündelt.
- Krankenhausexterne Apotheken könnten in den betreuten Häusern elektronische Versorgungsschränke aufstellen und ihr Personal aufstocken. So könnten sie einen regelmäßigen Kontakt zu den Stationen sicher stellen sowie die Verordnungen auf elektronischem Wege kontrollieren und für die Schrankversorgung freigeben.

Es wurde aufgezeigt, dass die Integration der Arzneimittel-Supply Chain in Deutschland zum einen an den divergierenden Zielen der Hersteller und der Apotheken und zum anderen an den personellen und technischen Ressourcen der Apotheken und Stationen scheitert. Zudem stellen die hohen Investitionskosten der Konzepte einen wesentlichen Nachteil dar.

7.2 Ausblick

Auch wenn im Rahmen der Arbeit die Einführung einer Clearingstelle und der patientenorientierten Arzneimittelversorgung als Handlungsempfehlungen entwickelt wurden, ist darauf zu achten, dass alle Konzepte auf die jeweilige Situation angepasst werden sollten. Die Analyse bezog sich auf die derzeitigen Rahmenbedingungen des deutschen Gesundheitswesens mit besonderem Fokus auf die Distribution von Arzneimitteln in der stationären Versorgung. Im Rahmen der durchgeführten Experteninterviews zeigten sich weitere Aspekte, die für die zukünftige Entwicklung der Arzneimittelversorgung von hoher Relevanz sind:

- § 115c SGB V besagt, dass die Krankenhausärzte den niedergelassenen Kollegen Behandlungsempfehlungen auf Wirkstoffbasis geben sollten, welche die Preisgestaltung in den öffentlichen Apotheken berücksichtigen sollten.[2] Die Einstellung der Krankenhauspatienten hat somit einen starken Einfluss auf die Medikation im niedergelassenen Bereich. Daher wird derzeit diskutiert, inwieweit der niedergelassene Bereich in die Therapieplanung der Krankenhäuser einbezogen werden sollte.
- Ein besonderer Aspekt bei der Arzneimittelverordnung im stationären und ambulanten Bereich stellen die unterschiedlichen Finanzierungsformen und gesetzlichen Regelungen dar. Aktuell wird angedacht, die Arzneimittelversorgung im Krankenhaus mit dem niedergelassenen Bereich gleichzusetzen und die Verordnungshintergründe zu standardisieren.[3]
- Durch die demografische Entwicklung gewinnt der Pflegesektor zunehmend an Bedeutung. Krankenhäuser setzen sich daher zunehmend damit auseinander, inwiefern Kooperationen mit diesem Sektor zur Stärkung der eigenen Position beitragen können.
- Die Identifikation von Standards und Benchmarks kann die Optimierung der Arzneimittelversorgung im Bezug auf Kosten und Qualität unterstützen. Insofern wird momentan diskutiert, ob eine horizontale Verzahnung der Apotheker, Krankenhäuser und Ärzte zu gemeinsamen Vergleichsdaten führen könnte, die im Einzelfall und bei Patientengruppen herangezogen werden können.[4]
- Die unabgestimmte, gleichzeitige Verordnung von Arzneimitteln durch mehrere Ärzte stellt ein besonderes Problem dar. Es wird erörtert, wie diesem Problem entgegen gewirkt werden kann, um so Wechselwirkungen und ADEs zu vermeiden.

---

[2] Vgl. § 115c SGB V.
[3] Vgl. Leoprechting, G. v. (2008), S. 7.
[4] Vgl. Leoprechting, G. v. (2008), S. 7.

- Abschließend gilt zu prüfen, inwiefern subjektive Beeinflussungen der Ärzte im Rahmen der Therapieentscheidungen vermieden werden können. Diese spiegelt die im Experteninterview mit der paderlog getätigte Aussage wieder:

  „Der beste Arzt ist ein erfahrener Arzt, der seine eigenen hohen Erfahrungen in der Diagnostik nutzt, aber sehr vorsichtig in die Therapie einfließen lässt und sich an wissenschaftlichen Standards orientiert."

Diese Aspekte zeigen, dass im Bereich der Arzneimittelversorgung ein hoher Analyse- und Forschungsbedarf besteht. Der wissenschaftlichen Auseinandersetzung mit den aufgeführten Aspekten ist mit großem Interesse entgegen zu sehen.

Abschließend kann festgehalten werden, dass in Deutschland ein starker Trend zum Outsourcing der Krankenhausapotheken besteht und lediglich vereinzelt Projekte zur patientenorientierten Arzneimittelversorgung anzutreffen sind. Diese Entwicklung wird primär durch den zunehmenden Kostendruck im deutschen Markt verursacht. Risikogesichtspunkte der Arzneimittelversorgung werden zugunsten kurzfristiger Kosteneinsparungen ausgeblendet. Internationale Best Practices legen nahe, dass langfristig eine Umorientierung auf Basis von Risiko- und Wirtschaftlichkeitsaspekten für die Parteien der Arzneimittel-Supply Chain in Deutschland unumgänglich ist. Gerade im Gesundheitswesen gilt:

„Logistikmanagement ist in weiten Teilen Risikomanagement."[5]

[5] Braun, C. (2006), S. 153.

Literaturverzeichnis

A.T.Kearney (2004), An Imperative for Public Health Care - Improving the Medicine Supply Chain, Chicago, Ill.

ABDA (2007), Jahresbericht 06/07, Eschborn.

Aberle, G. (2003), Transportwirtschaft - Einzelwirtschaftliche und gesamtwirtschaftliche Grundlagen, München [u.a.].

Adam, D. (2004), Allgemeine Betriebswirtschaftslehre - Koordination betrieblicher Entscheidungen - die Fallstudie Peter Pollmann, Berlin [u.a.].

ADKA (2007a), Die Krankenhausapotheke auf den Punkt gebracht, www.adka.de [Stand: 02.11.2007].

ADKA (2007b), Referenzliste Unit-Dose versorgende Krankenhausapotheken in Deutschland, http://www.adka.de/?m=134&d=1042&l=50&t=3 [Stand: 15.03.2008].

Aescudata (2008), Produktinformationen, http://www.aescudata.de/amor/produkt/produkt_am.htm [Stand: 06.04.2008].

Albach, H. (1987), Gewinn und gerechter Preis - Überlegungen zur Preisbildung in der pharmazeutischen Industrie, in: ZfB, 57. Jg., Nr. 8, S. 816-825.

Albrecht, M., Schlüchtermann, J. (2005), Einkauf muss Chefsache werden, in: f&w, 22. Jg., Nr. 4, S. 359-362.

Albright, B. (2004), El Camino Hospital's State-of-the-Art Healthcare, in: Frontline Solutions, 5. Jg., Nr. 5, S. 36-38.

Alt, R., Legner, C., Österle, H. (2005), Virtuelle Organisation - Konzept, Realität und Umsetzung, http://web.iwi.unisg.ch/org/iwi/iwi_pub.nsf/wwwPublAuthorEng/0220DF3D35C7770BC1256FF20079F1AA/$file/Grundlagenbeitrag%20HMD%20242.pdf [Stand: 31.01.2008].

Amann, S. (2000), Mehrwert durch pharmazeutische Logistik, in: Krankenhaus Umschau, 69. Jg., Nr. 11, S. 1012-1018.

Amann, S. (2002), Die Krankenhausapotheke ist mehr wert als sie kostet (Teil II), in: f&w, 19. Jg., Nr. 5, S. 496-499.

Amann, S., Baum, S., Funck, S., Güntner, S., Ihbe-Heffinger, A., Herold, E., Renz, H., Thödtmann, J., Bernard, R. (2002), Ganzheitliches Konzept zur Wertschöpfung einer Krankenhausapotheke, in: krankenhauspharmazie, 23. Jg., Nr. 10, S. 453-463.

Andrews, J. (2001), Hospitals are scanning high-tech inventory tools, in: Materials Management in Health Care, 10. Jg., Nr. 5, S. 26-28.

Angell, M., Relman, A. S. (2002), Patents, profits & American medicine: conflicts of interest in the testing & marketing of new drugs, in: Daedalus, 131. Jg., Nr. 2, S. 102–111.

ANZAG (2008), Investor Relations, http://www.anzag.de/de/investor-relations/index.html [Stand: 12.03.2008].

Arlinghaus, O. (2007), RFID, Radio Frequency Identification - the technology of the next century?, Münster.

Arnold, U. (2003), Einkaufsorganisation, in: Boutellier, R., Wagner, S. M., Wehrli, H. P. (Hrsg.), Handbuch Beschaffung - Strategien, Methoden, Umsetzung, München [u.a.], S. 143-165.

Axsäter, S. (2000), Inventory control, Boston, Mass. [u.a.].

Backhaus, B., Rausch, S. (2005), Nordrhein-Westfälische Krankenhäuser senken Kosten durch EDV-gestützte Materialwirtschaft, in: f&w, 22. Jg., Nr. 6, S. 630-632.

Backhaus, K., Voeth, M. (2007), Industriegütermarketing, München.

Baehr, M. (2006), Pilotprojekt "Scan for Safety" abgeschlossen, in: Management & Krankenhaus, 25. Jg., Nr. 11, S. 50.

Baehr, M., Giebe, T., Jahnke, C. (2004), Künftige Versorgungsstrategien für Arzneimittel, in: krankenhauspharmazie, 25. Jg., Nr. 10, S. 438-442.

Baer, R. v., Lovenfosse, R. (2002), Baumaßnahmen als Chance zur Optimierung der Logistik, in: Krankenhaus Umschau, 71. Jg., Nr. 7, S. 551-554.

BAH (2006), Der Arzneimittelmarkt in Deutschland in Zahlen 2005 - Verordnungsmarkt und Selbstmedikation, Bonn.

Baihaqi, I., Beaumont, N. (2005), Information sharing in supply chains: a literature review and research agenda, Department of management working paper, Melbourne.

Bates, D. W., Teich, J. M., Lee, J., Seger, D., Kuperman, G. J., Ma'Luf, N., Boyle, D., Leape, L. (1999), The Impact of Computerized Physician Order Entry on Medication Error Prevention, in: Journal of the American Medical Informatics Association, 6. Jg., Nr. 4, S. 313–321.

Baumgarten, H. (2004a), Entwicklungsphasen des Supply Chain Managements, in: Baumgarten, H., Darkow, I.-L., Zadek, H. (Hrsg.), Supply-Chain-Steuerung und Services - Logistik-Dienstleister managen globale Netzwerke - Best Practices, Berlin [u.a.], S. 51-60.

Baumgarten, H. (2004b), Trends in der Logistik, in: Baumgarten, H., Darkow, I.-L., Zadek, H. (Hrsg.), Supply-Chain-Steuerung und Services - Logistik-Dienstleister managen globale Netzwerke - Best Practices, Berlin [u.a.], S. 1-11.

Baumgarten, H., Darkow, I.-L. (2004), Konzepte im Supply Chain Management, in: Busch, A. (Hrsg.), Integriertes Supply-Chain-Management - Theorie und Praxis effektiver unternehmensübergreifender Geschäftsprozesse, Wiesbaden, S. 91-110.

BCG (2003), Aktuelle Trends im Beschaffungsmanagement für Medizintechnik und Medizinprodukte, München.

Bechtel, C., Jayaram, J. (1997), Supply Chain Management: A Strategic Perspective, in: International Journal of Logistics Management, 8. Jg., Nr. 1, S. 15-34.

Behling, S., Brickau, R., Ziegenbein, R. (2005), Die Apotheke der Zukunft, Münster.

Behrens, M., Bachmann, C., Lill, R. (2006), Medikamentenlogistik im Krankenhaus, in: ku-Special Insourcing, 75. Jg., Nr. 12, S. 20-21.

Berens, W., Schmitting, W. (2002), Controlling im E-Business ... = E-Controlling?, in: Seicht, G. (Hrsg.), Dynamische Stückkostenrechnung, Controlling-Einsatzbereiche, US-GAAP und IAS, Rechnungslegung und Rechnungspolitik, Unternehmensbewertung - Jahrbuch für Controlling und Rechungswesen; 2002, Wien, S. 129-170.

Berlemann, D. (2004), Medical-Order-Center - Dienstleistungszentrum für das Gesundheitswesen, Düsseldorf.

Bladt, A. (2006), Nachhaltige Logistik - Supply Chain Management in der Krankenhauslogistik, Munsbach.

Blechschmidt, J. (2003), Der Arzneimittelmarkt in Deutschland - Handlungsbdarf aus Herstellerperspektive, in: Breuer, R., Becker, W., Fibig, A. (Hrsg.), Strategien für das Pharma-Management - Konzepte, Fallbeispiele, Entscheidungshilfen, S. 13-21.

Bletzer, S. (1998), Pharma-Unternehmen und Gesundheitsmanagement - strategische Diversifizierung durch Dienstleistungen, Wiesbaden.

BMGS (2005), Klaus Theo Schröder: Zentrum für klinische Pharmazie Bottrop richtungsweisend für innovative Azneimittelversorgung im Krankenhaus, Pressemitteilung, Berlin.

BMGS (2008), Patentschutz (bei Arzneimitteln), http://www.die-gesundheitsreform.de/glossar/patentschutz_arzneimittel.html [Stand: 02.04.2008].

Bogaschewsky, R. (2002), Integrated Supply Management - Ganzheitliche Konzepte zur Kostensenkung und zur Effektivitätssteigerung, in: BearingPoint (Hrsg.), Der Einkauf im Fokus des Kostenmanagements, Berlin, S. 15-30.

Bond, C. A., Raehl, C. L. (2008), 2006 National Clinical Pharmacy Service Survey - Clinical Pharmacy Services, Collaborative Drug Management, Medication Errors, and Pharmacy Technology, in: Pharmacotherapy, 28. Jg., Nr. 1, S. 1-13.

Bonnet (2005), Mehr Sicherheit bei der Arzneimittelversorgung: 10 Jahre Patientenorientierte Arzneimittelversorgung im LBK Hamburg, http://www.asklepios.com/hamburg/html/presse/pressemit/pressearchiv2005/pm19010501.asp [Stand: 09.04.2008].

Bonoma, T. V. (1985), Case Research in Marketing: Opportunities, Problems, and a Process, in: Journal of Marketing Research, 12. Jg., Nr. 5, S. 199-208.

Boos, M. (1992), A typology of case studies, München [u.a.].

Bösenberg, D., Metzen, H. (1993), Lean Management - Vorsprung durch schlanke Konzepte, 4. Aufl., Landsberg/Lech.

Bossard, D. (2004), Ubiquitous computing based inventory management in supply chains, Bamberg.

BPI (2007a), Pharma-Daten 2006, Berlin.

BPI (2007b), Pharma-Daten 2007, Berlin.

Braun, C. (2006), Logistisches Risiko- und Qualitätsmanagement in der verladenden Wirtschaft, in: Hector, B., Blaas, G. (Hrsg.), Riskmanagement in der Logistik - Finanzrisiken, Krisenmanagement, Haftungsfragen, Schadenmanagement, rechtliche Rahmenbedingungen, Vertragsgestaltung, Versicherungsfragen, die neuen Logistik-AGB, S. 153-172.

Braun, D. (2002), Schnittstellenmanagement zwischen Handelsmarken und ECR, Lohmar [u.a.].

Breinlinger-O'Reilly, J. (1997), Das Krankenhaus-Handbuch - Wegweiser für die tägliche Praxis, Neuwied [u.a.].

Brenner, W., Wenger, R. (2007), Anforderungen an Electronic Sourcing Systeme, in: Brenner, W. (Hrsg.), Elektronische Beschaffung - Stand und Entwicklungstendenzen, Berlin [u.a.], S. 1-21.

Briceland, L. L. (2001), Reducing Medication Errors Through Advances in Automation, Vortrag im Rahmen der American Society of Health-System Pharmacists 35th Midyear Clinical Meeting, Las Vegas.

Bridge, S. (2005a), Pharmacy wholesaler and NHS trust KPI, http://www.pasa.nhs.uk/PASAWeb/Productsandservices/Pharmaceuticals/PSCP/HeartofEnglandcasestudy.htm [Stand: 04.04.2008].

Bridge, S. (2005b), Wholesaler/trust SLAs, http://www.pasa.nhs.uk/PASAWeb/Productsandservices/Pharmaceuticals/PSCP/HeartofEnglandcasestudy.htm [Stand: 04.04.2008].

Bridge, S., Phillips, M. (2005), Collaborative working, http://www.pasa.nhs.uk/PASAWeb/Productsandservices/Pharmaceuticals/PSCP/PSCPWarwick6December2005presentations.htm [Stand: 04.04.2008].

Broadlane (2008), Pharmacy services, http://www.broadlane.com/services/pharmacy.html [Stand: 07.04.2008].

Brückner, M., Schürbüscher, D., Barwig, M. (2002), Die Zukunft der Europäischen Arzneimitteldistribution - Herausforderungen und Lösungsansätze für die pharmazeutische Industrie, in: Pharm. Ind., 64. Jg., Nr. 8, S. 727-732.

Brüderkrankenhaus-St.-Josef (2007), Qualitätsbericht 2006, Paderborn.

Brüderkrankenhaus-St.-Josef (2008), Brüderkrankenhaus St. Josef Paderborn, http://www.bk-paderborn.de/bb_paderborn/ueberuns/index.php [Stand: 06.04.2008].

Brügge, M. (2007), Fehlerkultur im Krankenhaus - Ein Status quo des Umgangs mit Fehlern und mögliche Einflussfaktoren auf die Fehlerkultur am Beispiel einer Klinikabteilung, in: Eiff, W. v. (Hrsg.), Risikomanagement - Kosten-/Nutzen-basierte Entscheidungen im Krankenhaus, 2. erw. Aufl., Wegscheid, S. 271-307.

BSI (2004), Risiken und Chancen des Einsatzes von RFID-Systemen, Bonn.

Buck, C. (2005), RFID Helds Streamline Logistics Services for Hospitals, in: Hospital Post, 4. Jg., Nr. 1, S. 22.

Burgardt, C. (2007), Krankenhaushaftung für Arzneimittelschäden, in: Eiff, W. v. (Hrsg.), Risikomanagement - Kosten-/Nutzen-basierte Entscheidungen im Krankenhaus, 2. erw. Aufl., Wegscheid, S. 533-554.

Bürkle, C. (2005), Strukturierter Qualitätsbericht gemäß § 137 Abs. 1 Satz 3 Nr. 6 SGB V für nach § 108 SGB V zugelassene Krankenhäuser vom 03.12.2003 Mathias-Spital Rheine, Rheine.

Burns, L. R. (2002), The Health Care Value Chain - producers, purchasers, and providers, San Francisco, Calif.

Busse, R., Riesberg, A. (2005), Gesundheitssysteme im Wandel: Deutschland, Berlin.

BVDVA (2008), Bundesverband deutscher Versandapotheken, www.bvdva.de [Stand: 10.02.2008].

Cahill, D. L. (2007), Customer Loyalty in Third Party Logistics Relationships - Findings from Studies in Germany and the USA, Heidelberg.

Camphausen, B. (2007), Strategisches Management - Planung, Entscheidung, Controlling, 2. überarb. und erw. Aufl., München [u.a.].

Candidus, W. A., Aeuer, D. (2000), Logistikcenter als Transshipmentpoint, in: Logistik heute, 22. Jg., Nr. 12, S. 36.

Carpenter, D. (2005), A touch of technology begets big savings, in: Materials Management in Health Care, 14. Jg., Nr. 10, S. 36-38.

Celesio (2008), Übersicht Celesio-Großhandel, http://ir3.quartalflife.com/data/celesio/businessreport/celesio_2007/index.php?content=81&culture=de-DE [Stand: 12.03.2008].

Chater, A. (2006), Cardinal Health supply chain pilot program nets RFID success, in: Drug Store News, 28. Jg., Nr. 17, S. 56 - 60.

Christiansen, M. (2003), Logistik-Controlling im Krankenhaus - Analyse und Entwicklung eines Planungs-, Kontroll- und Informationssystems für die Krankenhauslogistik, Frankfurt am Main [u.a.].

Ciolan, C., Sheshabalaya, T. (2008), Die RFID Möglichkeit im Gesundheitswesen, in: IT@Networking Communication, 1. Jg., Nr. 6, S. 4-5.

Clegg, H., Thewihsen, F. (2007), Der Einkauf von morgen - Trends und Technologien, in: Brenner, W. (Hrsg.), Elektronische Beschaffung - Stand und Entwicklungstendenzen, Berlin [u.a.], S. 129-160.

Clement, W., Tuma, M., Walter, E. (2005), The European Pharmaceutical Wholesale Industry: Structure, Trends, and socio-economic Importance, Wien.

Cohen, S., Roussel, J., Ehle, W. (2006), Strategisches Supply Chain Management, Berlin [u.a.].

Cooper, M. C., Lambert, D. M., Pagh, J. D. (1997), Supply Chain Management: More Than a New Name for Logistics, in: The International Journal of Logistics Management, 8. Jg., Nr. 1, S. 1-14.

Corsten, D., Felde, J. (2002), Supplier Collaboration: Eine Erfolgsstrategie? - Ergebnisse einer empirischen Studie, Trier.

Corsten, H., Gössinger, R. (2007), Einführung in das Supply Chain Management, München.

Cys, J. (2001), Putting Stock in the System, in: Materials Management in Health Care, 10. Jg., Nr. 12, S. 19-21.

Dambacher, E., Schöffski, O. (2002), Vertriebswege und Vertriebsentscheidung, in: Schöffski, O. (Hrsg.), Pharmabetriebslehre, Berlin [u.a.], S. 243-255.

Damkowski, W., Meyer-Pannwitt, U., Precht, C. (2000), Das Krankenhaus im Wandel - Konzepte, Strategien, Lösungen, Stuttgart.

Darkow, I.-L. (2004), Leistungen für das Management der Supply Chain, in: Baumgarten, H., Darkow, I.-L., Zadek, H. (Hrsg.), Supply-Chain-Steuerung und Services - Logistik-Dienstleister managen globale Netzwerke - Best Practices, Berlin [u.a.], S. 145-150.

Datamonitor (2007), Cardinal Health, Inc. - SWOT Analysis, New York.

Davila, T., Epstein, M. J., Shelton, R. (2005), Making innovation work - how to manage it, measure it, and profit from it, Upper Saddle River, NJ.

Davis, R. N. (2004), No more chances for supply-chain savings? Look again!, in: Healthcare Financial Management, 58. Jg., Nr. 1, S. 68-75.

DeAngelis, C. D., Fontanarosa, P. B. (2008), Impugning the Integrity of Medical Science - The Adverse Effects of Industry Influence, in: Journal of the American Medical Association, 299. Jg., Nr. 15, S. 1833-1835.

Deepen, J. M. (2003), Die Rolle von Logistikdienstleistern im Supply Chain Management - Eine konzeptionell-empirische Betrachtung, in: Weber, J. (Hrsg.), Erfolg durch Logistik - Erkenntnisse aktueller Forschung, Bern [u. a.], S. 115-165.

Dehler, M., Weber, J. (2003), Erfolgswirkungen einer logistischen Führungskonzeption, in: Weber, J. (Hrsg.), Erfolg durch Logistik - Erkenntnisse aktueller Forschung, Bern [u. a.], S. 1-42.

Dillmann, R., Sioulvegas, N. (2002), Outsourcing von Beschaffungsdienstleistungen - Zukunft der Beschaffung?, in: BearingPoint (Hrsg.), Der Einkauf im Fokus des Kostenmanagements, Berlin, S. 81-103.

DKG (2007), Geschäftsbericht 2006,

DocMorris (2008), Markenpartnerschaft - was ist das?, http://www.docmorris-partner.de/docmorris/1-die-idee/markenpartnerschaft/ [Stand: 16.04.2008].

Doherty, M. (2005), Increasing the use of eProcurement, http://www.pasa.nhs.uk/PASAWeb/Productsandservices/Pharmaceuticals/PSCP/SouthTynesidecasestudy.htm [Stand: 04.04.2008].

Donabedian, A. (2005), Evaluating the Quality of Medical Care, in: The Milbank Quarterly, 83. Jg., Nr. 4, S. 691-729.

Dörje, F. (1998), Pharmazeutische Beratung auf Station, www.uni-ulm.de/uui/1998/nr219.htm#1 [Stand: 02.11.2007].

Dörje, F., Tennert, R. (2003), Die Zukunft der Krankenhausapotheke, in: f&w, 20. Jg., Nr. 2, S. 142-146.

Drauschke, S. (2002a), Kliniken und Industrie können gemeinsam gewinnen, in: f&w, 19. Jg., Nr. 2, S. 156-158.

Drauschke, S. (2002b), Revolution im Einkauf - auch im Gesundheitswesen?!, in: Drauschke, S., Pieper, U. (Hrsg.), Beschaffungslogistik und Einkauf im Gesundheitswesen - Kosten senken, Qualität erhöhen, Neuwied, S. 13-58.

Drechsel, U. (2005), Helios Konzept Einkauf - Auf dem Weg zu mehr Qualität, Transparenz und Effizienz, Fulda.

Dück, O., Teich, I. (1997), Materialwirtschaft und Logistik in der Praxis - Konzepte, Methoden, Techniken erfolgreich umsetzen, Augsburg.

Ebert, H. (1998), Pharmazeutische Dienstleistungen gehören zur Kernkompetenz eines Krankenhauses, in: Krankenhaus Umschau, 67. Jg., Nr. 9, S. 632-636.

EFPIA (2006), The Pharmacutical Industry in Figures - 2006 Edition, Brüssel.

Eichhorn, P., Seelos, H.-J., Schulenburg, J.-M. v. d. (2000), Krankenhausmanagement, München [u.a.].

Eichhorn, S. (1975), Krankenhausbetriebslehre - Theorie und Praxis des Krankenhausbetriebes Bd. 1, 3. überarb. und erw. Aufl., Stuttgart [u.a.].

Eiff, W. v. (1987), Medizintechnische Logistik - Organisationsentwicklung im Krankenhaus, Landsberg/Lech.

Eiff, W. v. (1991), Projektmanagement als Prozessmanagement - Erfolgsfaktoren eines zielführenden Projekt-Managements, in: Eiff, W. v. (Hrsg.), Organisation - Erfolgsfaktoren der Unternehmensführung, Landsberg/Lech, S. 247-293.

Eiff, W. v. (1998a), Medikalprodukteversorgung durch das Versorgungsschranksystem - eine Best Practice aus US-Krankenhäusern, in: Krankenhaus Umschau, 67. Jg., Nr. 3, S. 146-150.

Eiff, W. v. (1998b), Outsourcing oder Re-Sourcing - Kernkompetenz ist die Managementfähigkeit, in: Krankenhaus Umschau, 67. Jg., Nr. 10, S. 714-725.

Eiff, W. v. (2000a), Beschaffungslogistik für Krankenhäuser im Umbruch: Vom Groschengrab zur Goldgrube: Szenarien für die Entwicklung der Beschaffungslogistik im Krankenhauswesen, in: KlinikManagement Aktuell, 6. Jg., Nr. 43, S. 29-31.

Eiff, W. v. (2000b), Die Internet-Revolution - Konsequenzen für die Organisations- und Entscheidungsstrukturen in Einkauf und Logistik, in: Krankenhaus Umschau, 69. Jg., Nr. 3, S. 167-170.

Eiff, W. v. (2000c), KMU-/Krankenhaus-Studie 2000 - Wie Hersteller und Krankenhäuser ihre Zusammenarbeit verbessern, in: KlinikManagement Aktuell, 6. Jg., Nr. 6, S. 45-48.

Eiff, W. v. (2007a), Beschaffungsmanagement: Vom Preisvergleich zum Risk Assessment, in: Eiff, W. v. (Hrsg.), Risikomanagement - Kosten-/Nutzen-basierte Entscheidungen im Krankenhaus, 2. erw. Aufl., Wegscheid, S. 417-440.

Eiff, W. v. (2007b), Das verborgen Krankenhaus: Unterschätzte Risiken gefährden Patienten, in: Eiff, W. v. (Hrsg.), Risikomanagement - Kosten-/Nutzen-basierte Entscheidungen im Krankenhaus, 2. erw. Aufl., Wegscheid, S. 173-199.

Eiff, W. v. (2007c), Elektronische Versorgungsschränke: Sicherheit und Wirtschaftlichkeit in der Medikamentenversorgung, in: Eiff, W. v. (Hrsg.), Risikomanagement - Kosten-/Nutzen-basierte Entscheidungen im Krankenhaus, 2. erw. Aufl., Wegscheid, S. 555-569.

Eiff, W. v. (2008), Medikamentenlogistik durch elektronische Versorgungsschränke, in: krankenhauspharmazie, 29. Jg., Nr. 1, S. 20-25.

Eiff, W. v., Hagen, A., Prangenberg, A. (2007), Radio Frequency Identification - Instrument des klinischen Risikomanagements, in: Eiff, W. v. (Hrsg.), Risikomanagement - Kosten-/Nutzen-basierte Entscheidungen im Krankenhaus, 2. erw. Aufl., Wegscheid, S. 597-615.

Eiff, W. v., Klemann, A., Meyer, N. (2006), REDIA-Studie II - Auswirkungen der DRG-Einführung auf die medizinische Rehabilitation, Münster, Westf.

Eiff, W. v., Meyer, N. (2007), Rationalisierungsreserven im Beschaffungsmanagement - Einweg vs. Mehrweg, Wegscheid.

Eisenbarth, M. (2003), Erfolgsfaktoren des Supply Chain Managements in der Automobilindustrie, Frankfurt am Main [u.a.].

Eisend, S. (2005), Protokoll der 1. Sitzung der AG Unit Dose der ADKA 29.01.2005 in Kassel, Arbeitsgemeinschaft Unit-Dose, Kassel.

Eisenhardt, K. M. (1989), Building Theories from Case Study Research, in: Academy of Management Review, 14. Jg., Nr. 4, S. 532-550.

Emmermann, M., Giebe, T. (2003), (R)Evolution im OP, in: DVZ Deutsche Logistik-Zeitung, 57. Jg., Nr. 126, S. 26.

Emmermann, M., Kieffer, D. (2005), Einkaufs- und Logistik-Kooperationen gehört die Zukunft, in: f&w, 22. Jg., Nr. 5, S. 496-498.

Engel, A., Frontini, R. (2006), Modulare Versorgungsstrategien für Arzneimittel, in: krankenhauspharmazie, 27. Jg., Nr. 1, S. 17-23.

Engelbrecht, C. (2003), Logistik-Outsourcing: Erfolgsfaktoren und Erfolgswirkung - Erkenntnisse aus der Praxis, in: Weber, J. (Hrsg.), Erfolg durch Logistik - Erkenntnisse aktueller Forschung, Bern, Stuttgart, Wien, S. 43-76.

Engelhardt, W. H., Gersch, M. (1995), Informationsmanagement als Instrument zur erfolgreichen Gestaltung von Geschäftsbeziehungen - am Beispiel des deutschen Pharmagroßhandels, in: Trommsdorff, V. (Hrsg.), Informationsmanagement im Handel, Wiesbaden, S.

Erlei, M., Leschke, M., Sauerland, D. (2007), Neue Institutionenökonomik, 2. überarb. und erw. Aufl., Stuttgart.

Ernst&Young (2002), Health Science Global M&A Survey, Stuttgart.

Ertel, C. (2006), Medikamentöse Behandlung - Ein unterschätzter Hochrisikoprozess, in: Management & Krankenhaus, 25. Jg., Nr. 6, S. 16.

Eschenbach, D. (1998), Europäische Gesundheitssysteme und Pharmamärkte - Fakten und Trends, Neu-Isenburg.

Eskew, M. (2002), Forcing Costs Down, in: Materials Management in Health Care, 11. Jg., Nr. 10, S. 24-28.

Ewers, C. L. J., Küppers, S., Weinmann, H. (2002), Pharma Supply Chain: Neue Wege zu einer effizienten Wertschöpfungskette, Aulendorf.

FDA (2004), Combating Counterfeit Drugs - A Report of the Food an Drug Administration, Rockville, MD.

Fehr, B. (1993), Amerikas Pharmabranche stellt sich um, in: Frankfurter Allgemeine Zeitung, vom 10.09.1993, S. 15.

Fehr, B. (1995), Der Konzentrationsprozess geht weiter - Auswirkungen des Wandels der Gesundheitsmärkte - Amerikas Unternehmen mit neuen Konzepten in: Frankfurter Allgemeine Zeitung, vom 03.03.1995, S. 19.

Fein, A. J. (1998), Understanding evolutionary processes in non-manufacturing industries: Empirical insights from the shakeout in pharmaceutical wholesaling, in: Journal of Evolutionary Economics, 8. Jg., Nr. 8, S. 231-270.

Feldmann, C. (2007), Strategisches Technologiemanagement - eine empirische Untersuchung am Beispiel des deutschen Pharma-Marktes 1990 - 2010, Wiesbaden.

Fernekohl, W., Schulze, L., Vogelsang, R. (2001), Ein zukunftsorientiertes Versorgungskonzept, in: Krankenhaus Umschau, 70. Jg., Nr. 11, S. 1000-1005.

Festel, G. (2004), Marktstudie zur Fertigwaren-Logistik im Healthcare-Bereich (Pharma, Medizintechnik, Medical), Hünenberg.

Fischer, J. (2007), Apothekenpraxis für PTA, Stuttgart.

Fleisch, E. (2001), Business perspectives on Ubiquitous Computing, M-Lab Working Paper No. 4, Version 1.0, www.m-lab.ch [Stand: 11.03.2008].

Forbes (2008), Cardinal Health, Incorporated (NYSE: CAH) - At A Glance, http://finapps.forbes.com/finapps/jsp/finance/compinfo/CIAtAGlance.jsp?tkr=CAH&cusip=14149Y108&repno=00015426&coname=Cardinal+Health%252C+Inc. [Stand: 11.04.2008].

Foreman, P. B. (1947/1948), The theory of case studies, in: Social Forces, 26. Jg., Nr. 1, S. 408-419.

Forrest, S., Stokoe, H., Hill, F., Athey, S., Miles, R., Sharott, P., Samways, D., Davies, A., Finesilver, J. (2006), Pharmaceutical Supply Chain Project: key outputs, http://www.pasa.nhs.uk/PASAWeb/Productsandservices/Pharmaceuticals/PSCP/LandingPage.htm [Stand: 22.03.2008].

Forrest, S., Stokoe, H., Montgomery, D., White, T., Izzard, I., Warrington, J., Miles, R., Athey, S., Evans, C., Gannon, G. (2006), Pharmaceutical Supply Chain Project: executive summary of the outputs of phase one,

http://www.pasa.nhs.uk/PASAWeb/Productsandservices/Pharmaceuticals/PSCP/LandingPage.htm [Stand: 22.03.2008].
Forrester, J. W. (1961), Industrial dynamics, Cambridge, Mass.
Francke, R. (2006), Die regulatorischen Strukturen der Arzneimittelversorgung nach dem SGB V, in: Medizinrecht, 24. Jg., Nr. 12, S. 683-692.
Franken, R. (1984), Materialwirtschaft - Planung und Steuerung des betrieblichen Materialflusses, Stuttgart [u.a.].
Frick, B. (1995), Apotheker auf der Station - Tätigkeitsprofil und Kosten-Nutzen-Betrachtung, in: krankenhauspharmazie, 16. Jg., Nr. 25, S. 24-28.
Fuchslocher, M. (2006), Einspar- und Optimierungspotentiale in der Herstellung von sicheren Pharmaverpackungen durch RFID-Technologien - Betrachtungen von RFID versus Barcode, in: Pharm. Ind., 68. Jg., Nr. 8, S. 928-931.
Gaede, K. (2004), Medikamentensicherheit - Abschied vom Russischen Roulette, in: KlinikManagement Aktuell, 10. Jg., Nr. 3, S. 58-59.
Gaede, K. (2007), Elektronische Medizinschränke - Die Wächter, in: KlinikManagement Aktuell, 13. Jg., Nr. 3, S. 58-59.
Geller, J. (2003), Herausforderung Parallel- und Reimporte: Zukunftsaussichten aus paneuropäischer Sicht und Anforderungen an das Marketing, in: Breuer, R., Becker, W., Fibig, A. (Hrsg.), Strategien für das Pharma-Management - Konzepte, Fallbeispiele, Entscheidungshilfen, Wiesbaden, S. 211-221.
Geursen, R. (1993), Medizin nach Listen, Köln.
Ghanaat, H. (2004), Elektronische Beschaffung - Einkaufen per Mausklick, in: KlinikManagement Aktuell, 10. Jg., Nr. 11, S. 48-50.
Ghanaat, H. (2005), Gesundheits-IT - Fortschritt mit Hindernissen, in: KlinikManagement Aktuell, 11. Jg., Nr. 8, S. 36-37.
Ghandi, T. K., Seger, D. L., Bates, D. W. (2000), Identify drug safety issues: from research to practice, in: International Journal for Quality in health care, 12. Jg., Nr. 1, S. 69-76.
Giebe, T., Lankes, U. (2003), Zukunftsweisende Medizinproduktelogistik im Krankenhaus, in: Krankenhaus Umschau, 72. Jg., Nr. 12, S. 1181-1184.
Gilbert, G. (2004), Radio Frequency Identification (RFID) as a Helpful Tool for the Pharmaceutical Industry, in: Pharm. Ind., 66. Jg., Nr. 11a, S. 1448-1453.
Goldschmidt, A. J. W. (2002), HealthCare-Logistik - Erfolgsfaktor im Gesundheiswesen, in: KlinikManagement Aktuell, 8. Jg., Nr. 4, S. 50-53.
Goldschmidt, A. J. W. (2004), Markt mit Zukunft, in: Logistik heute, 26. Jg., Nr. 3, S. 52-53.
Gonnermann, C. (1992), "Clinical Pharmacy" in den USA - Ist das amerikanische System auf deutsche Krankenhäuser übertragbar?, in: Krankenhaus Umschau, 61. Jg., Nr. 3, S. 157-161.
Göpfert, I. (2004), Einführung, Abgrenzung und Weiterentwicklung des Supply Chain Managements, in: Busch, A. (Hrsg.), Integriertes Supply-Chain-Management - Theorie und Praxis effektiver unternehmensübergreifender Geschäftsprozesse, Wiesbaden, S. 25-45.
Grabst, U. (2008), Rezept für rasantes Einlagern, in: Krankenhaus Technik + Management, 5. Jg., Nr. 03, S. 47-48.
Grandt, D. (2006), Checkliste Arzneitherapiesicherheit im Krankenhaus, http://www.aktionsbuendnis-patientensicherheit.de/apsside/07-09-17_MF_Checkliste.pdf [Stand: 04.05.2008].
Grandt, D. (2008), Die Ausführung von RFID zur Verbesserung der Medikamentensicherheit, in: IT@Networking Communication, 1. Jg., Nr. 6, S. 8-9.
Grandt, D., Friebel, H., Müller-Oerlinghausen, B. (2005), Arzneitherapie(un)sicherheit, in: Deutsches Ärzteblatt, 102. Jg., Nr. 8, S. A-509-A-515.
Grimm, C. (2006), Operation Schnittstelle, in: LOG.Punkt, 2. Jg., Nr. 3, S. 41-42.

Gronau, N. (2004), Enterprise resource planning und Supply-Chain-Management - Architektur und Funktionen, München [u. a.].

Grosch, S. (2003), Ganzheitliche Medikamentenlogistik - Unit-Dose für Krankenhäuser mit Pillpick von Swisslog, in: krankenhauspharmazie, 24. Jg., Nr. 12, S. 539-541.

Grosch, S. (2005), Kosten senken mit moderner Arzneimittellogistik, in: Management & Krankenhaus, 24. Jg., Nr. 3, S. 6.

Großmann, R., Backes, N., Brunner, H. (2004), Medikationssicherheit steigern und Kosten senken, in: f&w, 21. Jg., Nr. 4, S. 383-385.

Großrath, E., Reißer, C. (1996), Arzneimittelsicherheit im Krankenhaus - Untersuchung von drei Modellen, in: krankenhauspharmazie, 17. Jg., Nr. 7, S. 340-344.

Gudat, H. (2005), WGKT-Empfehlung: Verbesserung logistischer Prozesse im Krankenhaus - Teil 1: Grundsätzliche Verbesserungspotenziale des Logistikprozesses (Basisempfehlungen), Hemmingen-Arnum.

Gudat, H. (2006), In der Logistik ist noch viel zu bewegen, in: Krankenhaus Umschau, 75. Jg., Nr. 1, S. 12-15.

Gudehus, T. (2000), Logistik, Berlin [u.a.].

Guminski, W., Rauland, M. (2002), Produktlebenszyklus und die Möglichkeiten seiner Gestaltung, in: Schöffski, O. (Hrsg.), Pharmabetriebslehre, Berlin [u.a.], S. 229-242.

Haag, T. (1994), Case Studies, in: Die Betriebswirtschaft, 54. Jg., Nr. 2, S. 271-272.

Hackl, G., Blatnek, M., Kirchdorfer, K., Dornbusch, P. B., Anditsch, M., Gludovatz, P., Langebner, T., Pölzleitner, P. (2004), Das Leistungsspektrum der Krankenhausapotheken, in: Österreichische Apotheker-Zeitung, 58. Jg., Nr. 11, S. 12-16.

Hafer, F.-L. (2005), WGKT-Empfehlung: Verbesserung logistischer Prozesse im Krankenhaus - Teil 3: Wareneingang, Lagerung und interner Transport, Hemmingen-Arnum.

Hamm, M. (2002), Kooperation von Krankenhäusern mit Lieferanten - partnerschaftliche Formen der Zusammenarbeit, Wiesbaden.

Harneit, J. (1999), Modellierung der Krankenhauslogistik für die Versorgung mit Medicalprodukten, Aachen.

Harrison, A., Van Hoek, R. (2005), Logistics management and strategy, Harlow [u.a.].

Harrison, J. (2002), Value-Added Services Top Off Cardinal Health`s Core Distribution Business, in: Mergers & Acqusisitions: The Dealermaker`s Journal, 37. Jg., Nr. 8, S. 27-28.

Hartmann, H. (1999), Bestandsmanagement und -controlling - Optimierungsstrategien mit Beiträgen aus der Praxis, Gernsbach.

Hartmann, W. (2002), Produktmanagement und seine Aufgaben (Pharmamarketing), in: Schöffski, O. (Hrsg.), Pharmabetriebslehre, Berlin [u.a.], S. 271-291.

Haubrock, M., Schär, W., Georg, J. (2007), Betriebswirtschaft und Management im Krankenhaus, 4. vollst. überarb. und erw. Aufl., Bern.

Heiden, M., Reich, H. (1999), Zulassung von Blutkomponenten zur Transfusion, in: Bundesgesundheitsblatt - Gesundheitsforschung - Gesundheitsschutz, 42. Jg., Nr. 2, S. 150-155.

Heinen, M. G., Coyle, G. A., Hamilton, A. V. (2003), Barcoding makes its mark on daily practice, in: Nursing Management, 37. Jg., Nr. 10, S. 18-20.

Heiny, L. (2006), Stets zu Diensten, in: Financial Times Deutschland, vom 07.08.2006, S. 5.

Hensold, S. (2005), Funktechnik im Klinikbereich, in: Krankenhaus Umschau, 74. Jg., Nr. 9, S. 748-750.

Heywood, S., Madden, C. (2005), Purchase order type and frequency, http://www.pasa.nhs.uk/PASAWeb/Productsandservices/Pharmaceuticals/PSCP/HeartofEnglandcasestudy.htm [Stand: 04.04.2008].

Hill, F. (2005), Improving supply chain performance, http://www.pasa.nhs.uk/PASAWeb/Productsandservices/Pharmaceuticals/PSCP/PSCP Warwick6December2005presentations.htm [Stand: 04.04.2008].

Hirschsteiner, G. (2006), Einkaufs- und Beschaffungsmanagement - Strategien, Verfahren und moderne Konzepte, Ludwigshafen (Rhein).

Höfert, R. (2006), Von Fall zu Fall - Pflege im Recht: Rechtsfragen in der Pflege von A - Z, Heidelberg.

Holtrup, M., Prangenberg, A. (2004), E-Procurment - neue Herausforderungen für das Beschaffungscontrolling, in: Berens, W. (Hrsg.), Controlling im E-Business - Rückkehr zur Rationalität, Frankfurt am Main [u.a.], S. 243-306.

Hoppe-Tichy, T. (2003), Arzneimittelsicherheit und Vermeidung von Medikationsfehlern - Das natürliche Arbeitsfeld der Krankenhausapotheke, in: krankenhauspharmazie, 24. Jg., Nr. 11, S. 457.

Hübner, U. (2008), eBusiness in Healthcare - From eProcurement to Supply Chain Management, London.

Hufschmid Thurnherr, E., Oertle, M., Lanker Klossner, B. (2003), Potential benefits of an automated medication distribution system combined with computerized physician order entry, in: European Journal of Hospital Pharmacy, 9. Jg., Nr. 6, S. 26-30.

Hüpper, G. (2006), Medikationssicherheit steigern und Kosten senken, in: Management & Krankenhaus, 25. Jg., Nr. 6, S. 16.

IMSHealth (2008), Arzneimittelvertrieb 2007: Trend zum Direktgeschäft, www.gesundheitswirtschaft.info [Stand: 11.02.2008].

Inderfurth, K. (1996), Lagerhaltungsmodelle - Entscheidungsunterstützung für ein- und mehrstufige logistische Systeme, Magdeburg.

Ippolito, P. (2007), Medikationssicherheit steigern - Kosten senken, in: Krankenhaus-IT Journal, 6. Jg., Nr. 4, S. 78-80.

Ireland, R. K., Crum, C. (2005), Supply chain collaboration - how to implement CPFR and other best collaborative practices, Boca Raton, Fla.

Isenberg, D. (2002), eCommerce in der Krankenhauspraxis, in: Drauschke, S., Pieper, U. (Hrsg.), Beschaffungslogistik und Einkauf im Gesundheitswesen - Kosten senken, Qualität erhöhen, Neuwied, S. 195-252.

ISM (2005), Projektseminar "Arzneimittellogistik" - Abschlussbericht, Dortmund.

Jakobs-Schäfer, A. (2005), Viele Akteure müssen an einem Strang ziehen, in: Krankenhaus Umschau, 74. Jg., Nr. 6, S. 490-493.

Jankowski, E. (2002), Horizontale und vertikale Allianzen, in: Krankenhaus Umschau, 71. Jg., Nr. 7, S. 540-542.

Janning, M. (2006), Ist der Ruf erst ruiniert, in: KlinikManagement Aktuell, 12. Jg., Nr. 11, S. 72-74.

Jung, J. (1986), Optimierung der Lagerbewirtschaftung in einer Spitalapotheke, Frankfurt am Main [u.a.].

Jung, K.-P., Nowitzky, I. (2006), Das besondere Risikopotential in der Logistik, in: Hector, B., Blaas, G. (Hrsg.), Riskmanagement in der Logistik - Finanzrisiken, Krisenmanagement, Haftungsfragen, Schadenmanagement, rechtliche Rahmenbedingungen, Vertragsgestaltung, Versicherungsfragen, die neuen Logistik-AGB, Hamburg, S. 61-69.

Kämmerer, W. (1999), Kooperation der Dr.-Horst-Schmidt-Kliniken GmbH (HSK), Wiesbaden, mit einem Pharmaunternehmen am Beispiel "Imipenem", in: Braun, G. E. (Hrsg.), Handbuch Krankenhausmanagement - Bausteine für eine moderne Krankenhausführung, Stuttgart, S. 309-327.

Kämmerer, W. (2002), Arzneimittel und Ökonomie im Krankenhaus, in: das Krankenhaus, 94. Jg., Nr. 6, S. 463-466.

Kaplan, J. (2005), Strategic IT Portfolio Management - governing enterprise transformation, New York.

Karrasch, R., Stolbinger, S. (2004), Globales Supply Chain Management bei Boehringer Ingelheim, in: Supply Chain Management, 9. Jg., Nr. 2, S. 31-36.

Karrer, M. (2006), Supply Chain Performance Management - Entwicklung und Ausgestaltung einer unternehmensübergreifenden Steuerungskonzeption, Wiesbaden.

Kaushal, R., Bates, D. W. (2002), Information technology and medication safety: what is the benefit?, in: Quality & Safety in Health Care, 11. Jg., Nr. 11, S. 261-265.

Kelsch, U. (2000), Einkauf und Beschaffung - Millionen auf der Straße, in: Logistik heute, 22. Jg., Nr. 12, S. 40-41.

Kilty, G. L. (2000), Inventory Management within the Supply Chain, in: Hospital Material Management Quarterly, 21. Jg., Nr. 4, S. 18-24.

Kinscheck, A., Reissner, P. (2003), Apotheker auf der Station - Qualitätsgesicherte und wirtschaftliche Arzneimitteltherapie, in: krankenhauspharmazie, 24. Jg., Nr. 10, S. 433-438.

Klaus, O. (2004), Geschäftsregeln im Supply Chain Event Management, in: Supply Chain Management, 9. Jg., Nr. 2, S. 13-19.

Klemann, A. (2007), Management sektorübergreifender Kooperationen - Implikationen und Gestaltungsempfehlungen für erfolgreiche Kooperationen an der Schnittstelle von Akutversorgung und medizinischer Rehabilitation, Wegscheid.

Klinkner, R., Möller, S. (2004), Outsourcing logistischer Steuerungsfunktionen, in: Baumgarten, H., Darkow, I.-L., Zadek, H. (Hrsg.), Supply-Chain-Steuerung und Services - Logistik-Dienstleister managen globale Netzwerke - Best Practices, Berlin [u.a.], S. 135-141.

Kneiß, M. (1995), Kreatives Arbeiten - Methoden und Übungen zur Kreativitätssteigerung, München.

Kohn, L. T. (2000), To Err is Human - building a safer health system, Washington, DC.

Kopsidis, R. M. (2002), Materialwirtschaft - Grundlagen, Methoden, Techniken, Politik, 3. überarb. Aufl., München [u.a.].

Korzilius, H. (2005), Arzneitherapie - ein Hochrisikoprozess, in: Deutsches Ärzteblatt, 102. Jg., Nr. 17, S. A-1174-A-1175.

Kostrzewski, A., Spring, M. (2000), Clinical pharmacist and physician for the benefit of patients, in: krankenhauspharmazie, 21. Jg., Nr. 11, S. 590-592.

Kramps, U. (2002), Der morphologische Kasten - Eine Methode der Ideenfindung, in: Textil Unterricht, 1. Jg., Nr. 1/2, S. 10-13.

Kreckel, H. (o. J.), Klinisch-pharmazeutische Dienstleistung - ein neues Aufgabenspektrum für den Apotheker im stationären Bereich, www.klinische-pharmazie.org/info/artikelhkrekel.pdf [Stand: 05.04.2008].

Kriegel, J. (2002), E-Procurement in der Krankenhausbeschaffung - Möglichkeiten zur Optimierung der Krankenhausbeschaffung durch Outsourcing-Entscheidungen in Verbindung mit e-Procurement, Konstanz.

Kriegel, J. (2007), Was tun gegen die "logistische Fettleibigkeit"?, in: Krankenhaus Umschau, 76. Jg., Nr. 7, S. 598-601.

Kriegel, J., Brunn, D., Güntert, B. (2002), Auf dem Weg zum Supply Chain Manager, in: Krankenhaus Umschau, 71. Jg., Nr. 7, S. 2002.

Kromrey, H. (2006), Empirische Sozialforschung - Modelle und Methoden der standardisierten Datenerhebung und Datenauswertung, Stuttgart.

KTQ (2005), Brüderkrankenhaus St. Josef Paderborn - proCum Cert / KTQ-Qualitätsbericht, Paderborn.

Kubicek, H. (1975), Empirische Organisationsforschung - Konzeption und Methodik, Stuttgart.

Kucukarslan, S. (1996), In search of an understanding of pharmaceutical prices, in: Journal of Research in pharmaceutical economies, 7. Jg., Nr. 1/2, S. 73-88.

Kunkel, M. (2004), Planung und Controlling im Retail-Loop - pro-aktives Sortiments- und Bestandsmanagement in traditionellen und vertikalen Wertschöpfungsketten des saisonabhängigen Filialhandels, Lohmar [u.a.].

Kunz, A. R. (2001), Alternative Distributionswege für pharmazeutische Produkte - eine empirische Analyse nachfragerelevanter Entscheidungskriterien, Wiesbaden.

Labbé, M. (2002), Neuordnung und Konsolidierung in der Pharma-Bioteconomy, in: Schöffski, O. (Hrsg.), Pharmabetriebslehre, Berlin [u.a.], S. 365-374.

Lang, R. (2001), Ist das Krankenhaus der bessere Dienstleister?, in: KlinikManagement Aktuell, 7. Jg., Nr. 5, S. 83-84.

Langemann, T., Röhrig, J. (2002), Collaborative Supply Chain Management, in: BearingPoint (Hrsg.), Der Einkauf im Fokus des Kostenmanagements, Berlin, S. 31-43.

Langley, J. C., Holcomb, M. C. (1992), Creating Logistics Customer Value, in: Journal of Business Logistics, 13. Jg., Nr. 2, S. 1-27.

Lashinsky, A. (2003), Big Man in the Middle - Cardinal Health´s Bob Walter built a huge stealth empire, in: Fortune, 147. Jg., Nr. 7, S. 160-162.

Lauterbach, K. W. (2006), Gesundheitsökonomie - Lehrbuch für Mediziner und andere Gesundheitsberufe, Bern.

Lawrenz, O. (2001), Supply-Chain-Management - Konzepte, Erfahrungsberichte und Strategien auf dem Weg zu digitalen Wertschöpfungsnetzen, Braunschweig [u. a.].

Lee, H. L., Billington, C. (1993), Material Management in Decentralized Supply Chains, in: Operations Research, 41. Jg., Nr. 5, S. 835-847.

Lee, H. L., Padmanabhan, V., Whang, S. (1997), The Bullwhip Effekt in Supply Chains, in: Sloan Management Review, 38. Jg., Nr. 3, S. 93-102.

Leising, M. (2004), Unit-Dose optimiert Medikamentenlogistik (Interview mit Dirk Kaczmarek), in: Management & Krankenhaus, 23. Jg., Nr. 11, S. 26.

Leising, M. (2006), Sicherheit und Qualität steigern, Kosten senken (Interview mit Dirk Kaczmarek), in: Management & Krankenhaus, 25. Jg., Nr. 11, S. 53.

Leoprechting, G. v. (2008), Apotheken im Umbruch - Bittere Pillen für kleines Geld, in: Trillium-Report, 6. Jg., Nr. 1, S. 6-7.

Lesar, T., Mattis, A., Anderson, E., Avery, J., Fields, J., Gregoire, J., Vaida, A. (2003), Using the ISMP Medication Safety Self-Assessment to improve medication use processes, in: Joint Commission journal on quality and safety, 29. Jg., Nr. 5, S. 211-226.

Lewicki, R. J., Hiam, A., Olander, K. W. (1998), Verhandeln mit Strategie - das große Handbuch der Verhandlungstechniken, St. Gallen [u.a.].

Litzinger, A., Schweitzer, E. (1998), Neue Wege einer intensivierten pharmazeutischen Betreuung - Das Mannheimer Modell, in: krankenhauspharmazie, 19. Jg., Nr. 1, S. 9-13.

Lorenz, F. (2007a), Klasse durch Masse, in: KlinikManagement Aktuell, 13. Jg., Nr. 6, S. 34-36.

Lorenz, F. (2007b), Pharmagrosshandel - Aufgerüttelte Branche, in: KlinikManagement Aktuell, 13. Jg., Nr. 6, S. 38-39.

Lorenz, F. (2008), Apothekenrecht: Bye-bye deutsche Apotheke, in: KlinikManagement Aktuell, 14. Jg., Nr. 1, S. 34-36.

Lüthy, A., Heyer, R. (2000), Einkauf im virtuellen Markt, in: Krankenhaus Umschau, 69. Jg., Nr. 3, S. 160-166.

Madden, C. (2005), Optimising Stocks Held in Multiple Locations, http://www.pasa.nhs.uk/PASAWeb/Productsandservices/Pharmaceuticals/PSCP/HeartofEnglandcasestudy.htm [Stand: 07.04.2008].

Marienfeld, S. (2006a), Armilla Patientenarmband, in: das Krankenhaus, 98. Jg., Nr. 5, S. 432.
Marienfeld, S. (2006b), Sichere Patienten-Identifikation, in: Management & Krankenhaus, 25. Jg., Nr. 11, S. 53.
Mathias-Spital (2007a), Im Dienste der Gesundheit, Rheine.
Mathias-Spital (2007b), Mathias-Spital in Rheine bietet Patienten intelligente Kommunikationslösungen, in: Krankenhaus Technik + Management, 4. Jg., Nr. 10, S. 44-46.
Mathias-Spital (2008), Experteninterview, Rheine.
McCullagh, H. (2004), Automated Drug Distribution System: The Cromwell Hospital Experience, in: European Journal of Hospital Pharmacy, 10. Jg., Nr. 1, S. 27.
McGrath, M. E. (1996), Setting the PACE in product development - a guide to product and cycle-time excellence, Boston, MA [u.a.].
Meid, H.-P. (2006), Bündelung von Lagern und Distribution in einer Branche - Kooperation trotz Wettbewerb - ein langfristiger Erfolg, Vortrag im Rahmen des Praxisforums Logistik, Lübeck.
Merschbächer, G., Moseler, W., Funk, J. (1998), Neue Konzepte der Materialwirtschaft - Ersetzt Kooperation die Konfrontation?, in: Krankenhaus Umschau, 67. Jg., Nr. 6, S. 450-456.
Meyer, H., Brehl, H. (1998), Zwischen Klinikleistung und Logistik - Komplexe Wechselwirkungen, in: KlinikManagement Aktuell, 4. Jg., Nr. 10, S. 21-23.
Middendorf, C. (2006), Klinisches Risikomanagement - Implikationen, Methoden und Gestaltungsempfehlungen für das Management klinischer Risiken in Krankenhäusern, 2. Aufl., Münster.
Mühlnikel, I. (2006), Keine Chance - Der aussichtslose Kampf der Politik gegen die Pharmaindustrie, in: KlinikManagement Aktuell, 12. Jg., Nr. 1, S. 13-16.
Mühlnikel, I. (2007), Freiwillige Selbstkontrolle - Ernst gemacht, in: KlinikManagement Aktuell, 13. Jg., Nr. 9, S. 22-23.
Müller, H.-C. (1977), Die Problematik einer wirtschaftlichen und medizinisch ausreichenden Arzneimittelversorgung im Krankenhaus - eine Analyse von Möglichkeiten zur Senkung der Kosten der Arzneimittelversorgung, o. O.
Müller, J. (1999), Ver- und Entsorgung im Krankenhaus - Aufgabenanalyse und Entwicklung effizienter Logistikkonzepte für den Bereich der Materialwirtschaft, Hamburg.
Müller, M. C., Schoof, A. H. (1997), Alternative Wege in der Arzneimittelversorgung von Krankenhäusern, in: Pharm. Ind., 59. Jg., Nr. 9, S. 729-736.
Müller, S., Micheli, M. (2006), Unit-Dose Versorgung im Krankenhaus: Ja! Aber wie?, in: Management & Krankenhaus, 25. Jg., Nr. 11, S. 51.
Nahmias, S. (2005), Production and operations analysis, Boston [u.a.].
Navarra, M. B. (2005), What the FDA's barcoding rule means for hospitals, in: American Hospital Association News, 41. Jg., Nr. 25, S. 6.
Neale, J. J., Tomlin, B. T., Willems, S. P. (2003), The role of inventory in superior supply chain performance, in: Harrison, T. P. (Hrsg.), The practice of supply chain management - where theory and application converge, Boston, Mass. [u.a.], S. 31-59.
Negele, H.-J. (1993), Unit-Dose - ein neues Verteil- und Dokumentationssystem für Arzneimittel, in: das Krankenhaus, 85. Jg., Nr. 11, S. 523-528.
Neil, R. (2003), Automatically easier, in: Materials Management in Health Care, 12. Jg., Nr. 9, S. 19-21.
Neil, R. (2004), The ups and downs of inventory management, in: Materials Management in Health Care, 13. Jg., Nr. 2, S. 22-26.
Neye, H. (2007), Wie Werbung die Therapie entscheidet, in: KVNO aktuell, 4. Jg., Nr. 1/2, S. 32.

NHS (2005), South Tyneside NHS Foundation Trust - Output Based Specification (OBS), http://www.pasa.nhs.uk/PASAWeb/Productsandservices/Pharmaceuticals/PSCP/manual.htm [Stand: 04.04.2008].

NHS (2008), NHS Definition, http://www.nhsdirect.nhs.uk/articles/article.aspx?articleId=1891# [Stand: 06.04.2008].

Nokkentved, C. (2005), Collaboration in e-Supply Networks, in: An, C., Fromm, H. (Hrsg.), Supply Chain Management on Demand - Strategies, Technologies, Applications, Berlin, Heidelberg, S. 233-286.

Noweda (2008), Umsatzentwicklung, http://www.noweda.de/pdf/entwicklung2006_2007/NOWEDA_Entwicklung07.pdf [Stand: 12.03.2008].

O.V. (1992), Baxter releases automated medication system - Baxter Healthcare Corp.'s new drug storage and dispensing system, in: Health Industry Today, 55. Jg., Nr. 4, S. 1.

O.V. (1994), Spezialisten im Arzneimittelkauf sind Milliarden wert - "Pharmaceutical Benefit Manager" in Amerika ermöglichen neue Konzepte - Auch Glaxo auf dem Akquisitionspfad, in: Frankfurter Allgemeine Zeitung, vom 10.05.1994, S. 25.

O.V. (2000), Hindernislauf zum Milliardenpotential, in: Logistik heute, 22. Jg., Nr. 12, S. 35.

O.V. (2001a), Anzag wünscht sich Schulterschluss mit Sanacorp und Noweda - Stärkere dritte Kraft im deutschen Pharmagroßhandel? - Umsatzentwicklung unterdurchschnittlich, in: Frankfurter Allgemeine Zeitung, vom 09.02.2001, S. 22.

O.V. (2001b), Pharmaökonomische Möglichkeiten der Krankenhausapotheke, in: Der Arzneimittelbrief, 35. Jg., Nr. 4, S. 25-27.

O.V. (2004a), Krankenhäuser wollen externe Dienstleister, in: KlinikManagement Aktuell, 10. Jg., Nr. 12, S. 14.

O.V. (2004b), Packaging Strategies Conference "Pulse Survey" on RFID, Packaging Strategies, Atlanta.

O.V. (2004c), Umsetzungshinweise zur Arzneimittelversorgung im Krankenhaus: Unter Berücksichtigung des GKV-Modernisierungsgesetzes (GMG), Düsseldorf.

O.V. (2004d), Win-Win-Situation in der Praxis, in: Logistik heute, 26. Jg., Nr. 3, S. 54.

O.V. (2006), Bausteine für die Reorganisation des Gesundheitswesens - RFID erlaubt schlankere Prozesse, in: Management & Krankenhaus, 25. Jg., Nr. 3, S. 19.

O.V. (2007a), Cardinal Health Deploys RFID Technology in California, in: Material Handling Management, 19. Jg., Nr. 7, S. 5.

O.V. (2007b), Innovativste Klinikapotheke Europas eingeweiht, http://www.asklepios.com/pressezentrum/pressemodul/default.asp?Anzeige=Yes&Index1=516 [Stand: 08.04.2008].

O.V. (2007c), Mit RpDoc Medikationsfehler vermeiden und Kosten senken, in: Krankenhaus Umschau, 76. Jg., Nr. 6, S. 562.

O.V. (2007d), ROTE LISTE® 2007 - Arzneimittelverzeichnis für Deutschland (einschließlich EU-Zulassungen und bestimmter Medizinprodukte), Frankfurt Main.

O.V. (2007e), RpDoc vermeidet Medikationsfehler und senkt Kosten, in: KlinikManagement Aktuell - Hauptstadtkongress, 13. Jg., Nr. 5, S. 53.

O.V. (2007f), Sichere Medikamentenversorgung per Mausklick, in: ku-Special IT, 76. Jg., Nr. 4, S. 42-44.

O.V. (2007g), Top 50 Pharmaceutical Companies Charts & Lists, in: Med Ad News, 13. Jg., Nr. 9, S. 1ff.

O.V. (2008a), Arzneimittel Versand: Drogeriemarkt darf Bestellservice anbieten, in: Deutsches Ärzteblatt, 105. Jg., Nr. 12, S. A-604.

O.V. (2008b), Die rote Liste, http://www.rote-liste.de/bestellservice/INFO_Buch.html [Stand: 10.02.2008].

O.V. (2008c), Krankenhausapotheken: EU-Generalanwalt gegen mehr Wettbewerb, http://www.aerzteblatt.de/v4/news/news.asp?id=32012 [Stand: 12.04.2008].

O.V. (2008d), Neue Pergamon, http://www.ungesundleben.org/privatisierung/index.php/Neue_Pergamon [Stand: 01.05.2008].

Oecking, C., Westerhoff, T. (2005), Erfolgsfaktoren langfristiger Outsourcing-Beziehungen, in: Köhler-Frost, W., Bergweiler, U. (Hrsg.), Outsourcing - Schlüsselfaktoren der Kundenzufriedenheit, Berlin, S. 35-52.

Oelschlegel, F. (2006), Logistik - Module nach Maß, in: KlinikManagement Aktuell, 12. Jg., Nr. 1, S. 52.

Oelschlegel, F. (2007a), Medikamenten- und Wundmanagement, in: KlinikManagement Aktuell, 13. Jg., Nr. 12, S. 56-59.

Oelschlegel, F. (2007b), Risikomanagement - Mehr als QM, in: KlinikManagement Aktuell, 13. Jg., Nr. 7, S. 44-51.

Offermanns, M. (2003), Krankenhaus Barometer - Umfrage 2003, Krankenhaus Barometer, Hamburg.

Otto, A. (2002), Management und Controlling von Supply Chains - ein Modell auf der Basis der Netzwerktheorie, Wiesbaden.

paderlog (2008a), Experteninterview, Paderborn.

paderlog (2008b), Liste der versorgten Einrichtungen, http://www.bk-paderborn.de/bb_paderborn/bereiche/Apotheke_paderlog/seiten/paderlog_krankenhaeuser.php [Stand: 06.04.2008].

paderlog (2008c), paderlog - Arzneimittelinformation neutral und unabhängig, http://www.bk-paderborn.de/bb_paderborn/bereiche/Arzneimittelinformation/seiten/Startseite.php [Stand: 06.04.2008].

paderlog (2008d), paderlog - Software, http://www.bk-paderborn.de/bb_paderborn/bereiche/Apotheke_paderlog/seiten/paderlog_software.php [Stand: 06.04.2008].

paderlog (2008e), paderlog - Wir über uns, http://www.bk-paderborn.de/bb_paderborn/bereiche/Apotheke_paderlog/seiten/paderlog_ueberuns.php [Stand: 06.04.2008].

paderlog (2008f), paderlog - Zentrum für Krankenhauslogistik und Klinische Pharmazie am Brüderkrankenhaus St. Josef Paderborn, http://www.bk-paderborn.de/bb_paderborn/bereiche/Apotheke_paderlog/seiten/Startseite.php [Stand: 06.04.2008].

Page, L. (2007), Cardinal Health sells pharmaceutical services unit, in: Materials Management in Health Care, 16. Jg., Nr. 3, S. 50.

PBMG (2008a), Partnerfirmen und Verhandlungspartner, http://www.pbmg.info/index.php?option=com_content&task=view&id=5&Itemid=11 [Stand: 06.04.2008].

PBMG (2008b), Über uns, http://www.pbmg.info/index.php?option=com_content&task=view&id=2&Itemid=3 [Stand: 06.04.2008].

PBMG (2008c), Ziele & Strategien, http://www.pbmg.info/index.php?option=com_content&task=view&id=1&Itemid=4 [Stand: 06.04.2008].

Petermann, F. (1996), Einzelfallanalyse, München [u.a.].

PHAGRO (2006), Für den Pharma-Großhandel relevante Kennzahlen des Arzneimittelmarktest für das Jahr 2006, http://www.phagro.de/Wirtschaft/Statistik/Grosshandel/kennzahlen_zum_deutschen_pharma-grosshandel.aspx [Stand: 07.11.2007].

PHAGRO (2008), Aktuell, http://www.phagro.de/Aktuell/Aktuelles/Aktuelles.aspx [Stand: 12.03.2008].

pharma-mall (2008), pharma mall - Ihr Partner für E-Commerce im Gesundheitswesen, https://www.pharma-mall.de/pmshop/ [Stand: 05.02.2008].

PharmLog (2007), PharmLog - Kooperation zwischen Pharmaunternehmen für die Distribution von Arzneimitteln, http://www.pharmlog.de/files/Praesentation_PharmLog.pdf [Stand: 31.01.2008].

PharmLog (2008a), Experteninterview, Bönen.

PharmLog (2008b), PharmLog - Chronik, http://www.pharmlog.de/aboutus.php?topic=chronicle [Stand: 31.01.2008].

PharmLog (2008c), PharmLog - Das Unternehmen, http://www.pharmlog.de/aboutus.php?topic=company [Stand: 31.01.2008].

PharmLog (2008d), PharmLog - Daten und Fakten, http://www.pharmlog.de/aboutus.php?topic=facts [Stand: 31.01.2008].

PharmLog (2008e), PharmLog - Lagerung, http://www.pharmlog.de/aboutus.php?topic=storage [Stand: 31.01.2008].

PharmLog (2008f), PharmLog - Logistik Sonderabwicklung, http://www.pharmlog.de/aboutus.php?topic=lsa [Stand: 31.01.2008].

PharmLog (2008g), PharmLog - Warenein-/ausgang, http://www.pharmlog.de/aboutus.php?topic=wewa [Stand: 31.01.2008].

Phoenix (2008), 5-Jahres-Überblick, http://www.phoenix-ag.de/de3b_a/01/index1.php?url=mainframerechts_aeb&navid=1 [Stand: 12.03.2008].

Picot, A., Dietl, H., Franck, E. (1999), Organisation - eine ökonomische Perspektive, 2. überarb. und erw. Aufl., Stuttgart.

Pieper, U., Michael, M. (2004), Healthcare Logistik, in: Klaus, P. (Hrsg.), Gabler-Lexikon Logistik - Management logistischer Netzwerke und Flüsse, Wiesbaden, S. 186-191.

Pieper, U., Rockel, C., Wiemann, M. (2002), Revolution in der Krankenhauslogistik, in: Drauschke, S., Pieper, U. (Hrsg.), Beschaffungslogistik und Einkauf im Gesundheitswesen - Kosten senken, Qualität erhöhen, Neuwied, S. 253-333.

Pius-Hospital (2008), Die Fachklinik für Innere Medizin, http://www.piushospital.com/ [Stand: 16.03.2008].

Pohlmann, M. (2000), Etablierung horizontaler Kooperationen für die Distributionslogistik, Dortmund.

Ponßen, H. (2003), Große Einsparpotentiale beim Einkauf in Krankenhäusern, in: Einkäufer im Markt, 2. Jg., Nr. 7, S. 5.

Ponßen, H., Kieffer, D. (2005), Factbook - Einkauf und Logistik im deutschen Gesundheitsmarkt, Berlin.

Poon, E. G., Cina, J. L., Churchill, W., Patel, N., Featherstone, E., Rothschild, J. M., Keohane, C. A., Whittemore, A. D., Bates, D. W., Gandhi, T. K. (2006), Medication dispensing errors and potential adverse drug events before and after implementing bar code technology in the pharmacy, in: Annals of Internal Medicine, 145. Jg., Nr. 6, S. 426-434.

Poppe, R., Hoppe, U. (2004), Koordination von Pharma Supply Chains, in: Supply Chain Management, 9. Jg., Nr. 2, S. 21-29.

Porter, M. E. (2004), Competitive advantage: Creating and sustaining superior performance, New York, NY [u.a.].

Poulin, E. (2003), Benchmarking the hospital logistics process, in: CMA Management, 77. Jg., Nr. 3, S. 20-23.

Preusker, U. K. (2007), Kommen die Apotheken-Ketten und der Franchise-Arzt?, in: die Gesundheitswirtschaft, 1. Jg., Nr. 2, S. 10-11.

Preuß, K.-J. (1995), Informations- (IT) und Kommunikationstechnologien (KT) als strategischer Schlüssel für den Erfolg von Pharmaunternehmen, in: Lonsert, M. (Hrsg.), Handbuch Pharma-Management, Wiesbaden, S. 529-600.

Prichard, J. W., Eagle, R. H. (1965), Modern inventory management, New York [u.a.].

Raetzell, B. (2006), Logistische Netzwerke - ein Modell zur Ermittlung strategischer Handlungsempfehlungen, Frankfurt am Main [u.a.].

Raible, C. A. (2007), Arzneimittelmanagement im Krankenhaus - eine theoretische und empirische Analyse, Frankfurt am Main [u.a.].

Rapp, B. (2005), Zusatzentgelte für Labor- und Apothekenprodukte, in: das Krankenhaus, 97. Jg., Nr. 6, S. 484-486.

Rasmussen, B. (2002), Implications of the Business Strategies of Pharmaceutical Companies for Industry Developements in Australia, Pharmaceutical Industry Project - Equity, Sustainability and Industry Developement, Melbourne.

Reading, I. (2005), Advancing eCommerce gateway ordering, http://www.pasa.nhs.uk/PASAWeb/Productsandservices/Pharmaceuticals/PSCP/HeartofEnglandcasestudy.htm [Stand: 04.04.2008].

Reif, M. (2007), Management der Prozesse, Bedarfe und Lieferanten (Interview mit Annette Stubbe), in: Krankenhaus Umschau, 76. Jg., Nr. 7, S. 595-597.

Renner, G., Reisinger, G., Linzatti, R. (2001), Outsourcing: Formen, Ziele, Bereiche, Entwicklungstendenzen, Chancen und Risiken, in: Frosch, E., Brandl, K. W. (Hrsg.), Outsourcing und Facility Management im Krankenhaus - Strategien, Entscheidungstechniken, Vorgehensweisen, Wien [u.a.], S. 17-71.

Rink, C., Wagner, S. M. (2007), Lieferantenmanagement: Strategien, Prozesse und systemtechnische Unterstützung, in: Brenner, W. (Hrsg.), Elektronische Beschaffung - Stand und Entwicklungstendenzen, Berlin [u.a.], S. 39-62.

Rivard-Royer, H., Landry, S., Beaulieu, M. (2002), Hybrid stockless: a case study - Leasons for health-care supply chain integration, in: International Journal of Operations & Production Management, 22. Jg., Nr. 4, S. 412-424.

Robbers, J., Stapf-Finé, H. (2002), Organisation der stationären Leistungserbringung, in: Schöffski, O. (Hrsg.), Pharmabetriebslehre, Berlin [u.a.], S. 43-65.

Roberts, S. (2003), Cure-all for pharma supply chain, in: Frontline Solutions, 4. Jg., Nr. 9, S. 34.

Rothfuß, G., Spazier, M. (2002), Logistik-Outsourcing - Ei des Komlumbus?, in: Krankenhaus Umschau, 71. Jg., Nr. 7, S. 543-546.

Rousseau, D. M., Sitkin, S. B., Burt, R. S., Camerer, C. (1998), Not so different after all: A cross-discipline view of trust, in: Academy of Management Review, 23. Jg., Nr. 3, S. 393-404.

Roussell, J., Skov, D. (2007), European Supply Chain Trends 2006, Frankfurt [u. a.].

Rüttgers, M. (1999), Ein adaptives Verfahren zur Unterstützung der verbrauchsgesteuerten Disposition, Aachen.

Ryst, S., Berner, R. (2007), A New Chapter for Cardinal Health, in: Business Week Online, vom 26.01.2007, S. 27.

Sanacorp (2007a), Millenium nimmt Arbeit auf, http://www.sanacorp.de/Sana/_de03/index.jsp?id=13419&m01Id=01&m10Id=11&m02Id=01&m20Id=41&m03Id= [Stand: 29.01.2008].

Sanacorp (2007b), Sanacorp Pharmahandel AG - Geschäftsbericht - Geschäftsjahr 2006, http://www.sanacorp.de/Sana/scJava/content_dispatch.jsp?id=72556&m02Id=07&m2

0Id=23&cId=-1&semi=&folderId=&cfunc=null&bereich=&msgruppe=# [Stand: 12.03.2008].
Sanicare (2008a), Chronik, in: Forum Gesundheit, vom Januar 2008, S. 5.
Sanicare (2008b), Experteninterview, Bad Laer.
Scheckenbach, R., Zeier, A. (2003), Collaborative SCM in Branchen - B2B-Strategien: Standards und Technologien, Branchenanforderungen an SCM, Realisierung mit my-SAP SCM, Bonn.
Schewe, G., Böllhoff, D., Fragen, A. (2006), Rechtliche Aspekte des Outsourcing, Münster.
Schiedek, U., Gründel, O., Hecht, L. (2006), Mi einer Idee auf Erfolgskurs: AGKAMED, in: das Krankenhaus, 98. Jg., Nr. 10, S. 861-867.
Schlüchtermann, J. (2002), Besser günstig einkaufen, als den kostenintensiven Umsatz zu steigern, in: f&w, 19. Jg., Nr. 2, S. 148-153.
Schlüchtermann, J. (2005), Der Einkauf nimmt die Herausforderung an, in: f&w, 22. Jg., Nr. 4, S. 353-358.
Schmidt-Rettig, B. (2008), Krankenhaus-Managementlehre - Theorie und Praxis eines integrierten Konzepts, Stuttgart.
Schmitt, T. (2006), Apothekenrecht - Eine Zukunft bröckelt, in: KlinikManagement Aktuell, 12. Jg., Nr. 9, S. 20.
Schmitz, C., Bölsche, D., Franzreb, B. (2004), Risikomanagement - Sinn oder Unsinn?, in: das Krankenhaus, 96. Jg., Nr. 12, S. 1007-1011.
Schöffski, O. (1995), Die Regulierung des deutschen Apothekenwesens - eine ökonomische Analyse, Baden-Baden.
Schönsleben, P. (2007), Integrales Logistikmanagement - Operations und Supply Chain Management in umfassenden Wertschöpfungsnetzwerken, Berlin [u.a.].
Schrappe, M., Lessing, C., Albers, B., Conen, D., Gerlach, F., Grandt, D., Hart, D., Jonitz, G., Lauterberg, J., Loskill, H., Rothmund, M. (2007), Agenda Patientensicherheit 2007, Witten.
Schubert, V. A. (2005), XRM: integrated customer relationship management for pharmaceutical innovations, Berlin.
Schuffels, M. (1990), Optimierung der Arzneimitteltherapie im Krankenhaus, in: krankenhauspharmazie, 11. Jg., Nr. 10, S. 402-405.
Schulte, G. (2001), Material- und Logistikmanagement, München [u.a.].
Schulze, F., Geimer, H., Dresbach, E. (2004), Pharmadistribution im Wandel, in: Supply Chain Management, 9. Jg., Nr. 2, S. 47-54.
Schumacher, N., Popp, E., Zweig, O., Richter, D., Müller, U., Blum, K., Offermanns, M. (2003), Best Practices in der Beschaffung im Krankenhaus - Eine gemeinsame Studie Deutsches Krankenhausinstitut (DKI) und A.T. Kearney Management Consultans, o. O.
Schürbüscher, D., Wolf, F. (2003), Transformation der Supply Chain in der pharmazeutischen Industrie, in: Breuer, R., Becker, W., Fibig, A. (Hrsg.), Strategien für das Pharma-Management - Konzepte, Fallbeispiele, Entscheidungshilfen, Wiesbaden, S. 83-92.
Schwabe, U., Paffrath, D. (2007), Arzneiverordnungs-Report 2006 - Aktuelle Daten, Kosten, Trends und Kommentare, Berlin, Heidelberg.
SCLHS (2004), Supply Chain Best Practices Task Force Recommendations, Lenexa, KS.
SCLHS (2008), Sisters of Charity of Leaventhworth, http://www.sclhealthsystem.org/default.htm [Stand: 23.04.2008].
Seifert, D. (2006), Efficient Consumer Response - Supply-Chain-Management (SCM), Category-Management (CM) und Radiofrequenz-Identifikation (RFID) als neue Strategieansätze, München [u.a.].

Semmler, T. (2005a), Moderne Hilfsmittel (im Interview mit Daniel Grandt), in: KlinikManagement Aktuell, 11. Jg., Nr. 10, S. 60.

Semmler, T. (2005b), RFID, Barcode & Co - Codierte Besserwisser, in: KlinikManagement Aktuell, 11. Jg., Nr. 10, S. 54-59.

Senst, B. L., Achusim, L. E., Genest, R. P., Cosentino, L. A., Ford, C. C., Little, J. A., Raybon, S. J., Bates, D. W. (2001), Practical approach to determining costs and fequency of adverse drug events in a health care network, in: American journal of health system pharmacy, 58. Jg., Nr. 12, S. 1126-1132.

Siat, J. (2004), Practical Use of Supply Chain Management in the Pharmaceutical Industry, in: Pharm. Ind., 66. Jg., Nr. 11a, S. 1391-1397.

Simchi-Levi, D., Kaminsky, P., Simchi-Levi, E. (2000), Designing and Managing the Supply Chain - concepts, strategies, and case studies, Boston [u.a.].

Sonnenmoser, M. (2005), Fehlende Compliance - Patienten, die dem Arzt etwas vorgaukeln, in: Deutsches Ärzteblatt, 102. Jg., Nr. 10, S. A-704.

St.-Elisabeth-Hospital (2008), Geriatrische Reha-Klinik, http://www.reha-zentrum-mettingen.de/indexf.html [Stand: 16.03.2008].

Stachel, K. (2008), Patientenorientierte Krankenhausführung - Beiträge des Personalmanagements zur Markenbildung und Kundenorientierung von Krankenhäusern, Wegscheid.

Stadtler, H. (2007), Supply Chain Management - An Overview, in: Stadtler, H., Kilger, C. (Hrsg.), Supply Chain Management and Advanced Planning - Concepts, Models, Software, and Case Studies, Berlin, S. 1-35.

Stapper-Müer, J. (2006), Logistikzentren als Ansatz zur Reorganisation der Warenwirtschaft im Krankenhaus, in: das Krankenhaus, 98. Jg., Nr. 9, S. 756-761.

Statistisches_Bundesamt (2007a), Gesundheitswesen - Grunddaten der Krankenhäuser 2006, Fachserie 12, Reihe 6.1.1, Wiesbaden.

Statistisches_Bundesamt (2007b), Gesundheitswesen - Kostennachweis der Krankenhäuser, Fachserie 12, Reihe 6.3, Wiesbaden.

Stead, D., Owens, D. (2005), Structured approach to managing inventory http://www.pasa.nhs.uk/PASAWeb/Productsandservices/Pharmaceuticals/PSCP/PSCP Warwick6December2005presentations.htm [Stand: 04.04.2008].

Stelfox , H. T., Palmisani, S., Scurlock, C., Orav, E. J., Bates, D. W. (2006), The "To Err is Human" report and the patient safety literature, in: Quality & Safety in Health Care, 15. Jg., Nr. 3, S. 174-178.

Stiehler, A., Wichmann, T. (2005), RFID im Pharma- und Gesundheitssektor - Vision und Realität RFID-basierter Netzwerke für Medikamente, Berlecon Report, Berlin.

Stokoe, H. (2005), The NHS pharmaceutical supply chain: backround and context, http://www.pasa.nhs.uk/PASAWeb/Productsandservices/Pharmaceuticals/PSCP/PSCP Warwick6December2005presentations.htm [Stand: 04.04.2008].

Stoll, M., Leschek, U., Lindner, M. (2008), Ergebnis-Zusammenfassung der Befragung von Krankenhäusern zur Krankenhauslogistik, Karlsruhe.

Stölzle, W., Heusler, K. F., Karrer, M. (2004), Erfolgsfaktor Bestandsmanagement - Konzept, Anwendung, Perspektiven, Zürich.

Stommel, H., Zadek, H. (2004), Collaboration Management, in: Baumgarten, H., Darkow, I.-L., Zadek, H. (Hrsg.), Supply-Chain-Steuerung und Services - Logistik-Dienstleister managen globale Netzwerke - Best Practices, Berlin [u.a.], S. 123-133.

Strehl, E., Frick, B. (1995), Apotheker auf Station - eine lohnende Investition, in: Krankenhaus Umschau, 64. Jg., Nr. 9, S. 736-740.

Taxis, K., Wild, R. (2004), Medikationsfehler in deutschen Krankenhäusern - Eine Übersicht deutscher Medikationsfehlerstudien und Untersuchungsmethoden, in: krankenhauspharmazie, 25. Jg., Nr. 11, S. 465-469.

Tempelmeier, H. (2006a), Bestandsmanagement in Supply Chains, Norderstedt.
Tempelmeier, H. (2006b), Inventory management in supply networks : problems, models, solutions, Norderstedt.
Thierolf, C. (2002), Kosten und Finanzierung pharmazeutischer Forschung und Entwicklung, in: Schöffski, O. (Hrsg.), Pharmabetriebslehre, Berlin [u.a.], S. 349-363.
Thies, D. (2006), Innovative Arzneimittelversorgung im Krankenhaus, in: Management & Krankenhaus, 25. Jg., Nr. 6, S. 16.
Thonemann, U. (2004), Supply Chain Champions - was sie tun und wie Sie einer werden, Wiesbaden.
Thormann, P., Lange, K. (2007), Der pharmazeutische Großhandel: Fit für einen veränderten Markt, Hannover, Berlin.
Tierney, S. (2003), Wholesale changes - pharma supply chain finds a middle way, in: Frontline Solutions, 4. Jg., Nr. 9, S. 14-16.
Türk, W., Krah, M. (1981), Arzneimittelversorgung der Krankenhäuser - Handbuch über die Arzneimittelversorgung der Krankenhäuser durch öffentliche Apotheken und durch Krankenhausapotheken sowie über die Errichtung und den Betrieb von Krankenhausapotheken, Stuttgart [u.a.].
Ulrich, H., Schwaninger, M. (2001), Systemorientiertes Management - das Werk von Hans Ulrich, Bern [u.a.].
Uniklinik_Jena (2008), Über uns, http://www.apotheke.uniklinikum-jena.de/%C3%9Cber_Uns.html [Stand: 08.04.2008].
VFA (2006), Die Arzneimittelindustrie in Deutschland, Verband Forschender Arzneimittelhersteller, Berlin.
Vissers, J. (2005), Health Operations Management - patient flow logistics in health care, London [u.a.].
Voegele, A. R. (1998), Einkaufskooperationen in der Praxis - Chancen, Risiken, Lösungen, Wiesbaden.
Volk, W. (2002), Rechtliche Aspekte des gemeinsamen Marketings, in: Schöffski, O. (Hrsg.), Pharmabetriebslehre, Berlin [u.a.], S. 339-347.
Vry, W. (2004), Beschaffung und Lagerhaltung - Materialwirtschaft für Handel und Industrie, Ludwigshafen (Rhein).
Wahl, C. (1999), Bestandsmanagement in Distributionssystemen mit dezentraler Disposition, o. O.
Walter, M. (2002), Rezept für Rezepte, in: Verkehrs-Rundschau, 56. Jg., Nr. 2, S. 30-33.
Walther, M. (2005), Auf der Suche nach operativer Exzellenz im Krankenhaus - Logistik als Rationalisierungsinstrument und strategischer Wettbewerbsfaktor in einem dynamischen Marktumfeld, http://www.opus.ub.uni-erlangen.de/opus/volltexte/2005/153/ [Stand: 24.03.2008].
Wannenwetsch, H. (2005), Vernetztes Supply-Chain-Management - SCM-Integration über die gesamte Wertschöpfungskette, Berlin [u.a.].
Weber, R. (2006), Zeitgemäße Materialwirtschaft mit Lagerhaltung - Flexibilität, Lieferbereitschaft, Bestandsreduzierung, Kostensenkung - das deutsche Kanban, Renningen.
Weber, R. (2007), Kanban-Einführung - das effiziente, kundenorientierte Logistik- und Steuerungskonzept für Produktionsbetriebe, Renningen.
Wenzel, E. (1951), 100 Jahre Mathias-Spital, Rheine 1851 - 1951, Oelde i. W.
Werner, H. (2008), Supply Chain Management - Grundlagen, Strategien, Instrumente und Controlling, 3. vollst. überarb. und erw. Aufl., Wiesbaden.
Werners, B., Thorn, J. (2002), Unternehmensübergreifende Koordination durch Vendor Managed Inventory, in: Wirtschaftswissenschaftliches Studium, 31. Jg., Nr. 12, S. 699-704.

Whitmee, P. (2000), Inventory Management in Hospitals, in: Businessdate, 8. Jg., Nr. 1, S. 5-7.
Wiedeler, S. (2002), Der deutsche Pharmamarkt im Umbruch, Regensburg.
Wiedmann, K.-P., Küpper, J., Becker, W. (1997), Der deutsche Pharmamarkt - ein Überblick, Hannover.
Wildemann, H. (2005), Supply-Chain-Management - Effizienzsteigerung in der unternehmensübergreifenden Wertschöpfungskette, München.
Wildemann, H. (2007), Supply-Chain-Management - Leitfaden für unternehmensübergreifendes Wertschöpfungsmanagement, München.
Wilhelm, M. (2007), Vertrauen im Supply Chain Management - die Rolle der Logistikdienstleister als Vertrauensbroker, Hamburg.
Wilke, M., Maerz, A. (2006), Unit-Dose Systeme - Sicherheit und Wirtschaftlichkeit in der Arzneimittelversorgung,
Wilke, T., Neumann, K., Bönsch, F. (2007), Herausforderungen an Krankenhausapotheken, in: das Krankenhaus, 99. Jg., Nr. 12, S. 1282-1286.
Wille, E., Scriba, P. C., Fischer, G. C., Glaeske, G., Kuhlmey, A., Rosenbrock, R., Schrappe, M. (2007), Kooperation und Verantwortung - Voraussetzungen einer zielorientierten Gesundheitsversorgung - Gutachten 2007, Kurzfassung, Bonn.
Winkler, H. (2005), Konzept und Einsatzmöglichkeiten des Supply Chain Controlling - am Beispiel einer virtuellen Supply Chain Organisation (VISCO), Wiesbaden.
Winkler, H. (2008), Fourth-Party Logistics Provider, in: Das Wirtschaftsstudium, 37. Jg., Nr. 1, S. 84-88.
Winter, B. (2004), Die Verwirklichung des Binnenmarktes für Arzneimittel, Berlin.
Wittig, A. (2005), Management von Unternehmensnetzwerken - eine Analyse der Steuerung und Koordination von Logistiknetzwerken, Wiesbaden.
Woditsch, G., Bazan, M. (2008), Die Krankenhausapotheke der Zukunft - Automation intra portas, in: Trillium-Report, 6. Jg., Nr. 1, S. 16-19.
Yin, R. K. (2003a), Applications of case study research, Thousand Oaks [u.a.].
Yin, R. K. (2003b), Case study research - Design and Methods, 3. Aufl., Thousand Oaks [u.a.].
Zadek, H. (2004a), Kundenorientierung zur Integration in die Supply Chain, in: Baumgarten, H., Darkow, I.-L., Zadek, H. (Hrsg.), Supply-Chain-Steuerung und Services - Logistik-Dienstleister managen globale Netzwerke - Best Practices, Berlin [u.a.], S. 157-165.
Zadek, H. (2004b), Struktur des Logistik-Dienstleistungsmarktes, in: Baumgarten, H., Darkow, I.-L., Zadek, H. (Hrsg.), Supply-Chain-Steuerung und Services - Logistik-Dienstleister managen globale Netzwerke - Best Practices, Berlin [u.a.], S. 15-28.
Zehnder, A. (2006), Rote, grüne, blaue, in: KlinikManagement Aktuell, 12. Jg., Nr. 9, S. 22-25.
Ziegenbein, R. (2007), Modellbasiertes Geschäftsprozessmanagement, Münster.
Zwicker, F., Reiher, M. (2006), RFID - Abbildung in Echtzeit, in: ku-Special, 75. Jg., Nr. 5, S. 26-28.

Verzeichnis der Gesetze und Rechtsverordnungen

AMG	Arzneimittelgesetz in der Fassung der Bekanntmachung vom 12. Dezember 2005 (BGBl. I S. 3394), zuletzt geändert durch Artikel 9 Abs. 1 des Gesetzes vom 23. November 2007 (BGBl. I S. 2631).
AMGrHdlBetrV	Betriebsverordnung für Arzneimittelgroßhandelsbetriebe vom 10. November 1987 (BGBl. I S. 2370), zuletzt geändert durch Artikel 5 des Gesetzes vom 20. Juli 2007 (BGBl. I S. 1574).
ApBetrO	Apothekenbetriebsordnung in der Fassung der Bekanntmachung vom 26. September 1995 (BGBl. I S. 1195), zuletzt geändert durch Artikel 4 des Gesetzes vom 20. Juli 2007 (BGBl. I S. 1574).
ApoG	Apothekengesetz in der Fassung der Bekanntmachung vom 15. Oktober 1980 (BGBl. I S. 1993), zuletzt geändert durch Artikel 3 des Gesetzes vom 2. Dezember 2007 (BGBl. I S. 2686).
AVWG	Gesetz zur Verbesserung der Wirtschaftlichkeit in der Arzneimittelversorgung vom 26. April 2006 (BGBl. I S. 984).
BApO	Bundes-Apothekerordnung in der Fassung der Bekanntmachung vom 19. Juli 1989 (BGBl. I S. 1478, 1842), zuletzt geändert durch Artikel 1 des Gesetzes vom 17. Dezember 2007 (BGBl. I S. 2945).
BGB	Bürgerliches Gesetzbuch in der Fassung der Bekanntmachung vom 2. Januar 2002 (BGBl. I S. 42, 2909; 2003 I S. 738), zuletzt geändert durch Artikel 1 des Gesetzes vom 13. März 2008 (BGBl. I S. 313).
BPflV	Bundespflegesatzverordnung vom 26. September 1994 (BGBl. I S. 2750), zuletzt geändert durch Artikel 24 des Gesetzes vom 20. April 2007 (BGBl. I S. 554).
GMG	Gesetz zur Modernisierung der gesetzlichen Krankenversicherung vom 14. November 2003 (BGBl. 2003 Teil I Nr. 55 S. 2190), zuletzt geändert durch Artikel 4a des Gesetzes zur optionalen Trägerschaft von Kommunen nach dem Zweiten Buch Sozialgesetzbuch (Kommunales Optionsgesetz) (BGBl. 2014 Teil I Nr. 82 S. 4456)
GWB	Gesetz gegen Wettbewerbsbeschränkungen in der Fassung der Bekanntmachung vom 15. Juli 2005 (BGBl. I S. 2114), zuletzt geändert durch Artikel 1a des Gesetzes vom 18. Dezember 2007 (BGBl. I S. 2966).
HWG	Heilmittelwerbegesetz in der Fassung der Bekanntmachung vom 19. Oktober 1994 (BGBl. I S. 3068), zuletzt geändert durch Artikel 2 des Gesetzes vom 26. April 2006 (BGBl. I S. 984).
KHG	Krankenhausfinanzierungsgesetz in der Fassung der Bekanntmachung vom 10. April 1991 (BGBl. I S. 886), zuletzt geändert durch Artikel 18 des Gesetzes vom 26. März 2007 (BGBl. I S. 378).
KHG NRW	Krankenhausgesetz des Landes Nordrhein-Westfalen in der Fassung der Bekanntmachung vom 16. Dezember 1998 (GV. NRW. S. 696), zuletzt geändert durch § 38 KrankenhausgestaltungsG Nordrhein-Westfalen vom 11. 12. 2007 (GV. NRW. S. 702).
PatG	Patentgesetz in der Fassung der Bekanntmachung vom 16. Dezember 1980 (BGBl. 1981 I S. 1), zuletzt geändert durch Artikel 12 Abs. 1 des Gesetzes vom 13. Dezember 2007 (BGBl. I S. 2897).